大正新教育と
〈読むこと〉の指導
―――奥野庄太郎の国語科教育―――

秋保惠子

溪水社

は　し　が　き

　タイトルに多少なりとも興味を感じて本書を手に取られた方は、「大正新教育期」「〈読むこと〉」「指導」「奥野庄太郎」「国語科教育」の中のどの語に注目してくださったのだろうか。筆者が、あえて強調ポイントをひとつ選ぶのならば、控えめにサブタイトルに記した「奥野庄太郎」である。
　奥野庄太郎は、大正時代に新教育を展開した、いわゆる「新学校」である私立成城小学校の一訓導（小学校教員）として、また、国語科教育に情熱を傾け、とりわけ「聴方教育」を提唱した人物であるとして一定の実績を認められてきた人物である。本書は、この奥野が、読むことに関する指導について、どのように理論立て、どのように実践を重ねようとしたのかに注目する。そして、大正新教育期という時代の影響を受けた奥野の思考の軌跡を辿りつつ、現代の小学校国語科とりわけ読むことに関する教育について考えることを目的としている。
　この、「奥野の思考の軌跡を辿りつつ」という手法は、本研究の一つの試みなのだが、次のような説明でイメージしていただけるだろうか。つまり、先の奥野の「一定の実績」を示す研究は、言うなれば、研究者が今いる地点からカメラを奥野に向け、奥野とその周辺の世界を被写体にして切り取った瞬間を捉えたものである。しかし、本書は、奥野を写すというより、奥野が覗いたカメラによって切り取られた大正新教育期の世界や瞬間を捉えようと努めたのである。さらに、なぜその画角や瞬間を選んでカメラに収めたかという奥野の意図——すなわち奥野の思考——も含めて考察し、それが現代の読むことに関する教育に対して提示する課題も描き出したいと考えた。つまり、奥野が被写体になるのではなく、主体として何を考え、何を行ったのかという点に光を当てることに挑んだのである。奥野の理論や実践を当時の国語教育界の動向の中に位置づけるとともに、一教員の国語科教育の営みに、時代を超えた価値を見いだそうとしたことが、

本書の特徴である。

　読むということは、子ども達にとって一体どのような可能性をもたらすものなのだろうか。読むことの「指導」は、どのようにすべきなのだろうか。読む対象も方法も道具さえも多様化している現在、学校で行われる「国語科教育」において、読むことにどのように向き合えば良いのだろうか。本書では、読むということを少しばかり大きく捉えた〈読むこと〉というくくりを設けて考察を重ねた。

　以上のような目的と手法をもつ本書は、序論で本書の意味づけを述べ、序章で本研究の問題意識と奥野庄太郎に関する先行研究を整理するのに続き、全6章の本論で構成されている。本書のテーマである「〈読むこと〉の指導」を追究するための下準備として、本論の第1章、第2章においては奥野の活動の舞台となった大正新教育期や成城小学校について考察し、さらに彼の人物像に迫る。その上で、第3章は主に奥野の聴方教育について、第4章、第5章は読方教育について、第6章は奥野の教材観について論じる。そして終章では、第6章までに考察してきた奥野の理論や具体的な「指導」が、いずれも〈読むこと〉として連携をとり合っていることを再確認し、それが、現代においてどのような課題を提起しているのかを総括する。

　各章は有機的なつながりがあり、全体を通読していただければ筆者としては嬉しいことであるが、各章を独立したものとして読んでいただくことでも、「大正新教育と〈読むこと〉の指導」の一端を捉えていただくことができるのではないかと考えている。大正期は、「新教育」の名の下、社会の中で教育が存在感をもっていた時代である。その時代の国語科の様子を、奥野訓導と共に眺めていただき、さらに現代社会における〈読むこと〉のについても共に考えていただければ幸いである。

秋　保　惠　子

大正新教育と〈読むこと〉の指導
——奥野庄太郎の国語科教育——

目　次

はしがき ……………………………………………………………… i
凡　例 ………………………………………………………………… x

序　論　奥野庄太郎の〈読むこと〉の教育を問う意味

はじめに ……………………………………………………………… 3
1．一訓導、奥野庄太郎 ……………………………………………… 4
2．奥野庄太郎の言語観・言語教育観の今日的課題 ……………… 6

序　章　奥野庄太郎の〈読むこと〉の教育をめぐる課題と先行研究

第1節　研究の目的と方法
　　　──〈読むこと〉の教育をめぐる課題── ………………… 11
　第1項　時代と環境と奥野庄太郎の志向との接点に注目して ………… 12
　第2項　「読方」教育ではなく、〈読むこと〉の教育の追究 ………… 15
第2節　先行研究 ……………………………………………………… 18
　第1項　奥野庄太郎の著作に関する研究 ……………………………… 18
　第2項　奥野庄太郎の理論や実践に関する研究 ……………………… 20
　第3項　奥野庄太郎や「聴方科」に言及している研究 ……………… 22
　第4項　成城小学校関連の研究 ………………………………………… 23
第3節　本書の構成 …………………………………………………… 24

第1章　大正新教育と成城小学校

第1節　開校当初の成城小学校における新教育……………………29
　第1項　「私立成城小学校創設趣意」に見る創立時の理念…………29
　第2項　背景としての澤柳政太郎……………………………………37
　第3項　小原國芳主事の赴任と成城小学校の展開…………………44
第2節　成城小学校の国語科教育の取り組み………………………51
　第1項　成城小学校国語科のカリキュラムと『尋常小学国語読本の批評』…………………………………………………………51
　第2項　1924年文部次官通牒と成城小学校の〈読むこと〉の教育……64
第3節　成城小学校の研究体制………………………………………73

第2章　奥野庄太郎の人物像

第1節　奥野庄太郎像の輪郭…………………………………………84
　第1項　奥野庄太郎の著作の概観……………………………………84
　第2項　研究的学校同人としての自負
　　　　　——『教育問題研究』の編集と澤柳校長の存在——………89
　第3項　教育ジャーナリズム上の奥野庄太郎…………………………95
第2節　英米視察の意義
　　　　——『英米小学教育の実際 附 世界一周旅行』の検討——……102
　第1項　視察のあらまし………………………………………………103
　第2項　英米視察から得た新見解……………………………………107
第3節　奥野庄太郎の児童観と低学年教育…………………………118
　第1項　知ることは愛すること………………………………………118
　第2項　低学年の指導という新観点…………………………………123
第4節　本章のまとめ…………………………………………………126

第3章　奥野庄太郎の聴方教育と言語観

- 第1節　本章の目的と先行研究 …………………………………………… 139
- 第2節　聴方教育誕生の背景 ……………………………………………… 141
  - 第1項　成城小学校の語彙調査 ………………………………………… 141
  - 第2項　言語の構造の理解 ……………………………………………… 143
- 第3節　聴方教育の理論の誕生 …………………………………………… 144
  - 第1項　児童の特性――「お噺」好き―― …………………………… 145
  - 第2項　児童の発達と言語の構造の接続 ……………………………… 146
- 第4節　「大きな意味の言語」とは何か
  　　　　――奥野庄太郎の言語観の特徴―― ……………………………… 150
- 第5節　聴方教育の授業の実際 …………………………………………… 152
  - 第1項　「問答」による内容の獲得 …………………………………… 152
  - 第2項　文字への接続と語彙（群）形成 ……………………………… 155
  - 第3項　「聴方」の授業の定型 ………………………………………… 159
- 第6節　聴方教育と話方教育 ……………………………………………… 161
  - 第1項　「話す」行為の特徴と意義 …………………………………… 162
  - 第2項　「心理学」の知見と話方教育の接点 ………………………… 164
  - 第3項　話方教育の実際 ………………………………………………… 174
- 第7節　本章のまとめ ……………………………………………………… 179

第4章　奥野庄太郎における読方教育論の形成過程と「ライフメソッド／生活的読方」
　　――垣内松三のセンテンスメソッドへの批評を手がかりとして――

- 第1節　本章の目的と先行研究 …………………………………………… 187
  - 第1項　奥野庄太郎による垣内松三のセンテンスメソッド批判に言及している先行研究 ……………………………………………… 188

第2項　「ライフメソッド／生活的読方」に関する先行研究……190
　第2節　垣内松三著『国語の力』の概要……192
　　第1項　『国語の力』と国語教育……192
　　第2項　『国語の力』の構成と内容――本書との関連から――……197
　　第3項　垣内松三のセンテンスメソッドと「冬景色」の分析……200
　第3節　奥野庄太郎による垣内松三への「批評」の展開……207
　第4節　垣内松三への賛意と異論……209
　　第1項　「読方」と、「解釈」「批評」の分離……210
　　第2項　センテンスメソッドの解釈……215
　　第3項　「冬景色」の授業分析……219
　第5節　「批評」から見える奥野庄太郎の読方教育……223
　　第1項　「区分」重視の「読方」……223
　　第2項　「読方」の使命……224
　第6節　「読方」の実際と「ライフメソッド／生活的読方」……231
　　第1項　多様な読方教授法と「ライフメソッド／生活的読方」……231
　　第2項　授業の実際とその考察……236
　　第3項　「読書科」の構想……241
　第7節　本章のまとめ……244

第5章　奥野庄太郎の「心理的読方」

　第1節　本章の目的と先行研究……257
　第2節　「心理的読方」提唱の背景……259
　　第1項　奥野庄太郎が捉えた当時の読方教育の問題点……259
　　第2項　奥野庄太郎の依拠した文献……263
　第3節　「心理的読方」の理論……271
　　第1項　「文学的研究」を等閑にしない……271

第2項　「心的過程」と「読方」の接点 …………………………… 272
　第3項　「アイムーブメント」とは ……………………………… 274
　第4項　「連想活躍」とは ………………………………………… 277
第4節　「モノサシ」の指導に見る奥野庄太郎の
　　　　「読方」指導観 ……………………………………………… 282
　第1項　平田華蔵による「モノサシ」指導法 …………………… 283
　第2項　奥野庄太郎による「モノサシ」指導法 ………………… 284
　第3項　両者の比較から見える奥野庄太郎の言語指導観 ……… 285
第5節　「心理的読方」の指導の実際 ……………………………… 290
　第1項　アイムーブメントの指導方法 …………………………… 291
　第2項　「連想活躍」の指導方法 ………………………………… 292
　第3項　「心理的読方」と測定法 ………………………………… 294
第6節　本章のまとめ ………………………………………………… 298

第6章　奥野庄太郎の教材観

第1節　本章の目的と先行研究 ……………………………………… 305
　第1項　大正時代の教材観との関連 ……………………………… 308
　第2項　成城小学校の国語科教材との関連 ……………………… 309
　第3項　大正時代の副読本、補充教材との関連 ………………… 311
第2節　『尋常小学国語読本』と補充教材 ………………………… 313
　第1項　『尋常小学国語読本』と批判の状況 …………………… 314
　第2項　「国語読本改善号」(1927)の概要と
　　　　　「補充教材号」(1929)との関連 ………………………… 315
　第3項　「国語読本改善号」における論点
　　　　　――主幹保科孝一の場合―― …………………………… 317
　第4項　国定教科書制度の副産物としての補充教材 …………… 320

第5項　雑纂読本か文学化か ………………………………… 323
　　第6項　補充教材論の多様な視点 …………………………… 326
　第3節　補充教材に見る奥野庄太郎の教材観 ………………… 331
　　第1項　奥野庄太郎の「教材」に関する論稿 ……………… 332
　　第2項　「国語読本改善号」における奥野庄太郎の視点 … 335
　　第3項　「補充教材号」に見る奥野庄太郎の補充教材観 … 341
　　第4項　奥野庄太郎の補充教材の実際
　　　　　　——他の論者との比較から—— ……………………… 343
　第4節　聴方教育の教材としての「お噺」 …………………… 354
　　第1項　なぜ「お噺」を教材とするのか …………………… 355
　　第2項　なぜ児童は「お噺」を好むのか …………………… 356
　　第3項　「お噺」の価値——諸説の比較—— ………………… 360
　　第4項　「お噺」の内容
　　　　　　——修身との関係及び「お噺」選択の観点—— …… 369
　第5節　奥野庄太郎の児童読物 ………………………………… 373
　第6節　本章のまとめ …………………………………………… 380

終　章　奥野庄太郎の〈読むこと〉の教育からの問題提起
　　　　——〈読むこと〉の教育の本質を求めて——

1．語彙教育と国語科教育の問題 ………………………………… 395
2．多様な「読み」の必要性の問題 ……………………………… 397
3．教師の「理論」と「方法」の問題 …………………………… 399
4．「奥野庄太郎の〈読むこと〉の教育」が投げかけた、
　　「〈読むこと〉の教育の本質」という問題 ………………… 401

引用・参考文献

Ⅰ．奥野庄太郎の著作 …………………………………………………… 407
　① 著書 …………………………………………………………… 407
　② 雑誌掲載論文 ………………………………………………… 408
　③ 『教育問題研究』『教育問題研究・全人』誌上の
　　　著述・論文・記事 …………………………………………… 413
　④ 児童用図書 …………………………………………………… 417
Ⅱ．奥野庄太郎の著作以外の引用・参考文献 ………………………… 418

あとがき ……………………………………………………………… 441
索　　引 ……………………………………………………………… 447

凡　例

〔本書における表記について〕
・用字・用語は原則として新字体に統一した。ただし、原著の表記を生かすため、一部の人名、新字体のない字体など、例外的に旧字体も用いた。
・文献の執筆者名に関しては、原則として執筆者の署名に基づいて記載したが、明らかな誤字は訂正した。
・本文中の年号は西暦で統一した。
・書名、論文名のあとの（　　）内の数字は出版年を示した。
・大正期の論稿の引用箇所における縦書き繰り返し記号は、繰り返し記号を用いずに、さまざま、返す返すなどと表した。
・引用箇所の出典は、原則として［　　］内に、著者名、出版年、引用頁を記した。ただし、直前の引用箇所と同一文献の場合は、引用頁のみ記した。また、同一筆者で同年に2点以上の論稿がある場合は、年の後にa,b,c,の記号を入れた。
・奥野庄太郎の文献に関しては、同年、同月の著作が多いため、以下のように記した。

　① 著書（共著・編・単行本や叢書所収を含む）
　　例：［奥野1930.0825：46］は、1930年8月25日発行、46頁
　② 雑誌掲載論文
　　例：［奥野1921.6b：73］は、1921年6月発行、同月発行の論稿中2編目、73頁
　③ 『教育問題研究』『教育問題研究・全人』誌上の著述・論文
　　『教育問題研究』は「教問」、『教育問題研究・全人』は「教全」と表記。
　　例：［教問4 1920.7：36］は、『教育問題研究』第4号、1920年7月発行、36頁
　④ 児童用図書（編著書・雑誌）
　　例：［奥野児1925.11：67］は、1925年11月発行、67頁

大正新教育と〈読むこと〉の指導
――奥野庄太郎の国語科教育――

序　論
奥野庄太郎の〈読むこと〉の教育を問う意味

はじめに

　本書の研究対象である奥野庄太郎（1986[1] – 1967）は、大正期に私立小学校の一教員として仕事をした人物である。本書は、奥野庄太郎の〈読むこと〉の教育という枠組みを定め、奥野の著した多種多様なテクストのうち、1920年代から1930年代前半の国語科教育関係の論稿を中心に考察し、彼の〈読むこと〉の教育の理論と実践の全体像を明らかにすることを目的としている。

　奥野の舞台は、大正新教育時代の私立成城小学校[2]である。児童の世紀と言われた20世紀に入り、日本においても児童中心主義が一つの思潮として認知され始め、その児童中心主義を具現化すべく、いわゆる「新学校」の創立が相次いでいた時代である。同校は、文部次官、京都帝国大学総長などの要職を歴任した澤柳政太郎（1865 – 1927）が1917年に衆目を集めて開校した、「新学校」の象徴的存在であった。奥野は、そのような同校にあって、国語科教育の中心的存在として1918年から1928年まで、約10年間訓導としての生活を送った。

　まず序論において、なぜ筆者が、このような奥野庄太郎における〈読むこと〉の教育を研究対象とするのか、研究の契機も含め、今日的意味を述べておきたい。

1．一訓導、奥野庄太郎

　筆者の研究関心は、そもそも読書教育、あるいは文字を読むことを介する教育にある。小学校教員として過ごした21年間の後半の10年余りは、国語部及び学校図書館部に所属して授業研究を行っていた。授業研究を振り返れば、現実に目の前にいる個々の児童や学級集団にとって、読書教育や国語科内外における文字を読むことを介する教育のよりよい方法を編み出そうと努力していたと言える。しかし、周知のような多岐にわたる現代の学校教育における学級担任としての仕事の全体から見れば、授業研究という領域はそのごく一部にならざるを得なかったことも事実である。序論をこのような私的な回顧で始めたのは、筆者に、このような一小学校教員であったという「前提」があったからこそ、奥野庄太郎という一訓導の著作に注目することになり、それが本研究の契機になったからである。筆者は、研究開始当初に奥野が著している膨大な量の論稿や自作童話等を目の当たりにした時、本務である学級担任をしながら執筆活動を行った奥野の努力や苦労に思いを馳せ、彼のバイタリティに感服したというのが率直な感想だった。同時に、一教員でありながら執筆活動を続ける奥野には何か重大な訴えたいことがあったに違いないと確信した。そして、その訴えたかった奥野の思考の内容を掘り起こし、現代において考究したいと考えたのである。それによって、一教員の目から見た、大正新教育と言われる時代の国語科教育の状況や問題点を提示することができると考えたからである。

　一方、小学校教員であったという筆者の前提は、そのような奥野が、執筆活動に熱心になるばかりに本務である児童との生活が疎かになる教員だったのではないかと訝しむことも忘れさせなかった。しかし、著作を通して見えてくる担任や指導者としての奥野は、社会学者の鶴見和子（1918－2006）が述べる「奥野先生」像に象徴されるものであり、それは杞憂に終わったと言える。小学校1年生から4年生まで成城小学校に通っていた

序論　奥野庄太郎の〈読むこと〉の教育を問う意味

鶴見は、担任だった奥野について、次のように述べている。「たまたま奥野庄太郎先生の受け持ちになったんです。この方がまたたいへん立派な方でね。新しい教育思想の持ち主でいらっしゃいました」［鶴見 1998：104］、「教育は奥野先生などは国語に特に力を入れておられました」［106］、「先生は自分で教科書をお作りになったんです。それは今はないので残念なんですが、日本と世界各国の有名なお話ですね。童話とか小説とか、「ロミオとジユリエット」というような戯曲の入ったものですが、そういう世界の名作を薄い小冊子にして全部書き替えられたんですね」［106］、「奥野先生がおやめになって雰囲気ががらっと変わってしまいました」［104］などである。これらの鶴見の語り口からは、子どもの目から見ても、人間性やその指導内容において信頼のできる「奥野先生」であったことが伝わってくる。

　筆者は、一学校における教育の営みは、個々の教員の仕事の総和であると考えている。この立場をとるならば、一担任としての務めを果たし、その上、執筆活動において主張すべき研究課題を携えた小学校教員であった奥野のテクストの検討は、国語科教育における〈読むこと〉の教育を核としつつも、広く学校教育を考えるのにもふさわしい素材の一つであると考えたのである。

　奥野に関する先行研究については序章で詳述するが、それら先行研究の多くは、彼の言説の部分的な考察に止まっている。それは、それぞれの論者のテーマとの関連上致し方ないことと考える。しかし、本書においては、先の鶴見の発言を導いたような、一訓導としての奥野の実践や人物像を描くことにも心掛けた。なぜなら、奥野は小学校教育の実践者であり、彼が何を執筆したかということは、何を実践したかということと深い繋がりがあるからである。そのため奥野の「人となり」も含めた検討は欠かせない。本書の主な目的である奥野の国語科に関する理論の検討を縦糸とし、彼の実践や人物像への理解を横糸として織り込むように考察を進め、奥野の国語科教育における主張を、より立体的に捉えたいと考える。

　例えば、奥野は、第2章で検討するように日本の小学校の教員初とされ

る、英米における長期教育視察を行っている。奥野が1920年代前半のアメリカやイギリスの教育現場を目の当たりにしたことは、当然、彼の国語科のみならず教育理論全般の形成に大きな役割を果たしていると考えられる。そのため、第1章及び第2章で詳述する奥野の人物像や背景の検討は、それ以降の章で考察する彼の〈読むこと〉の教育の考察において伏線の役割を果たすことになるだろう。

　奥野個人の経歴や人物像はこれまでも断片的には紹介されてきたが、本書では、現時点で可能な限りの一次資料に当たり経歴の空白部分を埋めるとともに、上述の理由により、奥野の思想の背景となる事実や論稿の検討も含めて提示したいと考えている。時代的・個人的背景をもった奥野という人物が、国語科教育の課題に対峙した事実と、彼が思考した内容とを丸ごと捉えて考察したい。このような研究的視線による考察によって、本書が明らかにする奥野の〈読むこと〉の教育の検討が、国語科教育の視点からばかりではなく、一教員の研究姿勢やその思考の在り方の提示という意味をもつようにしたい。小学校の教員としての奥野が「思考」する姿そのものが、時代の違いという制約を受けることなく、直接的に現代の教育に示唆するものがあると考えている。

2．奥野庄太郎の言語観・言語教育観の今日的課題

　奥野の言語観・言語教育観は、当時においても、また現代の一般的な国語科の授業に照らしてみてもかなり特異なものである。本書ではその特異であった点に注目し、それらを明示しつつ彼の言語観・言語教育観を追究したい。この追究は、以下の二点から今日的意味をもたせるものと考える。第一は低学年児童に対する語彙教育の重要性を強調したこと、第二は、奥野が当時、「文章深究」「内容深究」と呼んだ文学教材を対象とした解釈や鑑賞中心の読みに対して、機能的な読みを含める多様な読みの可能性を提唱したことである。

序論　奥野庄太郎の〈読むこと〉の教育を問う意味

　第一の点は、例えば、奥野が提唱者であるとされる「聴方教育」の理念と実践に大きくかかわるものである。彼の「聴方教育」は、2011年度から全面実施された現行の小学校学習指導要領における各領域に示される内容と単純に比較しても、かなり趣を異にする。現行の学習指導要領においては、国語科の教科目標は、「A話すこと・聞くこと」「B書くこと」「C読むこと」の3領域それぞれに対応させて学年毎の目標が設けられている。例えば、第1学年及び第2学年の「A話すこと・聞くこと」に関する目標(1)は「相手に応じ、身近なことなどについて、事柄の順序を考えながら話す能力、大事なことを落とさないように聞く能力、話題に沿って話し合う能力を身に付けさせるとともに、進んで話したり聞いたりしようとする態度を育てる」［文部科学省 2008：118］である。ここで目指されている「聞くこと」は、「聞き取る」ことや「話し合う」ことの能力であり、また、それに臨む態度も重んじた、いわゆるコミュニケーション能力である。しかし、奥野の「聴方教育」の一義的なねらいは、一言で言えば、担任が語る「お噺」を通じて提示される語句を、豊富な内容や語感等を伴った語彙として収得させることであった。両者には「聴く／聞くこと」の教育に求める内容の明らかな相違点を見出すことができる。詳しくは第3章で検討することになるが、このような奥野の特異な「聴方教育」は、百年近くの時を経た現行の学習指導要領を到達点や完成形と見るならば、「遅れている」、あるいは「歴史の中で生き残らなかった」教育方法と見られるだろう。事実、現在の「A話すこと・聞くこと」は奥野の「提唱」した「聴方」の系譜ではない。

　それでは、奥野の「聴方教育」は遅れているもの、古いものとして切り捨ててしまってよいかというと、そうとは言い切れないところに本書の問題意識がある。すなわち、「A話すこと・聞くこと」の教育の「方法」としては現行の学習指導要領には痕跡が見られないものの、奥野の「聴方教育」は、語彙教育の問題という、いつの時代でも国語科の一要素であり考え続けるべき本質的な課題を含んでいるからである。この語彙（群）の形成という側面は、現行の学習指導要領には明示されていない。そうである

とするならば、当然各教員が自らの知見の中で、語彙の教育に対しても何らかの意志をもっていなくてはならないだろう。なぜならば、小学校1年生の教室で行われる国語科の授業において、実質的に最も身近な要素の一つが「語」であるからである。

　本書は、このような、時代の経過の中で、もしくは奥野の個人的な要因によって、現代まで継続されなかった国語科における重要な課題を、一訓導奥野の著作を通して掘り起こす作業を記すものになる。その結果、1920年代に埋もれてしまった彼の国語科教育を一つの「歴史」として提示することだけではなく、現代の国語科が抱えている「課題」としても認識する一つの契機としたいと考える。

　今日的意味の第二の点は、1920年代に国文学者の垣内松三著『国語の力』によって唱えられた、センテンスメソッドへの抵抗の過程に見出すことができる。奥野が小学校教員として活躍していく時期は、センテンスメソッドが国語教育界に伝播していく、その発端の時期に重なる。文全体を通読してから具体的に考察を始めるという、現代の国語科教育では当たり前の授業展開の原点はここにある。しかし奥野は同時代に、垣内松三のセンテンスメソッドに対し正面から異論を唱えたのである。詳しい考察は第4章で行うが、そこには、その後の国語教育界の主流になっていく垣内の理論を前にして奥野が展開する批判的思考が、彼自身の理論を形成していく過程を見ることができる。その結果、奥野は、例えば第5章で検討する「心理的読方」なる読方を提唱するのだが、それは現代的視点からは、「「心理的読方」の方法の低学年教育における適確さは、今日でも高く評価されるべきだ」［山本 1986b：78］との評価を受けるような「方法」であった。しかし、筆者はあえて、現在という到達点から見てその「方法」を評価するよりも、奥野がその「方法」を導いた論拠や思考過程を読み取りつつ考察を進めたいと考える。なぜならば、「現代に残る」という合格点が与えられなかった「方法」や「思考」の中にこそ、今日においてもなお対峙すべき課題の萌芽を見出せると考えるからである。

序論　奥野庄太郎の〈読むこと〉の教育を問う意味

　このことは、現実の学校における国語科教育に目を転じてもその重要性を確認することができる。現代に至る国語教育界の歴史の流れの中には、例えば先述した奥野の語彙教育のように、「主流」として語られるものではないが、実際には日々向き合わざるを得ない問題が、密かに、しかし確実に脈打ち続けている。個々の教員は、どこにも明示されず議論の俎上にも載らない課題に対しても日々絶え間なく取り組み、国語科教育の重要な営みとして「思考」し続けなくてはならない。
　多くの著作という形で後世に残された奥野のテクストは、このような教員の「思考」の表れという見方もできよう。奥野の著述は、もちろん当代の主張であった。しかし、現代において一つの「歴史」としてそれらに出会う私たちにとっては、重要でありながらも時間の経過や諸々の事情によって見落とされてしまった思考であるかもしれないという、ある種の付加価値がついている。本書で考察する奥野の国語科の理論と実践の個々の事実は、その時の奥野の「思考」とともに検討することによって現代における意味を生ずるものだと考える。
　このような意味で筆者は、近代日本史、思想史の研究者であるキャロル・グラックの次の研究姿勢に共感をもつ。

　　本書〔キャロル・グラック 2007〕は過去についての観念を扱うもので、過去を語ることを目的とする歴史書と同じではない。私の関心は、どのように過去を考え、それをいかに想像し解釈するのか、そして現在において過去をどのように活かし、またそれに抗うのかということ、つまり語ることそれ自体にある。いわば私は歴史について (*about* history) 考えると同時に、歴史で (*with* history) 考えているのだと言ってもいい。ペンを使ってものを書くように、過去を使って考えるとも言える。歴史は、社会認識による産物であり、その道具でもあり、自分たちの世界を理解するためにそれを用いるのだ。
　　　［グラック 2007：3（　）内・傍点・斜体字原著、〔　〕内引用者］

グラックの表現を借りれば、本書は奥野の〈読むこと〉の教育について考えるのと同時に、奥野の〈読むこと〉の教育で国語科教育における本質的な課題を追究する試みと言ってもよい。すなわち奥野の〈読むこと〉の教育を「考え」「想像し」「解釈する」ことで、現代の国語科教育に「活かし」もしくは「抗う」材料を提供するものと考えたい。

注）
1）奥野の生年については、筆者はこれまで1886年と1888年の2説を確認している。詳しくは第2章で述べるが、本書においては、本人の文章中の記述に基づき1886年説を採用する。
2）現在の成城学園初等学校（東京都世田谷区）。当時の敷地は、東京市牛込区（現在の東京都新宿区）原町にあった。

序　章
奥野庄太郎の〈読むこと〉の教育をめぐる課題と先行研究

第1節　研究の目的と方法
　　　　──〈読むこと〉の教育をめぐる課題──

　序論でも述べたように、本書の第一義的な課題は、1920年代に私立小学校訓導であった奥野庄太郎が実践した〈読むこと〉の教育の事実とその理論を追究し、その形成過程を明らかにすることにある。その課題解決のために、本書においては、奥野自身が多数著している著作を中心資料とし、それら資料内の彼の発言を丹念に読みとり、その実体を明確にする作業を行う。その過程では、奥野の思考を鮮明にしたり理解を助けたりするために、同時代の国語科教育関係者の著述も参照枠として検討する。結果として、これらの研究過程そのものが、奥野の眼を通して見た1920年代から1930年代初頭の国語教育界の一側面を描き出すことになるはずである。これは本書の副次的な課題である。
　奥野庄太郎の〈読むこと〉の教育という表現は、本書における考察のために筆者が定めた枠組みである。〈読むこと〉という枠組みは、彼の国語科教育論のうち「読み」にかかわる理論や実践を統括したものである。その内容は、当時の国語科の4分科である「読方」・「書方」・「綴方」・「話方」のうちの「綴方」を除き、「聴方」と語彙教育、読書教育を加えた全体を指している。このような枠組みを定めたのは、本研究が対象とする奥野の国語科教育の範囲が、当時の国語科の一分科としての「読方」の指導はもちろんのこと、より広く「聴方」、「話方」や読書教育にまで及び、人

間にとっての読むという営みそのものを含んでいると考えられるためである。したがって、当時の国語科の一分科であった「読方」や、現行の学習指導要領の国語科の領域として用いられている「C読むこと」との差別化を図るため、本書では奥野庄太郎の〈読むこと〉の教育と表すこととした。

なお、奥野の「綴方」の実践や理論も、彼の〈読むこと〉が基盤にあると考えられる。筆者は、奥野の〈読むこと〉の教育の研究は、彼の綴方教育にも深く関連するものであると仮説を立てている。しかし、奥野の「綴方」に関する実践や理論は、その内容や文献が豊富で、それだけでも一つの研究対象として意味をもつものだと考える。今後、「綴方」も含めた奥野の国語科教育全体の考察を行うことを期して、本書においてはまず、奥野の〈読むこと〉の教育の研究を一つのまとまりとして提示することとしたい。

以下、本研究課題の問題意識を述べる。

第1項　時代と環境と奥野庄太郎の志向との接点に注目して

まずは、奥野の経歴の概略を述べ、その経歴と本研究の関係について触れておきたい。

本書の研究対象である奥野庄太郎は、1886年三重県伊勢市に生まれ、郷里と東京市内で訓導を経験した後、私立成城小学校の訓導になった。1918年暮れのことである。成城小学校は、その前年1917年4月に4項目の創設趣意[1]を公表した後開校している。それは日本教育史において一時期を画する大正新教育期を代表する出来事の一つであった。同時期には、成瀬仁蔵による豊明小学校（1906年）、今井恒郎による日本済美学校（1907年）、西山哲治による帝国小学校（1912年）、中村春二による成蹊小学校（1915年）、少し遅れて野口援太郎（1924年）の池袋児童の村小学校、赤井米吉の明星学園（1924年）も開校している。これら多くの学校の創設という事実

が、いかに「新教育」「新学校」を具体化させようとしていた時代であったかということを伝えていると言えよう。そして、一つ一つの学校の創設という事実の裏には、個々の創設者やそれにかかわった教員達が、それぞれに新しい教育への期待をもち合わせていただろうことは容易に想像がつく。

　奥野はこのような時代に、文部次官、京大総長、帝国教育会会長等を歴任した澤柳政太郎によって創設された成城小学校を舞台として、教育実践を開始したのである。開校当初に採用された訓導は５名であったが、奥野は開校翌年の後半に６人目の訓導になった。公立小学校から創立期の成城小学校に籍を移しており、そのことは奥野にとって、自らの教育実践に自由に取り組める場が準備されたという意味をもつものになったと考えられる。同時に、同校機関誌『教育問題研究』や成城小学校研究叢書などの出版物への執筆や講演など、自らの主張を発表する舞台も用意されたことをも意味した。奥野の成城小学校採用の契機になったのは、後述するように教育雑誌への投稿だったと考えられる。そのように自らの考えを文字にして発表することを厭わなかった奥野にしてみれば、成城小学校に席を置いたことによって、子ども達の成長を期して働く訓導としての仕事を軸にしつつ、さらに著述活動を展開させていくことのできる好条件が整ったという見方もできるのである。これらの奥野にとっての環境整備は、決して意図的になされたものばかりではなく、彼が本来備えていた教育に関する志向と、時代からの要請の重なりによって生じたものであった。

　奥野の成城小学校在籍期間は、開校１年半後の1918年12月から1928年３月までの９年３ヶ月の間と考えられるが、その間に実に、10冊を超える著書と約180本の雑誌論文や記事、更に児童書・児童読物も多数執筆した。奥野は、成城小学校在職期間中に、これらの著述によって自らの考えを広く発信し実績を積んだのである。彼の著述の発表の場は、自校機関誌の『教育問題研究』や自身が編集した『低学年教育』『教材王国』ばかりではなく、『小学校』『芸術自由教育』『帝国教育』『富山教育』『教育の世紀』『教育学術界』『国語教育』『少年世界』『教育論叢』『教育』など多く

の教育雑誌に置かれ、筆者のこれまでの確認では、退職後も合わせると20誌に及ぶ。そして、その内容のほとんどが国語科教育に関連するものである。また奥野は成城小学校在籍中に約1年間かけて英米視察を行っているが、そこでの興味関心も国語科に関するものが中心であった。1920年代から30年初頭にかけて、私立学校の訓導が長期にわたって、国語科教育にかかわる多くの著作を残している例は管見では見当たらない[2]。

次に、奥野の時代の国語教育界の状況を概観しておきたい。

先行研究における当時の国語科教育の状況の分析からは、この時期は多様な表現が可能な変革期であったことが分かる。例えば、野地潤家の「近代国語科教育史の時期区分」［野地 1974：9］の検討によれば、①「（大正初年～昭和一〇年頃）文学教育的教材研究期」［9］、②「文学教育論の支配から言語教育論へ（大正から昭和のはじめまで）」［10］、③「教育学説に依存した国語教育の模写時代（一八八七年ごろから一九二一年ごろまで）」［11］と「形象理論などによる国語教育の発展時代」（一九一六年ごろから一九四〇年ごろまで）」［11］の重複時期、などの諸説に整理されている[3]。①と②のように「文学教育」と「言語教育」という両極的な表現が併存したり、③のように「重複」を是認した表現が用いられたりする。また、この時代の後には、④「硬化期　一九三七（昭和一二年）ごろから一九四七年（昭和二二年）ごろまで」［11］と称される時期が訪れる。奥野が訓導として実践し、活発に著作活動を行っていた時代は、国語科における諸々の主張が流動していた時期だったと言えよう。奥野と同時代に東京高等師範学校訓導だった丸山林平（1891-1974）によれば、大正期は国語教育の研究熱が高まった時期であり、それは、「初等教育界の著しき進歩によること勿論であるが、一面には、特に国語教育界にあつては、所謂学者側と実際家側とが相呼応して、その研究に進んだが為」［丸山 1932：52］だという。丸山は「実際家」として17名の名前を挙げているが[4]、奥野と成城小学校の田中末廣以外は全て高等師範学校と師範学校の訓導名である。このように高等師範学校や師範学校の訓導による研究が中心の時代において、

師範学校の実際家ではなく、まして「学者側」ではないある種自由な訓導だった奥野だからこそ生まれた発想による文言が、奥野の著述には溢れている。

筆者は、このような背景をもつ奥野の言説が、「読むということはどういうことか」「読むということはどのように指導すべきか」という問題を現代にも問いかけていると考えている。奥野の国語科教育に焦点を当てた実践や理論には、「読方」の授業として一般的に想起される方法や内容から解放された姿が多数示されている。次項に示す引用もその一つである。本研究課題である奥野の〈読むこと〉の教育は、大正新教育期であることや国語教育界独自の時代的背景からの影響を受けながら、一教員として歩んだ奥野の視点から提示されるものである。本書において、奥野の同時代的な観点を尊重しつつ彼の〈読むこと〉の教育を考察することにより、国語科教育における本質的な問題や今なお続く課題をも捉えなおすことができるものと考える。

第2項　「読方」教育ではなく、〈読むこと〉の教育の追究

次に、奥野の〈読むこと〉の教育のイメージを示しておきたい。奥野が成城小学校を退職する前年の6月、『教育時論』に発表した「読方教育の勢力範囲を論ず」［奥野 1928.6：6］を見てみよう。

> 読むといふことを人生的に考へるとその範囲は実に広い。種々の精神文化のあらゆる理解でなければならぬ。之を生活的に考へると、読方は読本の了解のみでなく、単行本、新聞、雑誌その他、日常の手紙や、配布物や、掲示や、広告や、ビラや、看板の字や、メニューや、レッテルの読解それらのものにまで及ぶのが当然である。それらが読方の材料として教師の頭に意識されることは、読方の本質的な考へから実に必要なことなのである。
>
> 読むといふことを、もつと心理的に考へて見ると、その作用は文

字、文章、読解ばかりでなく、目次の通覧の仕方、索引の引き方、字引や百科全書の見方、表の眺め方等も等しく読むといふ働きの中に織り込まれる性質のものである。　　　　　　　　　　　　　［7］

　上記引用の前半に、「読み」の対象として「レッテル」に続いて、例えばあと一言「インターネット上の情報の読み方」が加われば、また、後半にも読む技術として「表の眺め方」に続いて、あと一言「パソコンの使い方」が加われば、現代の私たちにもそのまま受け入れられるような文言である。当時において、奥野が照準を合わせている「読むといふことを人生的に考へ」た場合の範囲は、このように現代において機能的リテラシーと言われる内容をも含んでいたのである。しかし、筆者は、これら現代にも通用しそうな言説の先見性や現代性を強調することよりも、前半と後半との間に挟まれている「それらが読方の材料として教師の頭に意識されることは、読方の本質的な考へから実に必要なことなのである」という箇所に注目したいと考える。ここで言う「それらが読方の材料として教師の頭に意識されること」は、直接、教室に「ビラ」や「メニュー」を持ち込むことの必要性を主張しているのではない。ここでの奥野は、個々の教師が、それら学校外にも開かれた「読方」の教材をも意識することこそが「読方の本質」に迫る教育を可能にすると説いていると考える。空間としての教室や時間としての「読方」の授業という枠を飛び出した「読方の材料」によって、また「心理的に考へ」た「読むといふこと」の追究によって、「種々の精神文化のあらゆる理解」に導けると考えているのである。さらに、奥野は同じ論稿の中で次のようにも述べている。

　　読方が只読本文字の学習であつたり、教室内の読本研究より一歩も外に出ないものであるなら、（中略）世界的でない。文化的でない。自己創造的でない。本とうの読方はもつともつと広い人生の平野を展望したものでなければならない。人生の野に咲く文化の花の色彩の数々を摘むものでなければならない。人間精神内容の燦爛とふりまか

れたその生命の星の光を賛美胆仰するものでなければならない。[6]

　ここからは、先に見た「看板」や「レッテル」を例とした「生活的に考へ」た読方とは異質な、「世界的」な「文化的」な「自己創造的」な「本とうの読方」を志向した読むということの教育への広がりが見えてくる。本書では、一見相反するように見える「生活的に考へ」た「読方」と「本とうの読方」を、「読方」という枠をはずした〈読むこと〉という概念で包摂し、それらの関連を熟考しながら奥野の〈読むこと〉の教育に関する言説を読み解くこととする。
　奥野の著作は多岐にわたる。国語科関連に限っても「読方」「綴方」「話方」「聴方」など、当時の国語科の各分科を書名に冠したものが存在する。また、本書で検討対象にした1930年代前半までの〈読むこと〉の指導に関連する単著の図書に限っても、集大成と言える『心理的読方の実際』（1930）まで、管見の限りで14冊に及ぶ。さらに、成城小学校退職後は綴方関係の単行本の出版が多く、1930年の『綴方指導の原理と其実際』、1931年の『新綴方文話大系』、1933年の飯田恒作等との共著『今後の綴方教育』、1934年の『綴方の新指導　全』と続く。また奥野は、成城小学校在職中から多くの児童読物も著している。近年国立国会図書館が、占領下において連合国最高司令官総司令部（GHQ／SCAP）の検閲を受けていた出版物を、「プランゲ文庫」としてマイクロフィルム化を完了した児童書の中にも[5]、奥野の著書が含まれている。
　プランゲ文庫の中の一つ『世界童話選集Ⅲ　聖フランシス物語　ロビンソン物語』は奥野の編集として、1946年12月15日に発行されているが、同書の「はじめに」には次のような記述がある。

　　皆さん
　　　これらからは世界の人と心を一つにして、仲よくして行きたいと思ひます。世界の子供らに読んでよろこばれてゐる本は、また皆さんにもよろこばれることでせう。この本を読んで、自分の心を世界のよい

心にまで育て上げて下さい。自分のためと、日本と、世界人類の為に。

　　昭和二十一年十二月　　　　　　　［奥野児 1946b.12：はじめに］

　第二次世界大戦後間もない時期に、このような言葉かけを寄せて児童書を発行した奥野庄太郎の姿勢からは、児童書が〈読むこと〉の教育で担う役割の価値を大いに認めていたことを窺うことができる。
　このような意識をもつ奥野に関する考察によって、現代の国語科に携わる教員、とりわけ小学校の教員にとっての〈読むこと〉の教育観に対しても、何らかの新しい視界を示すこともできることを期している。

第2節　先行研究

　本節では、先行研究を整理する。上述したように本書は、奥野庄太郎という人物の〈読むこと〉の教育というテーマを追究するとともに、大正新教育時代の国語科教育の一側面を捉えなおすものである。このような研究の性質上、本節においては主に奥野に言及している先行研究に絞って分類し、その傾向と本書との関連を示しておきたい。
　以下、奥野の先行研究を4点に分類して整理する。

第1項　奥野庄太郎の著作に関する研究

　本項では、奥野の著書を提示し彼の著述に解説を加えている研究を採り上げる。この形式の先行研究には、井上敏夫他編『近代国語教育論大系（10）昭和期（1）』(1975)に収録された奥野の2著作『聴方教育の原理と実際』(1928)と『話方教育の原理と実際』(1928)に対する倉沢栄吉による「解題・解説」が挙げられる。『聴方教育の原理と実際』に対して倉沢は、同書は「聴方」がまだ国語科の一分科として成立していない時期の

序章　奥野庄太郎の〈読むこと〉の教育をめぐる課題と先行研究

著作であったことと、それまでに「聞く・話す」に対する実践的、体系的著述がなかったことから、「画期的な著書であった」［倉沢 1975a：471］と評価している。また『話方教育の原理と実際』に対しては、同書の「全三五三ページのうち、一章から五章までの理論編はわずか六二ページで、もっとも多くのページを割いているのは、第六章の実際例を中心とした二一四ページにわたる四〇の「実際指導例」である」［474］と、「実際指導例」に重きが置かれていることを紹介している。奥野に対する評価には第4章で述べるように批判的な見解もある中、倉沢の奥野の業績に対する表現は好意的である。同「解題・解説」に収められている「著者奥野庄太郎の人物と業績概観」［476］が、管見のところ奥野略歴と人物像についてまとめた著述としては分量的にも内容的にも最も充実していることから考えると、奥野の研究対象の範囲の幅広さに接した倉沢ならではの好評価であるようにも思われる。

　一方、倉沢の以下の指摘は、本書において再考したい点である。倉沢は1975年の時点で、「聴き方教育というと、今日では、どのような場面で相手の話をどう聞くかという広い意味に解されている。しかし当時は、したがって本書は、お噺を聞くというところに限定された」［472］と、聞く対象が「お噺」に「限定された」ことが強調されている。ここでは、『聴方教育の原理と実際』はお噺の「おもしろさ」を前提とした材料研究に主力が注がれ、同時に、指導過程では教師側の技術的な問題に関する考察が中心であると指摘し、「聴方教育の専門書というよりも、聞かせ方に関するものつまり、教師の話し方についての書物ということもできよう」［473］と分析されている。しかし第3章の考察を先取りすれば、奥野が聴方の授業において児童に身につけさせようと考えた力は、「お噺」を聴くことによってこそ可能になるものであった。それは〈読むこと〉に連なる豊かな語感を伴った語彙獲得のための教育だったと考えられ、「教師の話し方」はその一つの手段である。本書において、倉沢のこのような指摘を乗り越えるべく検討を行うことになる。

第2項　奥野庄太郎の理論や実践に関する研究

　本項では、論稿の題目や副題に奥野庄太郎の名前を明示した上で、奥野の理論や実践を検討している研究を確認する。ここに分類される研究は、著者別発表順に挙げると次のようになる。

①山本茂喜「奥野庄太郎の綴方教育論」（1982年3月）
②山本茂喜「成城小学校における「聴方科」実践の特質――奥野庄太郎の実践を通して――」（1982年8月、9月）
③山本茂喜「奥野庄太郎の読方教育論の展開（１）」（1982年12月）
④山本茂喜「奥野庄太郎の読方教育の方法」（1986年）
⑤常木正則「入門期・国語科学習指導の研究――奥野庄太郎の理論および庭野三省氏の実践を手がかりとして――」（1989年）
⑥覚道知津子「上沢謙二の就学前幼児に対するお話教育論――奥野庄太郎の聴方教授論との関連を中心に――」（2000年）
⑦足立　淳「成城小学校における奥野庄太郎の教育論に関する基礎的研究――その「生命」原理に着目して――」（2008年）
⑧東　和男「奥野庄太郎の読み方教育論に学ぶ」（2011年）

　ここに分類された8論文は、奥野庄太郎研究という意味においては、それぞれの論稿中何らかの観点が、筆者の研究関心と接点をもつ。特に、①②③④の一連の山本論文は、次項に挙げる論稿群のように奥野の経歴や言説の一部面の紹介や考察に留まるものではなく、奥野の国語科教育のうち「綴方」「聴方」「読方」それぞれの内容を整理・検討したもので、奥野研究の先駆である。本研究も山本論文から示唆を得て、その成果を検討し、深化させるべく研究を重ねてきた。山本論文に関しては、各章で具体的に言及することになる。
　⑦足立論文では、奥野の教育論が、中沢臨川（1878－1920）の著作を介

序章　奥野庄太郎の〈読むこと〉の教育をめぐる課題と先行研究

してベルクソン（Henri Bergson, 1859-1941）哲学を摂取し、それを背景とした「生命」原理がその中心を貫いているという興味深い指摘がなされている。足立の指摘は奥野の綴方教育に関する言説との関連で述べられているため、詳しい検討は今後の課題とせざるを得ない。しかし、足立の「一見すると相互に「対立」するかに見えた、先行研究における奥野への評価は、すべて彼の教育論に貫かれた「生命」原理によって統一的に把握することが可能だ」［足立 2008：46］という視座には〈読むこと〉の教育の考察においても共感できる。同時に筆者は、奥野が英米への視察の後に「生命」とは異なる「人生」や「ライフ」という文言も用いていることにも着目している。「生命」と、「人生」「ライフ」、また同義的に使われる「生活」という文言が奥野の中でどのように関連するのかについては注意深く検討する必要があると考える。そこには、ベルクソン哲学以外の影響も見て取ることができるからである。この点については、第4章、第5章で詳しく考察したい。

　足立は別の論稿で、「大正新教育において「宗教」が果たした機能を明らかにするとともに、「国家」対「民主主義教育」という二項対立的な図式によって把握されてきた大正新教育史像を相対化する」［足立 2011：1］試みを行っている。そして同論稿の中で、ドルトン・プランを受容した中心的存在と目される赤井米吉（1887-1974）の宗教的教育思想に着目した考察を行っている。赤井が「「デモクラート」の一人として同教育法（ドルトン・プラン）を推奨したと評価されてきたこれまでの見方の角度を変え、赤井個人が「神秘的な宗教的教育思想」［3］の持ち主であったこととの関係に目を向けて、ドルトン・プランの批判的摂取の過程を描いている。足立論文における、赤井の思想に目を向け大正新教育史を相対化する研究的視線は、本研究において奥野の言語観・言語教育観に焦点を当てて大正新教育を見る視線と共通すると考える。本書は、奥野庄太郎の〈読むこと〉の教育というかなり狭い範囲に課題を絞ったが、その周辺には、大正新教育自体を奥野や同時代人の視点から読みなおす意図もあることは確認しておきたい。

⑤の常木論文、⑥の覚道論文、⑧の東論文については、それぞれの論者のテーマが具体的であるため、個別に本研究との接点には言及しないが、奥野の〈読むこと〉の指導に関する周辺的な理解のために示唆を得た。

第3項　奥野庄太郎や「聴方科」に言及している研究

本項では、あるテーマに基づいて執筆された論稿内において、奥野庄太郎の項目または奥野の実践と同義と言える「聴方科」に関する項目を設けている研究を列挙する。ここに分類される研究は、それぞれ、論者のテーマとの関連から奥野の言説や実践記録を紹介したり検討したりしているものである。その内容には本書において検討すべき視点を含んでいるものもあるため、本書内の関連の章を→を用いて記しておく。

①高橋和夫「国語教育の歴史と反省」における「5．科学的研究」（1961年）→第5章
②倉澤栄吉「「読む」とは何か――戦前の諸家の論説を中心に――」における「2．奥野庄太郎」（1973年）→第2章
③滑川道夫『日本作文綴方教育史2〈大正編〉』における「第11章　私学派の綴り方教育論」（1978年）→第2章
④増田信一『音声言語教育実践史研究』における「Ⅲ　音声言語教育の静かなる前進の時代（大正教育）　3　大正後期の自由教育の中での話し方教育　（3）奥野庄太郎の『聴方教育の原理と実際』」（1994年）→第3章
⑤増田信一『読書教育実践史研究』における「Ⅲ　読書教育の開花期（大正時代）　3　読書教育の基礎的な考えの開拓　（4）奥野庄太郎の「生活的読方の背後に哲学あり」」における「Ⅲ　読書教育の開花期（大正時代）　3　読書教育の基礎的な考えの開拓　（4）奥野庄太郎の「生活的読方の背後に哲学あり」」（1997年）→第4章
⑥北林　敬「大正自由教育・成城小学校の分量主義教育とダルトン・プラ

ン」における「3 成城小学校の分量主義教育　3-2 聴方科の教授の実際」(1999年)→第3章
⑦有働玲子「聞くことの指導実践史　戦前――成城小学校聴き方科のお話を聞く指導――」高橋俊三編著『講座音声言語の授業　第2巻（聞くことの指導）』(1994年)→第3章
⑧森　透「教育実践史研究ノート（1）――成城小学校の授業研究を事例に――」における「2 成城小学校における授業研究　（1）子どもたちの感性を呼び覚ますお噺の授業――「奥野君の聴方実地授業」(『教育問題研究』第12号、大正10年3月）――」(2004年)→第3章
⑨足立　淳「成城小学校におけるドルトン・プラン受容をめぐる対立の構造」における「2．奥野庄太郎のドルトン・プラン受容――「優秀な個性」の育成――」(2010年)→第1章

第4項　成城小学校関連の研究

　本項に分類される研究は、奥野庄太郎の活動の舞台となった成城小学校や同校の国語科に関する研究である。本書においては、考察の前提となる事象や資料を得た研究である。また、乗り越えるべき課題も提示されており、各章において必要に応じて言及する。
①北村和夫『大正期成城小学校における学校改造の理念と実践――付「教育問題研究」「全人」「教育問題研究・全人」総目次――』(1977年)
②北村和夫「解説（一）澤柳政太郎における成城小学校創設の構想」澤柳政太郎著　成城学園澤柳政太郎全集刊行会編『初等教育の改造』所収（1979年）
③北村和夫「大正新教育と成城小学校（1）――国語科の教科改造と「児童文化としての教科書」――」(1986年)
④北村和夫「解題　成城小学校の学校改造と『教育問題研究』」教育問題研究会編『教育問題研究』別冊「復刻版教育問題研究附巻」所収（1991年）

⑤木村勇人「成城小学校における国語教育と副読本」(1998年)
⑥木村勇人「大正時代における「国語副読本」の研究――「国語副読本」に見る「文学」と「教育」の接点――」(1999年)

　以上、奥野に関する先行研究を4分類して紹介したが、もとより、奥野に言及している文献はこれらが全てではない。本節には、先述したように本書の研究課題に関連が深いものを選択して提示したことと、奥野の人間像に触れるような内容の文献については第2章で提示するため本節では割愛したことを断っておきたい。

第3節　本書の構成

　以上の課題及び先行研究を踏まえて、本書は次のような6章構成で考察する。

　「第1章　大正新教育と成城小学校」では、奥野庄太郎の活動の舞台となった開校間もない成城小学校の状況を確認する。まず、同校の「私立成城小学校創設趣意」や校長である澤柳政太郎について奥野との接点を示しつつ考察する。続いて、奥野が成城小学校訓導として過ごした1917年12月から1928年3月の期間に起きた成城小学校の路線転換について示すこととする。例えば、澤柳校長の下「研究積上げのために、実験学校としての純化がめざされた発足時の三年間の後、成城小は一躍新教育の中心的拠点校として華やかな脚光を浴びるようになった」［北村 1977：39］とされる変化がそれである。これは1918年12月の小原（当時は鰺坂）國芳（1887－1977）の着任の影響による方向転換であることも考えられる。奥野はこの前後の時期共に経験している。これら校内事情について奥野が著した文章は管見の限りでは見当たらない。しかし同章において奥野に影響したと思われる客観的な事実は確認しておきたい。続いて、成城小学校と国語科と

序章　奥野庄太郎の〈読むこと〉の教育をめぐる課題と先行研究

の関連では、1920年1月に出版された『国語読本の批評』と1925年1月発行の『教育問題研究』の「児童図書館号」について検討し、成城小学校における国語科教育の視座を確認したい。さらに「研究的学校」であった同校の教員による研究体制について考察する。

「第2章　奥野庄太郎の人物像」では、奥野の人物像に迫ることのできる言説を紹介し、一訓導としての奥野庄太郎の姿を捉えておきたい。その後に、奥野の国語科の教育論に大きく影響を与えたと考えられる二つの視点から奥野の人物像を示したい。一点目は、小学校教員として初めて長期にわたって英米の学校視察を行ったことである。二点目が、低学年担当のスペシャリストとも言える存在であったことである。

「第3章　奥野庄太郎の聴方教育と言語観」では、奥野の聴方教育に関する著述を追い、その実体を明らかにする。奥野は聴方教育を提唱した人物として語られることが多いが、本書においてはそれを〈読むこと〉の教育の一部に位置するものとして捉え直す。奥野の「言語（大きな意味の言語、文字、語句等凡てを含む）」［教問1　1920.4a：11（　）内原著］という文言をキーワードとして彼の言語観を解説し、その上に立つ聴方教育の理論と授業の実際について考察する。

「第4章　奥野庄太郎における読方教育論の形成過程と「ライフメソッド／生活的読方」――垣内松三のセンテンスメソッドへの批評を手がかりとして――」では、国語科の分科としての「読方」教育が、〈読むこと〉の教育に変容していく過程の奥野の思考を明らかにする。1920年代の国語教育界に大きな影響を及ぼした垣内松三著『国語の力』で提示されたセンテンスメソッドに対して、奥野は同書の出版後間もない時期に論評を繰り返している。これら論評の展開を丁寧に追いたい。それによって、奥野が、日記に記したと言う「こんな説が読方教授実際家に宣伝してたまるものか」という発言の真意を見届けることができると考える。この検討に

よって、表現の厳しさとは趣を異にした、真摯な〈読むこと〉の指導と対峙する奥野の姿が見えてくる。同章では奥野が追究し続けた、教育における「目的」と「方法」の関係、多様な教授法の必要性、文の本質とは何かの問いかけなど、国語科教育における根本的な課題について、奥野がどのように考察したのかを明らかにしたい。そして、奥野の読方教育の二つの中心概念の一つである「ライフメソッド／生活的読方」の内容を検討する。

「第5章　奥野庄太郎の「心理的読方」」では、奥野の読方教育の第二の中心概念である「心理的読方」に迫る。先述したように、当時の国語教育界では垣内による形象理論が展開していく時期であったが、一方では教育界において、「心理学」の影響も現れ始める時期でもあった。当時の「心理学」は現代でいうところの生理学的な要素が多分に含まれており、国語科との関連事項では「アイムーブメント」への着目が挙げられる。奥野が批評した垣内も、後に「アイムーブメント」に言及しており流通する言葉になるが、奥野はごく初期のうちに「アイムーブメント」の教育の必要性を唱えている。また、奥野の提唱する「心理的読方」の構想においては、「アイムーブメント」に並んで「連想活躍」という概念も提出されている。奥野は、「アイムーブメント」と「連想活躍」を対にして「心理的読方」を唱えており、両者の実体を整理しておくことは奥野の〈読むこと〉の教育の究明にとって重要な作業である。また、奥野の「読方」が具体的にどのような授業形態を予定していたのかについても、他の授業形態との比較によって検討し、その姿を明らかにしたい。

「第6章　奥野庄太郎の教材観」では、第5章までに検討した奥野の〈読むこと〉の指導が、どのような教材観を伴っていたのかについて考察する。教材観は、すなわち、「何を」読むのかという観点であり、〈読むこと〉の教育の要となる。当時は国定教科書の時代であり、奥野の教材観を検討するに際しては、国定教科書に対する当代の見方の確認が欠かせない。同章では、国語科教育の指導的立場にあった保科孝一の主宰する雑誌

序章　奥野庄太郎の〈読むこと〉の教育をめぐる課題と先行研究

『国語教育』誌上に展開された、当時の国語科教育関係者の論稿を採り上げたい。1920年代後半の国定国語教科書に対する論稿を整理し、奥野や同時代の人々の挙げる問題点を明らかにする。その上で、奥野が国語科の教材というものをどのように考え、選択し、そして作成していたのかについて検討する。なお、第3章で検討する聴方教育における教材は「お噺」である。そこで第6章においては「お噺」についても考察することとする。さらに、奥野は教科書とは異なる児童書についても〈読むこと〉の教育の対象に含んでいるため、彼の教材観を知る一つの手がかりとして、奥野の児童書についても概観する。

終章において、奥野の〈読むこと〉の教育を総括し、第1章から第6章の検討で明らかになったことが、現代の国語科教育や国語教育史研究においてどのような意味をもつものであるか、改めて考えることとしたい。

注）
1）「私立成城小学校創設趣意」の4項目は、1）個性尊重の教育　附、能率の高い教育　2）自然と親しむ教育　附、剛健不撓の意志の教育　3）心情の教育　附、鑑賞の教育　4）科学的研究を基とする教育
2）奥野と同時期に国語関係の著作を残している私学訓導に、慶応幼稚舎の菊池知勇がいる。『児童文章学』（1929）『児童言語学』（1937）を執筆している。
3）①は西尾実説、②は輿水実説、③は渡辺茂説（戦前）、④は渡辺茂説（戦後）。
4）丸山は、「学者側」と「実際家」側の氏名を挙げている。学者側には、「東京高等師範学校教授保科孝一先生、同垣内松三先生、文明批評家土田杏村氏、第五高等学校教授八波則吉氏、弘前高等学校教授三浦圭三氏、山口高等商業学校教授今泉浦治郎氏、東京女子高等師範学校教授金子彦二郎氏、高田師範学校教諭平野秀吉先生等」［丸山1932：52］が、著書や雑誌に国語教育に関する研究を発表し、常に各地でその実際を指導したとしている。また、実際家側としては、「東京、広島の両高師、東京、奈良の両女高師の訓導諸氏、各地方師範の訓導諸氏をはじめとして、各地の実際家の研究は実にめざましいもであつた」［52］として次のように実名を挙げて紹介している。
「たとへば、東京高師の訓導として国語教育の研究に貢献した人々に、芦田惠之助氏、馬淵冷佑氏、飯田恒作氏、千葉春雄氏、宮川菊芳氏、田中豊太郎氏等があり、広

島高師の訓導には、友納友次郎氏、原田直茂氏、田上新吉氏、佐藤徳市氏等があり、東京女高師の訓導には、五味義武氏等があり、奈良女高師の訓導には、山路兵一氏、河野伊三郎氏、秋田喜三郎氏等があり、成城小学校の訓導には、奥野庄太郎氏、田中末廣氏等があり、浜松師範の訓導には加茂学而等があつた」[52]。そしてこれらの人々は、「所謂国語教育界の闘士」として、著書に、雑誌に、講演に、その「実際的研究の結果を発表して、実際界を指導し、且研究熱を高めた」[53]と丸山は記している。

5）検閲を受けていた期間は、1945年から1949年とされる。国立国会図書館の「プランゲ文庫」に含まれる児童書のマイクロフィルム化は2005年度から開始し、2010年度に総計約8千冊の作業を完了した。

第1章
大正新教育と成城小学校

　第1章では、奥野庄太郎の〈読むこと〉の教育の考察の前提として、奥野の活動の舞台となった大正新教育期の成城小学校の状況を、奥野との関連を踏まえながら確認しておきたい。まず、開校当初の成城小学校における新教育を支えた理念と背景を確認する（第1節）。続いて、当時の成城小学校の国語科教育の取り組みについて具体的に検討する（第2節）。最後に、同校の開校当初の研究体制について言及する（第3節）。

第1節　開校当初の成城小学校における新教育

　本節においては、成城小学校が創設直前に発表した「私立成城小学校創設趣意」の内容を訓導であった奥野の視線を勘案しつつ紹介する（第1項）。続いて、成城小学校の創設者である澤柳政太郎について、本書のテーマとの関連から考察し（第2項）、さらに、奥野の在職中に赴任してきた小原（鰺坂）國芳主事からの影響と成城小学校の展開について確認する（第3項）[1]。

第1項　「私立成城小学校創設趣意」に見る創立時の理念

　本項では、成城小学校創設時の学校創設の理念を概観する[2]。成城小学校の「私立成城小学校創設趣意」［赤井 1923：1］（以下「創設趣意」と記す）は、1917年初頭、「成城小学校開設をひかえて発表された。文字通り同校創設の趣意を各方面に明示した第一次的文書である。『教育界』（三月

号)、『新修養』などはこれを澤柳政太郎名で掲載しているが、実は澤柳と主事藤本房次郎との苦心の共作である」[北村 1979：424][3)]。澤柳校長を筆頭に9名の職員名が記されている「創設趣意」には[4)]、成城小学校創立にかかわった人々から見た当時の教育界の状況と、これから行われる「我校の希望理想」[赤井 1923：2]の教育像が凝縮して綴られている。

「創設趣意」の冒頭では、明治維新後半世紀間に我が国の小学教育がなした進歩を嘆賞に値すると評価しつつも、この50年の歳月によって因襲固定の殻ができ、教育者は煩瑣な形式に囚われかけたと、問題点を指摘している。その上で「今こそは此の固まりかけた形式の殻を打砕いて教育の生き生きした精神から児童を教養すべき時であらうと思ひます」[1]と宣言する。そして、「現に行はれつゝある欧州大戦乱は我国の教育界に向つてもひしひしと一大覚醒を促してゐます」と進行中の第一次世界大戦が教育界にも影響を与えていることを示唆し、この機運に乗じ、要望に応じて成城小学校は「教育上の新しき努力を試みんがために生れんとする」[1]とする。「創設趣意」に記されたこれらの表現からは、「固まりかけた形式の殻」の厚さと、世情が教育界へ及ぼす影響への危機感の大きさを窺い知ることができる。同時に、後述する4つの「希望理想」は、教育がそれらの問題に立ち向かう手段になり得ると信じられていたことを示している。奥野は創立時には成城小学校にはまだ在職していないが、当然、「創設趣意」を読み、共感したからこそ就職を希望したと考えられる。彼もまたこの時代の問題を共有し、「希望理想」をもち得る「教育上の新しき努力」の効果を信じていたということは想像に難くない。

その「希望理想」の具体的内容は、次の四つの視点から示されている。「一　個性尊重の教育　附、能率の高き教育」[2]、「二　自然と親しむ教育　附、剛健不撓の意志の教育」[3]、「三　心情の教育　附、鑑賞の教育」[5]「四　科学的研究を基とする教育」[6]である。次に、その内容を個別に検討することとする。以下本項における出典頁の記載のない引用は、成城小学校初の学校要覧である赤井米吉編『成城小学校　附成城第二中学校』(1923)(以下『成城小学校』と記す)の「一、組織経営の過去

現在 1創設の趣意」[1-8]からの引用とする[5]。

　第一項目「一　個性尊重の教育　附、能率の高い教育」においては、既に「個性発揮を重視すべき」との意見は繰り返され、誰もが是認するようになっている世情が指摘されている。具体的には、1学級60・70人の大集団を一人の教員で指導するのでは、型にはめた均一教育に堕するのも当然の結果であると現状の欠陥を示し、性質や優劣の差がある児童に「全然一様の教育」と「同一の進度」を強制する現状を「背理」であるとする。その上で、「集団教育、均一教育」にも特長はあり、場合によってはその必要もあるため、「本校は両者の特長を併せ取つて両者の矛盾を調和し得る道をくふうすることに努力する」とし、成城小学校では、1学級30人を限度として編制し、それによって「各児童天賦の能力を夫れ夫れ遺憾なく発揮」できるとする。
　また、「真の教育は個々の具体の人を対象とすべき」であるのに、従来の教育では、「一学期には何々まで、文字は何十字までなどと」児童の知識の範囲程度を平均した所に限定していると指摘している。そして、「初学年生をば知的には幾んど白紙と見做して、歯痒い程まだるい教授をやつてゐる」ことを、「むだな骨折」と批判している。同時に、「注入主義詰込教育」は言うまでもなく極力斥けるところであるとし、要するに「教授の方法も教材の分量程度も固定した形式に囚はれずに、個々具体の生きた場合に適合した教育」を施すことで「能率の高い結果を得るように」努力するとしている。
　ここには、個に応じた教育を行うことが能率の高い教育結果を招くという注目すべき論理がある。大正新教育に対しては、児童本位、児童中心という、児童側から捉えた主張の新鮮さが強調されがちであるが、成城小学校創設時の「個性尊重の教育」が、指導者側が能率的な教育を行うという姿勢と表裏一体であることが示されている点は重要である。つまり、教育においては、個に応じることの方が能率的であるという観点を表明しているのである。これは、明治期以降能率を求めて集団教育に転じたはずの日

本の学校教育に対する、明確な方向転換の意思表示である。同時に「集団教育、均一教育」一辺倒ではなく、「個性発揮を重視」することによって「能率」を求める学校であったことは、児童のみならず、教員達の個性や研究心も尊重されるという「希望理想」にも繋がっていたと言えよう。奥野は後に、「内面やむにやまれぬ研究心を包持してゐる」教師が、「その研究心を麻痺鈍化して特色のない平凡な所謂円い人間になつてしまふ」ことを嘆いている［奥野 1923.1208：396］[6]。そのような教員の変化を知っている奥野にとっては、「創設趣意」の第一項目が魅力的に映ったであろうことは想像に難くない。

　もう一点、第一項目に関して注目すべき点を指摘しておきたい。それは、先に記した文字指導に関する「歯痒い程まだるい教授」が「むだな骨折」であるとする根拠として、雑誌の購読に関する事象を具体的に挙げている点である。すなわち「東京の中流以上の家庭に育つた新入学生で、月刊の絵入雑誌を見てゐない者は恐くありますい」と述べられ、煩瑣な教授法や教授細目の形式に拘泥して最小限の分量の知識をこね回すのではなく、もっと「直截簡明に教へ、能力に応じて学科の進行を捗らせ、余裕があつたら教科書以外のものを教へて今より一層能率の高い教育をしたい」としているのである。自校の「創設趣意」の第一に掲げる項目の具体的な例が、文字指導や雑誌に触れる児童の姿であることは、開校当初の成城小学校の理念の根底で〈読むこと〉の指導を重要視していた証左であろう。

　第二項目「二　自然と親しむ教育　附、剛健不撓の意志の教育」では、「都会生活より来る悪影響と闘いつゝ、児童を教育しようとの覚悟を持つて」いるとし、「創設趣意」の前提が「我が校が東京と云ふ大都市の一角に位置を占むる以上、自然に帝都居住者の児童の教育所となる」とすることに特徴がある。ここでは、都会生活から見た教育上の「悪影響」が、「大都市生活の弱点弊所」、「強健者」ではない「薄弱児」、「早熟となり神経過敏となつてゐる子供を怜悧だなどと喜んでゐるのは寧ろ悲惨事」、「動もすれば陥りやすい柔弱逸楽の傾向」などと具体的に述べられ、当時の

第 1 章　大正新教育と成城小学校

「都会」に対する負の評価を明示している。その上で、「児童をして自然的な正常的な而して健全な発達を遂げしめる事に努め」ると宣言している。そこには、学校付近の戸山ケ原などの田園林野、校内の学校園で、「大空の下、大地の上で出来る限り自然を相手の教育をします」と「自然科 Nature-Study」を課程に採用する予告も含んでいる。さらに、「なるべく児童をして遠き祖先の原始的生活を繰り返すことによつて、心身の健全なる発達を図り」という当時流通していたスタンレー・ホール（1844－1924）の反復説に依りながら、人為的な体操よりも児童の自然に愛好する遊戯を重んじたいという姿勢も示す。それによって「おとなしくする事に是つとめる消極的訓練や児童をして自ら努力奮発せしめないやうな教育を排して、大に児童の意志の鍛錬を図りたい」と結んでいる。奥野は、本書の第 4 章で検討する「ライフメソッド／生活的読方」の一方法として、「ピクニック学習」などを提示している。「創設趣意」で「自然科」との関連から述べられている成城小学校の自然環境が、奥野にとっては、後に「読方」の一方法としても生かされるのである[7]。

　第三項目「三　心情の教育　附、鑑賞の教育」で言うところの「心情の教育」は、児童の心情を対象にした文言ではなく、教師側の心情に関する項目である。教育は「生徒可愛との愛の一念を基礎」として、その一念の上に全ての施設、工夫、研究が築かれなければならないとされている。訓導には、研究的精神の盛んな明晰な頭脳の人たることを求めるが、それよりもなお「温かい心情の人たる事」を要し、「道徳教育」「美育」「宗教教育（成立宗教の教育ではありません）」（（　）内原著）は皆「教師其の人の人格」によつて「解決される事と信じます」としている。個々の教員の資質に多大な重きをおいていると言えよう。それは、後述するような、同校の教員の採用方法から来る自信の表れとも考えられる。
　成城小学校の創設当初の訓導の採用方法は、独特であった。「年齢三十歳以下、「自體の健康」の條件を付けて教員を全国に公募したところ、出願書に論文を添えて応募してくる者が四、五十名に及び、藤本は澤柳と相

談の上、大体の候補者数名を決め、写真、履歴書と自作の「生ひ立ちの記」の提出を求めた。「生ひ立ちの記」は履歴を一層明らかにするとともに候補者の「文才」を試す方法でもあつた。この上、更に十数題にわたる試問を課し、回答を求めている」［北村　1979：420］。このような慎重な採用方法による自信が、上述のような教師の「人格」を「創設趣意」の中で言明できる根拠になったと推察できよう。

　この方法による採用はごく初期のうちに限られたが、北村和夫によれば、成城小学校創設後、澤柳死去の1927年12月までの10年半の間、同校同人（校長・主事・訓導・顧問・学校医・研究員）の総数は126名に及ぶという。北村は、この数に対して、この中に「各分野で開拓的な人物が多く含まれている」事実を示し、それは「全国の優秀な人材に向かって広く門戸を開放して訓導に迎えいれ、力量を深めさせる体制が整っていたことが一因だが、それだけ全国から注目を集めさせる存在でもあったわけである」［424］と述べている。一方、この事実を同校訓導の奥野の視線から見ると、1927年4月までの10年足らずの間に、100名近くの同僚を迎え、少なくとも60名の同僚を送り出したことになる[8]。この中には研究員も含み、また、数ヶ月しか在籍しない者もいる。この件に関する奥野の心情を記したものは見当たらない。しかし、このような状況は、一教員の視点からはまた別な様相を呈してくるのではないだろうか。すなわち、大正新教育期の「新学校」の一つの姿として教員の出入りが激しいという事実は、職場としては不安定な要素を抱えていたということである。

　さらに、この第三項目で「序でに申したい事」として、「趣味の教育、鑑賞の教育」に言及していることも重要な点である。「「文質彬々」たる教養ある紳士になり得る素地を作り上げるのが我が校の理想」だが[9]、今まで「鑑賞的方面を閑却してゐるのは誠に遺憾の事であります。単に歌はせ、画かせ、作らすのみならず、名曲名作をきかせ、見させて趣味を高める事をしたいものであります」としている。「序で」とはいえ、「趣味」「鑑賞」を重視している姿勢は、次節で検討する『尋常小学国語読本の批評』（1920）において奥野が国定読本の「趣味化」の必要を説いているこ

とに照らして、その根拠にもなり得るものである。後に奥野は国語読本の内容に対して批判するが、その背景には自校の「創設趣意」の理念が存在することは確認しておきたい。

　そして、第四項目「四　科学的研究を基とする教育」は、成城小学校の訓導達にとって、研究の根拠となる視点である。この項目について中野光は、「右の三つの項目（「創設趣意」の第一から第三項目）は、いずれも「新学校」の教育に共通する内容であったが、成城のもう一つの特色は、第四項目の「科学的研究を基礎とする教育」ということであった」[中野1968：129　（　）内引用者] としている。「創設趣意」では、小学校教育の研究は、これまでの中等・高等教育に比べれば盛んだが、それらの研究や議論は「多くは抽象的にあらざれば西洋丸写しで其の是非当不当に至つては結局、水掛論に終つて了う有様」だったとし、それまでの小学校教育の研究の在り方に疑問を投げかけている。これらの現状に対抗する研究方針が、「理論化せる実際、実際化せる理論即ち真の意味の研究的学校を以て理想と」するというものだったのである。ここで言う「科学的」の意味するものは、そこに記されている「教師としての日々の経験に重きを置き、綿密なる観察実験」によって積まれる研究を指しているであろう。奥野も含めて成城小学校で行われた、児童の実態を掴むための調査の中には、かなり細かく根気のいると思われる統計的な方法を採っているものもある。また、奥野の著作には、授業中の児童の発言の記述や綴方の転載なども多い。それらは、この第四項目の「科学的研究」を目指した「希望理想」に基づいていることは明らかである。

　またここでは、研究の状況は「学者と教育実際家との間に一大溝渠が横たわつていて学者の研究は実際家に省みられず、実際家の施設は根拠なき思付から割り出したもの過ぎないからだと思われ」ると分析している。そして、「能率の多い教育をするには是非とも学者と実際家との間に存する此の溝渠を埋めねばなりません」と訴え、両者の「溝渠」のために「どの位教師も児童も時間と財と精力とを浪費してゐるかしれ」ないという見方

が記されている。つまり、「学者」と「実際家」が「溝渠」を埋めることによって、第一項目に示した「能率」向上に繋がるという両項目の関連が示されているのである。第4章で詳しく検討するが、奥野が後に議論を挑む垣内松三も「学者」であった。この事実は、「創設趣意」を一つの拠りどころとしていたであろう「実際家」である奥野が、「学者」との間の「溝渠」を埋めるべく営んでいた研究だったという解釈も可能にするのではないだろうか。

奥野は折に触れて自校の教育について言及している。1925年6月号の『教育の世紀』誌上には「私どもの成城小学校」[奥野 1925.6e：75]を掲載しており[10]、そこには次のように記されている。

　　教育に関する実際的研究の確実性は児童に即した実験に俟たなければ得られない。然るに日本の何処に於てさうした実験的教育研究が行はれてゐるかそれは実に暁天の星よりも稀なものであらう。(中略：各教科等における研究課題を多数挙げる)
　　それらを挙げて来ると実験的に研究されるべき問題は実に数多いのである。又これらの問題は児童に即して実験的に研究されなければ学者の議論だけでは到底解決のつかない問題である。

[奥野 1925.6e：76　(　)内引用者]

ここには、「児童に即した実験」に裏打ちされた「実際的研究」が未だ少ないことに比して課題が多いことと、「教育に関する実際的研究の確実性」のためには、「学者の議論」だけではなく目の前の児童に応じた実験的な研究が必要であることが説かれている。ここには明らかに「創設趣意」第四項目の「科学的研究」の必要性を説く姿勢と共通する視点が提示されていると言えよう。

以上、成城小学校の「創設趣意」を、奥野との関連で概観してきた。上述のような理念の下、奥野は成城小学校における教育研究活動を始めたのである。

第1章　大正新教育と成城小学校

第2項　背景としての澤柳政太郎

　続いて、成城小学校校長澤柳政太郎の言説を本書との関連から確認しておきたい。澤柳校長の言説は奥野の訓導としての、また、国語科教員としての思考に重要なインパクトを与えている。その影響については後の章で触れるが、ここでは、奥野の背景としての澤柳政太郎を見ておきたい。

（1）『実際的教育学』(1909) と「創設趣意」・「国語科」
　「『実際的教育学』は、教育研究者としての沢柳政太郎の主著である。官界・学会をして教育運動と多方面に活躍した彼には幾多の著書、論文があるが、教育学を体系的に展開したものとしてはこの本がもっともまとまつ（ママ）たものである。（中略）内容は、第一、第二章が教育学の学問論、以下その学問論の上に立つた（ママ）自身の教育学の体系的展開という特長ある構成になつ（ママ）ている」[滑川他 1962：203]。
　ここではまず、前項で検討した「創設趣意」との関連で注目すべき『実際的教育学』の論点を確認したい。同書の「第一章　従来の教育学を論ず」において澤柳が従来の教育学を6項目から批判している中で[11]、「第二節　従来の教育学はあまりに実際と没交渉である」[澤柳 1909：14] で述べられている内容を見てみよう。澤柳はここで、「従来の教育学は実際と没交渉である」[18] という指摘を行っている。例えば「教育の目的」が、家庭教育の目的、学校教育の目的、社会教育の目的、普通教育と専門教育の目的のように、個別に研究されることなく「単に教育の目的を概論するばかり」[12] であり、これらに「共通の目的は教育の実際に於て甚だ関係のないものである」[14] としている。また「教科論」に対しても、それは精密に論じられているが、日本では教科は法令で決められているので、その改正や修正を促すという議論に至らないのであれば、学校教師のための教育学書においては「実際と何等の関係のない教科論を詳細に講述することを省略すべき」[25] だとしている。ここで澤柳が視野に入れる

37

法令の改正は、「教育学」が「実際」と「交渉」した状態だと考えられており、その状態に至る内容でなければ教科論には意味がないと述べている。

澤柳は「教育学」と教育の「実際」との関係について、以下のように述べている。

  学問は必ずしも直接に実際の利益を目的とするものではない。併しながら教育学はこれを一種の科学と云ふけれども、唯だ真理のために研究すると云ふものではなく、実際と最も密なる関係のあるべきものである。教育の理論は如何に深く如何に高尚に研究するも毫も厭はない。否、希望すべき事柄である。併しながら如何なる点から考えても実際に何等の関係を有せざる如き研究は甚だ取る所ではない。［26］

ここでは、教育学は必ずどこかで教育の「実際」と接点をもつべきであるということが、当時の教育研究の実情に照らし合わせて述べられている。澤柳のこの視点は、先に言及した成城小学校の「創設趣意」における「学者と実際家との間に存する此の溝渠を埋めねばなりません」［赤井1923：6］との決意に展開されていることを確認できる。

また、「創設趣意」においては、この「溝渠」を埋める手段として「科学的研究」の素養がありその精神の旺盛な者を訓導にして、「教育的研究を実際と一致せしめんと努める」［6］と記されていたが、ここで記されていた「科学的研究」の意味するところも次の『実際的教育学』の言説に遡ることができる。澤柳は、同書において当時の教育学の諸説が区々であるということを指摘している。二、三百年前の教育は、各施設者の随意の事業だったので「教育の事実」を捉えきれず区々でも仕方なかったとした上で、次のように述べている。

  然るに今日に於ては、教育の事実は至る所に之を見ることが出来るのである。科学として研究するには、教育の事実は決して乏しきを感

じないのである。この事実を対象として研究することに依つて、その間に行はるゝ所の自然の法則を発見することが出来るのである。更に事実に訴へて実験を積む必要もあるであらう。教育学が科学として成立たんとしたならば、必ずこの教育の事実を対象として研究しなければならぬと思ふのである。　　　　　　　　　　［澤柳 1909：57］

　上述の澤柳の主張に重ねれば、「創設趣意」で言う「科学的研究」とは、教育学者がそれぞれに考えた「教育学」ではなく、大正当時において既に「決して乏しきを感じない」状態にまでなっていた「教育の事実」を対象にして、帰納的に「自然の法則を発見する」ことを指していたと言えるだろう。

　次に澤柳の述べる国語科について確認したい。『実際的教育学』の「第十章　教授の任務」は、「第一節　概論」「第二節　実質的任務」「第三節　形式的任務」「第四節　修身科について」「第五節　国語科について」「第六節　図画・唱歌及び体操科について」と構成されている。第5節の「国語科について」は、概略的な内容ながら、成城小学校の国語科の教育、あるいは奥野庄太郎の国語科の教育に繋がる内容を含んでおり興味深い。
　まず、澤柳は「言語文字を教授し、思想を発表する能を養ふのが国語科の目的である」［250］として、そこに疑問はないとする。その上で「近来現在の学校教育に於て美術的教育が欠如して居ると云ふ議論がある。或は情育が欠けて居るという議論がある」［250］と紹介した上で、「国語科に於て此等情育、美育の目的を或る程度まで達せられるのではなからうか」［251］と提案する。もとより、国語科は「純粋の文学を教授するものではない」としながらも、「文学上の趣味を養成し、即ち情育美育に資する所があるのは当然」［251］だとして、次のように忠告している。

　　今日の国語科に於ては、多くは普通の文字を教へ、普通の文字を使

用することを教へ、日常普通の文章を授くることに専らである。言語教授の目的はこゝに止まるものであるか。国語科に於ても基礎的のことを主として授くる必要がある。しかるに実用的でないと云ふ非難があるがために、教授を成るべく実用的ならしめんと努めて根本の目的を忘るゝことはなかろうか。（中略）言語教授の道徳上、或は美育上に於ける関係を等閑に付する如きことがあつては、甚だ遺憾なることと云はなければならぬのである。　　　　　　　　　　　　[252]

　ここでは、国語科を言語教授と捉えた上で、「普通の文字」「普通の文字を使用すること」「日常普通の文章」それぞれの教授を、国語科における「基礎的のこと」として重視している。一方で、「根本の目的」としての「言語教授の道徳上、或は美育上に於ける関係」の存在が明記されている。このことは、すなわち、読む対象である教材の内容に対し、道徳上美育上の貢献や文学上の趣味の養成を期待しているということである。ここにも、具体的な表現ではないものの、8年後に開校する成城小学校の「創設趣意」に記されている「趣味の教育」「鑑賞の教育」や、同校における国語科の教育に結実する要素を読み取ることができる。『実際的教育学』内の国語科における「基礎的なこと」と「根本の目的」を両立させる認識は、後に奥野の〈読むこと〉の教育によって、「実際」の中で実現されていったと見ることもできるのである。

（2）澤柳政太郎と奥野庄太郎
　ここでは、澤柳の奥野評に言及しておきたい。奥野が澤柳に対して尊敬の念を示す文章は散見する。例えば、『教育問題研究』誌上で、澤柳著「自分のこと」が掲載させている澤柳の還暦特集号に、奥野は「先生の暗示による国語研究の開展」［教問61 1925.4：173］という論稿を寄せている。第2章以降言及するので詳述は避けるが、ここには、奥野が澤柳から示唆を得た国語科の研究テーマが12項目記されている。これら澤柳の持論のインパクトは、奥野自身の具体的な研究テーマに置き換えられ展開され

第1章　大正新教育と成城小学校

ていったと考えられる。

　一方、澤柳が、奥野について言及しているものは奥野の著作の「序」に集中している。奥野の著作において澤柳が「序」を寄せているものは、出版年月順に、『お噺の新研究――聴方教授の提唱――』(1920)、諸見里朝賢との共著『読方教授の革新――特に漢字教授の実験――』(1921)、『英米小学教育の実際　附　世界一周紀行』(1923)、『綴方指導の原理と其実際』(1924)、『聴方教育の原理と実際』(1928) の5著書である。このうち1928年出版の『聴方教育の原理と実際』には、奥野の「自序」の中で、同書の完成に先立って澤柳の逝去に逢ったため『お噺の新研究』の序文を掲載したという断りがある。

　各著書において、澤柳が奥野を評価している点は、「大部分が著者の実験と思索の結果である」［奥野 1920.0928：序2］、「本書は以上の実験を中心として併せて読方教授の革新に及んだものである」［奥野他 1921.0927：序5］、「いふまでもなく、欧米教育の大体を知らうとするならば必ず失望する、本書は毫もそんな目的をもつてゐない。実に外国の小学校の実際を明にしたものでは本書にますものはない」［奥野 1923.1208：序4］などの記述からも明らかなように、著者である奥野自らによる実験や実地調査に基づく思索の表明だという点である。『お噺の新研究――聴方教授の提唱――』『読方教授の革新――特に漢字教授の実験――』『綴方指導の原理と其実際』の3著書は「成城小学校研究叢書」でもあり、澤柳は「我校に於ける研究が厳密に組織的系統的でない欠点をもつてゐるけれども、その結果は大体間違いないものであると断言しうる」［奥野他 1921.0927：序5］と「我校」の「欠点」にも自覚的になりながらも、具体的な事例やデータを提示し続けるという同校の方針を実直に貫いた奥野への賞賛を示している。

　これら序の中で澤柳は当然のことながらそれぞれの著書のテーマに沿った文章を記しているのだが、『英米小学教育の実際　附　世界一周紀行』には、奥野の人物評も記されている。

41

我が奥野君は多年成城小学校に一訓導として児童の教育に当たられた人である。君は教育に従事する間は日夕児童を相手に親しく教育に従事せんとの志をもつて居られる人である。礼を厚くして学校長に聘せられても、必ず一言の下に之を謝絶せられる人であると思ふ。君は一度英なり米なりの小学教育を専一に研究して見んとの志を起こされた。
　　　　　　　　　　　　　　　　　　　［奥野　1923.1208：序2］

　澤柳が、奥野の人物像を語っている文章はほとんど見られないが[12]、上記引用からは、澤柳の奥野に対する信頼を読み取ることができる。ここに示されている奥野の児童への眼差しと、海外視察に向けた志の高さは、校長の目から見た職員に対する評価と言えようが、次章においては、この二点が奥野の人物像を的確に語っていることを明らかにすることになるであろう。

　本項の最後に、澤柳が『教育問題研究』上に著している論稿について触れておきたい。澤柳は、『教育問題研究』上に5編の遺稿も含め60編の論稿を掲載している。そこでの視点は多様である。『教育問題研究』の編集を担当していた奥野にとって、自校の校長からもたらされる原稿は、学校外部の広い世界に向かって開かれた窓であり、何物にも代え難い刺激を享受できる情報源だったと推察できる。それらの中には「読むこと、書くことは並行しない――成城小学校に於ける一発見」(1920.6)「言語に四種の別あるを論じて国語の新教授に及ぶ」(1920.7) など、後の章で検討する国語科に直結する事項に関する示唆もあるが、次に示す論稿からは澤柳の多彩な視点を観取することができる。
　「小学教育の改造」(1920.4)、「世界教育会議」(1923.9)、「教育会館の建設に就て全国二十万の教育者に訴ふ」(1923.6)、「パーカスト女史を歓迎します」(1924.4) 等は、成城小学校長や帝国教育会長という立場に伴う論稿である。「職業選択の自由を述べて教職に及ぶ」(1921.3)、「戦後の教育」(1922.8)、「震災について」(1923.10) 等は、時宜を得たテーマに対する見

解の表明である。「デューウィ教育学説の研究を読む」(1921.2)、「児童の言語と思考」(1927.3) は、それぞれ、1920年に出版された永野芳夫『デューウィ教育学説の研究』の紹介と1926年のジャン・ピアジェの児童の言語と思考についての研究の紹介である[13]。また、「成城小学校と教育の研究」[澤柳 1921a：69] は、三つの忠言、すなわち、第一に同校の顧問の長田新から送られた「成城小学校職員諸君」で始まる「書面」[70]、第二に雑誌『帝国教育』に掲載された主筆三浦藤作著「閑話」[71] と題する論評、第三に「『神田生』なる人からの長文の手紙」[74]、それぞれの「忠言」に対する申し開きと返礼を兼ねた文章である。例えば、長田の忠言の内容は、開校後3年経った同校における研究姿勢や『教育問題研究』上の論稿内容が、「単純な思想さへ果たして成城小学校の教育の事実に依て裏付けられてをるか」[70 長田の書面内] と、「教育の事実」を重んじるとした当初の姿勢と異なるのではないかなどの指摘である。それらに対して澤柳は、丁寧に批判の意を汲み、反省し、しかし全てを鵜呑みにすることなく誤解を解く努力をした上で、「成城小学校の教育問題研究も誠に幸である、過があり及はざる所があれは、人々之を指摘して呉れる。我々同人は虚心坦懐其の忠言に耳を傾ける雅量をもちたいと願つてゐる」[77] と謙虚に結んでいる。

　一方奥野は、同号の編集後記に当たる「編輯室（所感）」(1921.1) において、次のように述べている。

　　本校に対しては色々な批評もあります。何れにしろ我々は只自らの信ずる所を実行して事実を以て色々な問題の解決にお答へしたいと思ってゐる。
　　今は実行の時代である。試みんとする所はどしどしと試み、冷暖自知、自らよく之を体験して、その凡てを確実な実験的基礎のもとに改造してゆきたい。
　　ご忠告を感謝します。併し誤解もあります。
　　吾々は一面反省すべきは大に反省し、更に不退転に健実な勇戦敢闘

を続行して、遂に大たる貢献を捧けたいと熱望してゐる。
〔ママ〕

［教問　1921.1c：98］

　ここには校長澤柳の謙虚な姿勢に学びつつも、「確実な実験的基礎のもとに」という共通理解の上でますます邁進する気概が示されている。澤柳は、自身の経歴を振り返り、「私は教育界の渡り鳥であった」［滑川他1962：203］と述べたとされるが、その人生の集大成として小学校を創設した澤柳と、これからの教員人生において「一度英なり米なりの小学教育を専一に研究して見んとの志」を起こしたとされる奥野との年輪の差も垣間見られ興味深い。

　以上、奥野の背景としての澤柳を考察した。奥野の在籍中に成城小学校は、小原國芳主事を迎える。彼の赴任によって、奥野にとっての教育研究環境に変化があったと考えられる。次項で、小原主事の赴任によって成城小学校に生まれた状況を確認しておきたい。

第3項　小原國芳主事の赴任と成城小学校の展開

　小原が成城小学校主事となったのは、奥野が成城小学校訓導となってからちょうど1年後の、1919年12月のことである。北村は、小原赴任と『教育問題研究』の発行の経緯を次のように記している。

　小原の「赴任の直後に『教育問題研究』の発刊が決まった[14]。彼は、「真に特色あり一体系あるしかも自己の体験より生まれいづる教育雑誌を出したいことは、成城小学校当初からの願いであった」と記録している」［北村　1991：5］と言う。そして、1920年4月、「「主として小学教育に関する諸般の問題を根本的に研究する」目的の教育問題研究会が設立され、会の機関誌という形で『教育問題研究』が創刊されることとなった。会則によると、同会は会の趣旨に賛成する者及び成城小学校職員をもって組織し、同校校長を会長とし、職員を幹事として事務所を校内に置くとした」

［5］。「編輯者は鯵坂（小原）国芳、編輯所は成城小学校内教育問題研究会であった」［7（　）内引用者］。

　『教育問題研究』の創刊号（1920.4）では、澤柳の巻頭文である「創刊の辞」に次いで奥野著「聴方教授の誕生」が掲載された。成城小学校赴任後に公表した奥野の論稿としては、「国語読本の人文科的教材」［奥野1920.0125］（『国語読本の批評』所収）に次いで、2本目である。奥野以前に「聴方教授」「聴方教育」を冠した論稿は管見では見当たらず、「聴方教授の誕生」が聴方教育の嚆矢であろう。また、奥野は同誌の創刊号から、編集後記である「編集室」を担当することになる[15]。奥野にとっては、小原の赴任によって生まれた機関誌『教育問題研究』によって著述の場を得たことになる。自らの考察を文字にして発表する環境を維持し続けられたことは、その後の彼の教育観、言語観、国語教育観等を形作る上での舞台が準備されたことを意味する。小原の赴任は結果的に、奥野の思考の展開に大きな役割を果たしたことになる。

　次に成城小学校の創設・開校から、牛込の成城小学校分教場の閉鎖までの主要な動きを略年表にして確認することとする。『成城学園九十年』［『成城学園九十年』編集小委員会 2008：587-610］の記述から奥野が成城小学校に在職した当時の成城小学校の動きを抜粋し、さらに奥野に関連する事項を追記して下線を引いた。

・1917年4.4
　澤柳政太郎、東京市牛込区（現在の東京都新宿区）原町三丁目財団法人成城学校経営の成城中学校敷地内に、私立成城小学校を創設・開校、第1回入学式を行う。初代校長に澤柳政太郎、主事に藤本房次郎が就任。入学児童は、第1学年26名、第2学年6名。
・1918年12.16
　<u>奥野庄太郎、成城小学校訓導になる</u>[16]。
・1919年5.25
　成城小学校研究叢書の刊行始まる。（『児童語彙の研究』ほか15巻）。

- 同年12.15

  鰺坂國芳（のちに小原と改姓）、訓導兼第二代主事に就任。以後、奥野退職時まで小原が主事。
- 1920年4.1

  成城小学校内に教育問題研究会を発足、機関誌『教育問題研究』を創刊。
- 同年11.11 – 11.16

  成城小学校第1回教育講習会開催（外部参加者223名）。
- 1921年8.1

  児童雑誌『児童の世紀』を創刊（第12号まで）。同誌において奥野も童話を執筆。
- 同年8.2

  澤柳校長、長田新・小西重直らとともに第一次世界大戦後の欧米教育視察に出発（翌年6月30日に帰国）。
- 1922年3.19

  成城小学校第1回卒業式。
- 同年4.10

  成城小学校内に成城第二中学校を創設・開校、第1回入学式を行う。初代校長に澤柳政太郎、主事に小原國芳が就任。入学生徒25名、うち成城小学校からの進学者11名。
- 同年8.10

  奥野、アメリカに向けて横浜港から出発。（英米視察に関する記述は［奥野1923.1208］を参照）

  小原國芳、大日本学術協会主催「八大教育主張講演会」（於：東京高等師範学校大講堂）で、「全人教育論」を提唱。
- 同年9.3

  奥野、ニューヨーク滞在開始。
- 1923年1.30

  奥野、ロンドンに向けてニューヨークから出発。
- 同年2.7

  奥野、ロンドン滞在開始。
- 同年2.21

  ダルトン・プランの研究授業を行う。
- 同年4.5

成城小学校最初の男女組春季学年入学式（男女共学制を採用）。2年柳組に女子2名転入。
・同年5.26
奥野、日本に向けロンドンを出発（5.1から5.5？パリに滞在）。
・同年7.11
奥野、帰国（神戸港）。
・同年9.1
関東大震災（午前11時58分44秒、マグニチュード7.9）。成城小学校の罹災児童、30余名、うち1名死去。当分の間、休校。
・同年9.17
成城小学校、2学期の授業開始（ただし、出席率56％）。（成城第二中学校は9.11授業開始）。
・1924年4.2
ダルトン・プランの創始者、ヘレン・パーカスト来日。奥野、前夜から横浜に滞在して、パーカスト一行を横浜港に迎える。4.3の市内見物、4.4の市内小学校参観に奥野同行。（パーカスト来日から、仙台等の同行紀は、「ミス、パーカスト観光案内紀」［教問50　1924.5：76］として、同年5月号の『教育問題研究』に掲載。
・1924年4.5－4.7
パーカスト講演会（於：成城小学校）。
・同年4.8－4.12
パーカストの日光・中禅寺湖観光、仙台市内観光、市内学校参観、仙台講演、松島見物等の旅に奥野同行。
・同年4月
全校にダルトン式学習法の採用を決定（1933年7月まで実施）。
・同年5.12
ヘレン・パーカスト、成城小学校授業参観。
・同年7.6
新校地（府下北多摩郡砧村喜多見）の起工式を行う。
・同年12.1
成城小学校内に東京児童音楽園を設置、開校式を行う。入園志願者、39名。
・1925年4.12
成城第二中学校、府下砧村へ移転、開校式を行う。

同敷地内に成城玉川小学校を併設・開校。
・同年5.5
成城幼稚園を創設。初代主任に小林宗作が就任。入園児6名。
・1926年3.15
高等学校令に基づく7年制高等学校（尋常科4年・高等科3年）設立の件、認可される。これによって、成城第二中学校を廃止。また、財団法人成城学園の設立が認可され、従来名義上の経営者であった財団法人成城学校より分離独立する。
・同年4.21
成城高等学校を創立・開校、第1回入学式を行う。
初代校長に澤柳政太郎、主事に小原國芳、尋常科主任に仲原善忠、高等科主任に銅直勇が就任。
・同年8.1
雑誌『全人』創刊（第20号まで）。
・1927年4.11
成城高等女学校（5年間）を創設・開校、第1回入学式を行う。総合学園の完成。初代校長に澤柳政太郎、主事に小原國芳、主任に上里朝秀が就任。入学生徒19名、うち11名は成城小学校と成城玉川小学校からの進学者。
・同年6.11
成城小学校創立10周年記念祝賀会を行う。『現代教育の警鐘』（同文館）を記念出版。
・同年9月
幼稚園・小学校・児童音楽園、祖師谷地区に移転のため校舎建築を開始。
・同年12.24
澤柳校長、旅行先で罹った悪性の猩紅熱のため逝去。
・同年12.26
小西重直、財団法人成城学園初代理事長に就任。
・1.9
児玉秀雄、牛込の成城小学校校長に就任。
・1928年月日不明
奥野、1927年度末をもって、成城小学校退職[17]。
・同年4.1
成城小学校を移転、成城玉川小学校を併合、成城小学校本校とし、牛込の成

第1章　大正新教育と成城小学校

城小学校を成城小学校分教場（1年～3年生、60名）とする。
・同年4月
　雑誌『教育問題研究』と『全人』を合併し、『教育問題研究・全人』を刊行（第21から40号まで）。
・1929年3.3
　成城高等学校第1回卒業式（卒業生64名）。
・同年4.1
　成城小学校分教場に残した児童を全員本校に移し、分教場を閉鎖。
　小原國芳、財団法人玉川学園を設立、玉川学園小・中学校校長に就任（4.8開校式）。

　以上、成城小学校開校から、奥野退職の翌々年度4月までの成城小学校の動きを概観したが、この経過からは、成城小学校や奥野にとって二つの特徴的な状況とその影響を確認することができる。第一に、奥野が在職した期間が、成城小学校の開校時に入学した2年生が上級学校に進学するのに合わせて成城小学校が拡大していった、その時期に重なるということである。開校時に2年生だった児童を1922年3月に第1回成城小学校卒業生として送り出した同年4月、校内に成城第二中学校を開設し、その3年後の1925年4月に府下砧村に同中学校を移転させ開校すると共に、砧村の敷地内に成城玉川小学校を併設・開校している。そして同年度内に高等学校令に基づく7年制高等学校設立の件が認可され、成城第二中学校を廃止、翌1926年4月には、成城高等学校（尋常科4年間、高等科3年間）を創立・開校している。更に翌1927年4月には、成城小学校に女子の受け入れが始まった年に2年生に編入した女子の進学に合わせて成城高等女学校（5年間）が創設・開校したことによって、成城の「総合学園の完成」となる。同年は、成城小学校創立10周年に当たり、記念祝賀会も行われ『現代教育の警鐘』も記念出版されている。そして、同年9月から幼稚園・小学校・児童音楽園が移転のため祖師谷地区に校舎建築を開始していたが、翌1928年4月には、成城小学校を移転、成城玉川小学校を併合し、成城小学校本校とし、牛込の成城小学校を成城小学校分教場とした。ほぼ10年間に、め

まぐるしく開校、移転、閉校等を繰り返した軌跡を読み取ることができる。

　これらの学校移転、開設の動きは「二代目主事小原國芳の奔走」[北村 1979：433]によって行われたとされる。一方で、小原主事と澤柳校長との学校観に違いがあったことは知られている。小原が、成城小学校の児童の将来を考えて新たな場を準備することについては、金銭面も含めた「奔走」が必要だったことは否めないだろうが、それに対して澤柳は、先に「創設趣意」に見たように研究的学校、実験学校としての成城小学校を目指していた。その学校観の違いから来る澤柳と小原の主張の細部の違いやそのことの学校体制への影響は、少なからず存在したと推察される。その中にあって奥野は、澤柳校長から大きな研究的示唆を受けつつも、小原主事の手腕によって成城小学校が砧の地で拡大していく一部始終を見届けることになる。

　奥野は、上述のような、いわゆる学校内の政治的な状況に言及している著述を残していない。そのため、両者の中間で奥野がどのような心情であったかは事実の中から探ることしかできない。先の成城小学校の動きと奥野の動向を見る範囲では、訓導としての務めを果たしつつ、淡々と自分の研究の機会を最大限に生かしてきたように見える。例えば、小原の赴任に伴って発刊された『教育問題研究』での執筆活動や、澤柳の勧めだと考えられる英米視察もその例と言えよう。また、その視察が転機となってパーカスト来日時に案内役を務めるなど重要な役割を果たす機会にも貢献できた。これらの点からは、奥野は澤柳からも小原からも支持を得ながら教育や研究に邁進することができた状況が見えてくる。

　一方、1927年12月の澤柳校長の急逝により成城小学校の状況が急変したことは略年表からも読み取ることができる。澤柳校長の死去と小原による成城小学校の移転と奥野の訓導生活の終了という三つの事象が何かしらの関連をもったことは想像に難くない。奥野は、拡大発展する成城小学校が、最終的に「総合学園」を完成させる経緯の中で、澤柳校長の不在となった牛込の成城小学校をその年度末には退職し、訓導生活に終止符を打

つことになるのである。しかし、奥野の〈読むこと〉の教育の追究を課題とする本書においては、奥野が砧に移って訓導を続ける道を選択しなかったという事実を押さえるに止め、次に、成城小学校の国語科に関する取り組みを考察したい。

第2節　成城小学校の国語科教育の取り組み

　本節では、成城小学校における国語科教育に焦点を当てて検討する。まず、奥野在職当時の成城小学校の国語科のカリキュラムを確認する。続いて同校から出版された『尋常小学国語読本の批評』（1920）を考察し、同書に見る成城小学校の国語科の思想を確認したい（第1項）。続いて、1924年5月に出された文部次官通牒による波紋と、翌1925年1月の「非常によく構想された、壮大な企画」［塩見 1980：80］であったとされる『教育問題研究』誌の「児童図書館号」と題した特集号を考察したい（第2項）。この考察は、成城小学校全体の〈読むこと〉の教育への取り組みを示すものになると考える。これらの検討は、奥野にとっての職場としての成城小学校の一面を示すものとなり、奥野の〈読むこと〉の教育の直接的な背景になる。

第1項　成城小学校国語科のカリキュラムと『尋常小学国語読本の批評』

（1）国語科のカリキュラムと修身科・読書科との関連

　まず、奥野の在職当時の国語科のカリキュラムを示すと同時に、修身科と読書科の状況とそれらに対する成城小学校の考え方を、奥野の〈読むこと〉との関連から示しておきたい。成城小学校開校当時は、1900年8月公布の第三次小学校令下にあった。同小学校令において、それ以前の科目であった「読書」「作文」「習字」に代わって「国語」が教科目として誕生し

ている。同月制定の「小学校令施行規則」の「第一章　教科及編制　第一節　教則　第三條」においては、「読ミ方、書キ方、綴リ方ハ各ミ其ノ主トスル所ニ依リ教授時間ヲ区別スルコトヲ得ルモ特に注意シテ相聯絡セシメンコトヲ要ス」［文部省 1900?：6］とされており、「国語」の中で互いに関連させながらも「読ミ方」「書キ方」「綴リ方」の教授時間を区別することが可能だとされている[18]。しかし、成城小学校においては、これらの内容と異なる特設教科を設けていた。水内宏著「成城小学校におけるカリキュラム改造と澤柳政太郎——若干の特徴点——」(1979) では、「澤柳と成城小学校の実践は、いくつかの師範学校附属校などの場合と同様、一般公立学校ほどには権力的統制を受けなくてもすむという当時の私学の特殊性を活かしつつ、実験学校として教育の内容面にわたる諸改革を試みた最初の本格的な動きであるという点で、歴史的な意味をもつ」［水内 1979：459］とされ、当時の成城小学校の実践が「個別的な教科の枠をこえ、カリキュラム全体の改造に迫ろうとしたものとしては」［460］嚆矢だったことが示されている。

　成城小学校の開校当初の国語科のカリキュラムは、1923年7月発行の『成城小学校』の「各科学習時間数」［赤井 1923：16］の表から窺える[19]。これは奥野の在職中の記述であるため、以下、『成城小学校』を手がかりに当時のカリキュラムを確認したい。

　「各科学習時間数」は、成城小学校創立後6年目の時間数である。同表によると、国語科に属する教科として「読方」「聴方」「読書」「綴方」「書方」が記されている[20]。ただし、第1学年においては、五つに分類されず、「国語」として12時間を割り当てている。第2学年以上の各科の一週間当たりの時数を示すと、「読方」は2・3年生で5時間、4・5・6年生で4時間。「聴方」は2・3年生で2時間、「読書」は2・3・4・5・6年生で1時間、「綴方」は2・3・4・5・6年生で2時間、「書方」は、2・3・4・5・6年生で1時間の割り当てである。なお、第1学年の内訳は、表には記されていないが、本文の「聴方科」に関する記述では、1年3時間、2年2時間、3年2時間とされている［28］。また、時

代が下がって4年後の1927年6月にも、奥野による「聴方を尋常一年に一週三時間、二年に一週二時間、三年に一週一時間の割で之を課して」［奥野 1927.0611a：43］という記述がある。この時点の「聴方」に関して、以前同様第1学年において3時間、第2学年において2時間とっている一方で、第3学年において1時間減らしていることが分かる。時数の増減は、「研究的学校」としての模索の一端を示していると言えよう。

　次に、国語科と修身科の関連について見ておきたい。成城小学校においては、修身科を第4学年から開始するとされていた。先の「各科学習時間数」の表においても、「修身」は4年生以上に週1時間の割当てである。これは、澤柳校長の持論であったが、一般的に第1学年から行われている修身科を第4学年から行うということは、当時の教育界では異例のことであった[21]。『成城小学校』では「二、各科の教授学習の趣意と実際　1 修身科」［赤井 1923：17］において次のように説明されている。

　　一　開始期の問題、尋常四年からはじめる。よく、修身科を軽視するものゝやうに誤解されるが決してさうでなはない。特に修身科を尊重する念からである。（中略）国家だの忠孝だのいふ六かしい問題が果して尋常一年生あたりに了解されやうか。尋一二三年生時代はむしろ道徳的には無記の時代ではなからうか。だから不必要といふのではなく、ホントに小供の心を破壊せない意味での修身教授が成立するならば、やるもよかろうと思ふが、さなきだに、修身科を偏狭に偏重し、読方も綴方も歴史も体操も一切を修身科の奴隷のやうにしすぎる我が国の旧来の思想に対しては吾々は到底賛成することは出来ない。たゞ真実の小供を作りたい為からである。換言せば早く大人にしたくないからである。生活準備説から解放されたいためである。つまり修身科を貴く尊重するからである。　　　　　　　　　　　　　　　［17］

　「読方」「綴方」「歴史」「体操」を「修身科の奴隷」としてはならない

という記述は、これらの教科が容易に修身科と結びついていた当時の一般の学校教育の実態を浮かび上がらせ、その危険性を指摘するものである。その上で、自校においては、「創設趣意」の「科学的研究を基とする教育」の中に見られた「教師としての日々の経験に重きを置き、綿密なる観察実験によつて根本的研究を積」［6］んだ成果によって、発達段階に叶った対応が行われていたということであろう。

　続く記述は、成城小学校における低学年観や聴方教育観を示すものであり、奥野の国語科の教育を考察する際の背景としても重要である。

　　　低学年に於ては、むしろ、あらゆる学科、すべての生活を通して、習慣とか行動とか、生活とか、乃至は教師の感化といつたやうなものを通して、不知不識の間に、道徳的生活に導きたいのである。しかも、「教育」や「教師」といふ観念が往々にして吾々の貴い道徳教育を、やゝもすれば有害で有毒である「徳学教育」に堕落せしめる。
　　　　　　　　　　　　　　　　　　　　　　　　　　　　［17］

　ここでは、「教育」や「教師」という高見から強いる「徳学教育」ではなく、低学年においては、「不知不識の間に」自然に道徳的生活に導くような「道徳教育」を行う必要性が述べられている。そして、次の引用のように、低学年における「聴方教育」や「読書の教育」が、明確に「修身教育」として位置づけられると同時に、その題材として「児童文学」が提示されていることは、国語科との関係からも注目に値する。

　　　低学年に於ては、聴方教授や読書の教育に於て貴い修身教育を施して居ると思ふ。実は他の学校以上の（「に」の誤植と思われる）アドラーが、「道端の花として」「プッヂングの中のプラムとして」与へよといふやうに、児童文学へ（「を」の誤植と思われる）通しての道徳教育を尊重したい。ムキつけでありたくない。一方には人間としての、道徳生活としてのさまざまの想像、さまざまの内容を沢山与へて置き

第1章　大正新教育と成城小学校

たい。それはたしかに彼らの一生を指導さる大事なフアクターになるであらう。　　　　　　　　　　　　　　　　［18（　）内引用者］

　ここには、当時の成城小学校における修身科と国語科との関係を考える際に重要な観点が含まれている。つまり、「聴方教授」や「読書の教育」が修身教育を「施して居る」と、国語科の範疇で道徳教育を行うことが明言されている点である。更に、それを「児童文学を通しての」と記しているところにも特徴がある。『成城小学校』の「読方科」の解説には「児童読物（現に副読本として使用しつつあるもの）」［21（　）内原著］として「尋一、二」「尋三、四」「尋五、六」別に各14、5冊の書名が挙げられている。その中の一冊には成城小学校が独自に編纂した副読本である『児童読本』も含まれる。つまり、既に、自校作の副読本も対象に含めて「児童文学を通しての道徳教育を尊重」した「読方科」の授業も実施していたということである。ここでは、国語科と修身科あるいは道徳教育が、「児童文学」を媒体として明確に結びついている。ただし、ここで言う道徳教育が「徳学教育」でないと明言していることは、再度確認しておきたい。
　これらの点は、奥野の〈読むこと〉の教育を考察していくに重要な前提になる。

　続いて「読書科」［24］について、『成城小学校』における内容を概観しておこう。その内容は「目的」「方法」「経営」に分けて記されている。まず「目的」として、次の３点を挙げている。

　1、読書力、読書趣味の滋養
　2、図書室に於ける読書、学習法の練習
　3、図書室道徳の養成　　　　　　　　　　　　　　　　　　　［24］

続いて「方法」について、次の５点を挙げている。

1、特定の読書時間に教師付添にて読書室に入り、随意の書を読ましめ、教師はその指導をなす。
2、昼食時休憩、放課后自由入室読書せしむ。
3、現在図書数約六百冊、及月刊雑誌数種、
　　その他　内外各画集、歴史、地理科学に用する写真帳、絵画集、肖像集等
4、図書の種類
　イ、童話、伝説、神話、
　ロ、童謡、詩歌、
　ハ、外国文学の傑作 ⎱
　ニ、国民文学の傑作 ⎰児童化したもの。
　ホ、歴史物語、伝記、戦争文学、
　ヘ、地理、旅行記、
　ト、趣味ある博物、化学。科学者の伝記、（ママ）
　チ、音楽、美術（絵画、彫刻）建築に関する、手引、肖像、写真、
　リ、科学工芸―現代文明に関する写真、
　ヌ、辞書類、
5、棚によって低学年向、高学年向と図書を分類しておく。

[24（　）内原著]

そして、最後に「経営」として、「現在の図書は凡て校費で購入したものである。将来は父兄後援会から年額五百円つゝ補助がある筈である」[26]と記されている。

第4章で採り上げる奥野の「ライフメソッド／生活的読方」に関する理論や実践にとって、この「読書科」の特設という環境が与えた影響は大きい。1週間に1時間程度、図書室を利用した時間を設けることは現在では当たり前に行われていることであるが、当時は施設面からも裏付ける理念面からも「読書科」の特設は難しかった時代である[22]。成城小学校が初期の段階で、「読書力、読書趣味の滋養」等の「目的」を掲げた科目とし

て「読書科」を特設したことは特筆すべきことであろう。

　さらに「方法」において、「教師はその指導をなす」と明記していることにも注目しておきたい。第4章で検討するが、奥野の実践の中で「読書科」においても、いわゆる「読ませ放し」ではない、教師による指導が意図されている。成城小学校の初期の小学校における学校図書館経営として、上述の「方法」の3、4、5に記されているような学校図書館環境整備や金銭にかかわる「経営」上の問題が明記されていたことは、学校図書館の運営と教育との密接な関連性を十分認識していたことを物語っている。奥野はこの方面に関して『児童文庫の経営と活用』(1928) を著し、図書の購入の資金の集め方や学校の経費別の図書選択の例など、学校図書館経営について具体的に詳細に検討している[23]。

　上述の成城小学校の当時の「読書科」の状況については、読書教育の実践史の視点からの一つの評価として、増田信一著『読書教育実践史研究』(1997) の考察を示しておきたい。同書において増田は、「読書指導の実践が最も活発であったのは、文部省の学習指導要領で「読書指導と読解指導とは車の両輪である」と位置づけられた昭和40年代であった」[増田 1997：11] としている。そして、その前史にあたる「大正時代の自由教育」に「読書指導の原点」[14] があるという見方を示している。その上で「読書教育の開花期」[39] と位置づけた大正時代の「各地小学校の読書指導の試み」[40] の第一に、「成城小学校の「読書科」」[40] を挙げている。ここで増田は、成城小学校訓導3人の論稿を提示しており、その一つとして、奥野庄太郎著「先生の暗示による国語研究の開展」(1925.4) を紹介している[24]。増田は、奥野の著書『綴方指導の原理と其実際』(1924)『聴方教育の原理と実際』(1928)『話方教育の原理と実際』(1928) を「国語教育史上の名著」[43] だとし、奥野本人に対しても、「大正時代を代表する理論家兼実践家が、読書指導に情熱を注いだからこそ、成城小学校の読書指導は、当時を代表する存在となり得たのである」[43] と高く評価している[25]。

（2）『尋常小学国語読本の批評』における論点

次に、1920年1月発行の『尋常小学国語読本の批評』における内容を整理することとする。本書は、成城小学校の開校後3年目の後半に「成城小学校研究叢書」の第四編として出版された。著者は「文学博士澤柳政太郎外九名共著」とされ、同校職員9名の分担執筆に加えて、「余論」として同校顧問の長田新による「スタンレー・ホールの読方教授説と我国現今の読方教授の革新　附　音読黙読に関する研究」［長田 1920：286］が載せられている。同書発行の2年前、1918年4月から第三期国定教科書『尋常小学国語読本』の使用が開始されている。いわゆる「ハナ、ハト本」である。成城小学校においては、同教科書に対して、使用開始2年目というごく早い時期に、その「批評」を発表したということになる。「批評」という文言を冠する同書の発表という行為自体に、成城小学校としての国語科に関する主張が明確にされているが、ここでは、各論者の内容から、奥野の〈読むこと〉の教育との影響関係が見られる内容を採り上げて考察したい。同書における分担執筆は以下の通りである。

　　序　　　　　　　　　　　　　　　　澤柳政太郎
　　第一章　緒論　　　　　　　　　　　澤柳政太郎
　　第二章　国語読本の言語及文章　　　田中末廣
　　第三章　国語読本の文字　　　　　　平田　巧
　　第四章　国語読本の人文科的教材　　奥野庄太郎
　　第五章　国語読本の理科的教材　　　諸見里朝賢
　　第六章　国語読本の挿絵　　　　　　渡邊福義
　　第七章　国語読本の分量及び配列　　古閑停
　　第八章　国語読本の取扱　　　　　　宮澤直孝
　　第九章　結論　　　　　　　　　　　佐藤武
　　余論　　スタンレー・ホールの読方教授説と我国現今の読方教授の革新
　　　　　　附　音読黙読に関する研究　　長田新

第1章　大正新教育と成城小学校

　執筆分担された内容は、言語・文章・文字という要素的な視点に始まり、人文科的・理科的という教材内容、挿絵、読本全体の分量と配列、さらにその取り扱い方に至り、国定読本を多面的に検討すべく編集されている。しかし澤柳は「緒論」で以下のように断っている。それは、「此の国語読本の批評研究は便宜上事項を分ちて分担して主として各自の分担の領分にて意見を述べることに」し、執筆者達が批評し合った後変更した点もあるが、「自己の意見の正当なるを信じて改める必要なしとしたものもあ(ママ)り、「厳密に云へば其の署名した部分のみについて各自責任を有してゐる」〔澤柳1920：7〕という確認である。それぞれの主張内容は第三期国定教科書に対する分析としては興味深いものだが、ここでは、第2章以降検討する奥野の〈読むこと〉の教育との関連から注目したい次の2点を検討することとする。第一に、批評のスタイルについて、第二に、批評の内容についてである。

〔批評のスタイル〕

　まず、本書における批評のスタイルについて、特徴的な点を挙げておきたい。それは、自分の担当する視点から、読本上の題材全てを分析する方法を採っている論稿が複数あることである。田中は、同読本の「編纂者八波氏の意見に従つて読本文章の実際を考察し、尚他に吾人の意見を述ぶることゝする」〔田中1920：36〕とした部分で、会話文の内容を検討している。八波則吉が、「此度の読本に於て新たに之（会話）を増加し、標準語の播布をはかり話方の練習に資したい」として「会話は父は父らしく母は母らしく弟は弟らしく家来は家来らしく、自然の会話を尊んだ」〔51（　）内引用者〕と言ったということに対して、田中は巻二を通覧して、個々の会話文を採り上げてその是非を述べている。例えば、「十二、ネズミノチエの会話は親玉らしい年取つた鼠と小さい小鼠との各々の自然の語調が出でゐて面白い」〔52〕、「六、ゆびのなの中、「それから、一ばんながいのが中ゆびで、中ゆびとおやゆびのあひだにあるのが人さしゆび、中ゆびと小ゆびのあひだにあるのがくすりゆびです。」といふ二郎の答はあまり整ひ

すぎて冗長の感を与へる。児童の言葉はそんな鈍いものではない」、「七、かんがへものも会話ばかりである。「どうもこまりました。……」はこれも力がない。児童らしくない」[53] というような平易な言葉による具体的な検討である。

このように、自らの検討課題の裏付けのために、題材を逐一コメントするこのような批評スタイルは、他にも、奥野と渡邊に見られる。奥野は、同読本が、美点はあるものの短所とする点もかなりあるとして、巻一から巻三の題材全てに対して[26]、「逐次的批評」[奥野 1920.0125：88] を行っている[27]。また、渡邊は挿絵について、「よいと思ふ点」[渡邊 1920：115 圏点原著]、「悪いと思ふ点」、「望ましいこと」[116 圏点原著] の3点で概説した後、「細説」[117] として全ての挿絵についてコメントを加えている[28]。このような帰納的手法とも言える検討方法は、「実験」と称する児童調査と併せて、当時の成城小学校の「実際」や「事実」を重んじる研究方法の一つの特徴を示している。

次に、国語読本の批評の観点について、同書の具体的な記述からも3点を確認しておきたい。ここからは奥野の職場において共通理解されていた国語科教育観を示すことができると考える。

〔批評の内容1──文字・語の教授について──〕

澤柳は、同書で「文字の教授に周到の注意を払う読本が、文字教育上如何なる根拠に立つて居るか。唯幼年の文字学修力は微弱のものであらうとのあて推量の下に偏せられてゐる」[澤柳 1920a：10] と述べているが、田中も同様に、読本上に用いられた語の選択の根拠が明確でないことを繰り返し述べている。そして次のように記している。

　　読本は純正にして国語の模範となるべき言語を選びてこれを教授し、もつて児童の語彙を豊富ならしめ、しかして彼等が知識感情の収得発表を助長するといふことは、その形式上に於ける最も重要忘るべ

第1章　大正新教育と成城小学校

からざる任務である。故に読本を編纂せんとするに当つては、特にこの形式上に於ける言語に対して、最も深き考慮を費やさざるべからざるものである。如何なる言語を、如何なる順序方法に依つて、幾何の分量だけ、之を読本に採用してもつて之を児童に教授すべきか、この読本に於ける言語教授の方針及び方法並に分量の確定は、実に読本編纂上第一に顧慮すべき重要問題なることを忘れてはならない。

［田中　1920：25］

ここには、①形式上の言語の教授が重要であるという観点、②児童の語彙を豊富にすることが大切で、それによって「知識感情」を収得し、発表することができるのだという観点、③その語彙の選択には、言語教授の方針、方法、分量という面から考えなくてはならないという観点が示されている。これらは、奥野の「聴方」「読方」の指導における語彙の問題や、彼の教材選択、教材作成に関する認識にも関連する観点である。

〔批評の内容2──読本上の文章の分量について──〕
　古閑は、「国語読本の分量及び配列」（1920）と題する論稿で、読本の分量が多い必要のあることは自明だとしている。この前提には、国定読本で提示される教材の分量が少ないという成城小学校における共通の理解がある。そして、分量を多くすることの目的を次のように記している。それらは、「一、個性に適応せしむるために」「二、児童の好奇心を利用するために」「三、時間的反復を行ふために」「四、帰納的に収得せしむるために」「五、読書欲を満足せしむるため」という5点である。これらは、新国定教科書である『尋常小学国語読本』がそれまでの『尋常小学読本』よりも「児童化」されたというプラスの評価に立った上での指摘である。例えば「一、個性に適応せしむるために」においては次のように述べられている。

如何に児童的な材料、児童化されたる教材を選択提供した所で、児

61

童が人格的存在にして個性を有して居る以上、絶対に彼等の精神生活
　　に適切なる材料を客観的に決定することは不可能である。彼等各個性
　　に全く適合した材料を提供することは、絶対に不可能といつても
　　い〻。この意味に於て、児童がそれぞれの個性に従つて自由選択をな
　　し得る広汎なる世界を与へるの必要が生じて来る。

〔古閑 1920a：130　傍点等原著〕

　ここには、当時の成城小学校のいわゆる「分量主義」の最終目的が示されている。つまり、その内実として、多様な児童の個性に応えるために「広汎な世界を与へる」べく多くの材料を提供するという指導者側のねらいが示されているのである。それとともに、児童が主体となって「自由選択」することのできる準備が必要であるという意味合いも含まれている。奥野の〈読むこと〉の指導の理論や実践の中でも、この教材の分量の問題は共有している。古閑は児童の個性に「適合」させるものとして多くの材料が必要だとしているが、奥野の言説の中には、さらに、個性は「伸ばすもの」として登場する。奥野の中では、古閑の言うようにすでに児童が所持している「個性」の存在を肯定するばかりではなく、一歩進んで伸ばすものとしての個性をイメージしていたことによって、多く読む必要性を説く観点に接点をもつ。それは、具体的には児童読物の選択や創作にも発展していく観点なのである。

〔批評の内容3――読み書き非並行の考え方について――〕
　成城小学校の国語科の教育の考察では、「読み」と「書き」を同時並行して指導することの不合理について、しばしば言及される。これは、澤柳の持論であり、奥野も澤柳から示唆を受けた旨を記している[29]。『尋常小学国語読本の批評』ではこの点について、澤柳が次のように記している。

　　読むことと書くことは併行すべきものであるとの妄信、又は仮定の
　　下に国語読本は編せられて居る。これは大人の経験にみても、読むと

書くとは併行し一致しないことは明ではないか。読み得る文字は書き得る文字よりも遙に多い。六七歳の児童に読むことを教ふるときは容易に読み得るが、書くことは六つかしい。鉛筆をもつことも出来ない位である。元来耳で聞き口で話すことは早くから可能る、次いで目で見て読むことが出来るやうになる、最後に手で書くことが出来るやうになる。発達の順序からいふても右の通りである。其の範囲も聞いたり話したりすることは読むことより広くして多い。読むことは書くことよりも其の範囲は広い。即ち聞いたり話したりすることは読むことよりも早く出来、読むことは書くことよりも早く出来る。換言すれば読むことと書くことは併行しない。　　　　　　［澤柳 1920a：11］

　第3章で検討する奥野の聴方教育は、この澤柳の説に示唆を受けて展開していくことになる。奥野自身も、「このお説を初めきいた時分は自分に素養がなかつたものだから、「読むこと、書くこと、は如何にも程度を違へなければならない。」といふ位にあつさりより考へることが出来なかつたが、その意味をもつて段々と研究を深めて行くにつれて、その合理的なお考へが非常に有意義なものとなつた」［教問61 1925.4：174］と述べているように、奥野の研究の起点となった説である。この読み書き非並行の考え方と前述した読む分量の問題は、表裏の関係にあると言えるだろう。児童に対して必ず書けるよう求めないことによって、指導の上で読むことや聴くことを先行させることができ、分量を多く与えることが可能になるということである。これは、奥野の言うように一面「合理的」であり、この発想をもつことによって読むことを書くことの質の違いに気付かされた、奥野にとって重要な観点だと言える。

（3）長田新「スタンレー・ホールの読方教授説と我国現今の読方教授の革新」
　最後に、奥野が自説の論拠にする学説が『尋常小学国語読本の批評』の中に見られることに触れておきたい。それは、「余論」として掲載されて

いる長田の「スタンレー・ホールの読方教授説と我国現今の読方教授の革新　附　音読黙読に関する研究」［長田 1920：286］である。澤柳は序の中で、同論稿は「吾々の研究会の席上に於て長田文学士の述べられたもので、大いに吾々を益したもの、又我が国教育者の一読を要求する価値のあるものであると信ずる」［澤柳他 1920：序 3］と述べている。当時の成城小学校においては、毎日 2 時間「師範大学」が開催されていたとされる。澤柳の言う「研究会」が「師範大学」での内容かどうかは定かではないが、いずれにしても自校で行われる研究会や同論稿のような著作において長田によるホールの学説を摂取したことは、成城小学校訓導にとって大いに刺激となったことであろう。奥野はもちろんのこと、他の成城小学校訓導にもホールに依拠する言説が散見されることも首肯できる。

　長田の同論稿においては、ホールの「読方教授に関する研究」［長田 1920：288］について解説し、ホールの 4 著作を紹介している。4 著作は、①『青年期』第 2 巻第16章「知的発達と教育」、②『教育問題』第 2 巻第19章「読方教授」、③『青年（ユース）』第10章「知的教育と学校作業」、④ホール主宰の教育雑誌『ペダゴヂカル、セミナリー』である。これらの文献を論拠とした同論稿からは、第 2 章以降の奥野の理論との接点が見つけられる。「現実的（リアル）のものが児童を引き付けるか、非現実的（ノンリアル）のものが児童を引きつけるか」［290　ルビ原著］、「読方教育上の一重要問題たる音読黙読に関する論争」［309］は、それぞれ、奥野の聴方教育における「お噺」の選択にかかわる問題と、「心理的読方」との関連の深い音読黙読にかかわる問題である。それぞれの問題についての奥野の見解は、第 5 章と第 6 章で、詳しく検討したい。

第 2 項　1924年文部次官通牒と成城小学校の〈読むこと〉の教育

　次に、奥野が成城小学校在職中に起きた一つの教育問題に対する成城小学校の姿勢を考察しておきたい。それは、1924年 5 月14日に発された松浦鎮次郎文部次官名の通牒「小学校教科書ニ関スル件」への対応である。同

第1章　大正新教育と成城小学校

通牒は、後述するように、当時各地で少なからず影響があったことが知られている。成城小学校における同通牒に対しての最初の反応は、通牒の出された2ヵ月後の『教育問題研究』第52号（1924.7）誌上に発表された、小原による「教育時言　読物についての達示」（1924）である。小原の著述から事実の経過を確認しながら、成城小学校の反応を見てみよう。小原は同論稿でまず、次のように事の起こりを説明する。

　　読物についての文部次官からの通達があつた。そして東京府内務部長から左のやうな通牒があつた。
　　小学校教科書ニ関スル件
　近来小学校ニ於テ教科書ノ解説書若クハ教科書類似ノ図書ヲ副教科書又ハ参考書ト称シテ使用セシムル向有之ヤノ趣
　右ハ教育上少カナラザル弊害ヲ来スモノト被認其ノ筋ヨリ右取締ニ関シ通牒ノ次第ニ有之候如斯不都合無之様十分御留意相成度依命此段及通牒候也
　　大方津々浦々まで、同じやうな布告が通達されたことであらう。
　　吾々は、如何はしい図書のかなりの数多くが出版されよしあしの批判もされず、たゞ蠱惑的な広告によつてヒドイ本が売れて行くことも知つて居る。　　　　　　　　　　　　　　［小原 1924：73］

本通牒は、正確に読めば、「副教科書又ハ参考書ト称シテ」使用されていた「教科書ノ解説書若クハ教科書類似ノ図書」の使用を取り締まるという内容である。それに対し、小原の論調は、文部省はいかがわしい図書や誇大広告によって「ヒドイ本」が数多く出版されていることはないがしろにして、上記の図書を取り締まるとはどういうことだと言わんばかりの厳しい口調で始まっている。同論稿内の批判の論点を整理すれば次の8点になる。

①教授でなく学習、教場でなく研究室、教師でなく相談相手といわれ、自

学自習が進歩している今日、本をはずしたらその効を空しくすることは明らかで、甚だしい時代錯誤である。
②解説書や副教科書以下の力量の教師や、その説話はどのようにして取り締まるのか。むしろ図書に任した方が害が少ない。
③図書を使用しないことから生ずる不都合の方をなぜ感知しないのか。
④なぜ、欠点のみを見て利益を認めないのか。何でもすぐに禁止しては何もできない。このような一部の欠陥が怖いなら、なぜ、修身教授を、算術教授を、国定教科書を禁止しないのか。学校を、文部省をなぜ閉鎖しないのか。
⑤現行の国定教科書を「国定」の名にふさわしいと思っているのが滑稽である。質、分量、さらに心理的に考えて到底満足できない。教科書賄賂問題など恐れず、おおいに自由編纂に任せるが良い。
⑥禁止的でなく善導的であるべき。奨励的で、相談的で忠告的でありたい。
⑦某県の県視学がその県の附属小学校での進歩した教育法を真に理解できず遂にその禁圧方を文部省御願したことに起因しているという事の起こりが、子ども同士の喧嘩を取り上げる愚夫愚婦に等しい。
⑧この禁令によって低級固陋なる校長や視学達が、新教育や若き教育者をイジメル武器にすることが困る。　　　　　　　　　　[73－75より抜粋]

　塩見昇によれば、そもそもこの文部次官通牒に至った当時の背景として、「国定教科書を軽視する傾向」[塩見 1980：74] や、「解説書と称して多くの小冊子が刊行されていて、なかには無責任な解説を付したもの」[76] もあったのである。しかし塩見の「各地における通牒の波紋と受けとめ方」[74] の検討によれば、この文部次官通牒に関する教育界の対応については[30]、長野県における『信濃教育』の編集主任の西尾実の言説や、大阪市の『大阪朝日新聞』に掲載されたという校長の意見、神戸市の全市校長会における児童用参考書使用可否調査の委員の答申、奈良女高師付小の機関誌『学習研究』7月号の記事等を見ても、同通牒に過剰な反応

第 1 章　大正新教育と成城小学校

を示したものは少なく、比較的穏当な結論を導いていると言えよう。それらに比べると、上述の小原の論調は、表現も露骨で厳しい。増田信一は「小原國芳は毒舌家として名を知られているが、成城学園の自由教育を推進していった実績があるだけに、世間に与えるインパクトも大きかった」［増田 1997：76］としているが、ここからは、このような「毒舌」ともとられる小原の発言を可能にしていた大正新教育期という時代の空気も感じられる。

　成城小学校では、この小原の「教育時言」の後、翌1925年1月の『教育問題研究』第58号で、先の多少感情的な小原の論調を冷静に援護するかのように、児童図書館、児童読物関連の論稿や調査、推薦図書等から成る特集号を組んだ。特集名は「児童図書館号」であるが、内容的には成城小学校の当時の訓導達が総力を結集して、文字を読むことを通して学ぶことの重要性を訴えたとも解釈できる内容になっている。一つ一つの論稿には当然それぞれの果たしている役割があるのだが、特集号として通読すると、当時の成城小学校において、〈読むこと〉の教育がいかに尊重されていたかが重層的に描かれていたことが分かる。まず、目次を示し、その後にそれらの内容から、文字を読むことを通して学ぶことの重要性がどのように示されていたのかを考察したい[31]。便宜上、通し番号を打った。

1．明治天皇の御製にうたはれた子供　　　澤柳政太郎
2．児童図書館の必要　　　　　　　　　　小原國芳
3．欧米に於ける課外読物の状況　　　　　奥野庄太郎
4．児童読物の調査　　　　　　　　　　　岸　英雄
5．児童読物の指導について　　　　　　　小野誠悟
6．児童図書館の経営　　　　　　　　　　鷲尾知治
7．各科の児童読物
　　①国語教育者からの要求一二　　　　　田中末廣
　　②児童数学書に就て　　　　　　　　　河野照治

　　　　③地理課外読物について　　　　　渡邊煕一
　　　　④歴史の児童読物について　　　　　仲原善忠
　　　　　　　　　　　　　　　（本文の署名は中原）
　　　　⑤理科読物に対する要求　　　　　沼崎武男
　　　　⑥其の他　　　　　　　　　　　　岸　英雄
8．童謡書について　　　　　　　　　　濱野重郎・谷口　武
9．各学年別読物の実際
　　　　①尋常一、二年　　　　　　　　　濱野重郎・谷口　武
　　　　②尋常三、四年　　　　　　　　　鷲尾知治
　　　　③尋常五、六年附副読本　　　　　小野誠悟
10．児童読物としての子供雑誌　　　　　鷲尾知治
11．編輯室

　一覧して分かるように、1の澤柳論文こそ直接特集内容に触れる内容ではないものの、それ以外は全て、直接、児童読物の内容や児童図書館に関する論稿である。11「編輯室」には「本号は予告の通り殆ど全紙面を刻下の緊急且重要な問題である児童読物研究の為に提供しました」[岸 1925：172]とあり、「刻下の緊急且重要な問題」が、先の文部次官通牒とそれを巡る動きを指していることは言うまでもない。ただ、これらの論稿の中で同通牒に言及しているものは2、3、4、5、7－①、7－③の6論稿であり全てではない。また、その言及は数行にわたるものもあるものの、いずれも自身の論稿の内容に関連させる形で述べる程度で、批判自体に重点がおかれているわけではない。

　先述したように、この前年に8項目にわたって具体的な事実も織り交ぜながら批判した小原は、2「児童図書館の必要」[小原 1925：13]においては「文部省の訓示について」という項を設けて、「最近二代の文相」などを批判している。しかし、批判の矛先は文部省に対するものばかりではなく、文部省が通牒では絶対禁止としていないにもかかわらず、地方が絶対禁止にしている事例を採り挙げて、地方による受け止め方を批判してい

る。そして、「その訓令についての解釈を常識的に教育的にする必要のあることを要望する」[17] として、「絶対禁止ではない」点を繰り返し、当初の論点とはずらし、同通牒は解釈次第であるという点を強調して読者に訴えている。

　また、本特集号は、児童読物に関する検討が、国語科以外の観点からもなされていることに大きな特徴がある。7「各科の児童読物」内の項目からも分かるように数学、地理、歴史、理科、そして其の他としての美術（図画、手工）と修身も含め多面的に検討されている。さらに、これら「科目」という枠を超えて、児童図書館の観点、どのように読ますべきかという指導の観点、そして「童謡書について」にまで言及している。

　その上、「学校」という枠に止まらない「児童読物の調査」や、「児童読物としての子供雑誌」も争点に挙げ、最後に国内の学校教育という境界をも超えて「欧米に於ける課外読物の状況」に及ぶという論点の広がりを見せている。このように同書の構成自体によって、子どもの「読む」という行為が、文字を読むことに直結する教科としての「読方」のみならず、他の科目や学校外の世界にも広がりのある行為であることが示され、その重要性を共有していると言えよう。

　例えば、「児童図書館」という観点から寄せられている 2、6、5 の 3 論稿にしても、その論点は多様である。小原による 2「児童図書館の必要」では、6 観点から「児童図書館」の必要性が唱えられている。すなわち、①「魂の世界が分」かり、「思想に生きる人間であ」るために、②「自学の為に」、③「個性の差を尊重する為に」[14]、④教科書二冊では不足する「分量上から」、⑤「趣味の為に」[16]、⑥「学問的空気」[17] のために、である。一方、鷲尾による 6「児童図書館の経営」[鷲尾 1925：66] では、学校における「児童図書館」の必要性に関する理念的な話から始まり、経費の捻出の仕方や書棚の作り方、掲示板・額・植木鉢などの具体的な環境整備、そして書籍購入の際の留意点などハード面に関して、あたかも自分が児童図書館を作るかのような手順で詳しく解説している。その上で、ソフト面からも図書の配列方法、読書記録、読書時間、図書館係

の指導、図書の選択等に関する事項がもれなく検討されている。

　また小野による5「児童読物の指導について」[小野 1925a：47]では、①「正課時間内」[49]の「自学自習」[50]、②読書科すなわち「特設された読書時間に於ける指導」[54]、③「一般教授時間の余裕を利用するために読み物を与へる」方法、④「課外及家庭に於ける自由読書の奨励補導」[56]というように4方面から検討し、同じ「指導」に関する内容であっても鷲尾の6「児童図書館の経営」の内容との論点の違いがあり興味深い。

　奥野による3「欧米に於ける課外読物の状況」[教問58 1925.1：19]が、その着眼点においても内容面においても最も広がりを見せていることは論題からも明らかであるが、中でも「各学年一年間の読書冊数調」と題する「スターチ氏の調査」結果や、「モントクレイア小学の読物」[21]の冊数を表示した表が目をひく。「スターチ氏の調査」では、第1学年から第8学年の各学年の子どもの読書冊数を「最も多く読んだもの」「最も少いもの」「平均冊数」として示しているのだが、第1学年では最多38冊、最少20冊、平均31冊、第3学年では最多90冊、最少41冊、平均63冊、第6学年では最多120冊、最少20冊、平均47冊等と記されている。またモントクレイア小学校の読本の冊数については、各学年のa「標準読本」、b「副読本」、c「補助読本」の冊数が示されているが、第1学年では、aが6冊、bが10冊、cが80冊、第3学年では、aが8冊、bが11冊、cが116冊、第6学年では、aが6冊、bが8冊、cが255冊とされている。これらの記録は、当時の日本の状況からは目を見張るような数字であったろう。奥野がこれらの表を提示した意図が窺える。このように、国語科、あるいは「読方」に限らない多面的な検討を提示したことは、文字を読むことや文字を読むことを学ぶこと、またそれを指導すること自体が多様な場面を必要としているということを示すこととなったと考えられる。

　そして、同特集号の最も特徴的な記載方法として、具体的な図書資料を提示していることを挙げることができる。次に各論稿が具体的に図書名等を記載した図書の数を提示してみよう[32)]。

第1章　大正新教育と成城小学校

3．奥野：欧米の図書の紹介：57冊　内14冊には簡単な解説
4．岸：児童の興味ある読物と1学期間の「読書の分量」［岸 1925a：30］の調査より、学年ごとの「最も多く読まれたもの」［34］：51冊（調査のため重複あり）
5．小野：一生徒（中学三年生）が研究のために読破した参考書・雑誌：19冊、その他：6冊
7－②．河野：「算術問題集とか、入学準備とかいふものではなく、真に児童の算術、児童の数学の学習書として発刊されてゐるものは（中略）まだあまり他の読物に比して多くない」［河野 1925：89］としながら：6冊
7－③．渡邊：「文芸や理科に関する課外読物が、素晴しい勢で発刊される中に、地理に関するものだけは」［渡邊 1925：92］少ないとしながら：5冊
7－⑤．沼崎：「数多ある理科読物中、代表的なものに就いて」［沼崎 1925：107］としながら：5冊
7－⑥．岸：「美術（図画、手工）に関する児童の参考書乃至鑑賞材料」［岸 1925b：111］として10冊、修身として13冊
8．濱野・谷口：「童謡書類」［濱野他 1925a：117］として：19冊
9－①．濱野・谷口（1、2年）：18冊
9－②．鷲尾（3、4年）：61冊
9－③．小野（5、6年）：146冊、別に「副読本類」［小野 1925c：155］として18冊

分野や、執筆者により冊数に偏りはあるものの、一小学校が持っている個別の図書に関する書誌データの量と、実際にこれらの図書を手にとって読んだ訓導の知識の総量は、この特集号を手にした当時の小学校教育関係者が見れば大いに参考になるものであったに違いない。また、9「各学年別読物の実際」には多くの図書名、著者名、出版社、金額の他、一つ一つの図書に丁寧な解説が付けられていることも特長である。

成城小学校から1919年に発刊された『児童読本』の序文には、澤柳の次のような教員と児童が読む姿に関する文章が載せられているという[33]。

　　成城小学校が大正六年四月、その教育をはじめた時から児童に教科書以外の読物を自由に与へた。もとより成るべく良いものをと思つて選択して読ましめたが、忽ちにして読んでしまふので、あまり感服しないものでも全く与へないよりはと思つて与へた。これらの読物に熱烈な興味をもつてゐる児童は家庭に於て読むばかりでなく、我が成城校では教授時間に教室で、盛んに教科書以外の読物や幼年雑誌を用ゐて教授した。かくてこれまで出版された大概の課外読物は、我が校の教師と児童とによつて読まれたといふ有様である。

　　　　　　　　　　　　　　　　　　　　［教問61 1925.4：178］

　この様子からも、教員達が児童向け読物を読むという行為は、開校当初からの全校的な取り組みだったことが窺える。どの教科の担当者であっても、文字を通して読む行為そのものの価値と、それを教育することの価値を認識しつつ実践していた教師集団の存在が確認できる。奥野が、自らの〈読むこと〉の教育の研究に臨む時、所属校にこのような研究的空気があったことの意味は大きいと考える。

　塩見によれば、同特集号のきっかけとなった先の通牒は、川井訓導事件や奈良女高師付小の教育への規制の直接の根拠となり、教育方法の「規律」を乱す大正自由教育の実践に対する公然たる権力の介入、抑圧の端緒であったことは確かだったが、同時に、「この通牒の内容は当時の教育思潮に照らしてもあまりにも極端で、「時代錯誤」と評されてもしかたのないものであり、大方の支持をえられるものではなかった」［塩見 1980：82］とされている。ここまで検討してきた成城小学校の対応に照らしても、塩見の見解は首肯できる。すなわち、この時期は、増田の言う「読書教育の停滞した時代（昭和前期）」［増田 1997：94］に突入する直前の、ま

だ、文部省への批判を公然と示すことが可能な時期だったという見方もできるのである。奥野が成城小学校に在職して研究を行ったのがこのような時期であったことも、奥野が理論や実践を表明する上で重要な舞台として機能したのである。

それではなぜ、開校当初の成城小学校は、このような研究上の共通理解をもつことができたのだろうか。本章最後に同校の研究体制について述べておきたい。

第3節　成城小学校の研究体制

本節においては、児童中心主義の学校を支えた同校の研究体制について言及しておきたい。中野光によれば、「大正自由教育の具体的な支持基盤は第一次世界大戦前後にいたってようやく一定の社会的階層を形成するにいたった小市民的中間層であった」［中野 1968：268］とされ、「自由教育は主として各県の付属小学校ならびに私立学校において学校規定で実践されたほかは、自由教育の思想的洗礼を受けた教師個人によって学級王国的に実践される場合が多かった」［269 傍点原著］とされ、ごく限られた場でしか展開できなかったことを示唆している。しかし、限られてはいても、そこに実践の舞台があったからこそ純粋に教育研究課題に向かうことができたと考えれば、それは、当時の成城小学校の訓導達や、第3章以降に考察する奥野にとっての〈読むこと〉の教育論を展開するためには必要不可欠な前提であったと筆者は考える。そして、この舞台上で行われた個々の教員の研究によって、国語科として重要なテーマに迫る考察が進められたのだとすれば、「新学校」や「新教育」の果たした役割は大きかったということができるだろう。

成城小学校においては、「職員で相当年限本校につとめ、事情の許すものは海外或は大学等に送りて研究に従事せしめる」という体制のもと、奥野は、欧米へ「初等教育の実際」［赤井 1923：83］の研究のために視察す

ることができた。少なくとも奥野にしてみれば、成城小学校という「学校規定で実践され」た舞台があったことが、彼の理論や実践を展開する上で重要な要素として役立ったと言えよう。

　そして、そのような研究的学校であったために、奥野の周りには互いに支え合う研究仲間の存在があったとも言えるのではないだろうか。奥野自身が仲間の存在を意識した文章を残しているわけではないが、『教育問題研究』や国語部員の著作から、国語研究部員に名を連ねる人々の存在の大きさを窺い知ることが出来る。奥野の英米視察中の1923年7月の時点での国語部は、「淺山尚、田中末廣、岸英雄、山本德行、小野誠悟、鷲尾知治」［赤井 1923：81］との記述がある。田中は、成城小学校の児童の語彙力を語るときに必ずその裏付けとして用いられる『児童語彙の研究』（1919）の著者の一人であり、『カリキュラム改造の研究』（1930）においては「国語教育総論」「詩の授業」を執筆している。先に検討した『尋常小学国語読本の批評』でも分担執筆していたが、教員の出入りが激しかった当時において、奥野以前に成城小学校に採用されており、奥野の在職期間中にわたって共に研究を重ねたという点では唯一の同僚である。また、岸英雄は、『カリキュラム改造の研究』において「言葉による国語教育」「読書教育の提唱」を担当している。同論稿で岸は、成城小学校が小学校教育史上で独特な位置を占め特殊な貢献をしているとした上で、退職した奥野に言及して次のように述べている。

　　就中、学習教科の研究は実験的で、且心理的、論理的である点に於いて従来のそれと大いに違つてゐる。聴方教育の如きは数ある研究の中でも最も代表的のもので、確かに国語教育上の一大発見であり、又一大貢献である。
　　先輩奥野氏によつて聴方教育が提唱されてから年既に久しい。而して、今日では既に全国各地の研究的小学校に於て実施され、予想外の成績を収めつゝある状態である。　　　　　　　　［岸 1930：67］

第1章　大正新教育と成城小学校

　同書は、奥野の退職後の出版であるため奥野の論稿はない。しかし退職後の奥野に対する敬意と共に、聴方教育の成果を重視しているという同校訓導の認識を読み取ることができる。また、鷲尾知治、山本徳行も『教育問題研究』上に国語関係、児童図書館関係の論稿を載せており、また、古閑停、濱野重郎も、先に示した1923年当時の国語部員には名は連ねていないものの、国語関係の論稿が多い。

　『教育問題研究』第92号（1927.11）には、奥野も出席して、入学試験撤廃問題を議題とした座談会の様子が掲載されている[34]。この記事からは、穏やかに進む会話の中で、忌憚のない意見を出し合うことのできる人間関係が築かれていることが感じられる。さらに、先に述べたように、創設当初の成城小学校では、教師のために「師範大学」が設けられており、「英語」、「ドイツ語」、「哲学概論」、「美学」、「科学概論」［水内　1979：462］の研修が、児童下校後、毎日2時間、週6日行われていた。このような、同僚との切磋琢磨が、奥野の成城小学校の研究を10年近く継続させた原動力になっていたことも見逃せないと考える。

　以上、本章においては、奥野との関連に触れながら、彼の教育や研究の舞台となった当時の成城小学校の具体的な状況を考察してきた。ここからは、大正新教育期にあって児童中心主義の教育の実現を目指す「新学校」の、校長や顧問も含み訓導全員の研究志向が自校の教育を支えていた事実が明らかになったと考える。一方、大正新教育期の象徴的存在である成城小学校を、そこに在職している一訓導の目から見た職場として描き直す試みも行った。それは、とりもなおさず一訓導の目から見た「新教育」の舞台であったと言えるだろう。本章の考察は次章と合わせて、第3章以降の奥野の〈読むこと〉の教育の展開の背景として機能するものと考える。

注)
1) 小原國芳は、成城小学校に赴任当初は鯵坂國芳。後に小原に改姓。本書においてはこれ以降小原と記す。
2) 「成城小における初期の実践形態」［北村 1979：424］と「私立成城小学校創設趣意」との関連については、北村和夫著「澤柳政太郎における成城小学校創設の構想」に詳しい［424-432］。このほかにも創立当初の成城小校に接点のある研究においては、しばしば「創設趣意」に言及、考察している。例えば［中野 1968：127］［海老原 1975：88］［塩見 1986：67］［小原 1970b：336］等。赤井米吉編『成城小学校附成城第二中学校』（1923）には、「一、組織経営の過去、現在」の第一項目に「1 創設の趣意」［赤井 1923：1］として全文が掲載されている。本書における「創設趣意」の引用は同書によるものとする。
3) 「創設趣意」の成立には、次のような証言もある。『成城教育』第4号である「創立四十周年記念号—」［橋本 1957：49］に掲載されている「〈旧職員座談会〉成城小学校の誕生—成城小学校小史（一）」では、村上瑚磨雄、真篠俊雄、田中末広、平田巧が招かれ、同雑誌発行当時の成城学園初等学校長柴田勝が司会を務めている。この設立趣意書は誰が書いたのかという柴田の質問に対して、次のように記されている。田中「藤本先生です。」真篠「それを沢柳先生がごらんになった。」田中「村上先生もお書きになったのでしょう。」村上「もちろん。みんなで一緒に書いたのです。毎晩終電車のころまでかかって、やっと終電車に間に合うようにかこつけて帰ってきたのですが、これに筆をそめかけたのが大正五年の秋頃ですね。」［橋本 1957：50］
4) 校長以外の職員は以下の通り（記載順）。主事：藤本（平内）房次郎、訓導：村上瑚磨雄、佐藤武、諸見里朝賢、田中末廣、専科訓導：真篠俊雄、顧問：小西重直、顧問兼学校医：三島通良。
5) 同書の奥付には『成城小学校一覧』と記載されている。
6) この記述は、英米視察をまとめた『英米小学教育の実際』（1923）の「結論」の中で触れているエピソードである。「結論」の中で、奥野は英米の教育に比して、日本の教育には、中等学校入学競争試験と画一官僚主義の教育という二大ハンディキャップがあるとする。そのうち後者について、校長から郡、県視学、事務官と続く体制の不備について、2頁にわたって批判している。具体的に描かれているので、参考までに以下に一部を引用しておく。なお、この記述が、奥野がいつ、見聞きしたものか、あるいは自身の体験からだったのかなどは明確にされていない。しかし、少なくとも三重県と東京府で公立小学校の経験を積んでいた奥野はこの種の出来事を身近に見聞きしていたものと考えられる。「又学校で或教師が進んだ教育法をとつても、もしそれが画一形式の伝統を多少とも裏切つたものであつたら、頭の古い校長は所謂奇妙な統一のないことを苦にし、視学等しく之を異端視し、その教師は不幸にして、内面やむにやまれぬ研究心を包持してゐるが為に其為却つて不愉快な生活を送り、面白くな

第 1 章　大正新教育と成城小学校

い月日を過し、遂に自暴気味になるか、或はその研究心を麻痺鈍化して特色のない平凡な所謂円い人間になつてしまふのである。なんたる人材登用を過つた呪はれた形式生活であらう。だから先生は皆厭になるのだ。それは先生の罪でない。校長がいけない。いや校長がいけないのでなくてそんなことを暗示する視学がいけない。いや視学もいけないと一概にはいへない。郡、県視学はわかつてゐても、その上の事務官が官僚式なのだから駄目だ。」官僚出身の澤柳の膝元でこの発言が可能であったことは、当時の成城小学校における発言の自由を物語っているとも言えよう。［奥野 1923.1208：396　ルビは原著］

7）成城小学校における「自然科」と他分野との関連について、北村は、「大正期成城小学校の自然科（低学年理科）は自然物を有機的総合的関連において観察させるとともに想像力、思考力を養い、言語・絵画・行動・製作によって対象を表現し、算術の基礎教育となり、力学教材として玩具を導入するなどの特徴を持つ」［北村 1979：427］と述べている。

8）［北村 1977：138－140］の資料からは、1917年4月から1927年4月までの成城小学校教職員の在職期間が分かる。ただし、赴任、退任日が「？」で示されている箇所もある。

9）成城小学校は開校当初は男子だけを受け入れた。男女共学になるのは1923年春季入学百合組からである。成城小学校創立当初の「施設と編成」については［北村 1979：432－433］に詳しい。

10）同論稿で奥野は、「一　その使命」「二　その特色」「三　その実際」「四　ダルトン案の研究」［奥野 1925.6e：75］の4項目から自校を紹介している。奥野は、他にも成城小学校の教育について、しばしば言及している。例えば、『教育問題研究』創刊一周年の号（1921.4）の巻頭「本誌一ヶ年の回顧」、創立十周年号（1927.6）「成城小学校創立十周年の回顧」等。創立十周年号には、奥野庄太郎作詞、下総皖一作曲の「成城創立十周年祝歌」も掲載されている。

11）6項目は以下の通り。「第一節　従来の教育学はあまりに空漠である」［澤柳 1909：1］「第二節　従来の教育学はあまりに実際と没交渉である」［14］「第三節　従来の教育学はその説く所あまりに区々である」［32］、「第四節　従来の教育学は教育上の大問題に触れない」［39］、「第五節　従来の教育学は教育学の系統上入門若しくは序論と称すべきものである」［43］、「第六節　従来の教育学は大体の教育的思想を養ふに過ぎないものである」［49］。

12）奥野の著書の序以外に澤柳が奥野の実名を入れて言及しているものは、管見のところ「成城小学校と教育の研究」（1921）のみである。同稿は成城学校研究方針への批判に対して澤柳が応えている論稿である。この中で、奥野著『お噺の新研究』の「序」で澤柳自身が述べた内容に言及し、同書を、「千古不易の真理なり」として全国の教員に対して推奨したのではなく、「国語教育上最も大切な問題なるが故に総て

の小学校教員がこの研究に考慮を致さんことを求めたに過ぎない」[澤柳 1921b：76] としている。その上で、「但しお噺の新研究は著者には十分の自信あるべく私は十分の責任を以て之を推奨するのである」と述べ、「頼まれたから唯お座なりのお世辞を述べたのではない」ことを断わるとしている [76]。

13)「児童の言語と思考」に関しては原題は明示されていないが、同稿掲載前年の1926年に公刊された The language and thought of the child を指しているものと思われる。

14)『教育問題研究』は、教育問題研究会の「機関雑誌」として1920年4月に創刊された。会則第三条の二を根拠としている。教育問題研究会の「会則」は第九条まであり、第一条から第三条は以下の通り。第一条：本会は主として小学教育に関する諸般の問題を根本的に研究する目的とします。第二条：本会は本会の趣旨に賛成する者、(学校、図書館、教育会、其他の団体はその団体の名を以て入会することが出来ます) 及び成城小学校職員を以て組織します。第三条：本会の目的を達する為に左の事業を行ひます。一、研究会　二、機関雑誌　三、講習会 [赤井 1923：114]

15) 注3と同じ座談会で、『教育問題研究』の原稿は印刷になる前に澤柳が目を通したのかという司会者の質問には、田中が、奥野の編集の様子も含めて以下のように応えている。「そのころは、小原先生がやっていました。第一に、なるべく成城の現職員が書くということ、それから成城に理解と同情を持っている、興味を持っている先輩や学者たちに応援してもらうという方針で原稿を集めました。われわれのを見てもらったのもありますね。そのころは奥野君が編集していましたが、締め切り近くに書いて、見てもらう時間がなくて、そのままで載ったのもあっただろうと思います。」
　　[橋本 1957：66]

16) 奥野の着任日については複数説あるが、本書では橋本長四郎編『成城教育　第四号』(1957) 内の「成城学園沿革資料」にある「奥野庄太郎氏訓導ニ嘱任本日ヨリ授業セラル（十二月十六日）」[小宮 1957：92] という記述に依った。

17) 奥野の退職月日は2資料から確認した。第一が [北村 1977：138-140] の成城小学校開校当初（1917年4月から1927年4月まで）の赴任辞任年月日が記されている表である。本表において奥野は1927年3月までは在職していたように表記されている。なお、本表には「赴任、辞任年月日は主に『教育問題研究』掲載役員名一覧によるものなので、実際の月日と1～2ヶ月のずれがある」[140] と記されている。北村によれば、1918年「以後、教職員の異動についての詳細は不明である。『教育問題研究』誌「教育問題研究会役員」欄（大正9年5月より昭和2年3月まで掲載）及び『教育問題研究』誌「成城だより」欄等々を調査すると昭和2年3月の段階までで115人の成城同人を確認することができる」[30] とされている。同資料からは、1928年度の奥野の在職の有無が不明であったため、筆者は「成城高等学校　成城高等女学校　成城小学校　父兄名簿（昭和二年五月現在）」と「成城高等学校　成城高等女学校　成城小学校　父兄名簿（昭和三年五月現在）」の2資料を確認した。それによれば、前

第 1 章　大正新教育と成城小学校

者には奥野の名前が「牛込職員」欄に表記されているが、後者の「牛込分教場職員」「小学校職員」には表記されておらず、このため1927年度末をもって退職したと判断した。

18)「話シ方」については、「第四号表」[文部省 1900? : 92] の中で、次のように記されている。「発音　仮名及近易ナル普通文ノ読ミ方、書キ方、綴リ方、話シ方」(第一学年)、「日常須知ノ文字及近易ナル普通文ノ読ミ方、書キ方、綴リ方、話シ方」(第二学年から第四学年)。

19)『成城小学校』における「各科学習時間数」[赤井 1923 : 16] の表の学年の表示は、1年から6年の順が逆の誤植であると考えられるため、順を逆にして読み取った。

20) 国語科関係以外の科目は以下の通り。修身、美術、音楽、体操、数学、理科、地歴、英語、特別研究、合同。備考には以下のような記述がある。「イ、五十分を以て一限とし、その間に学習と休憩の時間を置くものとする。ロ、高学年に於ては同一学科を二限連続して学習せしめることもある。ハ、合同とは小学芸会、小体育会を隔週に行ふのである。」[赤井 1923 : 16] なお、特別研究は、個別研究の形式で進められた学習法で、後の同校におけるダルトン・プランの導入の前史的な役割を果たした。

21) 澤柳は1914年7月発行の『教育界』第13巻9号と、同年8月発行の『教育学術界』第29巻5号において「修身教授は尋常第四学年より始むべきの論」[澤柳 1914a : 36][澤柳 1914b : 33] と題する論稿を発表している。北村によれば、それに先立つ同年4月教育教授研究会で、澤柳は「「特設科としての修身教授は尋常第四学年より始むべきの論」を発表して教育界に大きな反響をよび、『教育界』、『教育学術界』の誌上で活発な議論が交わされた」[北村 1977 : 70] とされる。議論の経緯は「沢柳政太郎提起　修身教授開始時期に関する論戦」[北村 1977 : 156-157] の表に詳しい。

22) 他に同時代で「読書科」を特設していた学校には、私立池袋児童の村小学校がある。

23) 奥野は同書の「資源の発見とその調達」[奥野 1928.1115 : 53] の項で、児童文庫の経営に関して述べている。資金源について、予算組入、寄付拠金、児童持参、児童寄付、家庭寄付、卒業生記念寄付、制作販売、作業生産、バザー開催、後援会活動を挙げ、それぞれの方法の詳細を記している。また、予算に応じた児童図書の選択として、経費が、僅少の場合、三十円の場合、五十円の場合、百円の場合、百円以上・千円を超過する場合に分け、具体的に図書名を挙げている[奥野 1928.1115 : 53-62]。当時実際に「児童図書館」を設置しようと考えた学校にとっては、これらの記載事項は具体的で参考になっただろうと思われる。一方で、設置経費の予算通過が困難な場合の「特別な方法」としては、諸々の寄付を募る方法の提示や「製作販売」「作業生産」「バザー開催」「後援会」の協力など、私立小学校だったからこそ可能だったと思われる例も記されており、当時の一般の小学校において実現可能な方法と受け止められたどうかは疑問である。

24) 奥野の論稿以外に提示しているものは、岸英雄「読書時間の特設に就て」(『教育問題研究』第53号 1924.8)、田中末廣「児童読物と児童図書館（二）」(『教育問題研究』第24号 1922.3) である。
25) 同書で増田は、奥野が「大正時代に、文部省の「編纂官」を「国家の発展を賊するの徒」と、活字に残る形で罵倒しているのも痛快である。読書指導に対するこのような強い意志があったからこそ、③の「課外読物」に対して、どこまでも突っ張り通すことができたのである」[増田 1997：43]と奥野の「強い意志」を評価している。しかし、同稿には読書指導を支えた奥野の理論的背景や指導観については「沢柳政太郎の影響がいかに大きかったかうかがい知ることができる」[43]と述べるに止まる。本書の検討は、増田の言う「強い意志」の内実を示すものになると考える。
26) 奥野は、巻三までの検討を終えたところで「次に巻四であるが、これは未だ児童に親しく教授しないから、実験的批評が試みられない、独断的な批評は編者の苦心に対しても礼を欠く所以であるから、茲には割愛して置きたいと思ふ」[奥野 1920.0125：97]として、実際に指導を試みた巻三までの検討であることを断っている。
27) 例えば田中の例にも挙げた「カンガエモノ」についての奥野の評価は、「編者は独逸の小学読本にあつた教材で、力を入れる教材でもないが最初の読本にも載せて見て、其の当時相当に興味のある授業を見たので之を、今回も出すことにしたと、説明して居るが、興味のある教授といふやうな事から考へれば何うかしらないが、意味と視覚心象との連合による Visualreading を目的とすべき性質の国語に於てはそれらの点に価値を置く必要はないと思はれる」[奥野 1920.0125：90]と記している。ここには、第5章で検討する「心理的読方」の論理の萌芽が見られる。なお、カンガエモノの全文は以下の通り。「木　ノ　エダ　ニ、コトリ　ガ　十パ　トマツテ　キマシタ。人　ガ　テツパウ　デ、一ドニ　三バ　ウチオトシマシタ。木　ニ　マダ　ナンバ　トマツテ　キマセウ　カ。」
28) 例えば、「一頁　花の平面図的なものを別に出してあるのは説明する上に於て理科的に或いは図画的に色々便利多いことと思ふ。各種の紋所徽章等に応用せられてゐる」、「二頁　子供の着物があまりに窮屈さうである。又帯をもう少し太くして、縫上げなどもあつた方が子供らしい感じがよく出ると思ふ。子供の目の方向即ち視線は矢張り下の鳩に注がれてゐる方が自然的である」[渡邊 1920：117]等である。ほとんどが絵画に対する技術的な面からの指摘である。
29) 「先生の暗示による国語研究の開展」の「読書き平行の不合理」[教問61 1925.4：174] 等。
30) 1924年の文部次官通牒をめぐる当時の状況については、[塩見 1980：71-84] [塩見 1986：73-80] [増田 1997：71-76]に詳しい。
31) 同特集号については、塩見によって、学校図書館教育の視点から検討されている。『日本学校図書館史』の「第2章 大正自由教育と学校図書館」の「副読本禁止の次

官通牒と児童文庫」の節で、塩見は同特集号に対して「同人たちがこの号にかけた意気ごみのほどが感じられる」［塩見 1986：77］として目次の一部を掲げた後、「これは非常によく構想された壮大な企画であり、これだけの特集を一つの学校の教師集団だけで組めるところに、前節でみた成城小学校の図書館教育の確かさがうかがえる」[78]と、成城小学校の「教師集団」を評価している。また、「大正13年の次官通牒と図書館教育」(1980)では、同特集号が発行された当時には、成城小学校において次の3点のような事項は、「もはや議論の段階ではなく、ごくあたりまえの「教育活動」であった」［塩見 1980：81］とされている。それらは、①「すでに、授業のなかで国定教科書以外に多様で豊富な読物が、正課の教材として日常的に使われること」、②「読方指導とは別に読書科を特設し、児童に大量の読書を奨励すること」、③「そのために児童に図書を提供し、教師の教育・研究にも役立つものとして学校に図書館を設けること」[81]などである。本稿はこれら「教育活動」の理論的背景を明らかにする考察を行う。

32) 論者の記述に依ったため、全集ものを1と数えている場合もある。
33) 筆者は、残念ながら、成城小学校が発行したとされる『児童読本』を直接確認することができなかった。その後1925年に出版された『小学児童文学読本』については確認済である。『児童読本』は奥野と田中末廣の共著と言われている。引用は、奥野の論稿中にあった同書の引用部分から抜粋して記した。
34) 談会の出席者は、奥野庄太郎、渡邊凞一、海老原邦雄、稲森縫之助、大石孝一、内海繁太郎、斎藤武治、正木つや、松本浩記。奥野は、この座談会の中で、他の出席者同様、中学校の入学試験撤廃については賛成の立場を示している。

第2章
奥野庄太郎の人物像

　第1章では、奥野の教育実践や研究の舞台として、1910年代後半から1920年代の成城小学校における教育がどのような理念や意識を内在させて行われていたのかを見てきた。本章では、奥野庄太郎の人物像を捉えておきたい。本章の検討は、第3章以降の彼の国語科の教育に関するテクストを考察する際に、それらの意味するところを深く理解するために役立つものと考える。

　まず、「奥野庄太郎像の輪郭」においては、奥野の様々な分野の著述を追うことにする。さらに、奥野の言動を他者の視線から語る資料も検討し、奥野庄太郎がどのような人物であったのかその輪郭をつかんでおきたい（第1節）。

　続いて、「英米視察の意義――『英米小学教育の実際　附　世界一周紀行』の検討――」において、英米の視察から奥野が受けた影響について検討する。奥野は1922年8月11日に横浜港を出発し、アメリカ、イギリスに長期滞在をして視察を行い、1923年7月11日に帰国している。11ヶ月間日本を離れていたのだが、当時は船旅であるため実質的に視察したのは、アメリカにおいて5ヶ月弱、イギリスにおいて4ヶ月弱の期間である。現役の訓導が実質9ヶ月弱の間、英米に滞在したのは初めてのこととされる。また、帰国直前にパリへの旅も行っている。視察は、奥野が30代半ばの時期に当たり、これらの経験がそれ以降の奥野の言説に影響を与えていることは間違いない。奥野は、視察中に現地の教育の様子を論稿にまとめ、度々『教育問題研究』に寄稿している。また旅の途中に小原國芳主事宛に出された書簡なども同誌に掲載されている。帰国後間もない1923年12月8日には、『英米小学教育の実際　附　世界一周紀行』を発行しているが、

それにはこれら『教育問題研究』誌への論稿も加筆修正されて盛り込まれている。ここでは、同書を中心資料として、奥野が英米視察で何を得たのかを明らかにしたい（第2節）。

また、奥野庄太郎の著述は、小学校教育の中でもとりわけ低学年教育に焦点を当てたものが多く、低学年教育を重視している言説が多いことにも特徴がある。国語科関係の多くの著書の中にも、『低学年の読方教育』『低学年の聴方教育』など題名に「低学年」を含む図書も発行している。「奥野庄太郎の児童観と低学年教育」においては、これらの著作を検討し、奥野が「低学年」という分野に向けた視座を確認しておきたい（第3節）。

第1節　奥野庄太郎像の輪郭

本節においては、奥野の著作を確認し、その中から奥野の児童観や教育観を読み取り、その後に同時代の人々が奥野について言及している文章から客観的な奥野像に迫りたい。まずは、奥野庄太郎の著述を概観し（第1項）、次に、奥野が成城小学校に籍をおいてから2年目に発刊された成城小学校の機関誌『教育問題研究』に発表された奥野自身の著述に注目する。『教育問題研究』の編集担当であった事実と、澤柳政太郎校長と奥野との関係を鑑みつつ、大正新教育期の「研究的学校」の同人としてどのような意識で教育に臨んでいたのかを考察したい（第2項）。続いて、同時代の教育ジャーナリズムがどのように奥野を捉えていたのかを整理して示したい（第3項）。

第1項　奥野庄太郎の著作の概観

当時の成城小学校においては「研究的学校」としていくつもの特徴ある教育実践が行われた[1]。北村和夫によれば、同校の開校後「新しい試みが次々に実施され、成城同人の論稿が『教育実験界』『帝国教育』『教育学術

界』などの雑誌に発表されるようになった。やがて研究成果として一応のまとまりをみせたものが「成城小学校研究叢書」として刊行された」［北村　1991：4］と言う。「成城小学校研究叢書」（全15編）は、1919年から1926年に発行されたが、叢書の内容は以下の通りである。

①澤柳政太郎・田中末廣・長田新『児童語彙の研究』（1919）
②佐藤武『算術授業革新論』（1919）
③佐藤武『算術新教授法の原理及実際』（1919）
④澤柳政太郎外9名共著『尋常小学国語読本の批評』（1920）
⑤平田巧『玩具による理科教授』（1920）
⑥諸見里朝賢『児童心理に立脚した最新理科教授』（1920）
⑦奥野庄太郎『お噺の新研究――聴方教授の提唱――』（1920）
⑧成城小学校編『児童中心主義の教育』（1921）
⑨諸見里朝賢・奥野庄太郎共著『読方教授の革新――特に漢字教授の実際――』（1921）
⑩山本德行『尋一教育の実際』（1924）
⑪奥野庄太郎『綴方指導の原理と其実際』（1924）
⑫千葉県鳴浜小学校職員研究会編『新入児童語彙の調査』（1924）
⑬藤井利喜雄『低学年教育の新研究』（1925）
⑭稲森縫之助『図画手工の教育』（1925）
⑮奥野庄太郎『読方学習の新研究』（1926）

　奥野は、これら「成城小学校研究叢書」の中で、第7編『お噺の新研究――聴方教授の提唱――』、第9編『読方教授の革新――特に漢字教授の実際――』（諸見里朝賢との共著）、第11編『綴方指導の原理と其実際』、第15編『読方学習の新研究』の4編を著している。第7編『お噺の新研究――聴方教授の提唱――』の序文において澤柳は、「小学教育の実験室であると私共が考へてゐる我が成城小学校から、自信を以て提唱せんとするものの一つは「聴方教授」である。此の研究には奥野訓導が主として当

つたが、適所に適材を得たといふのは此のことであらう」[奥野 1920.0928：序1]と寄せており、奥野が在職2年ほどの間にこの分野において中心的な役割を果たすようになっていたことが窺える。また、奥野は、この4著書以外にも共著を含む多数の単行本を世に出している。

　出版状況を一覧すると分かるように[2]、現時点で筆者が確認している著書のうち、『遊戯のついた子どもの唱歌集』(1926)、『視学巡視と学校参観の科学的方法』(1931)、「学校家庭の連絡に就て」(『家庭教育と学校家庭連絡の実際』(1931))、『視学巡視と学校参観法の研究』(1932)、『教材王国　学芸会新使命』(1936-1937) などの一部を除いて、多くが国語科関連の著書である。③『英米小学教育の実際　附　世界一周紀行』も内容的には国語科関係の内容を多く含む。また、澤柳校長の死去や成城牛込小学校閉校が奥野の進退に影響を与えただろうことは前章で述べたが、著作の出版状況にもそれは表れている。澤柳の死去の年度をもって奥野は成城小学校を退職しているが、その退職した年に6冊ものまとまった内容の著書を出版しているのである。それらは、訓導を辞して教育雑誌の編集に専念したとされる奥野が、在職中に出版しきれなかっただろう、訓導としての経験や実績をまとめた内容になっている。すなわち、1928年の著作は、「聴方」「話方」「読方」「児童文庫」と続き、「補充教材全集」2冊も加え、〈読むこと〉の教育として本書が包括する分野が全て含まれているのである。また翌年からは、「補充教材全集」の3年生用、4年生用と続く。『心理的読方の実際』(1930) や『新綴方文話大系』(1931) は、「読方」「綴方」それぞれの分野の集大成的著作である。さらに、『教材王国　学芸会新使命』(1936-1937) は、演劇教育でも先駆である成城小学校に在職していたからこその内容と言えよう。同書は学年毎に奥野が編集していた雑誌『教材王国』の一部ずつを採った合本の体裁で出版されている。『視学巡視と学校参観の科学的方法』や『視学巡視と学校参観法の研究』同様、それまで国語科中心の著作の多かった奥野が、編集に専念することで広い分野での出版を試みることができた結果だろう。

第 2 章　奥野庄太郎の人物像

　以上、奥野の著書の発行状況を概観した。次に、成城小学校が1920年 4 月より発行した機関誌『教育問題研究』における[3]、彼の論稿を見てみよう。

　奥野は『教育問題研究』の第 1 号から論稿を掲載し、退職までの間に数多くの文章を残している。これらの著作を辿ると、奥野の人物像ばかりではなく、第 3 章以降検討する、奥野の〈読むこと〉の教育に繋がる思考の断片も見えてくる。

　『教育問題研究』における奥野の文章は、第 1 号から、機関誌名が『教育問題研究・全人』と変更される直前の第96号まで[4]、大小106編に及んだ。同じ号に複数の文章が載ることもあり、ほぼ毎号のように奥野の文章が何かしらの形で掲載されている[5]。澤柳の死去に伴い『教育問題研究』が『全人』と合併して『教育問題研究・全人』と名称を変更するのは奥野の退職直後であり、『教育問題研究・全人』には、 4 編の掲載に止まっている。なお、1926年 8 月から刊行されていた小原の編集による『全人』については、その発刊時に小原と澤柳との確執があったことが知られるが[6]、その『全人』への奥野の寄稿はない。

　機関誌『教育問題研究』における奥野の論稿の内容は、当然国語科関連が多いが、それ以外の方面からの論稿を通覧すると、後に共著で『遊戯のついた子どもの唱歌集』を出版する梁田貞との「子どもの音楽教育に就ての対話」［教問13 1921.4b：37］、自らの夏休みの過ごし方を著した軽いエッセー風記事の「夏休みと私達」［教問64 1925.7b：123］、「座談会（入学試験撤廃問題）」［教問92 1927.11c：110］等と幅広く提示された話題に出稿・出席している様子を見て取ることができる。また、次項で検討する「本誌一ヶ年の回顧」［教問13 1921.4a： 1 ］、「成城小学校創立十周年の回顧」［教問87 1927.6b： 6 ］、「成城小学校第一回講習会記」［教問10 1921.1b：94］など学校の節目の時期に載せる論稿や、ダルトン・プランの提唱者であるミス・パーカストの来日の際の同行記である「ミス・パーカスト観光案内記」など、主要な記事を奥野が執筆していることは奥野が学校内において中心的位置にあった証左と言えよう。

87

国語科関係の論稿に焦点を絞ると、9年間にわたる『教育問題研究』誌上の国語科関連の主張の変遷に、幾つかの特徴的な点が浮かび上がる。第一に、創刊号における奥野の論稿が、「聴方教授の誕生」［教問1 1920.4a：10］に始まったことに象徴されるように、奥野は聴方教育で世に知られるようになるものの、同稿以外には1922年2月の「聴方教授に於ける語句の収得」［教問23 1922.2］という論稿に「聴方」の文字が見られるだけであること。第二に、英米視察の期間（1922.8－1923.7）にはその関連の論稿が目をひくこと。そして第三に、英米視察以前は綴方に関する論稿が多いが、視察後は国語科関連では読方関係の論稿が大半を占めるようになることである。帰国後の綴方についての論稿は「綴方文題の学年的発達」［教問78 1926.9：18］と「綴方精神内容の学年的発達」［教問78 1926.11a：33］の2稿にすぎない。また第四に、当時の国定読本についての言及が、1927年5月と同12月にそれぞれ「国定読本改訂の要望」、「国定読本を墨守するの功罪」と題してなされていることも興味深い。第三期国定教科書『尋常小学国語読本』が、1918年の使用開始から10年を迎えようとしているこの時期、他の教育雑誌でも国定教科書についての論評が見受けられるようになる。1927年7月の『国語教育』誌上には、「国語読本改善号」という特集が組まれ、奥野も「国語読本改造の要求」と題する論稿を寄せているが、同読本を10年間使用し続けてきた訓導の立場から、自校機関誌上でも同様の主張を繰り返していたと言える。

　以上指摘した点について考察を加えると、第一の点については、『教育問題研究』の創刊と同年9月には『お噺の新研究――聴方教授の提唱――』が発行され、更に1928年4月には、絶版になっている同書を下敷きに「この前研究に基き其の後の思索体験に新研究を加へて更に系統立てたもの」［奥野 1928.0401：自序5］として『聴方教育の原理と実際』が出版されたことが影響しているだろう。「聴方」方面は、早い時期から著書として一つの形に結実させていた分野だったということである。

　第二、第三の点については、英米視察そのものの奥野に与える影響が大きかったことを示すものと考える。渡米した奥野からの初めての論稿は、

第 2 章　奥野庄太郎の人物像

1923年11月の「北太平洋横断記」[教問32 1922.11：88]であるが、その前号と前々号に奥野からの書簡が囲み記事で掲載されている[7]。実質的な滞在が9ヶ月であった視察の中で、帰国までに9本の寄稿がある。先に述べたように、後に『英米小学教育の実際　附　世界一周紀行』（1923）として著書にまとめたものは、これら滞在時に日本に送っていた論稿を加筆修正したものも多く含む。その内容は次節で検討するが、英米視察での「読方」への興味が、後の論稿を読方関係に傾斜させていくきっかけをも含むものだったと考えられる。

なお、奥野の『教育問題研究』上の論稿は、他の教育雑誌に転載されることもあった。1920年1月の「読方教授と補助読本の問題」は同年2月号の『教育論叢』第9巻2号に、また1924年11月の「読方課業の分化の必要」は『教育学術界』第50巻3号に、それぞれ一部削除の上転載されている。これらの事実は、奥野の論評が広く教育界にも認知されていたことの裏付けになるだろう。

以上奥野の論稿について概観してきたが、次に、彼がどのような意識をもって、成城小学校訓導として在職していたのかについて検討したい。

第2項　研究的学校同人としての自負[8]
――『教育問題研究』の編集と澤柳校長の存在――

第1章で述べたように奥野が成城小学校に在職した1918年12月から1928年3月は、成城小学校の開校直後の10年間である。奥野による「成城小学校創立十周年の回顧」（開校十周年時の『教育問題研究』第87号）では、「大正六年といへば今から一昔、まだ日本では新学校といふものゝ生れない時だ。小学教育の研究といへば高等師範や、一般師範の附属小学校が一手販売のやうに思はれてゐた時分だつた。この時成城小学校は、それら伝統の教育と趣を異にして寔に特色ある教育を行つた」[教問87 1927.6b：6]と、開校時を振り返っている。すでに高等師範学校や師範学校の附属小学校での研究は認知されていたものの、それらの「伝統の教育」とは異なる

特色のある教育を行う「研究的学校」であったことの自負を示した書きぶりである。

　1917年4月に開校した成城小学校は、開校時の教員を公募によって採用したことは第1章でも述べたが、同論稿には、当時の募集選抜の詳細が奥野によって紹介されている。それによると、訓導は全国より応募があったという。論文によって予選を行い、写真と履歴書と自作の「生ひ立ちの記」とによって大体の候補者を定め、更に十数題の試問解答によって「同人加入」を決定している。試問は18項目あり、子どもが好きか嫌いかに始まり、読書についての志向や冊数、研究歴から娯楽まで多岐にわたった[10-11][9)]。開校から1年9ヶ月経ってから就職した奥野の採用は、後述する雑誌への投稿記事がきっかけだったことは知られているが、創設当初の採用方法によるものだったかどうかは定かではない[10)]。しかし、いわば成城小学校の当事者としての奥野がその内容を記していることは、在職校の教員採用方法に対して信念をもっていたと言えるだろう。

　奥野によれば、開校当時の職員は、澤柳政太郎校長、藤本房次郎主事、その他に佐藤武、諸見里朝賢、真篠俊雄、田中末廣、「次いで後自分や、平田（巧）君が参加した」[10（　）内引用者]とされている。ここでの記述では、奥野自身は、自らの採用以前に採用されて退職した訓導は考慮していない。奥野の採用年次は成城の訓導の中では早い方であり[11)]、ここに挙げた7人の内、開校十周年時に在籍していたのは、奥野と田中のみである。つまり、奥野は「成城小学校創立十周年の回顧」を執筆するに十分値する存在であったのである。

　次に、『教育問題研究』における奥野の著述の内容を見てみよう。『教育問題研究』の「編輯室」（1号のみ「読者へ　編輯室」）は、創刊号から奥野が担当した。奥野による「編輯室」は、創刊号（1920.4）から第16号（1921.7）までの15回はほぼ連続している（第6号のみ古閑停による）。また「田中君の御勉強が非常にお忙しくなつたといふので、暫く暇をもらつてゐた本誌の編輯に又私が携はることになりました」[教問48 1924.3c：122]として48号（1924.3）と49号（1924.4）でも担当している。創刊号では、「何

第 2 章　奥野庄太郎の人物像

分にも編集に不馴れな私どもの事ですから、気ばかりあせつて居て、却々思ひ通りにはまゐりませんでしたが」と言いつつも、でき上がった本誌に対しては、「纏まつた材料を通覧して見ると、何れにも強い力が籠つてゐるやうで、巻頭から結尾まで御通読を望んで止みません」［教問 1 1920.4b：96］と100頁余りに達した自校の機関誌創刊号への満足感と希望を記している。また、「真理の前には博士も訓導も平等です。旺盛已むなき研究心熱烈燃ゆるが如き探求の心、同人合致以て一標的に邁進して行く考へです、永久に、無限に、且不断に、真理の火花を散らしながら、そして遂に真理の炬火をかゝぐべく」［96］との記述には、成城小学校の「同人」として、教育界を先導していくという気構えが窺える[12]。

　創刊当初の奥野による「編輯室」では、毎号のように新会員の状況が記載されている。第 2 号には、教育問題研究会の「会員」として437名（1920年 4 月14日）の申し込み者の名前が列挙されている。第 3 号には更に 5 月 5 日までに到着分として、449名の入会者があり会員は計886名になったと紹介されている。この会員数について、奥野は予想以上の有様だと前置きをしながら、我が国の教育界の教育者の向上と進化を語るものだと評価している。そして「この有様で行つたら必ず遠からず我が国教育の改造も実現の緒につくことゝ信じます。編輯同人の喜びは勿論ですが、会員諸君も同様にきつと喜ばれることゝ思ひます。（中略）ともにともに協力して日本教育の改造に努力しようではありませんか。（中略）全国の小学教師だけでも十六万人ではありませんか。せめてその一割としても一万六千人ではありませんか。少なくともこの一割位の改造の先駆者がなくては心細いではありませんか。一校十人の教師の中に唯一人！これだけでもぜひほしいものです」［教問 3 1920.6：93］と訴え、同人同様、会員にも各学校の「改造の先駆者」たるを促し、会員数の増加を共に喜ぼうと、ここでも会員への呼びかけが行われている。

　このように『教育問題研究』において「同人」奥野庄太郎が教育界の改造を訴えるのには、前章でも触れた国定読本への批評にも見られたように、当時の教育界の旧態依然とした状況に対する批判的な見解がある。そ

の批判の対象である当時の教育界の状況を打破すべく研究し、また、日々「編輯室」担当として会員数を把握し続けた奥野にとっては、数か月の間にその会員を1000名近くまでに伸ばし、さらに満一年を経過したところ（1921年3月末現在）ではほぼ全国に広がりその数が2528名に達したことは[13]、教育改造の大きな手応えとして感じたことだろう。

次に、上述のように「同人」である奥野が、「会員」と共に教育を改造していこうとしたその意欲の背景にある、澤柳校長に対する尊敬の念について触れておきたい。すでに述べたように、教育界において著名である澤柳が、自校の校長として身近な存在であったことは、奥野にとって貴重な状況だったと考えられる。澤柳の奥野に対する評価は第1章で述べたが、ここでは、奥野の澤柳に対する心情が見える論稿を見てみよう。奥野は「先生の暗示による国語研究の開展」（1925）において澤柳への敬意を率直に著している。

　　私が澤柳先生から受けた暗示は実に多大なものである。接すれば接するほど底光りの愈々深い御人格、慈愛と聡明と偉大の権化である先生、私はどれほど先生の御人格を偲んで讃嘆してゐるかしれない。
　　成城へ入つてからの自分の苦学的勉強、人格修養、児童に対する愛の緊張、児童の内発的興味の重視すべき確信、自然的発生的に乃至生長として教育を見るの観念、児童の自学の態度の重要視、個性の限りなき進展、死んで国籍を失くするやうな偉人出現の翹望、シーズンによる教育研究の緊要、カリキユラム改造の研究的価値の信仰等、それらは凡て先生の御暗示によるものである。
　　個人的に受けた御高恩に対しては又生涯忘るゝことの出来ないものが多い。がこゝではそれら数多い御暗示のほんの一部分として私の専門的な国語研究に関した方面についてのみ述べてみたいと思ふ。

　　　　　　　　　　　　　　　　　　　［教問61　1925.4：173］

第 2 章　奥野庄太郎の人物像

「個人的に受けた御高恩」が何であったかについては推測の域を出ないが、「奥野は三重県の産、成城小学校創設後間もなく澤柳博士に見込まれてその訓導として来任した」［白日　1929：70］という白日道人の記述からも、澤柳からの働きかけもあって成城小学校に赴任したことも推察でき、そのことへの謝意も含まれるかもしれない。また、次節で考察する英米視察については、後述するように澤柳の何らかの要請があったことを奥野自身が記しており、そのことへの感謝の念も含まれていたかもしれない。

しかし、ここにはそれらの「御高恩」とは次元を異にした、「苦学勉強」から「カリキユラム改造の研究的価値の信仰」までの、教育に従事する者としての多様な観点からの「暗示」を澤柳校長から受けたことも記されている。ここでは「専門的な国語研究に関した方面」の「暗示」は、ほんの一部として捉えられており、他にも多くの示唆を得ているという奥野の認識を読み取ることが出来る。このような、澤柳校長に対する信頼は、澤柳没後3ヵ月目に記された「澤柳先生への思慕」と題する文章にも読み取れる。

　　それはあまりに突然なそして厳粛な悲痛の襲来であつた。教育王座の巨星が西に落ちた。／私は今でも何だかその事実を夢のやうに思ふ。／信じられない、／それは現実でなくて詩のやうな哀愁だ。／なんといふ偉大な幻滅だらう。(中略) 悠揚、誠実、叡智、進取、果断、博愛のお姿は、／学校の運動場に、／教室の入口に、／職員室の椅子に、／はた邸宅の応接間に、／その如実の鮮やかな想起は充分にある。
　　　　　　　　　　　　　［教問96　1928.3a：79　／は改行］

ここには、公人としての澤柳の姿ではなく、訓導の視線から見た一学校の校長としての澤柳の姿が描かれている[14]。運動場や教室、職員室にいる姿が目に浮かぶ、親しみのある頼れる校長としての澤柳を実感することができた環境にあった奥野にとっては、教育学者としての澤柳の多くの「暗示」が受け入れ易かったという面もあろう。先述したように、奥野

は、学校内の人間関係や権力関係に直接言及するような著述や発言を残していない。そのため、訓導を辞した心情は想像するしかないが、牛込の成城小学校における澤柳校長不在という現実が、教育雑誌編集に専念する方向に舵を切るのに足る大きな要因になったのではないかという推測は、これら澤柳に対する文章からも可能であろう。

　本書では、奥野の成城小学校退職後の動向については詳しく言及しないが、自身の事を記している数少ない次の文章に、退職後の様子を窺うことができるため引用しておきたい。それは古巣とも言える『教育問題研究・全人』に寄せられた、退職した翌年の暮れの「同人往来」という書簡欄の記述である。

　　　度々お尋ねを有り難うございます。
　　　目下の仕事としては教材王国の編輯をやつて居ります。尋一から尋四までゞあつたところ、この四月から尋五、尋六を創刊するので一層忙しくしてゐます。しかしやり甲斐のある仕事で面白いです。この他午前は早く起き毎日数時間づゝ研究に着手してゐます。読方の心理の方面です。この方面でも大いに貢献したいと思つてゐます。最近は又日本学習指導研究会を組織して、こちらの方でも会合と研究をつゞけてゐます。その成績も段々世に出てくることゝ思ひます。この研究の発展が教育界に新しい世界を生み出す機縁を作りはしないかと考へてゐます。講演にも出かけます。本月は青森から千葉、それから京都と廻りました。来月も出かけます。こんなふうで毎日いそがしく緊張して活動してゐます。おかげでからだは犬夫です。暇が少しでも出来たら創作をやりたいと思つてゐます。　　　［教全41　1929.12：39］

　教育雑誌『教材王国』の編集、講演、研究会で多忙な日々を過ごしながらも、「心理の方面」「創作」への意欲に満ちた様子が描かれている。「心理の方面」は、第5章で検討する『心理的読方の実際』（1930）に結実させる準備と見ることができる。また、「創作」は、成城小学校在職中から

第 2 章　奥野庄太郎の人物像

手がけていた児童読物の創作に関するものであろう。第 6 章で検討するが、奥野はすでに児童読物の単行本や選集を多数発表しており、退職後もこれらをまとめる形で『東西幼年童話新選』『東西童話新選』などの続編を発行していく。一方、小説のようなものを予定していたのかもしれない。当時、奥野は小説も発表している[15]。奥野の退職後の著述の詳細な検討は今後の課題となるが、少なくとも退職直後の奥野が、多くの希望をもって編集、研究、講演に取り組んでいたことは明らかである。

　いずれにしろ、奥野の退職後の多忙かつ意欲に満ちた生活は、訓導時代に研究的思考を養った土壌があって初めて成り立っているものと考えられる。奥野が、「この研究の発展が教育界に新しい世界を生み出す機縁を作りはしないか」と考えることのできるような「研究の発展」への信頼は、成城小学校訓導の間に培った研究心そのものと、研究を続けてきたという経験に対する信頼を拠り所としたものだったのではないかと考える。

第 3 項　教育ジャーナリズム上の奥野庄太郎

　ここまで、奥野の著作を概観すると共に、「研究的学校」の訓導としての彼の意識を探ってきた。本項では、当時の教育ジャーナリズムにおいて奥野庄太郎像がどのように描かれていたのかを確認し、外から見た奥野庄太郎像を押さえておきたい。そもそも『教育問題研究』などの編集経験を生かす形で成城小学校退職後に教育雑誌編集者になった奥野ではあるが、奥野自身が時折、自身が編集に携わっている雑誌以外の教育ジャーナリズム上に登場することがあった。奥野に関するいくつかの記事を、成城小学校に在籍する以前にも遡って見つけることができる。管見での限られた資料ではあるが、発行年代順に、発行年月日、編著者及び出版社、雑誌名、記事名等、を記すと次のようになる。ここでは、奥野の活躍と同時代の評価を確認するため、1920 年代までの記事を採り上げることとする。

①1916 年 2 月 5 日、三重県教育会、『三重教育』第 218 号、「辞令（大正四

年十二月)」中の「退職」欄［三重県教育会 1916：68］
②1917年9月15日、児童教養研究所、『児童　臨時増刊　大懸賞発表号』第1巻6号、「丙題　如何して我国現代児童文学の欠陥を補ふべきか　弐等（乙）」［奥野 1917.9：168］
③1925年1月1日、志垣寛（編輯兼発行者）、教育の世紀社、『教育の世紀　大正十四年新年号附録』第3巻1号、「全国教育家録」［志垣 1925：1］
④1925年9月26日、爲藤五郎（編輯兼発行人）、教育週報社、『教育週報』第19号、「人物の片影（一九）新教育界の新人—奥野庄太郎君」［中野 1986（爲藤 1925）］
⑤1929年11月1日、文園社、『綴方生活』第1巻2号、白日道人「綴方教授界の人々（三）奥野庄太郎論」［白日 1974（1929）］

　以下、それぞれの記事の概要等を示す。
　①は、三重県内の学校への転出入記録である。「退職」欄に、「津市第七尋訓　六下　奥野庄太郎」［三重県教育会 1916：68］とある。本記事によって、奥野は1915年12月の辞令で三重県津市第七尋常小学校退職が発令されていたことと、その時点までの在職校が津市第七尋常小学校だったことを確認することができた。
　②は、雑誌『児童』の懸賞論文の審査を通過した奥野の論文が掲載されている。奥野の肩書きは、「東京府下南葛飾郡瑞江高等小学校内」［奥野1917.9：168］となっている。懸賞論文の題目は、「甲題　如何にして我子の生後満一年間を養育せしか」「乙題　如何なる玩具が学齢前（一才より六才）の児童に適するか」「丙題　如何して我国現代児童文学の欠陥を補ふべきか」［目次頁］であり、それぞれの評価と論文が掲載されている。奥野の応募した丙題の審査主任は児童文学の先駆『こがね丸』の著者巖谷小波（所属の表記は、「本所副所長」）である。1等は掲載されておらず、弐等（甲）の志賀勝に続いて「同（乙）」として、奥野の略歴と論文が掲載されている。本論文の内容は本章第3節で検討する。ここでは申告されている「略歴」を紹介し、内容を確認してみよう。

第 2 章　奥野庄太郎の人物像

　　三重県宇治山田市に生れ、明治四十年三月同県の師範学校を卒業、
　　大正四年迄津市小学校に教鞭を執り、大正五年四月上京して府下瑞江
　　小学校の訓導となり、目今在職、倫理、哲学、少年心理の研究に従事
　　し居れり。　　　　　　　　　　　　　　　　　［168　ルビ省略］

　管見の限りだが②の投稿論文と略歴の記述が、奥野自身による著述の最も早いものである。この記事によって、奥野の経歴について不確実だった点を新たに確認することができた。それは、奥野は、同誌発行の1917年9月の時点で、東京府下南葛飾郡瑞江高等小学校に在籍していたことである。これは、①による三重県津市尋常第七小学校退職の時期との関係でも齟齬はない。①では、1915年12月の辞令とされており、奥野自身も②「大正四年迄」と記しているので、翌1916年4月の上京まで、何かしらの準備等の時間をとったのかもしれない。そして、新年度から、東京府下瑞江小学校の訓導になったことが示されている。津市の退職から本懸賞論文掲載までの間が1年半ほどしか空いていないことから考えると、未確認ではあるが、東京に来てからの訓導生活は瑞江小学校のみであろう。成城小学校への就職が1918年12月であるので、東京に来てから2年目の後半に成城小学校に異動したと推察できる。
　また、師範学校卒業が1907年3月という記述、及び、1915年まで津市小学校との記述から、奥野は津市で9年ほどの訓導経験があったことになり、成城小学校に就職した時点で、既に12年近くの訓導経験があったと見られる。つまり、訓導としてのある程度の経験の上に、30代前半で奥野は成城小学校に異動したことが分かる。略歴では、「倫理、哲学、少年心理の研究に従事」と記しており、奥野の成城小学校在職以前からの研究対象と関心事が示されている。本書で検討する奥野の成城小学校訓導時代の文章でも、倫理、哲学、少年心理のいずれの視点も継続されていること確かめられる。次節でも詳しく検討するが、奥野がアメリカから学んだ新見解は、そもそも、ここに記されている「倫理、哲学、少年心理」への関心があったからこそ得ることができたと言えるだろう。本記述は、奥野の執筆

活動の当初からこれらの分野への問題意識をもっていたことを確認できる貴重な記事だと考える。

　③は、当時の教育家の人名録である。池袋児童の村小学校の母体である教育の世紀社から1925年1月に発行されており、同時代的な知名度が分かり興味深い。巻頭に「採録方針に就て」［志垣 1925：2］が掲載されている。それによると、ア）「全国教育家の中、その経歴、現職等が、専ら初等教育に関係の深いものゝ中で主なる者を選んだ」こと、イ）「著述等のある人を多く選ぶ方針を取った」こと、それは、ウ）「その人の教育界との関係が部分的でなく全国的であるからである」こと、エ）「教育家といふよりは学者と称すべき人であつても、倫理、哲学、教育方面の学者はつとめてこれを採録することにした」［2］ことの断りがある。また、記述は、原則的には「全部本人の通知によつたものを根拠として編集者の作成したもの」［2］だとされている。記載項目は以下の通りである。「一、生年月　二、主なる経歴　三、現職　四、主なる著述　五、主なる研究の方面」［1］である。以下に奥野の欄を引用する。

　　奥野庄太郎（三重県）
　　　一、明治二十一年十一月。　二、三重県師範卒業、大正十一年八月より約一ヶ年国語教育調査研究のため、英、米、仏諸国を視察。三、成城小学校訓導。　四、お噺の新研究、英米小学教育の実際、綴方指導の原理及其実際。　五、国語教育。（東京市牛込区原町三ノ二四）　　　　　　　　　　　　　　　　　　　　　　　　　［7］

　この記事によると、生年月が「明治二十一年」、すなわち1888年とされており、これまで明らかになっている奥野の生年が1886年であるとされる経歴とは異なる[16]。また、奥野本人の申告であるとされる③の記事で、英米視察の目的が「国語教育調査研究」と記されていることは興味深い。『英米小学教育の実際　附　世界一周紀行』は英米の教育について幅広い内容を収めた著書ではあるが、奥野本人が自覚している調査研究の中心的

第 2 章　奥野庄太郎の人物像

目的が「国語教育」であったことを裏付ける。また、同書ではフランスの教育事情に触れる記述は収められておらず、短期の旅行記として扱われているに過ぎないが、奥野にとっては、当時のフランス滞在も「視察」として位置づけられたものだったことが分かる。

　④は、1925年9月26日発行の『教育週報』第19号における人物紹介欄「人物の片影」に掲載された記事で[17]、3段65行の顔写真入り囲み記事である。記者の署名はなく「新教育界の新人—奥野庄太郎君」［中野 1986（爲藤 1925）：第19号8］と題して紹介されている。当時の奥野がどのように教育界に認知されていたのかが分かり、また、当時の成城小学校の状況について外部から見た印象も知ることができるため、少し長くなるが以下に引用する。

　　▽詩人にして北原白秋、教育家にして奥野庄太郎、この二人は共に神経疲労、神経衰弱の顔ばかりして居る文壇教育界に極めて稀れにしか発見し得られざる程の柔かい、潤ひのある感じを与へる人である。

　　▽わけて日本の師範学校卒業生の中から奥野君ほど洗練された印象を多分に有つ人物を発見することは一種の奇蹟である。恐らく頭のてつぺんから足の爪先まで、塵一つに触れることをも恐れる程の狭義の潔癖家、そしてまた神経過敏家でわが奥野君はあるだろうと察せられるが、しかし、その過敏な神経の閃きを、それほど　末梢神経の上にイライラと表はさぬところに、奥野君のはつきりした個性が窺はれる。（中略）

　　▽言ふまでもなく奥野君は成城小学校の訓導である。赤井君去り、更に小原君の主勢力が砧村の第二成城の方に移つて以来おのづからその中心勢力は奥野君の握るところとなつて居るといふ噂もある。洗練された理智、洗練された神経、洗練された才幹の所有者たる奥野君ならば、成城の舞台も難なくやつてのけ得であらう。

　　▽一小訓導の肩書きで海外視察に出かけたものは、奥野君以外に余り聞かない。（校長先生の官費御用視察は別として）その土産として

の「欧米新教育視察記」は、不幸にしてまだ手にしないが、読んだ人の話では、稀れに見るいゝ記録だと言はれる。最近はまた雑誌「低学年教育」のために、その蘊蓄と一流の芸術家的天才とを、傾けて編輯に当つて居るやうであるが、今や動かすべがらざる地歩を低学年教育に向つて築きつゝある。確かにその着目点もよかつたであらう。が同時に、低学年教育の開拓者としては誠によき人を得たといふべしだ。

[第19号8（　）内原著　ルビ省略]

　この記事からは、当時の奥野の人物像を次のように思い浮かべることができよう。すなわち、ア）人柄は、北原白秋に並んで、柔らかく潤いのある感じを与え、洗練された潔癖家だがいらいらした様子を表さない。イ）立場的には、成城小学校訓導であることは周知のことで、その上牛込の成城小学校における「中心勢力」を握っている「噂」がある。同時に、1925年9月の時点の成城小学校に対しては、赤井米吉が去り（明星学園創設は1924年）、小原國芳の「主勢力」が成城玉川小学校（1925年4月開校）に移ったという見方がされている。ウ）海外視察の記録の評判が良い。エ）低学年教育の開拓者である。

　ア）の褒め言葉は、人物紹介の囲み記事であることを斟酌した上で読めば、奥野の印象を示す材料としてある程度有効としよう。それに対し、イ）ウ）エ）の視点は、本書において奥野の言説を辿る上で重要な奥野像を描いていると言える。『英米小学教育の実際　附　世界一周紀行』の書名が「欧米新教育視察記」と記される点は記事の信憑性に疑問符を付けざるを得ないが、このような人物紹介記事においても奥野の「海外視察」と「低学年教育の開拓者」が話題になるという状況が、帰国から2年後の1925年8月当時にまだあったということは見逃せない。また、「低学年教育」については、奥野が主筆となった雑誌『低学年教育』が1925年4月に創刊されたばかりの時期である。その実績に注目した記述であることは間違いない。本章第2節「英米視察の意義──『英米小学教育の実際』の検討──」、第3節「奥野庄太郎の児童観と低学年教育」での検討は、本記

事のような奥野と同時代の評価の視点とも共通するものである。

⑤は、後々生活綴方教育の舞台となっていく『綴方生活』誌上の奥野の紹介記事である。白日道人による「綴方教授界の人々（三）奥野庄太郎論」は、3段組3頁にわたって奥野の人柄や成城小学校採用のいきさつ[18]、英米派遣の事実の紹介[19]、成城小学校内の立場[20]、退職後の様子や国語科教育関係に対する執筆者白日の評価などが記されている[21]。

国語科教育との関連で述べられている部分を見ると、「奥野の国語は単に読方や綴方をやるでなく、或は鑑賞読本を編纂してみたり、或は聴方教育を提唱してみたりなかなかスケールが広く、常に新鮮味があり、新教育の元祖成城の中心的存在として鮮な働きぶりを示した」［白日 1929：70］とされている。さらに、綴方に関する次の記述は読方とも深く関連する重要な指摘である。

　　　その綴方方面に於ては、外遊後やがて発表した「綴方指導の原理と実際（ママ）」があるが、その綴り方に対する考へ方や見方も若干変つてきたかも知れない。彼の綴り方に対する考へ方は可なり堅実で、新鮮ではあるが先走りのぷよぷよしたものとは一寸種が違つてゐる。文学に偏せず科学的記述をも尊重せる点、情操に堕せず理知的方面をも顧慮せる所など、公平なる見解であると云わねばならぬ。　［白日　1929：72］

白日の記事からも分かるように、奥野は、後の時代に「第1次」と称される初期の時点で『綴方生活』誌ともかかわりがある。1929年10月の創刊号と、続く11月号、12月号において、それぞれ「綴方の母胎としての児童の生活」［奥野他 1929.10：54］「綴方の素材とその表現」［奥野他 1929.11：58］、「綴方に於ける道徳的要求」［志垣 1929：54］と題する座談会に出席している。創刊号は千葉春雄、野村芳兵衛、上田庄三郎、志垣寛そして奥野の計5名の座談会、11月号は上田を除く上記4名に加えて五味義武、渡邊義人計6名の座談会である。12月号は、「移動座談」と称し、「今月は座談会をやめて一問一答録の形にした」［54］として、志垣が奥野宅を訪れ

て取材した記事になっている。奥野の綴方教育に関する考察は稿を改めるが、奥野が『綴方生活』上の座談会に3回登場していることは、押さえておきたい。

　ここまで、以上、奥野庄太郎の人物像の輪郭を確かめる作業を行ってきた。第4章では、奥野が当時の国語教育界に向ける批判的な発言を考察の対象にするが、この教育ジャーナリズム上の記述においては、その点をためらいなく受け止めて公表しているようにも見える。先の白日の記述にもあるように「文学に偏せず科学的記述をも尊重せる」とする奥野の態度は、国語教育界よりも時勢に敏感な教育ジャーナリズムにおいて理解されやすいものだったのかもしれない。また、上記引用には、奥野が海外視察後に綴方に対する考え方、見方が変わってきたのではないかとの指摘もなされていた。具体的な内容の記述がないのが残念であるが、本書においては、この指摘のような奥野の著述の変化にも十分注意を払い、考察したいと考えている。

　続いて、奥野の教育観を語る上で欠かせない英米視察の経験から、奥野が何を学んだのかを検討して行きたい。

第2節　英米視察の意義
―― 『英米小学教育の実際　附　世界一周旅行』の検討――

　本節においては、1923年12月発行の『英米小学教育の実際　附　世界一周紀行』を資料として、奥野の海外視察が彼の教育観に対して与えた影響を検討したい。まず、奥野の英米視察のあらましを確認し（第1項）、次に英米視察によって奥野がどのような新知識や新見解を得たのかについて検討する（第2項）。

第 2 章　奥野庄太郎の人物像

　　第 1 項　視察のあらまし

　本項では、奥野の英米視察のあらましを確認する。奥野の英米視察は、旅程表など整理したものがまとめられているわけではない。しかし、彼の『英米小学教育の実際　附　世界一周紀行』（以下『英米小学校教育の実際』と記す）における著述からその行程をある程度拾うことができる[22]。
　奥野は、1922年 8 月10日横浜港を船で出発する。ニューヨークでの滞在は 9 月 3 日から始まり、翌年 1 月30日までの約 5 ヶ月間である。その後、再び 8 日間の船旅を経てロンドンに到着し、ロンドンでの滞在は同年 2 月 7 日から 5 月26日の約 4 ヶ月間である。ロンドン滞在中に 5 月 1 日から少なくとも 5 日まではパリに旅しており、同書の附録でパリの町の散策の様子を著しているが、パリにいつまで滞在したのかは正確には記されていない。同年 5 月26日にイギリスを出発し、7 月11日に神戸港に帰国している[23]。
　奥野の視察は主にニューヨークとロンドンで行われるが、主な視察対象の学校の特色を同書の「緒論」［奥野 1923.1208：1］から、奥野の感想も交えて抜粋しつつ確認してみよう。同書の澤柳による「序」［序 3］の記述で補足しつつ、①ニューヨークと②ロンドンに分けて表にした。

①ニューヨーク

学　校　名	学校の特色・解説 ○印：奥野の記述［奥野 1923.1208：1 − 4］より ●印：澤柳の記述［奥野 1923.1208：序 1 − 序 4］より
ホーレスマンスクール （以下 H 校と表記する）	○「コロンビア大学の師範大学附属の小学校で、この師範大学は北米合衆国中最高の師範大学であり」、「一般教授の研究」をしている。 ○「有名な教育学者も随分集まつてゐる。その総長が教

	育学者バトラーであり、教授にはデユウイーを劈頭に、ソーンダイクやキルパトリックなどがゐて、夫々小学校教育の方面にも有効な暗示を齎してゐる。」 ○「アメリカに於ける新教育の源泉、教育研究の最高権威といつてもよいと思ふ。」 ●「模範学校として全米に於て押しも押されもせぬ定評のある学校」。
リンカーンスクール （以下L校と表記する）	○「同じくコロンビヤ大学の附属の学校であるが」、「一寸特殊な教育の実験的研究を目的としてゐる。大いに意味のある学校である。」 ●「成城小学校と同年にできた新しい小学校」。 ●「ロックフエラー教育会といふ慥か五千万の基金を有する財団の寄付で理想的に新築され」た。 ●「十分の経常費を給せられて師範大学の管理の下にある純乎研究の為めの小学校」。
チルドレンスユニバーシチースクール （以下C校と表記する）	○「日本で今もやかましく言はれてゐる所謂ダルトン案の児童大学」。 ○「創始者ミス、パーカーストの経営している学校」。 ●「ダルトン案の主張者パーカースト女史の直接経営して居られる学校」。
3校に共通	○「それぞれ特色のある立派な新しい研究学校」。 ○「夫々研究の価値は充分にある学校」。 ○「私はこれらの三つの学校を五月蠅く思はれはしないかと思ひながら、それでも自分の満足するだけ通ひ詰めて研究した。兎に角自分としてもう充分だといふだけは見且つ研究した。」

第 2 章 奥野庄太郎の人物像

②ロンドン

学 校 名	学校の特色・解説 ○印：奥野の記述［奥野 1923.1208：1－4］より
ウエストグリーンスクール （以下W校と表記する）	○「ミス、パーカストのダルトン案を応用する学校」。 ○「リンチ氏の経営」。
ヂエウイシユフリースクール （以下J校と表記する）	○「ミス、パーカストのダルトン案を応用する学校」。 ○「ミス、ロースの経営」。
センサムスクール （以下S校と表記する）	○「英国の代表的の普通小学校」。

　上記表を参考にして、奥野の視察の研究的意図を考察したい。奥野の研究の意図は、第一に上記6校の視察対象校の選び方に表れている。奥野が英米視察に出かけることになったいきさつは断片的に記されており、視察の発端は、1922年5月26日に届いた澤柳校長の洋行先からの手紙にあるとされている[24]。そして、多くの人々の助けを借りながら渡米のための準備を重ねたことも記されている[25]。

　長期滞在にもかかわらず、視察対象が少ないことは、訓導の長期視察自体が珍しかった当時にあっては、きわめて特徴的な点であると言えよう。奥野自身も上記6校「位のものでその他ちよいちよい見た学校が英米仏合わせ十位もあらうか。その数は極めて少ない」［1］と記している。次の引用は澤柳による同書の「序」からだが、奥野の視察がこのような形になった経緯が、ここに見られる。

105

かくいふ私（澤柳）自身も、三回ほど欧米諸国へ旅行し、その都度主として教育を視察して多少の得る所があつたと思つて居る。然し能く考へて見ると、短日月の間に欲張つて色々の事物を視たりするので結局得る所が甚だ少ない。それで視察の範囲をできるだけ狭くして深く調査したならば得る所は慥かに多からうと感じてゐた。（中略）
　私は欧米の小学なり、中学なり、師範学校なり、十分に詳しく深く研究したなら、それは大に我が参考になると長い前から考へて居た。否な欧米諸国などいふのは既に範囲が広すぎる。或る一国の小学なら小学だけ十分研究する人を得たいと考へて居た。尤もかゝる視察をなす人は現に親しく教鞭をとつて居る人でなければならぬ。小学でいふならば、訓導で学校長などしない人でなければならぬ。

［序1（　）内引用者］

　澤柳自身の体験から生まれた願いは、奥野という適材を得て実現した形になったと言えよう。そして、「（奥野）君自身にもその考であり、又私の切なる希望もあつて専一に小学校を視察し、その小学校も数多く見んよりは二三又は四五の小学校を選択して数週数月を其の学校に視察に充てる事にされた」［序3（　）内引用者］と言う。このようにして奥野は、「その学校を研究し終るまで一ヶ所に数ヶ月でも半ヶ年でも留まつて見るといふ風の観察方法をとる」［2］という意図を明確にもって英米における研究を行ったのである。
　奥野の研究の意図の第二として挙げられることは、ダルトン案の学校を意識的に選んだとしていることである。奥野はC校、W校、J校の3校について「世界の中のダルトン案の小学校は先づ私の見たこの米国の一つ、英国の二つとその三つが新しい」とし、「ダルトン案の研究に就ては長田先生や、小原主事や、赤井幹事や、其他地方の友人大久保氏等からもよく研究して来てもらひたいとの御注文があつたので、ダルトン案の小学校は特に注意を払つて見て来た訳である」［3］と[26)]、成城小学校関係者からの依頼があったことを明かしている。

そして研究の意図の第三は、次のような奥野の姿勢を発端にしている。すなわち、「私のこの報告、この紹介は、努めて公平の立場に立つて之を行つてゐるつもりで、決して頭から外国崇拝をしたり外国尊重の眼をもつたりして見てはゐない。極めて自然に見てよいところをなるべく日本にアプライしたいと考へた迄」［4］だというのである。しかし奥野は、視察後の実感について次のように続ける。

　　併し向ふへ行つて向ふの実際教育の雰囲気に浸つてゐると、どうしても今後の日本は彼の狭い島国的画一の教育では駄目で、世界の大勢に一致した無限開展の教育でなければならないといふことは自然に感ぜられて来る。日本を離れて初めて本当の日本の姿を見ることが出来る。（中略）こゝに纏める私のレポートは単なるレポートではない。この私の痛切な印象を集めた一種の祖国の同僚への「教育改造」の檄文であると見てもよい。　　　　　　　　　　　　　　［4］

ここには奥野が、日本を離れて初めて知った「本当の日本の姿」が、実は「狭い島国的画一の教育」が行われているに過ぎないものだったことを認識し、対する「世界の大勢」は「無限開展の教育」を行っているというギャップに気付かされたことが記されている。そして同書を「「教育改造」の檄文」と位置づけたことは、視察研究を拠として当時の小学校教育改造を訴えること自体に、意義を見出したことが窺えるのである。

次項で、その内容を（1）「自由」と「能率」、（2）アメリカの「教育上の精神的土産」の2観点から考察することとする。

第2項　英米視察から得た新見解

ここで、奥野の研究の範囲を概観するために、『英米小学教育の実際』の構成を見ておきたい。既に述べたように、奥野は英米に滞在中に自校の機関誌『教育問題研究』に10本の論稿を投稿しており、それらが同書には

組み込まれている。同書は大きく4篇に編成されており、本編だけで399頁、附録に62頁使用している。各篇の題目は「第一篇　児童と学校教育」「第二篇　各科教授の実際」「第三篇　新研究の諸問題」「第四編　英国小学の実際」であり、附録として「世界一周紀行」が掲載されている。また、各編の中は2～8章で構成されている[27]。

　奥野が、国語科に関する内容に興味をもって視察に臨んだことは先に述べたが、主に「第二篇　各科教授の実際」の中の「第一章　読方教授の実際」「第二章　読方教授と補助読本の問題」「第三章　お噺と詩と劇」が国語科に密接に関係している。これらの内容は本書の後の章における考察に関連する内容を含んでいる。一方、その他の様々な分野についても視察から得た新知識を紹介し、奥野の多様な視点から分析した内容を同書で著したことも確認できる。そこで、奥野の人間像に迫る本章においては、国語科の教員である以前に小学校の教員であるという奥野の一面に迫り、本視察によって築かれた彼の教育観を明らかにしたいと考える。それらについて、2視点から検討する。一点目が、奥野が見たアメリカの教育における「自由」と「能率」について、二点目が「教育」そのものの捉え方についてである。奥野にとって、この両者への新見解は、帰国後の奥野の教育・著述活動の根幹に位置するものとして、彼の国語科の理論にも、大いに影響を与えたと考えられる。

（1）「自由」と「能率」

　奥野が本視察中に、アメリカの学校に共通する「自由」な教育の雰囲気を感じ取ったことは同書の随所から読み取ることができるが、それは、そのまま同書の第一項目に「自由な教授時間割」が挙げられていることに端的に表れている。それは、奥野が目にしたアメリカにおける「自由」は、「教授時間割」の自由裁量という現象面をとらえているだけではなく、教育を支えている思想そのものに意味を感じとったものである。以下、奥野が捉えた教育における「自由」の意味を考察したい。

　奥野は、本編の冒頭を次の2文で始めている。

第 2 章　奥野庄太郎の人物像

> アメリカは、遖が自由な国だけあつて、時間割はよし立てゝゐても
> その教授は決して規則的、画一的に之を強ひない。大いに教師の自由
> に任してある。　　　　　　　　　　　　　　　　　　　　　[5]

　この開口一番の「画一的」と「自由」は、この後、同書のキーワードとなる。日本の教育とアメリカの教育をそれぞれ象徴する言葉として、「画一的」と「自由」が、同書を通じてしばしば繰り返されるのである。そして奥野は次のように続ける。

> 　各教科の大体の進度と、各教科一週間の時間分数とは示されてゐる
> が、その時間割をいかに組立て、その授業時間を適宜伸縮する等は担
> 任教師の自由である。否その自由な活動によつて寧ろ教授の能率を高
> めようとしてゐる。此点など日本と違つてゐる。日本では一時限の教
> 授時数を四十五分とし、どんな教材でも一つの新教材について同一に
> 四十五分を費すことを常態としてゐる。アメリカの小学校ではさうで
> ない。十分の仕事は十分ですまし、二十分の教材は二十分ですます。
> 十分の仕事も、二十分の仕事も、それを等しく四十五分間操るなどと
> いふことは決してない。そこに教授の自由がある。教師がこれで済ん
> だと思へばその教材はそれでお終ひにして次の教材に移る。一時限の
> うちにさうすることを寧ろ正しいとしてゐる。　　　　　　　[5]

　ここに具体的に示されているような授業時間の45分に縛られている「画一的」な日本の教育という比較対象を身をもって体験していた奥野にとっては、時間的「自由」が許されていることは注目に値することであったろう。さらに、ここでは、この「自由」が「教授の自由」として、教員の裁量に任されていることと、その「自由」は「能率」を高めるために必要とされている現実も捉えている。続いて、教員個人に認められている「自由」によって起こる様々な教育的事象が紹介されている。例えば、H校のある学級が児童に時間割を作らせていることや、その時間割の中に「自由

読書」や「自由時間」が正課として設けられていること、また、時間割が「自由」な上に「実際之を応用する場合には又自由で」20分配当されていても、その仕事が10分で済めば、次の仕事に進んで行くことなど、驚きを伴いつつ記述されている。また、それらが、「児童心理に叶つてゐるやうに思はれる」[15] とも言う。ここで確認しておきたいのは、これらが児童の「自由」として表れるのと同時に、あくまでも、教員側の「自由」の必要性を唱えるものになっていることである。奥野は教員の「自由」の必要性について、日本の教育問題や状況との関連でも次のように述べる。

　　日本でも義務年限の延長も必要であるが、それに重ぬるに時間を有効に使用することを考へなければならない。徒らに形式や細目に拘泥するいまの教育では教師が一時限中に出来た余裕の時間を進取的に利用しないで、いゝ加減なことをしてその余りの時間を無駄に費してしまふ[28]。之を六ヶ年の教育に通計するとすればそれは大したもので、不識の間に教師自らが義務年限短縮と同じ結果の教授を実現してゐるといはれても仕方ない。(中略) それ(義務年限延長)を又有効にするにはどうしてももつと教師に時間の自由を与へて、形式に煩はされず児童の興味に乗じ児童の疲労に鑑みて適当の変化伸縮を与へてゆくことを許さなければならない。さうしなければ本当に能率の高い生きた教授は出来ない。　　　　　　　　　　　[16 ( ) 内引用者]

ここには、前章で見た成城小学校の「創設趣意」と通底する「能率の高い教育」の発想を見つけることができる。「創設趣意」に言う「能率の高い教育」は、「個性尊重の教育」と表裏一体の概念として捉えられていた。ここでは、同じ「能率の高い教育」が「自由」と表裏一体のものとして把握されていることが認められる。成城小学校の「能率の高い教育」という主張が仲立ちとなって、一方では子どもの個性を尊重することにつながり、もう一方では教員の「自由」につながるということである。そして、当然のことながらここで言う教員の「自由」は、引用にあるように

第2章　奥野庄太郎の人物像

「形式に煩はされず児童の興味に乗じ児童の疲労に鑑みて適当の変化伸縮を与えてゆくこと」のできる、教員としての責任や能力を伴うものであろう。

奥野は、「教育上に於ける研究」について次のように述べている。そこには、教員の責任や能力の実質を描いている文章が記されている。

　　要するに日本の教育の研究はみせびらかしものが多くて、真面目な実質的、根本的研究が少い。もつと教育上に於ける研究といふことが、ずつと一部分の細かいことでもよいから、それを真面目に実質的に具体的に更に実験的に研究せられるやうにならなければ駄目である。徒らに教育研究の声ばかり高くて何等根蒂のある永遠の研究に役立つやうな研究の生まれないのは、その為である。どうも一般に研究が漠然としてゐて、部分的、実質的に研究せられたものが少い。教育界でももつともつと細かい部分に各研究のスペツシヤリストが出て、実質的な実験研究が百花繚乱の姿に現はれるやうにならなければ駄目である。ちようど科学者が細かい一つの事を、一生の生命的研究として、それに没頭するやうに。
　　　　　　　　　　　　　　　　　　　　　　　［312　傍点原著］

ここに描かれている「スペツシヤリスト」こそ「自由」をもつことの許される責任や能力のある教員の姿であろう。そして、注目すべきは、小学校における教育者の「スペツシヤリスト」たる所以を科学者が細かい一事に没頭するになぞらえながら、根本的で、実質的で、具体的で部分的な研究の姿を描いていることである。ここに奥野の教育実際家としての一つの視点があると考える。同書における奥野の研究の記述は、実に具体的である。例えば次の引用は、H校の尋常2年生の学校生活の記述である。

　　此の組の児童数は三十人、机が三十脚普通の形ちに並べられてゐる。教室の片隅に風鈴のやうに小さな鐘がつゝてあつて、それをリンと一つならすと児童が教師の方に注意することになつてゐる。午前八

時四十五分が来ると教師がは(ママ)入つて来て、その風鈴の鐘を一つ鳴らし"Good morning boys and girls"と朝の挨拶をすると、児童はそれに答へて、"Good morning miss Barren"と先生の名を呼んで挨拶をかへす。これがこの学校での朝の礼である。　　　　　　　　　　　[57]

　同書は、このように奥野がある教室のある一日を教室の隅に陣取らせてもらいつつ記録したと思われるような記録も多い。そのような中で得られたと考えられる奥野の言う「一部分の細かいこと」の記述の積み重ねは、奥野自身が研究のスペシャリストとしての手法を貫く研究姿勢を示していたと言えるだろう。

(2) アメリカの「教育上の精神的土産」
　次に、奥野がアメリカで得たとする「精神的土産」[96]の内容について考察しておきたい。結論を先取りすれば、ここで検討する「精神的土産」とは、コロンビア大学にデューイやソーンダイクが在籍したまさにその時期に、同大学の附属小学校において直に新教育を実感した奥野が、価値観の転換をせざるを得なかった事実そのものだったのである。以下、奥野の言説を頼りにその「精神的土産」の内容を考察しよう。

　奥野は、同書の「第一篇　児童と学校教育」の第5章で「学校の意味の価値転倒」と題して21頁にわたって「精神的土産」について論じている。先に述べたように、同書の記述の多くは、奥野が実際に視察校に足を運んで見聞きした具体的な記述と、集めた資料によって構成されている。そのような中で同章は、純粋に奥野の思索の著述であり、他と趣を異にしている章である。その最後で奥野は次のように記している。

　もし、日本をして将来の発展をなさしめやうとしたならば、このアメリカ勃興の実際に見る如く、どうしても各個人のindividual Initiative―個性的独創―を重視し、個性の無限の開展と不断の生長に

第 2 章　奥野庄太郎の人物像

最高の注意を払はなければならない。それには教育をどうしても自由の基礎に置く必要がある。（中略）

　それにはどうしても日本今日の学校の意味の価値を転倒しなければならない。学校といふ意味を窮屈な予定の仕事を授ける場所といふ考へから打ちかはつて、学校は児童の個性を無限に開展させる児童自学の生活環境であると考へなければならない。教師が教へるのでなく、教師が材料を与へ、環境を作つて、児童自らが自己教育をするといふのである。かういふ風に是非考へ直さなければならない。（中略）

　私はこの思想の伝播、主張、実現を日本の教育界に切望してやまない。私のアメリカで得た教育上の精神的土産は、実にこの大きな価値転倒の彼我比較の苦悶に外ならなかつたのである。　　　　　[95]

　この前段で奥野は、アメリカの歴史は若いにもかかわらず、今日発展しているのは、「豊かな天産物、国民の性格、それら色々あらうがその最重要なものゝ一は教育尊重の実行、その実際実現の賜物であるといはなければならない」[94]と述べており、「その教育たるや又実に個性尊重、個性の無限開展の謳歌に外ならない」[95]としている。その上で、引用にあるように、アメリカにならって日本の将来を発展させようとしたならば、学校においては各個人の「個性的独創」の重視と「個性の無限の開展と不断の生長」への注意が必要であると説いている。ここには先に見たように、教育は「自由」重視の上に立つべきだという大前提が存在することは言うまでもない。

　そして、各個人の「個性的独創」の重視と「個性の無限の開展と不断の生長」への注意を払うこと、つまり、個性を尊重しさらにその個性を伸ばす営みが教育であるということの認識を図ることは、今のままの日本の学校の価値観では不可能でありその「価値」を「転倒」させなければならないと訴えているのである。そのために奥野は、教師は教えることから外面上は一歩引き、材料の提供と環境作りに徹し、児童が「自己教育」するという考えへ転換を提案する[29]。奥野は、このような考え方の必要性をア

113

メリカ滞在によって痛感し、体験的に知っている「窮屈な予定の仕事を授ける」に過ぎない日本の教育の現実とのギャップに「苦悶」しているという事実そのものが、ここでは「精神的土産」と表現されているのである。奥野はこの結論に至るために、アメリカで学んだと考えられるデューイやルソーの言説をも借りている。次にその内容を確認したい。

奥野は、デューイが、ルソーの言説を援用しながら児童にとっての自由と、社会や教育との関連を記した箇所を引用している[30]。その上で、その内容は「殆ど全部を移して我国の教育界に反省して見ることが出来る。真に日本にも自学の基礎に立ち、自由の立場に児童を置かなければ駄目である」[83]と共感している。それでは、奥野の共感したデューイの言説は、どのようなものだったのだろうか。それは、要約すると以下のように語られている。

教育職務が、「力のない幼少な動物」である児童を「幸福な道徳的な有為な、有能な人間にまで発展せしめるにある」のなら、「教育の方案はその年少な児童の成長を促進するに足るだけの自由を許すといふことは、いつも頭に置かなければならない」[81]。「画一的な服従を強ひてゐては」[82]いけない。さらに、「児童は社会といふ世界に居住するもの」だから、「簡単な行動でも自由な個人の行動は直ちに社会の仲間の興味や利害に影響してくる。故に却つて児童の本性としての自由が社会によつて自然のうちに洗練され」て、「真の自由は我儘勝手でないといふことを体感することができる」[82]。そこで、「先づ教育に於ては児童に向つて、児童のなし得るもの、なし得ないものを発見する自由を与へ」、「興味によつて働かすのがよい」[82]。そうすれば、「児童はその不可能なことを沢山の時間を費やさないで、可能な事に一心にな」り、心身共に「自己の興味によつて積極的に発展せしめることができる」[82]。この「自学自由の教育」は、「活動を生命とし、個性を創作し、実社会に之をいかに生産的に応用すべきかをも同時に学んで行くのである」[83]とされる。

ここで奥野は、「教師が教へるといふ職分から離れて、助手或は傍観者

第 2 章　奥野庄太郎の人物像

の位置に立ち、児童自らが自らの力によって自ら学ぶ位置に立つた時、初めて教育上の自由が生き、その真価が正しく発揮されていく」[83] とするデューイの言説も記し、それに対して「私のアメリカの教育を見て痛感したところもこの意味にほかならない」[83] と自身の視察経験とデューイの言説とを接続させて理解している。

　以上は、*Education of tomorrow*[31] から摂取した知識に基づく見解であるが、奥野は同じく *Democracy and Education*（1916）の一節を考察し、デューイが「教育の過程は教育の過程そのものが目的であつて」、「その過程は不断の改造、改設、改組織である」[84] などと述べていることに対して、「真に教育は成長である。否成長そのものである」とし、この見方が「現代アメリカの教育を指導する最高原理であると見ることが出来る」[89] と認めている。また、ジョン・アダムスが「何はともあれ結論として大事なところは、彼等自身が自分で仕事をするといふことであつて、それが新教育の原理である。学校は常に彼等の意見と彼自身の特性を重視しなければならない」と述べたことを取り上げ[32)]、「真にその通りである」[89] と共感してる。既に日本において、国内では最先端の「新教育」の理念の元にいたはずの奥野であったが、英米視察によって、デューイの説に「教育の最高原理」を見出し、ジョン・アダムスの説に「新教育の原理」を改めて見出すことになったのである。

　しかし、ここで補足しておきたいのは、1922年夏から1923年夏にかけての英米視察によって得た上記の知見は、それまでの奥野の哲学的思索にも遡ることができるということである。奥野は帰国後の1924年2月に、富山県教育会発行の『富山教育』123号に「英米小学教育の一般紹介」［奥野1924.2：1］と題して英米視察の内容を論稿に纏めて発表している。ここまで検討してきた『英米小学教育の実際』の内容を取捨選択して構成した論稿だが、その中には、上述の思索の内容もかなり分かりやすく修正されて掲載されている。注目すべきは、『英米小学教育の実際』にはなかった

デューイと奥野の持論とを接続させた箇所である。同稿の中で奥野は「教室」「時間配当」「教科目」「細目」「教案」「教授」「教育」「児童の比較」という項目を起こして論じているが、その中の「教育」という項目の元に記されている文章の冒頭を引用してみよう。

　　プラトンのイデア、アリストテレスの形象の流動、カントの自由意志、ベルグソンの創造、現代の風ゆる文化の傾向は創造へ創造へと向つてゐます。三千年の永い歴史の上には何か新しいもの新しいものと残されて、進化に進化を重ねて行きます。人間の生命それ自身もその方向に進化してゐます。我々が先験的な価値の創造をはかることは宇宙の大原理に添ふことであります。現実に足を踏み、理想といふ方向を目かけて、無限の生命の創造、自己の開展個性の不断の発展に最高の注意を払つて行かねばなりません。個性とは流転する生命の独自性であります。
　　一人の人間には誰しも個の独自性と、一般人類の共通性とが交叉した貌になつてゐますが、その自己唯一独特な独自性を自由に無限に発展さす所に力強い文化が造り出されるのであります。(中略)
　　この思想が今日に於ける滔々たる世界の大勢であります。ヂユウイの所謂、生の行進説に動かされ、個性の創造、生の無限開展をモットーとし、その基礎を自由に置いて、個人の発達、社会文化の進歩を図つてゐるのであります。　　　　　　　　　　　　　　　　［14］

　ここでは、プラトン、アリストテレス、カント、ベルクソンの諸説同様[33]、現代の文化も「何か新しいもの新しいもの」を求めた創造や進化の過程で、「先験的な価値の創造」をはかってきたこと、そして、それが「宇宙の大原理」に添うものであり、三千年の永い歴史において営まれてきたのだとする奥野の認識が記されている。奥野は「現実」と「理想」の二面に目を向ける必要を提示した上で、生命の創造の無限性や、自己や個性の発展性に対して、「最高の注意」を払わなければならないとする。

第 2 章　奥野庄太郎の人物像

　さらに奥野は、一人の人間の中で、「個の独自性」と「一般人類の共通性」が交叉させているのが人間であり、つまりそれは「自己唯一独特な独自性」をもつものだが、それを発展させるところに「力強い文化」を造り出されるとしている。このような文化の創造の理解の延長上に「ヂユウイの所謂、生の行進説」を接続させ、自由に基礎をおいた「個人の発達」と「社会文化の進歩」の両立を支持したと言えよう。
　奥野のこれらの解釈は、具体的に「個人の発達」と「社会文化の進歩」の両立を目指した様々な「方法」として『英米小学教育の実際』の中に記されている。例えば、多数記されている具体的な授業の様子の紹介もその一つである。しかし筆者は、奥野が、訓導として喫緊の興味の対象になるであろう具体的な「方法」としての「現実」ばかりではなく、上述のような教育が向かう先にある「理想」にも着目していた点を強調しておきたい。この奥野の視点は『富山教育』の論稿にも、職業と関連させて次のように表現されている。

　　職業もその人の個性とピッタリ合つたものでなければ天分の能力を発揮して、興味を以て命がけのベストをつくすことが出来ません。人間の幸福は自己生活の中に個性を生かす――個性の合つた職業の中に自己を見出し発揮して行くことにあると思ひます。（中略）
　　我々は六年間の教育でなく、少くともその子供をよりよく育て、一生を通じての永遠の教育を考へ、劣等児と雖も無意識に自分の天才、特異性を自信せしめて、各人が明るく輝く希望の光を認めて、社会世の中へ出る様に心掛けねばなりまま^{ママ}ん。　　　　　[18]

これは奥野が、個々の児童にとっての「一生を通じての永遠の教育」とは何か、という向かうべき「理想」を模索しつつ研究や教育と対峙していたことの証左となる表現であろう。そして、その個人の一生は「各人が明るく輝く希望の光」を認めうるものであると同時に「社会世の中」にも適応しうるものであり、「六年間の教育」で閉じることなく子ども達が「社

会世の中」へ出ることができるように、教師自身がが「心掛ける」ことの必要性を唱えるに至った記述だと言えよう。このように、教師が「教育」について考え、心がけることそのものも、奥野にとっては英米視察の「精神的土産」であったと考えられるのである。

　本節では奥野が英米視察で得た意義について検討してきた。次に先述したように、教育ジャーナリズムにも認められていた低学年教育についての彼の視座を検討したい。

第3節　奥野庄太郎の児童観と低学年教育

　本章では、ここまで外から見た奥野像と、英米視察という特殊な経験を積んだ大正新教育時代の一教育実践家として奥野がどのように教育観を形成してきたのかについて検討してきた。本節では、教育の対象である児童に対してどのような視線を向けていたのか奥野の児童観を検討し、小学校教育の中でも特に低学年時代を重視していた事実を確認したい。

　はじめに、奥野の児童への眼差しを窺い知ることのできる奥野自身の言説とその周辺の人々の著述から奥野の児童観に迫りたい（第1項）。続いて、奥野の低学年教育がどのような形で結実したのかを検討する（第2項）。これらは、第3章で述べる奥野の言語観との関連において重要な意味をもつことになるものである。

第1項　知ることは愛すること

　奥野が長期にわたって多数の著述を著していたことは既に述べたが、その期間は1920年代から1930年代前半までに集中している。奥野の最初の雑誌掲載論文は、管見では第1節第3項でも触れた1917年9月の教育雑誌『児童』の臨時増刊大懸賞発表号に掲載された弐等（乙）の評価を得た論稿である。「丙題　如何して我国現代児童文学の欠陥を補ふべきか」への

第 2 章　奥野庄太郎の人物像

投稿論文であるが、管見では奥野が成城小学校に勤める以前の文章としては唯一のものである。第 1 節、第 2 節で見てきた奥野像は、「新学校」の代表格である成城小学校という背景の存在が大きい点は否めない。しかし、同投稿論文では、奥野が公立小学校訓導であった時からその後にももち続けた児童観・教育観を窺うことができる。同稿は、題目が上述のような懸賞論文であり、児童観の提示が直接の課題ではないので、それを窺える箇所は僅かだが、次に引用する箇所には奥野の児童理解を見つけることができる。

　凡そ人智の発源地は好智心である。そして児童文学が如何に児童自身の生命的要求である此の好智心を有効に満足せしめ得るか直ちに想到し得らるゝ事実である。のみならず児童文学が児童想像の力を刺戟し以て理想の向上、神秘的詩的思想の涵養に資して、児童教養の上に好結果を齎し、加ふるに熱心なる愛読によりて不知の間に其の読書能力を発達せしめ得ることも容易に首肯し得らるゝ所である。

　　　　　　　　　　　　　　　　［奥野　1917.9：168　ルビ省略］

　ここでは、児童の「好智心〈ワイスベキーレ〉」は児童の「生命的欲求」に属するものであるという奥野の認識が記されている。また、その「好智心〈ワイスベキーレ〉」が「読書能力の発達」に関連していくことに言及されている点は、その後の奥野の〈読むこと〉の教育に繋がる原点と見ることもできよう。また、「我国現代児童文学」の「欠陥と見るべき諸難点」［171］を整理した記述の中の 2 項目目に次のように述べられている。

　　ロ、作家に、児童心理の研究が足りない事
　　　作者が筆をとる前に読者を理解限定することに気づかないのと、児童心理の知識が乏しく其の研究も根柢的でないので、発表された創作に落付がなく、自信が伴はず、読んも〈ママ〉切実な感興と適当な印象を与へない。凡そ児童文学の創作に従事せんとするものには、一面には造

119

詣深き児童心理の研究家であることを自負してもらひたい。

　　　　　　　　　　　　　　　　　　　　　　［171　ルビ省略］

　ここでは、児童文学の創作における「児童心理の知識」や「児童心理の研究家であること」の必要性を唱えている。成城小学校に勤める以前から奥野の中には、「児童心理」を尊重する発想があったことを読み取ることができる。

　そして、この論稿発表の1年3ヶ月後に成城小学校での奥野の生活が始まり、さらに1年3ヶ月後に『教育問題研究』の発刊と共に奥野の恒常的な著述活動が始まるのであるが、同誌に頻繁に奥野の著述が掲載されるようになると、それらの中には随筆風の短い記事が載ることもあった。そこでの奥野は、教育への情熱を感じさせたり、繊細な表現で自己の考えを主張したりする文章を著している[34]。また、奥野作詞、下總皖一作曲の「成城創立十周年祝歌」や[35]、「月夜の思ひ出」の曲譜も掲載されている[36]。前者は文字通り創立十周年を記念しての祝歌であり、後者は、子どもの頃に祖母の背中で見た月夜の情景を詩にしたものと思われる。しかし、『教育問題研究』誌上の奥野の論稿の中心はやはり国語科教育に関連するものであり、それらの中から奥野の児童観を窺い知ることも可能ではあるが、何れも十分とは言えない。

　そのような中で、1921年5月に『教育問題研究』に著した「知ることは愛すること」は奥野の児童観をまとまって知ることができる数少ない論稿である。同論稿では初めて奥野が1年生を受け持ったとする1920年9月15日（秋季一年生入学日）の「教育日記の端書き」が以下のように引用されている。

　　　生れて初めて貴い一年生を受持つた。希望と不安の意識が融渾して、一種名状すべからざる悦びのおのゝきを感ずる。どうにかしてこの純な児童を通じて本当の教育を体験して見たい。児童の本質に触れた教化を実現して見たい。

第 2 章　奥野庄太郎の人物像

　その第一歩として自分は先づ何よりも第一正当に児童を理解しなければならない。自分等が大人の立場から見て、大人の理想や、慣習や、便宜や、打算から見て、子供のすることと為すことが見当違ひで、馬鹿げたり、滑稽に見えたりしても、自分はそれを只大人の頭で独断しないで、児童自らの真実の生命に聞いてやるといふことを決心しなければならない。「子供らしさと」いふ天真な、純粋な、透明な彼れの本質に淵ねて、その万事を解決するやうに思ひ定めねばならぬ。土いぢり、水なぶり、人形遊び、悪戯、嘘の言葉にさへ深い理解と、尊敬をもつてやらなければならない。そしておもむろに善導しなければならない。併しそれは絶対に我儘自由に育てるといふことではなくて、広い、深い愛の心をもつて、最も自然に最も深く児童の完全な発育を望むことに外ならないのだ。　　［教問14　1921.5a：99］

　この時奥野は30代半ばであり、また、公立校と成城小学校で10年以上の教員経験があったが、初めて1年生を担任する心境を「希望と不安」「悦びのおゝき」などと自らの内で消化しきれない程の緊張感を示した文言で語っている。この中で、「本当の教育」「児童の本質」などの表現は、それまで、上の学年を担任していた奥野が知らなかった、入学間もない児童の「子供らしさ」に接し、そこに小学校教育の原点を見つけ、その責任の重大さを感じていたことの表れだろう。後段での「只大人の頭で独断しないで、児童自らの真実の生命に聞いてやること」や「嘘の言葉にさへ深い理解と、尊敬をもってやらなければならない」ことへの決心にも児童尊重の決意がみなぎる。この中で「我儘自由に育てるといふことではなくて」のくだりには、前節で見た、後の英米視察におけるデューイの言説との出会いの中で確認することになる「自由」への意識の萌芽が見られる。
　そして、この「教育日誌の端書き」に続いて奥野は、「私は本当に児童を理解したいと思つた」[99]とも記している。さらに同論稿の最後にレオナルド・ダビンチの信条と説明する「知ること少なければ愛すること少し、愛は知識の娘である」という文言を引き、「愛からも知識は自然に生

れるが、又知ることも愛する道である。強調していへば知ることは愛することである」[101]と結び、自らも、児童を知ることによって愛すという姿勢を示した。ここには奥野がもつ低学年の担任としての児童に対する眼差しが、端的に表現されていると言えよう。

一方「児童観察の一二」(1920)という論稿には、児童を理解しないで教育することの「危険」について次のように記されている。

> 自分は本当に真の児童とはどんなものであるかを理解したい。児童を理解しないで、児童を教育するほど危険なことはない。夫れは恰度、苗種を知らないで壊土を与へたり、病症を知らないで薬を盛つたりする危険に等しい。真に児童を知らないで行はれた教育的事業は、よし其の努力が如何に貴いものであるにしても、其の結果は要するにバベルの高塔を砂上に築いたものとは言わなければならない。自分は先づ真の教育を行ふ為に真に児童を理解したい。[教問4 1920.7a：77]

ここで奥野が言う児童を理解する・知るという言葉には、個別の児童の理解という意味に加えて、当時奥野が摂取し始めた当時の「心理学」の知見に基づく発達段階の理解という側面が含まれている。奥野にとっては、児童を理解することは、教育する上で必要不可欠な条件だったのである。ここで言う「理解」は、先述した、公立小学校時代からの「児童心理」に対する理解や尊重の延長上にあることは言うまでもない。

奥野は上述のように、1920年秋に初めての低学年担任を経験し、低学年教育への興味を広げることとなる。この年は『教育問題研究』が発刊された年であり、必然的に奥野の著述は低学年担任としての視線を含んだものが著されるようになっていくのである。次に、奥野の低学年教育に関する視点を含む著述を選び、考察したい。

第2項　低学年の指導という新観点

　奥野が低学年教育に注目していたことを象徴している事項は、雑誌『低学年教育』の主筆を務めたことである。同雑誌は、1925年4月に創刊されている[37]。木戸若雄著『大正時代の教育ジャーナリズム』（1985）によれば、「教育雑誌が純粋に学年別に編集されたのは、大正十五年四月に日本教育学会が発行した『尋一の教育』―『尋四の教育』が最初であろう[38]。この雑誌が教育界の歓迎をうけると、翌昭和二年四月に小学館から『小学一年生教育』（後に『尋一学習指導』と改題）の一連の雑誌が生まれ、昭和三年十月から『尋一教材王国』の一連雑誌が文化書房からスタート」［木戸 1985：121（　）内原著］したと言う。ここで学年別雑誌の3例目になるとされている『尋一教材王国』は奥野が編集者として創刊した雑誌である。しかし、奥野はそれに遡ること2年半の1925年4月に雑誌『低学年教育』を創刊しているのである。同誌は純粋に学年別雑誌とは言えないが、児童の発達段階別に雑誌を編集するという発想自体は奥野が嚆矢と言えるだろう。

　『低学年教育』の創刊に際して、澤柳が巻頭論文「低学年教育の必要」（1925）を寄せている。その文末で「今こゝに終身小学教育の実際に当るを楽しみとし、天職と信じて居らるゝ我が奥野庄太郎君が主筆となつて、特に低学年教育に関する実際的研究をなす雑誌の生れたのは洵に喜ばしいことである」［澤柳 1925：3］と奥野は紹介されている。奥野による創刊の辞などは掲載されていないが、奥野はこの創刊号から毎号、聴方教育と読方教育の副教材となる資料を掲載している。奥野にしてみれば、同誌の刊行という事実自体が、澤柳が言うように、国語科という自分の専門分野において「低学年教育に関する実際的研究をなす雑誌」における著述の場が用意されたという意味をもち、喜ばしいことであったろう。

　澤柳は同論稿の冒頭、次のように低学年教育の重要性を説く。

何事も其の基礎は最も大切であります。教育に於ても其の基礎となるものは一番大事である。大体に申すと高等教育よりも亦中等教育よりも、小学教育は大切である。なぜなれば小学教育はすべての教育の基礎であるから。これを少し精密にいふと、小学教育の内でも其の土台となるべき部分は他の部分よりも大切である。即ち小学の低学年の教育は高学年のそれよりも大切である。　　　　　　［澤柳 1925：1］

　澤柳は、この後の記述で高学年よりも低学年の方が大切であるということを繰り返し唱えている。これら澤柳の著述を見ると、奥野は、低学年教育の「土台」としての重要性について、澤柳校長からも示唆を受けていたことが分かるのである。

　また、〈読むこと〉の教育の観点から奥野の低学年に関する著作を確認する際に見逃せないのが、『低学年叢書』全7編の中で第1編『低学年の読方教育』と第3編『低学年の聴方教育』を奥野が執筆しているという事実である。後者の内容については、聴方教育自体が主に低学年を対象にした理論と実践から成り立っていることもあり、聴方教育に関する主著である『お噺の新研究――聴方教授の提唱――』や『聴方教育の原理と実際』の主張との大きな差異は認められないが、前者については、低学年において特に配慮や認識が必要な読方教育の事項について丁寧に述べられている。
　例えば、『低学年の読方教育』の「第二章　低学年に於ける読方の真理」［奥野 1927.0210：13］においては、「読むといふことは符号としての文字を通して内面的意味を読むことです。（中略）別言すれば、記号に触れて文章を認識し、認識の発展として聯想を醸し、結果として新しき自己の生命を構成すること」［13］であり、それが読方の「本質的目的」だとした上で、低学年の発達段階に応じる読方について、以下のように述べている。

　　（この「本質的目的」は変わらないが、）言語文字の非常に貧弱な低

第2章 奥野庄太郎の人物像

学年の児童にあつては、その目的を達するが為に方便的価値しかもつてゐないにしても、とにかくそれが自分のものになつてゐなければお話にならないのであるから、先づ言語文字の実力をつけることに邁進する。(中略)さうすれば低学年に於ける読む目的は稍中心点を異にしてくる訳です。(中略)即ち目的の殿堂を開く武器鍵鑰としての言語文字を正しく且豊富に理解収得するといふことです。

[14 (　) 内引用者]

ここでは、言語文字の収得が手段としての価値しかもたないにしても大前提としてそれが必要であるという、「低学年」児童に対する特別な指導の必要を示していると言えるだろう。

最後に、1年生の綴方教育についての記述を引用しておきたい。奥野の綴方の詳しい検討は稿を改めるが、次に引用する箇所には、綴方教育においても「低学年」に対する場合の特別な配慮を示す好例が提示されている。論稿は『教育問題研究』24号に掲載された「尋常一年の国語教授」(1922)である。「聴方」「読方」「綴方」と3方面について述べられている同論稿の「綴方の教授」の章で、仮名遣いについて述べられている箇所である。

仮名遣ひでも、「えんぴつ」を「へんぴつ」とかき、「山へ」を「山え」とかき、「本を読む」を「本お読む」とかくなど、読んで行つて目ざはりになつて、文の情調を傷つけるやうな感じを与へるものを注意して正すのである。大人でも六ヶ敷い仮名遣ひ、大人でも間違ふやうなところを子供にその完全を強ひる必要はあるまい。只目立つた大きな間違ひ、主要なところだけを正して行つたらよいと思ふ。さうしなければ誤つた──大した問題ではないかもしれないが、現在社会でそれが行はれてゐる以上、仮名遣ひの余り違つたのがあると、それが目について文の情調を害する感がないでもない。大して骨も折れない

ことだから、低学年のうちに注意して直して置くがよいと思ふ——此書き方や仮名遣いが習慣になつて高学年になつたから骨の折れることが多いから。かうした訂正は実に低学年の責任として受持つてよいと思ふ。
[教問24 1922.3a：54]

　ここには、奥野の教育における実に合理的な発想を読み取ることができる。低学年児童にありがちな表記の間違いに対して、「大した問題ではないかもしれないが」と断りを入れつつもその訂正を指導するように勧めている。その理由は、それらが社会のルール上間違っていると、読み手の「目について文の情調を害する感がないでもない」ことや、その指導自体が「大して骨も折れない」ことだからだと言う。そして、これらの指導は、「実に低学年の責任として」担当すべきと、低学年指導者の責任を明記しているのである。

　澤柳も「低学年は云はゞ遊ばせるやうなものである、低学年に得る所は左程大なるものでないといふ考がかなり広がつてゐる。私はこれほど大なる教育上の謬見はないと断言するに憚らない」と述べ、「校長も低学年に大なる注意を払は」ず、「全国小学校で大騒ぎをしてゐるのは五学年六学年の教育であ」り、「教育界一般に低学年を軽視してゐる」という指摘をしている［澤柳 1925：2］。このような時代的風土の中で、低学年教育に焦点をあて、低学年担任の「責任」を明示した奥野の姿勢は、当時においては、新鮮かつ貴重なものであったと言えるだろう。

第4節　本章のまとめ

　本章においては、奥野庄太郎の人物像を俯瞰した後、英米視察によって得た知見に基づく思索の跡を見てきた。また、奥野にとっての低学年教育の重要性も確認してきた。本章のまとめとして、この両観点が、どのように関連をもちつつ、その後の奥野の歩みに影響を与えたと考えられるのか

第 2 章　奥野庄太郎の人物像

に触れておきたい。

　第 3 節において見たように、奥野は低学年児童の担任をすることによって初めて、「只大人の頭で独断しないで、児童自らの真実の生命に聞いてやる」［教問14 1921.5a：99］ことの必要性に気付いたのである。既に何年も小学校の教員として務めていた奥野だったが、上級学年の担任として外から見ているだけでは分からない、低学年児童がもつ独特のエネルギーに応ずる低学年の教育という特別なニーズがあることに気づき、そのニーズに応ずる教育に「本当の教育」［99］を求めたとも言えるだろう。このような「本当の教育」に対する構えをもった奥野だからこそ、後の英米視察では、『英米小学教育の実際』で数多く記されている指導方法とともに、本章で検討してきた、「教育」と「能率」、「教育上の精神的土産」といった教育の本質に迫る問題にも敏感に反応し、思索を重ねることになったと筆者は考える。

　奥野は、「英国文部当局は読方教授について、その方針を次のように暗示してゐる」［奥野 1923.1208：355］として以下のように記している。

　　低学年に向つては初めに児童の興味をもつものを材料として、その材料に従つて読方教授を進めて行くことを注意し、その材料としては子供自身の噺や、絵や、周囲の事物や、易いお噺の本によることを暗示し畢竟児童自身が自然に興味をもつ—have a natural interest for him—事柄を材料として言葉を教へて行くようにすゝめられてゐる。

　　　　　　　　　　　　　　　　　　　　　　　　　　　　　［355］

　奥野は、「国語読本の人文科的教材」（1920）において既に国定読本の批評を行い、また折に触れ、一学年で薄い読本たった 2 冊に拘泥している日本の国語科教育への批判を行っている。そのような奥野にとって、英国の文部当局の上記のような低学年指導への方針の提示は、自らの主張の後ろ盾として重要な意味をもつことだったと考えられる。

　奥野の低学年への視座と英米視察の成果は、その後も自身の論稿内で主

題と関連させながら展開されるようになる。そして、1927年12月の澤柳校長急逝の年度末をもって奥野が選んだ道は、成城小学校を退職し、教育雑誌の編集であった。1928年10月に創刊した雑誌『教材王国』は、まさに学年毎の発達段階を重視した奥野の意見表明の場としての性質をもっていたと考える。

　1930年9月の『尋一教材王国』の「各科の学習の新潮と実際」と題した臨時増刊号上の奥野の論稿は、本章で検討してきた2観点を象徴している。1本目が「今後の学習はどの方向に流れるか」［奥野 1930.b：1］、2本目が「尋一読方学習の新潮と実際」［奥野 1930.9c：55］である。前者は、奥野の中で英米視察の知見を始点として展開させた、1930年当時の教育思潮を読み取った内容であり、後者は、尋一の読方学習に特化した実践的な授業提案である。両論稿は、奥野が成城小学校訓導時代から培ってきた低学年への視座と英米視察からの知見が、その後も研究課題として継続したことによって実ったものだったと見ることができるだろう。

　前章と本章で、奥野の国語科教育の前提となるべき背景を考察してきた。次章以降奥野の〈読むこと〉教育の具体的な内容を検討していくこととする。

注）
1）成城小学校創立十周年に際し、開校以来の総括を目的として発行された澤柳政太郎編『現代教育の警鐘』(1927)は、この当時の成城小学校の研究的視点を知ることのできる著作である。「序」の中で澤柳は「聊か過去努力の一端を稍々総括的に公にして記念となし、以て向後益々自ら励める意を寓したい」［澤柳1927c：序3］としており、同書において「その創立当初から、乃至その後追々と研究に従事した問題」［澤柳 1927b：9］として20項目が挙げられている。その中では、国語科関係の内容が「児童語彙の研究」「聴方科の特設」「漢字教授の改良」「分量多読の効果について」「読書科の特設」「児童図書館の特設」「綴方と話方との連絡」「書方始期の問題」「児童読物の研究」［9-10］の9項目を占めており、国語科に関して多方向から検討されていた当時の成城小学校の姿勢が窺える。

第2章　奥野庄太郎の人物像

　　また、同書で担当者が分担執筆した「独創的研究」は16項目あり、奥野は「聴方教授の研究」［30］と「漢字教授の研究」［45］（平田巧、海老原邦雄、正木ツヤ子との連名）を執筆している。「聴方教授の研究」は、田中末廣著「児童語彙の研究」［13］に次ぐ2項目目、「漢字教授の研究」が3項目目に記されている。他に国語科に関するものに、濱野重郎著「児童図書館設置の提唱とその後の研究」［163］、書方研究部著「毛筆書方に関する研究」［182］がある。
2）奥野の著作については、文献頁を参照。
3）『教育問題研究』については、第1章の注14を参照
4）『教育問題研究』は、96号（1928.3）をもって終刊となる。1927年12月24日の澤柳政太郎の急逝を契機に、『全人』（1926年8月から成城小学校主事小原國芳を中心として創刊され1928年3月までに20号に達していた雑誌）と合併され、『教育問題研究・全人』と名称変更する。1928年5月、『教育問題研究・全人』は『全人』の号数を引き継いだ形で、第21号から再スタートするが、それも、1933年9月、87号をもって終刊となる。
5）『教育問題研究』全96号の内、奥野の署名記事が載らなかったことは第20、21、22、44、45、59、60、65、66、71、72、73、74、75号の14号のみである。
6）北村和夫は「大正期成城小学校における学校改造の理念と実践―付　「教育問題研究」「全人」「教育問題研究・全人」総目次―」（1977）の中で、次のように述べ、澤柳と小原との確執があったことは否定できないことを示している。成城小学校「研究叢書第一編『児童語彙の研究』は、沢柳が自信をもって発表した研究成果であることだけは確かである。だがその後の研究叢書の刊行及び、教育改造を既に「ヨハネの如く絶叫」していた小原国芳の主事採用、その直後の『教育問題研究』発刊とつづく経緯は果たして沢柳の当初の意図に添うものであったか否か甚だ疑問なしとしない」［北村　1977：35］。
　　なお、『教育問題研究』『全人』『教育問題研究・全人』の発刊、合併、終刊の詳しいいきさつについては、［北村　1991：6-24］に詳しい。
7）「奥野君より」［教問30　1922.9：101］という奥野からの書簡は、「横浜湾頭にて奥野生」で結ばれた、横浜港出港時の心境を記したものである。また、「小原主事様」の宛名があり「奥野生」で結ばれている通信は、「今、大洋のなかに浮んで居ます。其の日は奥様わざわざ御越し下さいまして本当に有り難うございました」［教問31　1922.10a：72］で始まる私信をそのまま載せたものである。追伸の中に「成城の皆の子供と楓組の子供によろしく」［72］と、担任としての奥野からの学級児童への一言が添えてある。
8）成城小学校の姿勢を示す時に「実験学校」「実験的学校」等の用語が使われるが、本書では、「私立成城小学校創設趣意」（1917）の中にある「研究的学校」の用語を用いることとする。

9）創立当初の訓導募集のための試問は奥野によって次のように記されている。①子供は好きかきらいか及び其の感想。②読書は好きかきらいか（附）目下所有の書冊数。③最近二三年間に読んだ教育書中でいゝと思つた書物の名と其の理由。④教育書以外の書では。⑤普通学中何が一番得意かそれを順にあげて行つて貰ひたい。一番不得意なのは何か。⑥何か最近題目を定めて研究したものがあるか。今若し何か研究せよと命ぜられたら何を研究しようとするか。（附、研究でなくとも何か雑誌にでも発表した文章があれば御送りを乞ふ）⑦平素娯楽とする所は何か。⑧文学は好きか嫌ひか。好きならば作家作物をあげて其の理由をも。⑨音楽絵画の鑑賞は好きか嫌ひか。又二者に対する技能は如何。⑩手工の技能は如何。⑪宗教的経験はありや否やあれば略述してほしい（附、宗教に関して読んだ本があるか）⑫私淑して居る人物、古人今人理由。⑬尋常五六年に課外の読物として何か適当のものがあらば列挙してほしい。⑭酒煙草は飲むか飲まぬか。それに関する感想乃至経験。⑮健康についての過去及び現状、平素の心懸は如何（附、目下の体量と身長）⑯目下の総収入、財産（次男ならば本家のも）⑰外国語の素養の程度。⑱児童に対し談話は巧みか下手か［教問87 1927.6b：10-11］。

10）奥野の採用は、どのような形式で決定されたのかについてははっきりしない。［北村1977：138］によれば奥野の採用は1918.12.16であるが、その次が、古閑停の1919.4.1、続いて平田功の1919.4.14である。奥野の二人後の採用で、姫路の付属にいたという平田は、1957年8月15日に行われた旧職員座談会において、「私から以降、採用試験がなくなったんです。私がその第一号なんです。それは、師範学校長、そういう人の推薦のある者は試験をしないということになったんです」［橋本1957：68］と述べているため、奥野は当初の採用方法に依った可能性が高い。

11）北村による成城小学校の創設時から1927年4月までの成城小学校職員の転出入に関する資料を元にすると、訓導としての採用日は、採用年月日順に記すと以下の通りである。①諸見里朝賢（1917.2.1）、②佐藤武（1917.3.3）、③田中末廣（1917.3.22）、④真篠俊雄（音楽専科）（1917.3.26）、⑤村上瑚磨雄（1917.7.13-1918.8.31）、⑥中田利保（1918.5.21-12.14）、⑦岸三之助（1918.6.27-11.12）、⑧宮沢直孝（1918.11.8）、に次いで⑨奥野庄太郎（1918.12.16）となり［北村1977：138-140］、奥野以前に訓導は8人採用されている。しかし、⑤⑥⑦の三者は奥野の採用時には既に退職しており、奥野は、採用時点で6人目の訓導になる。

12）『教育問題研究』の紙面では、澤柳校長が寄稿する際にも、必ずしも巻頭に掲載されている訳ではないことは、奥野の言う「博士も訓導も平等」であった一例を示すものだろう。

13）「本誌一ヶ年の回顧」［教問13 1921.4a：1］において、奥野は会員数に言及し、「一般購読者も合すれば本誌の普及閲読の範囲は甚だ広い」［2］とする。また、本誌愛読者をもって組織した教育問題研究会支部は、8箇所（大分県玖珠郡、大分県日田

第 2 章　奥野庄太郎の人物像

郡、埼玉県大里郡熊谷、熊本県八代郡、兵庫県有馬郡、福島県須賀川郡、和歌山県日高郡、秋田）に設置されたことにも触れている。

14)「澤柳先生への思慕」は、3頁にわたる詩の形式で記されているが、学校長としての姿とは対照的に以下のように澤柳の公人としての姿も描いている。「太洋を渡る八回の船の旅／ロンドンに、サンフランシスコに、ハワイに、トロントに、／それら万国教育会議の席上に、／また文政審議会、はた多くの国体の会長席に、／議場に、演題に、／凡て先生を描き見ることは等しく可能である。」[教問96　1928.3a：80　／は改行]

15)『教育家創作集』(1927) は、その題名の通り、主に小学校教育関係者による「創作集」である。奥野の作品は「春の日の小さな出来事」と題す小話である。主人公の小学校教員が、受け持ちの児童の喧嘩に遭遇し、それを諫める間の心情を描いたものである。同書には、多くの国語教育関係者も作品を寄せており、当時の教員達の学習指導とは別の一面を垣間見ることができ興味深い。全19作品が収められている。奥野以外には、赤井米吉（明星学園長）、千葉命吉（立教大学教授）、千葉春雄（東京高等師範訓導）、池田こぎく（奈良女高師訓導）、丸山林平（東京高師教諭兼訓導）、峰地光重（東京児童の村小学校訓導）、西原慶一（成蹊学園小学部訓導）、齋田喬（東京成城学園教師）、志垣寛（教育の世紀社同人）、爲藤五郎（教育週報主幹、教育の世紀社同人）、八波則吉（第五高等学校教授文学士）などの作品が掲載されている。

16) 筆者が確認した、奥野の経歴が記されている戦後の著述は以下の①～④である。生年月日・出生地・没年月日・没地の内、明記されている事項を〔　〕内に記述した。西暦、元号は原著の表記のまま記した。
　　本論にも記したように異説もあるが、本書においては、奥野自身が①の論稿内で用いている1886年説を採ることとする。
①奥野庄太郎著「奥野庄太郎先生研究史（実践国語研究所依嘱論文）」実践国語研究所『実践国語教育』第24巻第279号、穂浪出版社、1963年、21頁。
〔生：明治19年11月、伊勢市〕
②倉沢栄吉著「解題・解説」井上敏夫他編『近代国語教育論大系10　昭和期Ⅰ』光村図書出版、1975年、476頁。
〔生：明治19年11月11日、三重県伊勢市古市町323、没：昭和42年12月19日、千葉県市川市〕
③木戸若雄著『昭和の教育ジャーナリズム』大空社、1990年、15頁。
〔生：宇治山田市〕
④国語教育研究所編『国語教育研究大辞典　普及版』明治図書、1991年、79頁。
〔生：1886（明治19）年、三重県伊勢市、没：1967（昭和42）年12月19日、市川市の自宅〕

17)『教育週報』は爲藤五郎編集による週間教育新聞である。創刊号は1925年5月23

日。終刊号は1944年2月12日。
18) 本記事の冒頭の以下の奥野の人柄に関する表現は、『教育週報』の奥野の人物像とも重なる。「奥野庄太郎は教育界の貴公子である、本誌前号教育家樹木見立によれば、彼は金木犀である。金木犀の馥郁たる香り、その香りを中にして漂へる一種の気品、それが彼れを思はせる。よく見立りと云ふべきである。」[白日　1929：70]
19) 英米視察に関連しては、「かくて彼は成城より派遣されて米国に学び次で欧州大陸を一巡してくるほどの素ばらしい事をやつてのけた。現役の小学訓導としてとにかく欧米を視て来たもの、恐らく彼が日本で初てゞあつたらう。帰来彼は成城小学に於ける訓導の首席として大に活動した」[白日　1929：70] と記されている。
20) 白日の記述からは、同時代に外部から見た成城小学校の変容の概略をつかめるため、当時の成城小学校内の立場や成城小学校の変遷が表されている部分を参考までに、以下に抜粋する。①「成城創設当時の訓導として、常に成城の中心的存在であつたのは彼（奥野）と佐藤武であ」[白日　1929：70　（　）内引用者] り、主として佐藤は算術、奥野は主として国語だった。②「新教育道場としての成城小学校には、此間幾変遷があつた」。「現に明星学園を経営してゐる赤井米吉がきて、小原の下で教務主任―副主事みたやうな事をしてゐた頃は、訓導中の古参であり実力もあり声望もあつた奥野とは何となく調子の合わぬ事があつたやうだ。勢力争ひなどといふケチな事ではなかつたらう」[71]。③赤井は明星を創立し、小原が砧村に新校舎を造り、「奥野は依然原町の旧成城に残つてがん張つてゐた」が、旧成城である「原町の方もとうとう一昨年を以て閉校の止むなきに至つた」[71]。④小原が奥野を用いようという意志があれば当然奥野は「砧村の方の主席格として、或は副主事として向うに行つたであろう」が、「どうしたわけか、それを機会に奥野は断然現役教育界を引退してしまつた。これは成城にとつては一の損失であつた」[71]。
21) 白日は、退職後も、奥野は「野心を出さず、全く著述と編集とを以て道を立てゝゐる」[白日　1929：71] と好意的に紹介している。その編集に関しては「現に彼は教材王国と称する四冊の雑誌を編集主管してゐる。来年度からは更に二冊ふやして六冊となすであらう」、「若干編輯ぶりに新しさがあり、内容の上にも工夫をこらしたものがあるので、（佐藤武に比べ）スタートが遅かつたにも拘わらずだんだんと発展して来、今では斯種雑誌界の第一人者たらんとしてゐる」[71　（　）内引用者] と評価している。

また、「仄かにきく処によれば彼の本懐は依然として実際教育家たるにあるらしく、将来は教育改造に向つて進展すべくその為にはやはり研究機関であり実行機関である私立学校の創設にまで発展するであらう事を希念していると」[白日　1929：72] と記している。しかし、管見の限り、奥野が自ら学校の創設をほのめかしている記述は見当たらない。
22) 『英米小学校教育の実際』には、英米視察中に『教育問題研究』に投稿した論稿を

第 2 章　奥野庄太郎の人物像

修正したものも含まれる。そのため本書においては、両者で重複する部分の引用頁は、帰国の後に部分修正された『英米小学教育の実際』によるものとする。
　『教育問題研究』に掲載された論稿と、『英米小学教育の実際』との関連を示すと以下のようになる。『教育問題研究』への投稿の発表順に並べ、それぞれについて『英米小学教育の実際』の該当箇所の先頭頁数を［　］内に記す。⑪⑫は帰国後の論稿だが、英米視察関連の内容であるため、ここに含む。なお、ここでは、『教育問題研究』に掲載された論文のみに記し、書簡等は含まない。

① 「北太平洋横断記」［教問32　1922.11：88］
　→ 「附録：一、北太平洋横断記」［附録：1］
② 「北米大陸の旅」［教問33　1922a.12：93］
　→ 「附録：二、北米大陸の旅」［附録：14］
③ 「読方教授と補助読本の問題」［教問34　1923.1：1］
　→ 「第二篇　各科教授の実際、第二章　読方教授と補助読本の問題」［150］
④ 「アメリカ小学尋一児童の学校生活（一）」［教問36　1923.3：53］
　→ 「第一篇　児童と学校教育、第三章　アメリカ小学尋一児童の学校生活」［29］
⑤ 「アメリカ小学尋一児童の学校生活（二）」［教問37　1923.4a：25］
　→ 「第一篇　児童と学校教育、第三章　アメリカ小学尋一児童の学校生活」［42］
⑥ 「教授の効果測定の実際」［教問38　1923.5a：26］
　→ 「第三篇　新研究の諸問題、第二章　教授の効果測定の実際」［273］
⑦ 「大西洋上の浪枕」［教問38　1923.5b：88］
　→ 「附録：三、大西洋上の浪枕」［附録：22］
⑧ 「アメリカ小学尋二の学校生活」［教問39　1923.6：59］
　→ 「第一篇　児童と学校教育、第四章　アメリカ小学尋二児童の学校生活」［56］
⑨ 「英国に於ける小学校読方教授の方針」［教問40　1923.7：24］
　　「第四篇　英国小学の実際、第二章　普通小学の実際」［352］
⑩ 「巴里への旅」［教問41　1923.8：110］
　→ 「附録：四、パリーへの旅」［附録：36］
⑪ 「児童大学読方教授の実際」［教問43　1923.10：24］
　→ 「第二篇　各科教授の実際、第一章　読方教授の実際、第三節　児童大学読方教授の実際」［144］
⑫ 「英米のダルトン案小学校に於ける指導案の一例」［教問46　1924.1：33］
　→ 『英米小学教育の実際』への転載無し。

23）奥野の旅程等を『英米小学教育の実際』の「附録」から拾うと次のようになる。地名は奥野の表記を用いた。
　1922年8月10日13：00　　横浜港発（船）
　　　　8月24日18：00　　シヤトル港桟橋 Port commission Pier, B 着

8月27日9：30	シヤトル発（汽車：Chicago, Milwau Kee & Rt. Saul Railway）	
8月30日昼過ぎ	シカゴ着	
9月2日13：30	シカゴ発（汽車：New York Central Railway）	
9月3日19：00	ニユーヨーク、セントラルステーション駅着	
1923年1月30日15：00	十四街第五十四桟橋（ニューヨーク）発（汽船：ベレンガリア）	
2月7日朝	サウサンプトン港着	
10：00	サウサンプトン発（汽車）	
12：15	ロンドン　ウオーターロー停車場着	
5月1日10：00	ロンドン　ビクトリア停車場発（鉄道：サウサンレールウエー）	
11：15	ニューヘブン着（フランス時間13：55着予定：2時間乗車）	
直ちに	ニューヘブン（船）	
14：25	デイプー着	
	デイプー発（汽車）	
18：23	巴里着	
5月5日午後	セーヌの河添からルクサンブルグを散策。ルソー像の前。	
5月26日9：00	ローヤルアルバート第五キングヂヨージードック発（船：箱根丸）	
7月11日朝	神戸着	［奥野　1923.1208：附録1－62］

　これらの船旅、列車の旅の間の奥野の所感は、同書の附録「世界一周紀行」にまとめられている。同附録の内容は、エッセー風であり90年前に日本からニューヨーク、ロンドン、そしてパリに旅することの心情や状況が、一日本人としての率直な表現で記されている。旅行記として興味深い内容である。

24）奥野は、帰国の船が出帆した1923年5月26日に、前年の同月日を想起して、次のように記している。「五月の二十六日といへば、私にとつては深い思ひ出のある日だ。それは去年ちようど澤柳先生からこの洋行問題についての御手紙をいたゞいた日であるから。ニューヨークからの御手紙で、大事な三四の御注意があつて、急ぎ此問題を解決せよとのことであつた。私は忘れもしない楓組の教室の窓から薄濁つた五月の空を仰いで暫く深い思念に陥つたことを。私の周章しい生活、神経の緊張は実に此の日から始まつたのであつた。それからちようど満一ヶ年、私自身にとつての感慨は実に人しれぬ深いものがある。」［奥野　1923.1208：附44］

25）同書では、準備段階で助力を得た人々やその内容が、僅かながら記されている。例えば、出発の日の見送りの人々について述べるくだりで、「こんどの出立については、澤柳校長を初め、小原主事、津荷さん、曽根さん、佐藤正さん、百崎さん、ブリ

ヂス嬢、楓組父兄の方々、その他送別会発起人の方々、同会御出席の先輩知己の方々、同僚諸君にその御厚情を感謝しなければならない。多数の方々の御配慮で凡て準備も都合よく、紹介状も英、米、独、仏と各所澤山いたゞいた」[奥野 1923.1208：附3]とある。
26）長田新顧問、小原國芳主事、赤井米吉幹事、大久保氏は未確認。
27）詳しい章構成は以下の通り。奥野が多くの分野から同書を構成させていたことが分かる。
　緒論
　第一篇　児童と学校教育
　　　　第一章　自由な教授時間割
　　　　第二章　家庭的な教室
　　　　第三章　アメリカ小学尋一児童の学校生活
　　　　第四章　アメリカ小学尋二児童の学校生活
　　　　第五章　学校の意味の価値転倒
　　　　第六章　日米児童の比較
　第二篇　各科教授の実際
　　　　第一章　読方教授の実際
　　　　第二章　読方教授と補助読本の問題
　　　　第三章　お噺と詩と劇
　　　　第四章　算術教授の実際
　　　　第五章　地理教授の実際
　　　　第六章　歴史教授の実際
　　　　第七章　理科教授の実際
　　　　第八章　其他の各科教授に就て
　第三篇　新研究の諸問題
　　　　第一章　低能児取扱法
　　　　第二章　教授の効果測定の実際
　　　　第三章　カリキュラム改造の実験的研究
　　　　第四章　ダルトン案教育の実際について
　第四編　英国小学の実際
　　　　第一章　ダルトン案小学の実際
　　　　第二章　普通小学の実際
　結論
　附録　世界一周紀行
　　　　一、北太平洋横断記
　　　　二、北米大陸の旅

三、大西洋上の浪枕
　　　四、パリーへの旅
　　　五、ロンドンから日本へ

28) 奥野はこのように余りの時間を無駄に費やす授業について、しばしば言及している。同書でも、「余つた時間を誤魔化してお茶を濁してゐるといふ様なことは決してない」［奥野 1923.1208：15］という記述がある。第4章で検討する、垣内松三が紹介した蘆田惠之助の「冬景色」の授業に対する批判には、ここで記されているような45分間授業に拘泥する日本の教員への批判の視線も含まれていたと考えられる。

29) 奥野は同様のことを表現を変えて繰り返し述べている。例えば、アメリカの小学校では「自学が主で、教師の説明、教授は副」、「自由が主で、規則制約が副」［奥野 1923.1208：77］など。

30) デューイの *Education of tomorrow*（図書名については、注31参照）から引用したとするルソーの言説は、奥野によって次のように訳されている。「児童には少しも命令してはならない、絶対こちらから与へ込んではならない、教師が権威をもつて彼に迫るなど、はかりそめにも思はしてはならない。が、児童は弱く、教師は強く且物のよくわかつてゐることだけは信じさして置く必要がある。そして児童をして児童には自然が人間に加へたと同じ桎梏の彼等にも亦加へられてゐることを自覚せしめ、その桎梏こそ必然の運命であつて、一斉の生命はその前に叩頭しなければならないことを覚らしめ、この運命を自然の力だと感ぜしめる必要がある。」［奥野 1923.1208：80］

31) 奥野は *Education of tomorrow*［奥野 1923.1208：79］と記しているが、*Schools of tomorrow*（1915）だと考えられる。

32) 奥野は「英国教育学者として有名なジョンアダムス氏も一氏はアメリカのソーンダイク氏など、絶えず交際してゐる新教育主張の権威者である―矢張り熱心に教育は児童の内在性の自己開展であることを述べてゐる」［奥野 1923.1208：89］と紹介している。

33) 奥野がベルクソンに依拠して「生命」概念を摂取したことに関しては、［足立2008］において詳しい検討がされている。

34) 奥野は、『教育問題研究』上に、多様な形式の文章を掲載している。以下、その内容を列挙しておく。「わかれ」『教育問題研究』7号（1920.10）は、児童の転校に伴う別れの様子を記したもの。／49号（1924.4）「純真に見る」は、短い文で、教育も一切のことと同様に「純真に見る」必要を説くもの。／53号（1924.8）「甦りくる夏」はパリの夏の美しさを思い起こし、詩と散文で情緒的に著したもの。／55号（1924.10）「断想」では、夏の講演の旅の折々の思いをベルクソン、老子、アリストテレスなど先人の言葉など織り交ぜながら記したもの。／64号（1925.7）「夏休みと私たち」では、「この一夏」と題して、自分は何よりも自然が好きだということを述べたもの。／79号（1926.10）の「一人一題」では「露骨な腰弁」と題して、田舎で

第2章　奥野庄太郎の人物像

立派な服装の紳士が手に弁当包みだけを持って出かける様子に対し、「生活行動の表象を文化してほしい」［教問79 1926.10：205］と訴えたもの。／80号（1926.11）の「一人一題」では、「天才」と題し、天才は道徳・宗教・芸術に限られたものではなく、良くも悪しくも「天才」はあり、良い「天才」を伸ばすことが望ましいとするもの。／94号（1928.1）「幸福の日よ」では、「人生に於ける幸福の日とは、畢竟その苦しみ、悩み、悶えを自覚し、しかもそを愛し創造する自らのインナーライフを只観照的心境で眺め得る心の小春日ではないのだらうか」［教問94 1928.1：1］と記している。

35）「成城創立十周年祝歌」の歌詞は以下の通り。「教室は青空／運動場は広野／小鳥かけるよな楽しさで／学んだ十年目出度いな／自学の苗床／人道の園生／若芽育つよな嬉しさで／のびた十年／目出度いな」［教問87 1827.6a：1］
36）「月夜の思ひ出」の歌詞は以下の通り。「お祖母さんのおせなでお、眠い／お湯のかへりの月夜の晩に／きいたは毎日同じうた／お月様いくつ十三七つ／そらまだ若いな／お月坊やについて来た／お祖母さん此の世に居ないけど／お湯のかへりの月夜の晩に／月見りやおうたを思ひます／お月様いくつ十三七つ／そらまだ若いな／お月様やつぱりついて来る」［教問92 1927.11a：折り込み頁］
37）終刊の年月は未確認だが、1927年8月1日までに、第29号までの出版があったことは確認した。
38）1947年に発足している現在の日本教育学会とは、別組織である。白日による「綴方教授界の人々（三）奥野庄太郎論」の中では、奥野の同僚であった佐藤武が「日本教育学会といふものを創設し、尋一の教育以下八冊の教育雑誌を刊行し、一寸いゝ羽ぶりを見せてゐる」［白日 1929：70］と記されている。

資料

奥野庄太郎　略歴
○第2章で検討した資料を総合して記した。
　　・成城小学校の動きと奥野の関連は、第1章45頁参照。
　　・米英仏への滞在の詳細は、注23参照。

1886年（1888年説あり）11月11日
　　　三重県伊勢市古市町323に生まれる。父福松、母くに。
1907年3月
　　　三重県師範学校卒業。
1915年12月
　　　郷里、三重県津市第七尋常小学校退職。
1916年4月
　　　上京。東京府南葛飾郡（現江戸川区）瑞江尋常小学校訓導。

（1917年4月　私立成城小学校開校）

1918年12月
　　　成城小学校訓導。
1922年8月10日～1923年7月11日
　　　アメリカ、イギリスに滞在して視察。フランスに旅行。
1928年3月
　　　成城小学校退職。
　　　その後、文化書房『教材王国』の編集主幹　等
1967年12月19日
　　　千葉県市川市にて病没。

第3章
奥野庄太郎の聴方教育と言語観

第1節　本章の目的と先行研究

　第3章から第6章までは、第1章、第2章で検討した奥野の背景と人物像を踏まえた上で、彼の〈読むこと〉の教育の考察を行う。まず、本章においては、奥野庄太郎の代表的な研究とされる聴方教育の理論と実際についての著述を検討し、彼の聴方教育の内容と背景、更に聴方教育の内包していた言語観及び言語教育観を明らかにすることとする[1]。

　滑川道夫が、「それまでは読み方・綴り方・書き方・話し方の面が実践的にも開拓されてきたが、欠落していた「聴き方」の教育を開発したのが奥野の業績として綴方以上に高く評価すべき性質のものである」[滑川 1978：548]と述べるように、奥野は、大正新教育時代に成城小学校において「聴方科」を推進した人物とされる。しかし、奥野の聴方教育に関する先行研究では、論者の研究との関連から、業績の一端が取り上げられるに止まることが多い[2]。そのような中で、北村和夫『大正期成城小学校における学校改造の理念と実践』(1977)、山本茂喜「成城小学校における『聴方科』実践の特質——奥野庄太郎の実践を通して——」(1982.8/1982.9)、北村和夫「大正新教育と成城小学校（1）——国語科の教科改造と「児童文化としての教科書」——」(1986)の3稿は、奥野の聴方教育に焦点を当てた考察がなされている数少ない論稿である。

　北村によれば、奥野は「聴方科」に対して、「童話・歴史譚等お噺の内容のもつ教育上の価値と、お噺を聴く間に習得される語彙・語感・語法等、言語教育上の価値との二重の意義を求めている」[北村 1986：52]とされる。山本も、「聴方科」の実践は「目的として、内容方面と形式方面

とが考えられて」おり、「内容方面では、童話そのもののもつ、内容的価値の自然収得がめざされ」[山本 1982b：43]、「形式方面の目的としては、単語・語句の収得が目ざされた」[43] とする。奥野自らもこれらの指摘のように、内容方面と形式方面に分けた授業計画案などを多数記しているため、奥野の聴方教育に対しては、この二方面からの分析は欠かせないと考える。その上で本章においては、内容方面、形式方面それぞれに対しての山本の評価を起点とし、奥野の聴方教育の全体像を示すべく考察したいと考える。

　山本によれば、奥野の授業の内容方面は「お噺から受けた印象を、児童が発表するだけ」であり、「各自の「個性に応じた感銘」をあくまで重視し、教師は一切干渉しない」[山本 1982c：41] とされる。また、形式方面の「単語・語句の収得」は、「音声レベルによって意味を理解させるにとどまり、文字とは分離して授けようとするものである」[山本 1982b：44]と指摘している。これらの山本の指摘は、内容と形式を一元的に捉える見方が出てくる大正期において、奥野の聴方教育の内容、形式共にその限界を示したものと受け止められる。しかし筆者は、奥野の著述や実践記録からは、一見「教師は干渉しない」ようでありながら、実際は明確な意図をもって授業を進行していたことを読み取ることができると考える。また、「音声レベルによって」理解した意味を「文字」に接続させる仕掛けを準備している実践も見られる。奥野は「聴方による読方教育」[奥野 1927.8a：44] という位置づけの下、形式と内容という表現を用いながらも、実際は両者を統合させる意図をもって「聴方」の授業を行っていたと考えられるのである。結論を先取りすれば、筆者は、奥野の聴方教育が、本書のテーマである彼の〈読むこと〉の教育を下支えする言語観と言語教育観を内包しており、さらに、この低学年における聴方教育が土台となった国語科教育の理論として構想されていたと考えている。

　そこで、奥野の素朴な言説と実践記録等の資料を[3)]、できるだけ丁寧に、当時の教室の空気感をも読み取りつつ検討を進めることで根拠を示し、本章の目的に迫りたい。また奥野の聴方教育は、話方教育とも密接な

かかわりをもっている。本章においては、彼の話方教育に関する著述からも検討を加えたい。本章における奥野の理論面の考察は、『教育問題研究』創刊号の論稿「聴方教授の誕生」(1920)、『お噺の新研究――聴方教授の提唱――』(1920、以下『お噺の新研究』と記す)、『聴方教育の原理と実際』(1928)、『話方教育の原理と実際』(1928)を中心資料として行うこととする。

　まず、聴方教育の背景になったと考えられる成城小学校における調査や澤柳政太郎の持論に基づく言語の構造について確認し（第2節）、続いて、聴方教育の理論誕生の経緯を検討する（第3節）。その上で、「言語（大きな意味の言語、文字、語句等凡てを含む）」という表現をキーワードとして、奥野の言語観・言語教育観について考察する（第4節）。さらに、具体的に聴方教育の授業はどのように実践されていたのかを確認する（第5節）。また、奥野の話方教育を検討し、聴方教育との関連を示したい（第6節）。

第2節　聴方教育誕生の背景

　本節では、奥野の聴方教育に関する二つの理論的な背景を確認したい。第一が、奥野の在籍していた成城小学校で行われた語彙調査であり（第1項）、第二が、澤柳校長から示唆を得た言語の構造に対する理解である（第2項）[4]。

第1項　成城小学校の語彙調査

　奥野が聴方教育を提唱するに至った第一の背景として、澤柳政太郎他著『児童語彙の研究』(1919)が挙げられる。同書の前篇「新入児童の語彙」は、1918年4月入学の男子25名の児童（当時の在籍は男子のみ）に対して行った語彙調査の詳細な記録である。同書の「第一章　調査の目的及方法並に結果」の中では、1頁から16頁にかけて「第一節　調査の目的」「第

二節　調査の方法」が詳細に記されている。以下、同頁の記述に基づき、調査の目的と方法の概略を示すこととする。

1．調査の目的
①「児童が小学校に入学するまでに於て、凡そ幾何の言語を収得してゐるかといふことを明かならしむる」［澤柳他 1919：3］こと。
②「各個人に就いての細密なる調査でなくして、比較的多くの児童に就いての大体の語彙を知ること」［5］。
2．調査の方法
①準備
　ア）金沢庄三郎『辞林』を基本とし、その他「特殊なる語彙を収集するには」その他の書籍を参考にして6867語を収集[5]。
　イ）これを、以下の項目に分類。
　　自然現象、動植物、身体疾病、飲食、服装、家具住居、遊戯、娯楽、心理、倫理、称呼、学校、交通運輸、郵便電信、金銭、売買、職業、皇室、国家、祭祀、戦争等
　ウ）分類に従い、児童数だけ投写して、一人一冊ずつ準備。
②調査の人員
1918年4月第一学年に入学した男児25名。平均年齢6年5ヶ月。第一学年30名のうち、調査上種々の障害のあるものを除いた。
③調査の日時
　ア）1918年4月14日より6月20日まで（日曜祭日の休業日を除く）。
　イ）時間は主として、始業前、休憩時。また授業中でも「余暇ある者」がある時は調査をした。
④調査者
本校主事　藤本房治郎、訓導　田中末廣
⑤質問の方法
主として（口頭）質問を用いたが、その質問の方法は語の性質によって様々。

例：名詞の多くは、「筆入れ」とは何、「嵐」とはどんなこと等。
　　　動詞、形容詞、副詞等は「約束をする」とはどういうことかと文章で質問した。　　　　　　　　　　［澤柳他 1919：1 - 16］

　同書は、奥野ばかりでなく、当時の成城小学校同人や後世の研究者も自説展開のための資料として取り上げることが多い[6]。そして、同書では、児童に対する個別の聞き取り調査などによって、入学直後の児童が既に平均4089語の語彙を有していたことが明らかになったことが示されている。同調査は奥野が同校に勤める以前のものだが、この調査結果によって、奥野は児童が小学校入学以前に、相当数の語句を身につけていることを確信したであろう。同時に、幼少の子どもにとっては耳から得た言語が有効であることを知る契機にもなり、聴方教育を唱える重要な論拠にしたと考えられる。

第2項　言語の構造の理解

　聴方教育が奥野によって提唱された第二の背景として挙げられるのは、澤柳の論稿「言語に四種の別あるを論じて国語の新教授に及ぶ」(1920)である。ここに、聴方教育の発端を見ることができる。同論稿は、既に奥野が「聴方教授の誕生」を著した後の発表であり、それは『お噺の新研究』の発行までも間もない時期なので、澤柳論文そのものが奥野の聴方教育の提唱に影響を与えたとは考えにくい。しかし、この論稿は、奥野が師事していた澤柳の持論の発表だと考えれば、その内容は以前から熟知されており、奥野の聴方教育の契機となったと考えるのが自然である[7]。澤柳は以下のように述べている。

　普通に言語を話される言語（スポークン、ラングエーヂ）と書かれる言語（リッツン、ラングエーヂ）の二つに分つ。然しこれは不十分である。これは聴く言語と書く言語とを加へて四つとすべきであらう。話される言語は必ず聴く言語であるに相違ないが、聴

> く言語が必ず話される言語ではない。話されずに単に聴く言語がある。（中略）かく聴く言語は話す言語の外に存在することを認めねばならぬ。
> 　書かれる言語は即ち読む言語であるが、この外に書く言語がある。読むことは出来ても、書くことは出来ないといふことがある、以て二者の同一でないことが明である。（中略）
> 　要するに言語には。（一）聴く言語と（二）話すのと（三）読むのと（四）書くのとの四種がある。　　　　　　　［澤柳 1920d：14］

　ここには、奥野の言語観に繋がる重要な視点が含まれている。それは、言語は、いわゆる音声言語と文字言語という二通りの分け方では不十分であり、それぞれの中には「話される」言語の他に「聴く言語」、「書かれる言語即ち読む言語」の他に「書く言語」の存在を提示していた点である。このことは、話されずに聴くだけの段階の言語、書くには至らずに読むだけの段階の言語の存在を示している。つまり、「話す」「書く」という言語表出の前には、それぞれ「聴く」「読む」という言語受容と蓄えの段階があり、それらは連続しているという言語の構造を説明しているのである。
　奥野は、以上のような成城小学校の詳細な児童の語彙調査結果と、澤柳の言語の構造に関する理論を背景として、聴方教育を展開していくことになる。

第3節　聴方教育の理論の誕生

　奥野の聴方教育は、前節で示した背景と、彼独自の考察が重なり合って生まれたと考えられる。本節では、奥野の聴方教育の理論が、どのような考察を経て形成されたのかを明らかにしたい。結論を先取りすれば、前節の「言語の構造」が児童の発達の特性と密接に結びついたところで、聴方教育の理論が誕生したと考えられる。まず、奥野が注目した児童の特性に

第3章　奥野庄太郎の聴方教育と言語観

ついて考察し（第1項）、続いてそれがどのような経過を経て聴方教育誕生に至ったのかを検討したい（第2項）。

第1項　児童の特性――「お噺」好き――

奥野は、幼少の児童は元来お噺好きであるという特性を強調する。児童が空想好きであることとの関連から「お噺」が好まれると説くが、そこで描かれる児童の特性を表した姿は、奥野が訓導として児童と生活する中で見られた次のような情景に象徴的に語られている。

> 一般幼児期（三歳 ― 一〇歳）の児童が、どんな話を最も喜んで聴くかといへば、夫れは童話、神話、伝説、歴史譚等、一口にいへばお噺である。「お噺を聞かして下さい、お噺を。」といふ声は、どの児童の口からも殆ど生命的欲求として挙げられて来る。実に食ふことと遊ぶことと、お噺を聴くこととが幼年時代の生活の殆ど全部である。一は栄養の為に、一は生長の為に、一は精神発達の為に夫れ夫れ必要なもので、各々重大な価値を持つてゐる。〔中略〕
> 本校の児童等に於ても「さあお噺をする。」といへば、児童はもう何事をも忘れて夢中になる。ぢつと身動きもしないで、希望と、憧憬と、喜悦の血に燃えながら、瞳を、輝かし、純なハートを躍らして、真に無関心忘我入神の境地に至る。此の魅力ある神秘境は実に、神が与へた児童の為の幸福である。然り唯一の精神的幸福である。
> 　　　　　　　　　　〔奥野 1920.0928：1（　）内原著〕

ここでは、児童の反応を直に感じることのできる訓導という立場の奥野が、その体験から得た実感を伴った文章で、児童のお噺好きの事実を語っている。奥野の著述には、先人の言説をその著作から援用したり、英米視察のような特別な体験で得た知見に基づいたりしたものも多い。しかし、筆者は、奥野が、少々大袈裟ではないかと思われるほどの表現で語る上述

145

のような児童の姿を直に知っていることが、彼の〈読むこと〉の教育の大きな動機づけとなっていると考える。ここでは、児童のお噺を好む姿が記されているが、これらは、児童を見る奥野自身の喜びをも表裏一体のものとして表現しているように見える。児童がお噺好きであることの確証が、奥野の訓導経験が磨いた感性によって導き出されたと言えるだろう。

続いて奥野は、お噺や童話が「非現実的である」との否定的見方が存在していた当時の状況に言及した上でなお[8]、この魅力あるお噺を「幼年時代の教化の資料に用ゐないのは嘘である」[2] とお噺を教育に用いることの有効性を繰り返す。奥野の聴方教育の出発点は、「お噺の中に深い意味を見出し、大きな使命を認めた」[1] ことであり、児童はお噺好きであるという大きな価値に目を向けたことにあるのである。

第2項　児童の発達と言語の構造の接続

次に、児童が言語を学ぶには二つの門戸があるという奥野の認識を確認したい。『お噺の新研究』において奥野は、言語を学ぶ門戸の一つは「聴き方」、もう一つが「読み方」であり、「後者よりも寧ろ前者の方が大切である」［奥野 1920.0928：5］と明言している。7年以上を経た『聴方教育の原理と実際』においては、「聴き方」を「耳」、「読み方」を「目」と表現を変化させつつも、その内容は継承されている。「聴き方／耳」が、「読み方／目」よりも大切であるのは、児童にとって「耳から言語を学ぶことは、目より言語を学ぶことより寧ろ自然」［奥野 1928.0401：5］だからであり、さらに人類の発生的に考えても、文字は文化が相当発達してから考案されたものだとも説明する。また、当時、成城小学校で研究されていたスタンレー・ホールにも依拠して[9]、児童の言語収得に関する発達上の特性から聴方の効用を説いている。

奥野は、児童の発話については次のように紹介する。「児童は生後六七週の頃から器械的な自然的原音を発し、生長するに連れて追々本能的模倣的に単語を語」［教問1　1920.4a：12］る。「満三歳頃になれば簡単な文章を

第 3 章　奥野庄太郎の聴方教育と言語観

構成して他人と自由に思想を交換」し、「此頃児童は既に相当の語彙を有」[12] するようになるとする。続いて「言語の世界」について次のように説明する。

　其の後言語生活の発達するに連れて、言語の世界も多く且広くなつて来る。読む、聴く、話す、書く、綴ると[10]。併し児童の言語の世界の中で一番範囲の広いものは何といつても聴く世界である。之に続いて話す世界があり、読む世界があり、次で書く世界があり、綴る世界がある。書く世界や綴る世界は其の範囲が狭い、読む世界も幼児期（三 ― 一〇歳）の児童にあつては余り広くない。[12（　）内原著]

　ここで奥野は、前節で採り上げた澤柳論文が掲げていた、言語の領域には「話す」「読む」に加え「聴く」「書く」4種存在するという言語の構造を発展させ、「綴る」を加えて5領域とした上で、それらを「児童の言語の世界」[12] と表現した。そして、その「言語の世界」は、の児童の言語生活の発達と共に「聴く」「話す」「読む」「書く」「綴る」の順で深まることを記している。上記引用は

『お噺の新研究』(1920) 5頁の図を元に筆者作成

1920年4月に『教育問題研究』に掲載された「聴方教育の誕生」からであるが、同様の内容は、同年9月の発行である『お噺の新研究』でも論じられ、そこでは図示されている［奥野　1920.0928：5］。五つの世界を同心円で描き、円の中心に「綴ル世界」、外に広がるに従って「書ク世界」「読ム世界」「話ス世界」「聴ク世界」とし、それぞれの円の幅も次第に広くなるように描かれている。その図からは、「聴ク世界」が全ての「世界」を包含していることが一目瞭然である。

　ここに至って奥野は、言語の構造そのものの5段階の広がりや深まり

と、児童の言語生活の発達段階との深い関わり合いを見出したということができる。さらに、奥野は、この五つある「児童の言語の世界」のうち「聴く世界」に注目したことによって、学校における聴方教育の必要性を訴え、聴方教育理論を展開していくことになる。

一方、奥野は児童の発達と言語の構造に関連を認め、さらに児童がお噺好きだという現実があるにもかかわらず、現状の学校教育にはこれらの現実に対する配慮がなされていないと批判する。次の引用は、その学校教育の現実を端的に著している。

　　然るに一般現在の教育方法では、身一度学校の門を潜ると、其の国語教育は児童が幼少の頃から夙に親しんでゐた此の聴くといふ言語の世界を全く離れ、耳といふ言語収得の重要な門戸を鎖して、只読むといふ世界に移る。現時の教育界が読む話す書く綴るといふ方面のみを知つて、一番児童言語生活の範囲の広い、そして収得の多い此の聴く世界、耳に訴ふる言語教授の世界を閑却し、此の言語教育の大原則を顧みないで居ることは甚だ不合理なこと丶言はなければならない。

[6]

ここには、入学時児童の発達段階に叶った聴方教育が閑却され、入学と同時に「耳といふ言語習得の重要な門戸を鎖して只読むといふ世界」に移ってしまっている当時の「国語教育」の状況が示されている。奥野は、このような視線から聴方教育を主唱するに至るのである。

それでは、このような奥野の聴方教育は当時の国語教育界においてどのように受け止められていたのだろうか。東京高等師範学校附属小学校訓導を務めた丸山林平は、『国語教育学』(1932) の「国語教育研究史」[丸山 1932：24] の節で「聴方教育」[76] について述べている。丸山は「聴方教育の研究は、話方教育に比し、更に一層遅れてゐる」とした上で、国語教育において聴方教育が必要であることはすでに論じられているが「聴方の

第 3 章　奥野庄太郎の聴方教育と言語観

事実を対象としたる研究」［76］はほとんどないとする。飯田恒作、田中確治、内田治三郎の中に少し述べられている程度だと紹介はするが[11]、「独立した研究」はほとんど現れていないと言う。その上で丸山は次のように記している。

　　しかしながら、聴方教育の研究もまた成城小学校に於て熱心に行はれ、さきにあげた「お話と聴方教授資料」の如きは、その一つのあらはれであつたが、奥野氏によつて「聴方教育の原理と実際」（昭和三年）が多年の研究の結果として著はされるに至つた。〔中略〕
　　本書は、聴き方教育の目的を述べ、材料を示し、実例に即して方法を説いてゐるものであつて、聴方教育の研究に組織を与へられた最初のものであると、ともに、現在では唯一のものである。
　　　　　　　　　　　　　　　　　　　　［丸山 1932：77（　）内原著］

奥野の聴方教育が1932年当時に「唯一のもの」であるとされていることは、注目に値する。奥野が聴方教育を「誕生」させたのは1920年4月のことであるが10年以上過ぎているこの時点でも奥野の先駆的な立場が揺らいでいないことの一つの証左である。

しかし、本書における奥野の〈読むこと〉の教育を大正新教育期の一事象とせず、後の時代に示唆を与えるものという見方をするならば、続く丸山の言説には、見逃せない指摘がなされていることは記しておきたい。丸山は、奥野の聴方教育の内容を簡単に紹介した後、機器の進歩に関連させて次のように述べているのである。

　　しかしながら、ラヂオおよび教育的蓄音機の発達したる今日、その材料および方法については、未だ研究の余地十分あるべく、聴方教育の研究も期して今後に俟つべきものであらう。　　　　　　　　［78］

ここには、奥野の聴方教育そして、本書においては「聴方」を包括する彼の〈読むこと〉の教育にとっても看過できない、当時の国語科教育を巻き込む時代の変化の断片が記されていると言えよう。ここに記されているような社会環境の変化の中で、奥野はどのように〈読むこと〉の教育を遂行しようとしていたのだろうか。このような国語科教育にも影響を与える時代の変化をも鑑みるべき問題については、奥野の読方教育の検討も終えた後、終章において考えてみたい。

　それでは、このような児童にとって馴染み深い聴方教育によって、奥野はどのような力の収得をねらっていたのだろうか。この考察においては、「言語（大きな意味の言語、文字、語句等凡てを含む）」［教問1　1920.4a：11（　）内原著］という言葉がキーワードとなる。次にその意味するところを検討する。

第4節　「大きな意味の言語」とは何か
―――奥野庄太郎の言語観の特徴―――

　奥野の言う「言語（大きな意味の言語、文字、語句等凡てを含む）」［11］という表現にはきわめて重要な言語観が含まれていると筆者は考える。以下、奥野の言う「大きな意味の言語」という表現が意味する内容を確認するために、彼の言語観が凝縮されている3箇所を引用して検討しよう。

　　①「言語（大きな意味の言語、文字、語句等凡てを含む）は読書の武器である。此の武器は一刻も早く授けなければならない。既に収得能力を所持し居る以上どしどしと授けねばならぬ。」［11（　）内原著］
　　②「此の聴方教授の方法によれば何れの学年に於ても、容易に多量の国語を収得せしむることが出来る。のみならずその授けられた言語語句は無味乾燥な空疎の言語としてゞなく、内容を持ち、背景を持つ

た、生きた言語として、即ち豊富な語感を持つた言葉として、収得せられて行く。」　　　　　　　　　　　　　　　　　　　　［15］
　③「今迄の国語教育界は、国語力と言語の関係を明に意識してゐなかつた。文字を教へることを国語教育の力と考へて、言語を学ばしめることを国語教育の直接の力とは考へなかつた。文字を重んじて言語教育を軽んじてゐた。読方教授などに於ても、読む力を文字の力と考へて、いかに読むことに言語の力が働きかゝるものであるかを研究することを漏してゐた。読方に於て文字も必要である。勿論、けれども文字以上に寧ろ言語が必要なのである。」　　　［奥野　1928.0401：8］

　上記引用からも分かるように、奥野の用いる「言語」という語は多義的であるため、それぞれの文脈の中で意味しているものを確認しつつ読み解く必要がある。多くの場合、文字言語に対比させた音声言語という意味で使用している。しかし、①では、「言語（大きな意味の言語、文字、語句等凡てを含む）」と敢えて「（　）」を用いて説明を加えていることに注目したい。ここでは「言語」といえども、「音声言語」だけではなく、文字・語句、さらに語義や語感などの広い意味合いを含んだ「言語」というものの存在を示したと考えられる。言い換えれば、「音声言語」や「文字言語」の上位概念としての「言語」を捉え、それを「大きな意味の言語」と記したと言えるのである。奥野は、「読書は真に人類文化の宝庫を開く唯一の鍵鑰」［教問1　1920.4a：10］だと言う。その前提に立つと、①で言う「読書の武器」としての「言語（大きな意味の言語、文字、語句等凡てを含む）」（以下「大きな意味の言語」と記す）は、「人類文化の宝庫」にたどり着く鍵を獲得するために欠かすことのできない道具として、児童に授ける必要があると唱えたのである。
　②では、奥野の求める「大きな意味の言語」の内容を具体的に示している。それは、「無味乾燥な空疎の言語」ではない、「内容を持ち、背景を持つた、生きた言語」あるいは、「豊富な語感を持つた言葉」としての「言語」なのである。そして、その「大きな意味の言語」は、聴方教育とい

う方法を採ることによって、「容易に多量」に収得できることも示している。成城小学校では、多量に与えることによって児童の収得力に任せた形で学習事項を摂取させるという、いわゆる多読主義・分量主義の考えに則って読方や読書の指導を行っていた。聴方教育において「多量」に「大きな意味の言語」を収得させることができることは、国語科の他の分科との関連において、つまり〈読むこと〉の教育における「聴方」の役割として重要なことであった。

そして、③を確認すると、ここでの「言語」は「音声言語」の意味合いを強くもっていると言えよう。そして、当時の「国語教育界」が音声言語を軽視する傾向にあることが述べられている。ここでは、奥野の①②のような初期の言語観は、7年半経っても変化していないばかりか、「文字以上に寧ろ（音声）言語が必要なのである」（（　）内引用者）と、耳から入る言語教育の必要性が強調されている。奥野にとっては、聴方教育による「大きな意味の言語」の収得は、「国語力」や「読む力」「読方」との関連からも必要な事項として継続的な研究課題だったのである。

第5節　聴方教育の授業の実際

それでは、「大きな意味の言語」が、「聴方」の授業の中で具体的にどのようにして児童に収得されたのかを奥野の行った授業記録と彼の提案した指導例で確認したい。まず、聴方教育における「問答」の意味を検討する（第1項）。続いて、聴方教育による語彙（群）の形成について考察する（第2項）。最後に「聴方」の授業の定型を確認しておきたい（第3項）。

第1項　「問答」による内容の獲得

まず、成城小学校訓導の古閑停の筆による「奥野君の聴方実地授業」［古閑 1921：85］の記録を考察する。本記録は、成城小機関誌『教育問題

第 3 章　奥野庄太郎の聴方教育と言語観

研究』に掲載されたもので、本誌が後に長く続ける授業記録記事の第一弾として採り上げられたものである。対象は 1 年生。1921 年 1 月 27 日木曜日に行われた授業である。冒頭に授業の概要の説明がある。古閑は、「小学校に於ける教科として聴方教授を特設するの必要と価値とを事実上から証拠立てるには（奥野）君の研究と実際とは確に有力である」とし、「聴方教授なる未墾地の開拓者」［85（　）内引用者］としての奥野に期待を寄せている。本授業には、「此の方面の権威」［85］の芦田惠之助も参観していたと記され、当時の成城小学校の聴方教育が、注目されていたことも窺える[12]。

「一、目的」は、第 1 節でも述べたように「内容上」と「形式上」とに分けた形式で記されている。内容上は、「貪欲を戒しめ、博愛慈悲の心を起さしめようとするにあ」り、形式上は、「思案、情深い、驚く、不思議、承知、工夫、奪つて、野良犬、戸の隙間等の言語を具体的に授けようとするにある」［85］。次に「二、材料」として、「欲ばり和尚」（小学お伽選、童話の巻、二十七）の「お噺の筋」が掲載されている。「欲ばり和尚」は、読み上げれば 5 分弱の短い話である。続いて、古閑によって授業の進行が記されていく。本記録は授業の空気感が伝わる貴重な記述であるため、以下同記録から抜粋し紹介する。

　まず奥野は、「其の初め授業の予備とでも云はうか、児童の心意をお噺に引きつけるために色々の問答を試みた」［87］。奥野が、「鍬つてどんなものか知つてゐますか」、「釜は」、「野良犬つてどんな犬かしつてゐますか」など尋ね、「その一つ一つに就て児童は自由に答へた」［87］。この問答後、「児童の心が漸くお噺の興味に傾倒されて来た時」［87］、奥野はお噺にとりかかった。そして「相当の表情、身振りを加へて噺を運」び、同記録「中傍点の施してあるところではポーズを置いて其の言葉を手真似や、態度、表情で説明していつた」［88］とする。記録の中で古閑は、「思案して」「情深いものだから」「驚いて」「承知」「不思議」「奪つて」「野良犬」「戸の隙間」の 8 語句に傍点を打ち、それらの語句で奥野が間を取って表情や身振りを交えてい

153

ることを示している。

　さらに、お噺が済むと、「奥野君は、暫く黙してゐた。児童のそのお噺に関して自然に漏れてくる所感を聴かうとしてゐる」[88]とする。その後、先生が「今日のお噺の中で色々な言葉をきゝましたね」と言うと、「「先生、々々」と言ひながら、席を立つて十数名の児童が教壇上に押しかけ」[88]て、「野良犬」「思案」「不正直」等の語句を口々に挙げる。奥野は「敏活に之を聴きとつて、片仮名で」[88]板書する[13]。そして、児童が言わなかった「クフウ」（工夫）という「言葉」を追加したとする。その後板書した一つ一つの語句に対して、「さあ、このノライヌといふ言葉はお噺のどこで使はれましたか。それはどんな犬ですか」「シアン（思案）といふのはお噺のどこに出て来たことばですか」「ナサケブカイ（情け深い）といふ言葉はお噺のどこで使ひましたか」などと順次最後まで「問答」し、「児童は一々それに答へ」[89（　）内引用者]、板書した文字についての「問答」が終わると授業が終了したとする。　　　　　　　　　　[87-89]

　この記録からは、「内容上」と「形式上」それぞれから、聴方教育の特徴を読み取ることができる。まず、授業の「内容上」の目的について考えたい。記録には、具体的に「貪欲を戒しめ、博愛慈悲の心を起さしめようとする」という、いかにも当時の修身科で目指す徳目主義的な内容が記されていた。しかし第1章で述べたように、成城小学校において「修身科」は第4学年から実施され、低学年のうちは、「修身科」で学ぶべき事柄を「徳学教育」にならないよう注意しながらも「聴方科」で行っていたということを考えれば、本授業は「聴方」の授業の中で「お噺」を聴かせることによって、自然に「修身科」における内容上の目的を達成しようとしたものだと考えられる。

　一方、本記録の授業の過程には、その内容上の目的である「貪欲を戒しめ、博愛慈悲の心を起さしめようとする」ことに関して、奥野が直接児童に問いかけたりまとめたりしている記述は皆無である。先行研究におい

第3章　奥野庄太郎の聴方教育と言語観

て、山本が「内容方面の整理は、お噺から受けた印象を、児童が発表するだけ」であり、「教師は一切干渉しない」[山本 1982c：41]と評する状態は、この点に対する指摘であろう。しかし、筆者は、お噺が終わってから奥野が「暫く黙し」ながら聴いていたという「児童のそのお噺に関して自然に漏れてくる所感」の記録中に、指導者が内容上の目的を達成したと察知した重要な児童の発言を読み取ることができると考える。それは、児童が「思ひ思ひ」に「和尚さんには罰が当りました」「欲張りでした」「正直だから神様が金の釜をくれました」と訴え、これらに対して「奥野君は只頷いて之を聴いてゐた」[古閑 1921：88]と記されている部分である。記録者にとっては、児童が思い思いに訴え、「只」聞いていたように見えるこの光景には、教師による暗黙の承認があると考えられるのである。それは、児童と教師が空間と時間を共有した「教室という場における授業」という特別な場で発せられた言葉の往還、すなわち「問答」の効果である。

　この「問答」は旧来の一問一答形式の方法とも趣を異にする。奥野は実践の経験から、授業中の児童のつぶやきや、それらに頷いて応える教師のふるまい自体も「問答」として捉え、それが児童に与える効果を十分知っていたと考えてよいだろう。前述の児童の思い思いの訴えは、本授業の内容上の目的に直接触れる発言であった。奥野はこの「漏れてくる所感」を「暫く黙し」て聞くことによって、教師－児童間のみにならず、児童－児童間においてもそれらの発言が互いに認められる教室空間を作ったのである。そして、児童の発言と自らの無言のふるまいの往還によって、本時の国語科の授業としての「内容上」の目的を十分達成したと考えたのではないだろうか。さらに、このような「聴方科」の授業だったからこそ、「徳学主義」に陥らない自然な道徳教育としても機能することができたと言うことができるだろう。

第2項　文字への接続と語彙（群）形成

　次に「形式上」の目的に着目してみよう。先に見たようにそこには、

「言語を具体的に授けようとするにある」と記されていた。筆者は、ここで言う「言語を具体的に授ける」ことは、「大きな意味の言語」の収得に大きくかかわり、それは単に「形式上」の問題ではなく、国語科教育における本質的な問題を含む内容であると考えている。まず、それが授業ではどのような姿を示すのか、続く古閑の記録をたどってみたい。

　児童の所感を聴いた後、奥野は「今日のお噺の中で色々な言葉をきゝましたね」[88]と、「言葉」に注目させている。その後、児童は、即座に諸々の語を挙げる。ここでは児童が率先して「言葉」とのかかわりを求めている姿を見て取ることができる。また、その様子からは、児童と先生の間ですでに「聴方科」の授業の流れが築かれており、日常的に「言葉」に対して積極的に臨むようになっている児童の様子を目に浮かべることができる。さらに注目すべきことは、そこで問われている「言葉」が、教師の板書によって、児童が自ら抽出した「文字」となって、児童の前に現れていることである。これは、「音声レベルによって意味を理解させるにとどまり、文字とは分離して授けようとするもの」[山本 1982b：44]ではなく、教師の発問、板書という行為を仲立ちとして、児童にとって、自分の見つけた「言葉」と板書された「文字」が関連をもち始めている姿と言えよう。

　そして最後に奥野は、「ノライヌといふ言葉はお噺のどこで使はれましたか」[89]など、どのような場面でその語が使われたのか、その語が使用されている状況を尋ねる。これこそが尋ねた「言葉」を「大きな意味の言語」として児童に収得させる鍵になる発問である。耳から入る「お噺」という教材は、具体的な場面設定や状況、筋の展開を児童にとって馴染み深い「声」を通して伝達される。そのため、児童にとっては、文字言語を経る過程を通らずに場面の情景等を連想することができる。さらに先生との「問答」によって、児童自身の声、友達や先生の声という外部からの音声と共に重層的に認識され、語句の語感に広がりが与えられる状況を生じさせていると考えられるのである。

第3章　奥野庄太郎の聴方教育と言語観

ところが、本記録の奥野の発問に対する児童の反応は、次のように続いてしまう。

　シアンといへば、例の思案の形をし、クサムラといへば手を動かして草のボーボーと生えた真似をし、トノスキマといへば座席を離れて飛んで出て教室の或ドアーのスキマをつゝいて見せたりした。

[古閑　1921：89]

　これらは、単に語句の意味する内容を動作化したり、実物を指し示すことで視覚化したりした状態を記しているに過ぎない。視覚化も語句のもつ意味合いを広げる一助にはなろうが、視覚化で表現しきれない語句にはどのように対処するのだろうか。また、これでは「お噺」の中でどのような場面でその語が使われているかという質問に対する答えになっているとは言えないのではないだろうか。残念ながら本記録には、そのような疑問に答えられるような状況が示されていない。

　そこで、この授業の4年半後に発行した『お話と聴方教授資料　上巻』（1925）を併せて検討することにする。同資料の「実際例」[成城小学校国語研究部　1925：22]からは、奥野が理想としたと考えられる「大きな意味の言語」収得の過程を推察することができる。

　同資料は、奥野による創作童話「昼の心と夜の心」を教材として、聴方授業の「実際例」を掲載している。対象は2年生。授業後半の「整理」の項に、奥野が理想としたであろう児童との問答例が記されている。そこには、前項で扱った「欲ばり和尚」の記録同様、教師の「○○という言葉はお噺のどのようなところで使われていましたか」という、その語句が使用されている文脈が問われる発問が記されている。続いて、教師が児童の発言を受け応える場合の模範例が記されている。例を挙げると以下のようなものである。問われた語句を筆者が〔　〕に記した。

例1「さうですさうです王妃が王様を連れて行つた時、其時なだめて行

157

（言　の誤り）つたんでしたね。」[32（　）内引用者]〔なだめる〕
　例２「よろしい、その通りです、今迄酷い目に逢はされてゐた昼の御殿の家来が、急に親切にされて不思議でたまらなかつた時でしたね。」[32]〔狐につままれた〕
　例３「さうですさうです、今Ｈ君のしたように王様に怒られた家来が平蜘蛛のやうにつて恐れ入つた時ですね。」[32]〔かしこまる〕

　これらの教師の受け応え例は、それぞれの直前に次のような児童の返答があることを前提とした記述である。すなわち、例１では、「『なだめる』とは、王妃が王様を連れて行った場面で、王妃がお話しした時の様子です」という返答、例２では、「『狐につままれた』とは、家来が、酷い目に逢っていたのに、急に親切にされて不思議でたまらなかった時の様子です」という返答、そして、例３では、「『かしこまる』とは、家来が、平蜘蛛のように手をついて恐れ入った時の様子です」と身振りを交えながら言ったと考えられる返答である。
　そして、それらの返答からは、前掲の『欲ばり和尚』授業記録内の単語の動作化・視覚化という方法とは異なり、語の説明を言葉によって求めていることが分かる。「お噺」の場面の中で情景や様子を思い起こし、言葉にすることによって、「なだめる」「狐につままれた」「かしこまる」など、概念の把握が難しい語句の理解を図っている。さらに単に一語一語を辞書的に換言するのではなく、敢えて物語の情景や筋に戻ることによって、生きた語感をもつ言語として児童に収得させていたのである。そして音声を通して文脈の中で立体的に獲得した「言葉」が、この後、前節で示したような過程を通って「文字」に接続されるだろうということは容易に想像できる。

　奥野は上述したような聴方教育の授業実践を通すことによって児童の中に形成できる語彙こそが、「大きな意味の言語」であると考えていたと言える。ここに奥野の言語観とその指導方法の特徴が見られるのである。

第3章　奥野庄太郎の聴方教育と言語観

第3項　「聴方」の授業の定型

　第1項、第2項の検討を踏まえ、ここでは奥野の聴方教育の定型と言えるものを示しておきたい。
　『聴方教育の原理と実際』(1928) の後半は、小学校教員のための実用書として構成されている。特に「四　聴方教育の実際」［奥野　1928.0401：26］では、教材として5話を採り上げて指導例を示しており、指導者がその記述のままに進めれば授業が成立するような構成になっている。
　5教材の指導例は全て、「一　教材」「二　目的」「三　お噺の出発」の3項目で構成されている。ここではすでに「内容」と「形式」という二元的な表現はなされていない。一方、「二　目的」の中は「1　内容的目的」「2　耳より収得する語句」に分かれている。そして、「三　お噺の出発」の項では、それぞれの教材に合わせて授業導入時の簡単な説明の文章を記載している。

　以下、奥野作の童話『谷の仙人』を題材にした第3学年対象の指導例を検討する。授業の導入部は次のような、「岩窟」という語句の説明から入っている。

　　　皆さん、岩窟といふのは崖に横に深い穴があるところを言ふのです。昔家を作ることを知らない時には、よくこの岩窟に住んでゐました。お話の中に度々出ますから、注意してください。　　　　［284］

　ここでは、児童に対し、お噺への興味づけと、「岩窟」という難解語の説明が行われている。次に、『谷の仙人』のお噺の本文が記されている。本文の途中には、以下に示すように、（　）を用いて、指導者が話す時の表情などの注意書きが記されている。

159

「雪の山道を踏み迷つてゐた、陽太郎はとうとう深い深い谷底へ落ちてしまひました。(一寸ポーズを置く)」[284]
「陽太郎はこのお爺さんに言葉を懸けようと思つたけれども、余り驚いたので、急に言葉も出て参りません(驚いた表情をする)」[285]
「お温しいよい子でしたから、お爺さんはにこにこして(さも嬉しそうな情態で)色々と話をきかしてくれました。」[286]

　通読して10分程度の話の中の24箇所に、上記のような「(　)」による説明がある。そして、最後に「附記」として、「お噺のすんだ後で耳から学んだ語句を問答するのも面白い」[272]と[14)]、語句に関する「問答」を推奨する文言が記されている。
　同指導例は基本的には前に検討した授業記録や「実際例」とも共通する授業の流れであるものの、1928年の著書に収められているため経験を積んだ奥野が考える模範的な授業の流れを示したものだと言える。第1項、第2項で考察したような児童の反応に導くための、聴方の授業の理想型として記されていると考えてよいだろう。
　ここで示されている授業の流れは、次のようにまとめられる。すなわち、①目的として「内容的目的」と「耳から収得すべき語句」を定め、②授業の導入部分で、その教材で使用されている語句のうち、事前に確認が必要なものに説明を加え、③表情豊かに、話し方に工夫を凝らしながらお噺を読み、④お噺終了後は「耳から収得すべき語句」について言葉を「文字」に移しながら「問答」する、という流れである。このような「実際例」の提示は、奥野が多くの題材を用いて繰り返し同様の流れの授業を実施することによって、豊富な語感を伴った「大きな意味の言語」を授けることができると考えていたことの証左となろう。そして、その言語は、「お噺」を教材として、抽出した語を「文字」として板書し、その語が使われている状況を「問答」することのできる時空、つまり「授業」において初めて収得されるものだと考えられていたことも確認できる。
　それでは、ここまで考察してきた奥野の聴方教育は、同じ音声言語の指

導としての話方教育とはどのように接続するのであろうか。「言語の世界」の同心円では、「話す」は「聴く」の一つ内側に位置し、「聴く」よりも一段深まったことを示していた。そして「話す」自体は「書く」「綴る」も包含しているという奥野の理解があった。次項において、その奥野の「話方」の教育を検討したい。そして、奥野の〈読むこと〉の教育において「話方」はどのように位置付けることができるのかを明らかにしたい。

第6節　聴方教育と話方教育

　本節においては、奥野の話方教育について考察する。奥野は1928年10月に『話方教育の原理と実際』を発行している。「話方」を題名に含んだ著書としては唯一であるが、奥野にとっては、この時点で「読方」「聴方」「綴方」「話方」という、当時の国語科の4分科の著書を揃えたことになる。この事実からは、訓導退職直後に「話方」までを含めて、「国語科」全体を見通しておきたかった奥野の意志を汲み取ることができる。

　奥野の話方教育に焦点を絞った先行研究は、管見のところ倉沢栄吉によるもののみである。『話方教育の原理と実際』は『聴方教育の原理と実際』同様、『近代国語教育論大系　10　昭和期Ⅰ』に収録されており、倉沢による「解題・解説」が掲載されている。序章でも述べたように、この中で倉沢は、同書の353頁のうち理論編は62頁に過ぎず、『近代国語教育論大系　10　昭和期Ⅰ』では収録しなかった実際例を中心とした「実際指導例」に重きがおかれているとする一方で、その理論面の内容の検討は行っていない。しかし、筆者は、同書に収録された理論面の内容の検討によって、奥野の話方教育が重層的に聴方教育を支えていたことが明らかになると考える。また、倉沢が「身近な子どもの生活の中から得られる、見たこと聞いたこと調べたこと、観察・考察等があふれている」［倉沢 1975：474］とする「実際指導例」は、本書の問題意識から読み直すと、奥野の

〈読むこと〉の教育との接点も探ることができる。本節において、それら理論編から奥野が「話す」行為そのものをどのように捉えていたのかについて整理し（第1項）、当時の「心理学」の知見を援用した奥野の論展開を確認する（第2項）。その上で話方教育の実際例から、〈読むこと〉の教育において話方教育が果たした役割を検討したいと考える（第3項）。

第1項　「話す」行為の特徴と意義

まず、『話方教育の原理と実際』の章構成を確認したい。全8章の内容は以下の通りである。

第一章　話方の生命的意義
第二章　話方の教育的意義
第三章　話方教育の目的
第四章　話方教育の材料
　　一　経験方面　人生
　　二　収得方面　読書
　　三　直観方面　自然
　　四　想像方面　童話
第五章　話方教育の方法
　　一　初歩の指導法
　　二　進歩後の指導法
第六章　話方教育の実際
　　一～四十　具体的な題材名
（例えば、1友達と遊んだ話、12童話の話、30太陽の話、40ラジオの話等）
第七章　話方教育上の諸問題
第八章　話方教育の資料

章構成から分かるように、意義、目的、材料、方法、実際例、問題点、

第3章　奥野庄太郎の聴方教育と言語観

資料と、話方教育を網羅する項目で構成されている。同書の冒頭奥野は、人に話したいことを話してはいけないと言われて、病気になってしまったという「イギリスの童話」［奥野　1928.1010：1］の例から筆を起こす[15]。ここで奥野は、「話すといふことは、生命の内から生まれる欲求であ」り、「已むに已まれない欲求である」とし、「話すことはまことに人間の必然的要求である」［3］とする。

　そして、この確認の後に、「話す」という行為の特徴が、4点列挙されている。それらは、要約すると以下のようになる。①発声しての読書、発声しての意見の自由発表、座談での愉快な話し合い、自分は話すことができるという自信の自覚などにより、人生の喜びや明るさを感じさせ、生活を力づけるという心情面での利点がある。②「話方」は人間の精神内容の表現であり、精神内容を「言語」で表す「話方」は、音で表す音楽、色や線で表す絵画、文字記号で表す文章と共に、表現欲望の刺激によって発動するものである。つまり、表現するという欲望そのものを満たすという利点がある。③「文字による発表」は、永久に保存し「永遠の文化に貢献する」という欲求を満たすが、「言語発表」は「音波の消えると共に、消滅してゆく運命」をもっており、「文字による表現」には及ばない。しかし、文字よりも「直接的」であり、「有力」であるという大きな効果もある。④話すことには「社会的意義」を認めることができる［3-7］。

　④の「社会的意義」は、第2章で確認した、奥野がデューイから摂取した価値観とも関連が深いところであり、奥野自身もこの点について割いている行数が多い。以下に引用してみよう。

　　すべての文化は、テークエンドキーヴ即ち「取り且与へる」の方式によつて創造されてゆくのであるが、言語発表もこの文化価値創造には、大いに参加するもので、否大いに参加するどころが、寧ろその大半はこの言語活動によつて、創造されてゆくといつてもよい位であらう。どの社会でも、人間の生活してゐる所、そこに言語の存しない所はない。言語の存する所、又発表の存しない所はない。発表の存して

163

ゐる所には、必ずそこに、テークエンドキーヴの方式が働きかゝつてゐる。その方法は、言語によつたものが主で、言語発表がどの社会でも、文化価値創造の主役を力めてゐる。若し言語発表が不自由であつたならば、文化価値の創造は、非常な沈滞を来すであらうことは、蓋し疑のない事実である。　　　　　　　　　　　　　　　　　　　［5］

　ここで奥野が「言語」と表現している内容は、前項まで検討してきた「言語（大きな意味の言語、文字、語句等凡てを含む）」とは異なり、音声言語そのものを指している。「テークエンドキーヴ即ち「取り且与へる」の方式」つまり、人間生活における同時的な相方向のやりとりのある会話、対話、討論などの場における音声による意思表示全てが、社会生活において「主」「主役」であると述べているのである。この中には、先に見た彼の聴方教育における「問答」も含まれるだろう。そして、それが「文化価値創造」に大いに貢献しているということにも言及している。ここで示されている奥野の「話方」は、後の時代の国語科における「話すこと・聞くこと」に連なるものだと言えよう。そして、前述の「話す」行動の特徴の①②③も含めて、ここには、指導する事項としての「話方」である以前に、「話す」という行為自体が、人間にとって創造的な行為であるという奥野の認識が示されている。
　この「話す」行為についての検討の後に初めて、奥野は話すことの「喜びの創造、その生活の人間的優越は、教育の仕事であつて、話方が国語教育の一領域として独自の世界を有することも、また至当な事といはなければならない」［7］と「国語教育」における「話方」の役割に言及している。

第2項　「心理学」の知見と話方教育の接点

　続いて奥野は「話す」ということとその教育についての検討を行っている。「第二章　話方の教育的意義」の中で、「子供と言語の関係について、少しく述べて見たい」として、「言語」を「学問的に考へて見る」［奥野

第3章　奥野庄太郎の聴方教育と言語観

1928.1010：8］試みをしている。ここには、奥野が「言語」について考えた痕跡を見ることができる。

　この中で奥野が「学問的」と言ったのは、上野陽一（1883 - 1957）著『児童心理学精義』（1921）に依拠しているためである[16]。『児童心理学精義』は、上野が師範学校などの教育科教科書として出版した『心理学要領』（1913）の詳解として著された『心理学通義』（1914）の続編である[17]。同書の「第十四章　児童の言語」［上野　1921：401］においては[18]、言語の意義や発生、言語の発達、また児童語彙について、当時の「心理学」における学説や実験結果を取り込みながら検討されている。「第三節　児童語彙の研究」［415］においては、第2節第1項で示した澤柳政太郎他著『児童語彙の研究』は、「新入学児童の語彙を調べたものであつて、又日本に於ける唯一の語彙研究である」［416］と記されており、乳幼児期の子どもの研究は行われている一方で「学齢児童の語彙を調査したものは極めて少い」とされ、唯一の資料として同書のデータが活用されている。

　奥野は、この上野による「第十四章　児童の言語」における記述を援用している。本項では、奥野が上野を援用した3箇所について考察し、奥野がどのようにして上野を通して心理学的見地を摂取し、それを自身の主張の中に展開させていたのかを確認しておきたい。

（1）〈読むこと〉の教育の中の話方教育

　奥野が「上野陽一氏研究のものについて掲げて見よう」［奥野　1928.1010：11］として、上野からの引用であることを明記しているのは、「一日中の言語活動」［11］という題名の表に対してのみである。奥野は、「児童の言語生活の活動の大きいことは実に驚くべき程で二歳から三歳位の児童の日常生活に於ける一日の言語的活動の数を調査して見ると更にその活発なことを具体的に証明することが出来る」［11］として同表を示した。これは、幼児の一日の使用語について調査した結果の表であり[19]、幼児の使用語の多いことの証左となるものである。これについて奥野は、話方指導の「始期」や、「話方」から「綴方」への接続との関連で次のよう

165

に述べている。

　殊に満二歳頃からの得意の練習である話す世界を、小学校の最初の国語教育に連絡さすといふことは洵に理の当然といはなければならない。低学年の時分には仲々よむ世界は自由に活動することが出来ない。字が読めないから本を読むことはむづかしい。たゞ聞く世界や話す世界はお得意で自由である。この時期に於て話方を練習するのは又甚だ当を得たものといはなければならない。話方即ち言語発表は各学年の仕事であるが話方指導の始期は入学当初からで決して遅くとも早くはないのである。
　アメリカなどでは尋常四年から、「書く綴り方」が始つてそれ迄の間は綴方も「話す綴方」になつてゐる。即ち思想の言語発表練習である。故にこれも一種の話方と見てよい。　　　　　　　　　　[12]

　ここでは、上野の記述にある「心理学」の実験によるデータを根拠としつつ、奥野は「聴方」同様、「話方」も「小学校の最初の国語教育に連絡さす」ことの有効性を示していると言えよう。さらに「話方」に対して、尋常四年から「書く綴り方」に接続する前段階としての「話す綴方」の役割も担わせている。ここでは、先に見た「言語の世界」の五重円の最も外側に位置した「聴ク世界」が、二段階内側に向かって深まった「読ム世界」と関連していた考えを示していたのと同様、「話ス世界」は最も中心に位置していた「綴ル世界」に向かって深まるという奥野の「言語の世界」の図を再現させることができよう。
　さらに、「話す綴方」による「言語発表」の内容は「思想」であると述べていることも重要である。ここで言う「思想」は、人が頭の中で連想し、構成し、考えることそのものと、その結果成立した概念をも指していると考えられる。「聴方」で獲得する「大きな意味の言語」あるいは、「大きな意味の言語」で構成された文章が、一度「思想」として蓄積され、熟成、再構成されて、「話方」を通して世の中に発信されていくという流れ

である。そこには文字の獲得とともに、後にその「思想」が「綴方」となって発信される可能性を含んでいると言える。

奥野の「話方」が、前項で見たような、同時的な状況で行われる「テークエンドキーヴ」式の「話方」だけではなく、「思想の言語発表」としての要素ももち合わせていることは、文字の教育を含んでいる〈読むこと〉の教育との接点を生むものとして注目しておきたい。このような性質の「話方」の提示が、当時の「心理学」からのインパクトを受けて成り立っているところに、奥野の国語科教育の一つの特徴があるのである。

（2）心理学的知見から得た「言語」

他にも奥野が上野陽一著『児童心理学精義』を参考にしている箇所が見受けられる。ここでは、上野の解説する「言語」を、奥野がどのように摂取したのかを考察したい。奥野は、「言語といふのはこれを学問的に考へて見ると」［8］4点あるとしているが、その内容と、上野の述述を比較する。次の表は、左に奥野の著述、右に奥野が参考にしたと思われる『児童心理学精義』の内容を記し、関連すると思われる箇所に下線を引き同じ記号を付した。

「言語」とはどのようなものか。	
奥野庄太郎の表現 ［奥野　1928.1010：8 − 9］	上野陽一の表現 ［上野　1921：401 − 403］
①　言語は、「ｱ学問的に考へて見ると思想を記号に表す方法をすべて言語と言はれてゐる」。	①　「言語」の「定義　意味を伝へ、又は通信を行ふために、ｱ思想を記号に現す方法をすべて言語と名づける。言語の中でも、語と称する節音を用ひる形式は之を言葉というて別にする方がよい」。
②　「ｲ広い意味での言語	②　「ｲ広い意味の言語といふ中には、ｳ符

は一切の ウ符号、人間乃至 サ動物の オ表情、エ身振、動作、カ発声、キ製作すべて ク自分の思想を記号で表はしたもの」。	号・エ身振・オ顔面表情・エ態度・所作・カ情緒性の叫音・語を用ふる言葉などの通信方法を初めとし、キ書画・模型・彫刻・建築等でも、ク観念・意味・情緒を他に伝へるため、又他人に反応を起すために用ひた場合には、皆言語の中に含まれることになる。」
③ ①②の意味で、「ケ鳥の鳴き声も コ犬の叫び声も」言語と見てよい。	③ 「かくの如く言語を広い意味に解釈すれば、人間以外にも言語を有する サ動物は澤山ある。サ蟻は触覚によつて通信すると考へられ、ケ鳥は叫び声呼び声によつて交通、コ犬は種々の叫声・吠声・サ・オ態度・所作に訴へ、又顔面の表出に訴へることさへある。」
④ シ「人間の言語」は、「サ動物の言語」とは異なり、「たゞ利那的な発声といふやうな狭い範囲に限られたものでなくて、セ観念とか思惟とかソ抽象的のものまで ス時間を超越して自由に発表し得る特徴がある」。	④ 「他の サ動物の持つてゐる発表の方法は、ス時間上に於ても空間上に於ても、狭く限られた不自由のものであるが、吾人は シ話し言葉と書き言葉とを発明するに及んで、殆どこの制限を脱してしまつた。即ち之によつて殆ど ス時間と空間を超越してしまつたといつてもよい。シ話し言葉と書き言葉とを用ふるに至つたために、セ観念と心象とを殆ど無制限に記号に表し得るに至つたといつてよい、単に具体的のものばかりでなく、ソ抽象的のものをも扱ひ得るやうになつたから、吾人の精神は狭い制限の中から脱することが出来るのみならず、言語を用ふることによつて、更にその範囲を拡大し、高い程度にまで発達するに至つた。」

続いて、上記の表の内容を考察しよう。
　①においては、奥野は上野の表現をそのまま用いて、「言語」という語

第3章　奥野庄太郎の聴方教育と言語観

の示す内容を端的に表している。上野は、「意味を伝へ、又は通信を行ふためにア思想を記号に現す方法をすべて」を、「言語」の「定義」として提示している。その上で、「言語の中」でも「語と称する節音を用ひる形式」は、「言葉」として別にする方がよいとしている。奥野は、前半はそのまま引用し、後半の「言葉」に関しては言及していない。この意図については、後述する②とともに考えたい。

　②においては、「言語」を広く解釈した場合の内容を示していると言えよう。奥野は、ここで上野が示した「イ広い意味の言語」に含まれているもののうち、「ウ符号」「オ表情」「エ身振」はその表現のまま取り入れたが、取り入れなかったものもある。推察するところ、「オ顔面表情」は「オ表情」へ、「エ態度・所作」は「エ身振」へ、「キ書画・模型・彫刻・建築等」は「キ製作」へと移行・統合させ、また、「カ情緒性の叫音」は「カ発声」に、「ク観念・意味・情緒」は「ク自分の思想」に言い換えたのだろう。しかし、②のうち、上野の言う「語を用ふる言葉などの通信方法」は自らの文章には取り入れていない。①②ともに「言葉」という語を敢えて自著に取り入れなかったことは、何を意味しているのだろうか。

　上野が①において、「言語の中でも、語と称する節音を用ひる形式」は「言葉」と名付けて別にする方がよいとしたことは、上野が④で示した「シ話し言葉と書き言葉」と関連していると考えられる。つまり、奥野は④でそれらを「シ人間の言語」と表現したのだろう。すなわち、この、「「言語」とはどのようなものか」という考察の中で奥野は、上野の記述に示唆を得ながら「シ人間の言語」を他の「サ動物」の言語から取り出し、別格に扱っていると考えられるのである。③における上野の「人間以外にも言語を有するサ動物」についてからの援用が簡単な扱いになっているのは、奥野の興味が「シ人間の言語」に集中していることの証左と言えないだろうか。

　また、④については、上野の長い記述のうち、奥野が絞り込んで取り入れた文言と取り入れなかった文章を比較すると、「言葉」に関して注目すべき本書の課題との繋がりが見えてくる。奥野は、「シ人間の言語」すな

わち、「シ話し言葉と書き言葉」が「ス時間」や空間という限界を超えた上で、「ツ抽象的のもの」を対象にすることを可能にしたということに関して、上野に共感していると読み取れる。その上で、「シ人間の言語」が「発表」を可能にした「ツ抽象的のもの」として上野が「セ観念と心象」を挙げたのに対し、奥野は「セ観念とか思惟とか」と、微妙な修正を加えた。「心象」を「思惟」と変更したことは、一見、些細な変更に見えるかもしれない。しかし、ここには、奥野が「シ人間の言語」を指導する立場にいる自覚が示されていると筆者は考える。「心象」という表現は、いわゆるイメージに止まり「人間の言語」にならないことも許容する。それに対して「思惟」は、発話するかどうかは別にしても「言葉」によって成立するものである。その「思惟」をも表現することのできる「シ人間の言語」こそが、「ス時間」を超越して「自由に発表しうる特徴がある」と言えると考えていたと推察できるのである。ここからは、上野の知見を摂取しつつ自らの言語観を確かめた奥野の思考の跡を読み取ることができると考える。

(3)「言語の起源」から「子供が言語を使用し得る手続」への読み替え

奥野は、上野が「言語の起源に関する学説」[上野 1921：403　傍点原著]として著した箇所から、自著における「子供が言語を使用し得る手続」[9]を考察した箇所へも取り込んでいる。次にその箇所の比較を通して、奥野が当時の「心理学」の知見を「教育」に移入させた手法を検討したい。その前提として、心理学者としての上野陽一が、「言語起源」問題を解決する近道は「児童の言語」の研究であると述べている箇所を、『児童心理学精義』から引用しよう。

> 何しろ言語の起源論は未確定のもので、これで満足といふ説は未だ一つもない。併し言語の起源を説明する学説は心理学的で且進化論的でなければならぬことは明らかである。児童の言語発達と種族の言語発達との間に、類似の点の存するところからして、言語起源の難問題

第3章　奥野庄太郎の聴方教育と言語観

を解決するためには、児童の言語を研究するのが一番近路であるとは、心理学者と言語学者との等しく認むるところである。かういふ考へからして、近来児童の言語の進化を慎重に研究するようになつた。

[上野 1921：403]

　上野の上述の見解は、心理学者ばかりではなく言語学者も共通に認めるところであることも述べられ、児童の言語研究が当時の心理学と言語学に与えていた影響を窺い知ることができる。上野は、これに続いて言語の起源に関する諸説の説明を行っている。

　一方、この上野の諸説を自著に取り込んだ奥野は、それら諸説を「言語の起源に関する学説」としてではなく、「子供が言語を使用し得る手続きについては色々な研究があるが」[奥野 1928.1010：9]として記述しているのである。つまり、心理学的に「言語の起源に関する学説」と記された箇所が、奥野においては「子供が言語を使用し得る手続き」という、個々の子どもが言語を獲得していく過程における諸説に読み替えられて採り上げられているのである。具体的に、上野が記した「言語の起源に関する学説」が、奥野の「子供が言語を使用し得る手続き」へどのように移入されたのか、ここでも両者の表現を生かしつつ要約し、表にして比較してみたい。

奥野「子供が言語を使用し得る手続き」[9]	上野「言語の起源に関する学説」[403-405]
①　言語は、「人種的性格」を有するものであり、祖先から皮膚の色、性質、身体等を継承したように、言語も祖先からその働きを継承するという説。	①　人類固有の精神能力に基づくとする「先天説」。これは今日科学としての価値を有しない。

171

②　言語は、個人の身体と知識との発達に基づいて自然に独立して各個人が言語を創作してくるとする説。	②　「言語の起源に関する学説」の項の中には、左欄の奥野の記述に該当する箇所なし。
③　言語は、初め、神からその人に与えられた力だという説。	③　言語は最初神から人間に授与されたものであるという「神授説」。
④　言語は、全て、感情の自然的表出に始まるという説。	④　言語の起源を経験的に説明しようとするものに、言葉はすべて感情の自然的表出に始まるとする「自然音説」。
⑤　言語は、外界における音声を模倣するに始まるという説。児童においても、外界における音声の模倣から生じた言語が少なくないということは、明らかに考えられる。	⑤　言語の起源を経験的に説明しようとするものに「写声起源説」又は「模倣説」。「写声起源説」によれば、言語は外界における音声を模倣するに始まるというが、犬をワンワン、猫をニャーニャというように、種族でも児童でも写声から生じた語の少なくないことは明らか。しかし、言語は全て写声からおこったとする説には承認できない。
⑥　ルレーブは、「言語の発生は本能的叫び声の分化によつて生じたものである」と言っている。人類は、これら叫び声の分化から発展して発達した発声器官と脳髄の連絡によって今日のような複雑な言語を作るに至ったものであると説かれている。	⑥　ルレーブは、言語は本能的叫声の分化して生じたものだと言っている。動物は言語の重要な要素のうち二つ（情緒又は要求から来る自発性反射性の叫声、警告・脅喝・呼集を目的とする有意的な叫声）を備えている。人類はこの二種の発音の他、発達した発声器官と脳髄とを備えて、今日のような複雑な言語を作るに至ったという。

表の中の、奥野の表現と上野の表現を比較すれば明らかに奥野が上野の著述を参考にしていることが分かるだろう。しかし、これだけの類似の表現があるにもかかわらず、奥野はこの箇所を上野から示唆を得ているとは明言していない。この時代の文献には、奥野に限らず出典箇所を明記することが厳密に行われていなかったという時代状況を考慮すれば、奥野自身は、同章の冒頭に「学問的に考へて見ると」と記したことや、（１）で検討した表の出典に上野の名前を挙げたことで許容される範囲という判断があったのかもしれない[20]。ここでは、次に述べる奥野の援用の内容に注目して検討したい。

　①③④⑤の援用の仕方で特徴的なことは、先述したように、上野が「言語の起源に関する学説」と明示している箇所を奥野が個々の子どもがその成長過程において言語を獲得していく「手続き」として取り込んでいることである。上野が、「先天説」「神授説」「自然音説」「写声起源説」「模倣説」と、「説」の名前を特定していたものははずしつつも、ほぼ同様の内容を「子供が言語を使用しうる手続き」、つまり子どもが言語を身につけるまでの過程に関する諸説として提示しているのである。先の上野の引用によれば、当時の心理学や言語学が「児童の言語の進化」の研究に注目して「言語の起源」の研究を行っていた状況が記されていた。上野は、そのような状況で研究が進んでいる「心理学」の分野から「言語の起源」の諸説を提示したのだが、奥野はいわば逆輸入するかのように「心理学」の知見を、「教育学」における子供の言語獲得の過程に関する自説に取り込んだと言えよう。

　また、②においては、内容的には、「子供が言語を使用し得る手続き」として最も当を得ていると言えようが、上野の説に該当箇所はなく、奥野の自説が組み込まれていると推察される。さらに、⑥にある「言語の発生」や「今日のような複雑な言語を作るに至った」という表現からは、「言語の起源」について上野が解説するルレーブの説をそのまま借用している。このあたり、奥野の書きぶりの不統一な点は指摘せざるを得ない。

以上のような奥野の記述は、現代の視点から見ると研究手法的に不十分な印象を与えることは否めないが、奥野自身が成城小学校の訓導となった当初からスタンレー・ホールの「心理学」の知見に触れる環境の中で過ごしてきたことなど、前述した背景とも考え合わせて奥野の思考を辿るには興味深い内容である。『話方教育の原理と実際』の発行は、1928年であり、奥野は後の章で検討するように、ホール以外にも様々な心理学的知見との出会いを果たしている。上野もその一人と言えようが、奥野の言語観が形作られる過程における試行錯誤は、当時の心理学的知見を国語科の教育に生かすべく思案していた奥野の熟考の過程とも見ることができると考える。

　第3項　話方教育の実際

　次に、話方教育の実際例をもとに聴方教育との接点を探ってみたい。倉沢は、奥野の実際例について次のように述べている。すなわち、同書の「実際指導例」には、「童話説話等もあるが大部分は、自然・社会に材を求めたいわゆる「生活童話」「科学童話」である。小鳥、木、花、虫、太陽、飛行機、ラジオの話に至るまで、身近な子どもの生活の中から得られる、見たこと聞いたこと調べたこと、観察・考察等があふれている」［倉沢 1975：474］。倉沢がここで述べているのは、同書の「実際例」に採り上げている40の話題各々に、奥野が「話方例」を2例ずつ掲載している、その内容についてである。確かに奥野作による合計80の「教師の示す話方例」は、量も多く内容も多岐にわたる。これらの内容は、児童の目線からの記述である。つまり、教師が児童になりきって児童の前で模範として話すという使い方をするものと考えられる。当時の教員達が同書を読んだら、子どもが話す理想型としての話しぶりを指導者が示すものとして参考になったと考えられるものであり、話題の視点自体も指導者にとって、貴重で、膨大な資料になると思われる。
　同書には、この「話方例」の他に、話方授業の進行上の助言も示されて

第3章　奥野庄太郎の聴方教育と言語観

いる。その内容は、A．問答、B．子供の自由な発表、C．教師の示す話方例　其の一、其の二、D．子供の話方練習、E．教師や子供の批評や教師の注意指導、の5通りである。AからEのような進行は40の「実際例」全てについて求められている。残念なことに、具体的な記述はAとCのみであり、B、D、Eにおける児童の自由な発表や話方練習のスタイル、また題材毎にどのような批評や注意がなされるのかなどは記されていない。しかし、筆者は、40題材全てに記されている「A．問答」の内容に、奥野の話方教育が、聴方教育にも、更に〈読むこと〉の教育にも接続している価値を見出すことができると考えた。以下具体的に4例の「A．問答」を引用してその共通する特徴を検討してみたい。

1、友達と遊んだ話　の「A問答」
　皆さんはお友達と遊んだ事があるでせう。どこで遊びましたか、何をして遊びましたか、遊んだお話を誰か出来ますか。短い話でもいゝのです。一寸でもいゝのです。　　　　　　　［奥野 1928.1010：71］

12、童話の話　の「A問答」
　あなた方は今まで色々な面白いおはなしを本や雑誌で読んだり、聞いたりそれからお友達にお話して聞かせたりした事があるでせう。此の時間は其の話について、自分が作つた童話でもよいし、本や雑誌で読んでおぼえてるお噺でもよろしいし、外の人にきいておぼえてるのでもよいし、昔の噺でも、遠い野蛮国や、アラビヤの話でもよろしい。誰か話して下さい。　　　　　　　　　　　　　　　　　［142］

30、太陽の話　の「A問答」
　地球から見ると太陽は月とあまり大きさはちがはない程にしか見えませんね。やつぱり実際も月と同じくらいの大きさでせうかね？それから地球はいつも自分でまはつてゐますね。太陽はまはらないものでせうか。それから星と太陽とは大へん違ひますね。どの位ちがふので

175

せうか。

　月蝕はどうして出来るのか知つてゐますか。日蝕の理由はどうでせう。太陽にはよく斑点ができますね、何でせうか。それから山に登つて太陽が出る所をながめた事がありますか。大きく見えますね。夕方沈む時もやつぱり大きく見えますね。あのわけを知つてゐますか。お日様の童話でもよろしい。

　そんなやうな事についてお話を考へて下さい。　　　　　　　［247］

40、ラヂオの話　の「A問答」

　ラヂオは、日本では東京と、仙台と、名古屋と大阪に局がありますね。あなた方が聞くラヂオは何処のでせう。

　其の局のしるしがありますね。ラヂオ放送が始まる時どう云いますか。東京のは？大阪のは？仙台のは　名古屋のは　大連のは　上海のは。

　むづかしい事を放送する事もありますが、みなさんが知つてるやうな童謡を歌ふこともありますね。それからヴアイオリンやピアノなど大へん面白い音楽が、ある事もありますね。お話がある事もありますね。

　そんなラヂオのお話をして下さい。一寸でもよろしい。短くてもよろしい。　　　　　　　　　　　　　　　　　　　　　　　　　［321］

　これら「A．問答」の記述は、いわゆる授業の導入部での教師の発言である。「問答」と言うからには、多少の児童の反応も予想されているかもしれないが、その点は記されていない。そして、この「問答」を終えてからB「子供の自由な発表」に移るのである。奥野は、同書の40の「実際例」全てにおいて、上記引用のようにその話題にふさわしい「A．問答」を書いている。それらには、前掲例の1、12のように短いものもあるが、ほとんどが、例の30、40程度の長さがある。それでも、実際に話してみると長いものでも1分とかからない。授業の導入時の指導者の発言の長さと

しては適当だが、一例ずつの内容は一見、今日これから取り扱おうとする題材にとって、当たり障りのない話題が羅列されているだけのように思える。しかし、この40例全てを一読すると、奥野の明確な意図が見えてくる。それは、各回のテーマに基づいて、各回の題材に関して児童が連想を広げやすいように、多様なヒントを提示しているということである。

例えば1、友達と遊んだ話では、①どこで、②何を、という2点から遊んだ話への働きかけをしているに過ぎない。しかし、その他提示した例を見ると次のようにその数は増している。

12、童話の話：①本、②雑誌、③読む、④聞く、⑤友達に話して聞かす、⑥自分が作った童話、⑦読んで覚えている噺、⑧外の人に聞いて覚えている噺、⑨昔の噺、⑩遠い野蛮国やアラビヤの話

30、太陽の話：①地球から見る太陽の大きさは月と違いないように見える、②実際は太陽と月は同じ位の大きさか、③地球は自分で回っている、④太陽は回らないのか、⑤星と太陽は違う、⑥星と太陽はどのくらい違うのか、⑦月蝕はどうして起きるのか、⑧日蝕はどうしておきるのか、⑨太陽には斑点ができる、⑩太陽に斑点ができるのは何故か、⑪山に登って太陽が出るところをながめたことがあるか、⑫太陽が大きく見える、⑬夕方沈む時も大きく見える、⑭そのわけを知っているか、⑮お日様の童話の話でもよい

40、ラヂオの話：①日本のラジオは、東京、仙台、名古屋、大阪に局がある、②あなたが聞くラジオはどこのか、③局には印がある、④ラジオ放送の開始時は何と言うか、⑤東京ではどうか、⑥仙台ではどうか、⑦名古屋ではどうか、⑧大連ではどうか、⑨上海ではどうか、⑩難しいことを放送することがある、⑪あなたたちの知っているような童謡を歌うこともある、⑫バイオリンやピアノなどの面白い音楽が流れることもある、⑬お話が放送されることもある

これらは、一見、あまり脈絡のない思いつきを話しているように見えながら、実は、児童に対して、多様な視点を提示し、それをきっかけとして児童がそれぞれに自分の生活や考えや心にひっかかった事柄から発想を広げる手助けをすることになると筆者は考える。奥野は、一つ一つの題材に関して、このような多様な視点を児童に対して提示す意図が窺えるのである。ここには、奥野の聴方教育の検討から導き出した、「大きな意味の言語」すなわち、内容をもち、背景をもった生きた言語としての語彙（群）の形成を目指していた奥野と共通する発想を見て取ることができる。つまり、児童が話すべき「話方」の授業においても、児童の語感を豊かにし語彙（群）を形成する働きかけを、指導者が行っているということである。さらに、一つの語の語感を豊かにすること、つまり一語がもつ具体的なイメージに厚みをもたせる国語科の教育が行われるとともに、世の中には様々な視点から見た多様な「話」や「語」があること、そして、その話題や内容の選択もひとりひとり自由に行うことができ、それが尊重されるべきことなのであることをも示していたと考えられる。ここでは、教材を多量に与えることによって、その選択権は児童側に存在するという成城小学校における児童の個性尊重の考え方が生かされている。また児童の社会へのつながりを重視する奥野が英米視察で摂取した知見も垣間見られる。

　その他、題材毎の最後に示されている一言、すなわち、例の40に見られるような、短くても安心して話して構わないからあなたに話をしてほしいと、児童が話すことを楽しみにしていることを示す「先生の一言」が「話方」の授業毎に繰り返されること、このことにも教室空間における言語の教育の意味が盛り込まれていると考えられる。

　以上のように聴方教育においては、耳からの豊富な語感を伴った語彙（群）の形成を意図していた奥野であるが、児童が話すことに主眼が置かれる「話方」においても同様の意図をもっていたことが窺える。ここから見える奥野の聴方、話方教育の関連は、話し手と聞き手の関係の中で生まれる現代の「話すこと」とは異なる、「聴方」による語彙収得の応用とし

ての「話方」、あるいは「聴方」を支える「話方」であったという姿も見せていると筆者は考える[21]。そのことは、取りも直さず奥野の話方教育も、〈読むこと〉の教育の一部を構成しているということである。

第7節　本章のまとめ

　本章では、奥野が、言語の特性や児童の発達、お噺に関する理論的見解をもった上で、児童が身につけるべき言語は「言語（大きな意味の言語、文字、語句等凡てを含む）」、すなわち、豊富な語感や内容や背景をもった生きた言語であると考えていたことを示してきた。そして、先行研究の中で「語彙・語感・語法など、言語教育上の価値」や「単語・語句の収得」と記されたものは、教材である「お噺」を用いることによって初めて身につけることができると考えられていたことを示してきた。授業における「形式上」「内容上」という弁別は便宜上のものであり、実際には「お噺」を軸として一体のものとして扱われていたのである。

　また、奥野の「私のこゝにいふ聴方は話方に対しての通俗的な意味の「聞き方」ではなくて、国語教育の本質に拠つた耳から言語を学ぶ意味の「聴方」である。最もその目的は単純ではないが」［奥野 1925.11e：3］という表現からは、彼の「聴方」が「国語教育の本質」に基づいていることを示すとともに、奥野が「聴方」と「聞き方」を明確に分けて、「聴方」に意味を見出していたとことを表している。ここからは、彼が、現代の国語科における「聞き方・話し方」「話すこと・聞くこと」へ繋がる道とは別の価値として、聴方教育を捉えていたことが読み取れる。そして、奥野のこのような聴方教育観は、話方教育に対する視座とも密接に関連していることを示すことができたと考える。

　次の引用は、奥野の聴方教育が、〈読むこと〉の教育の中に位置付いていることを示している。

聴方教授に於ける目的はいろいろ他にもあるが、国語方面に関した主なものは、実に耳から言語を沢山に収得さすことである。聴方は材料を主として童話からとるから、その言語が、単なる空疎な言語でなく、立体的、具現的なお噺の内容その状態をまざまざと思ひ浮べての収得であるから、その収得した言語は、連想作用を起すには最も便利なものであるのである。　　　　　　　　　　［奥野　1927.0801：45］

　ここで述べている、「連想作用を起す」という事象は、「連想活躍」を意味していると考えられる。「連想活躍」は、第5章で詳しく考察するが、奥野が「心理的読方」と呼ぶ読方教育の中心概念の一つである。上記引用では、奥野の聴方教育や話方教育が彼の読方教育の概念とも直結していることが述べられている。また、第6節第2項で見たように、奥野が当時の「心理学」の研究から言語観に関する示唆を得ていたことには注目したい。第5章の「心理的読方」の検討の際にも「心理学」との関係には言及するが、奥野が「話方」に関する『話方教育の原理と実際』の執筆の際にも心理学的知見を盛り込んでいたことは重要である。なぜなら、序章で定義したように、当時の国語科の「読方」「話方」「聴方」を包括しているものとして奥野の〈読むこと〉の教育を捉えている本書においては、当時の「心理学」がこれら分科を繋ぐものとして、彼の言語観・言語教育観の形成に大きな役割を果たしたと考えられるからである。

　さらに、奥野は、「無味乾燥な空疎の言語としてゞなく、内容を持ち、背景を持つた、生きた言語として、即ち豊富な語感を持つた言葉として、収得せられていく」言語は、「綴方等に影響してその成績を向上せしめることも決して少なくない」［教問1　1920a：15］と「綴方」との関連にも触れている。ここには、聴方教育や話方教育が綴方教育とも密接に関連し合っていることに自覚的な奥野の姿勢を見てとることができるよう。また、「低学年時代に言語を通して豊富な国語力を養つて置けば、高学年になつて書籍を通して他人の思想を摂取することが、非常に便利である。何

第3章　奥野庄太郎の聴方教育と言語観

となれば既に言語の意義は知得してゐるのであるから、只読んで行けば良いのである」[教問1　1920a：16] との読書観も興味深い。第1章で述べたように、奥野が在職した成城小学校において、低学年における「聴方科」の延長上に「読書科」が位置づけられていた。奥野の聴方教育の理論や実践は、本章で検討したような言語観や語彙教育を土台としつつ、他の分科にも広がりを見せて展開されていたのである。

　また、先の引用には、「聴方」の材料として「お噺の内容」が必要不可欠であることが述べられている。奥野は「お噺の価値と聴方の価値とは上下しない」[奥野　1925.11e：3] とも記しており、奥野の〈読むこと〉の教育においては、聴方教育にとっての教材とも言える「お噺」に、「聴方」そのものと同等の重きがおかれている。聴方教育における「お噺」の内容については第6章の教材観の考察の際に詳しく検討したい。

　ここまで見てきたように、奥野の聴方教育は、彼の言うように、「話方に対しての通俗的な意味の「聞き方」ではなく」「言語を学ぶ意味の「聴方」」であったことが明らかになったと考える。それは、奥野の〈読むこと〉の教育の最も基礎に位置付く「土台」であり、「国語教育の本質に拠った耳から言語を学ぶ」営みであったと言えるのである。そして、第2章で述べたように低学年に注目していた奥野が、その土台を低学年のうちに築くことが重要だと考えていたことも確認しておきたい。

　続く第4章、第5章では、本章で考察した聴方教育の発展としての奥野の読方教育について検討したい。

注）
1）奥野は、当初「聴方教授」という文言を使っていたが、後半の著作では自覚的に「聴方教育」を用いた。本書においては両者を敢えて区別せず、「聴方教授」も含めて「聴方教育」と表記する。
2）奥野の聴方教育に言及している主な先行研究は、管見の限りでは以下の通り（発行年順）。[倉沢 1975][北村 1977][山本 1982b/1982c][北村 1986][増田 1994][北林 1999][覚道 2000][藤川 2009]

3）倉沢は、『聴方教育の原理と実際』に対して「全体が平明でありしたがって当然理論的なうすさを感じさせるが、それはこの種の著書として止むをえない」［倉沢1975：472］と指摘している。本章は、倉沢が同書の「真骨頂は、むしろ、その省かれた部分にあるともいえそう」［472］であると記した、『近代国語教育論大系』で省略された奥野の「実際面」にも光を当てることによって、奥野の聴方教育の理論面を裏付けることを意図したものである。
4）本章では、奥野が澤柳校長からの示唆によって聴方教育を展開させた経緯に触れるが、その澤柳が「聴方科」の構想を得たいきさつについては［山本 1982b］に詳しい。
5）その他の書籍として、書名等が記されているものは以下の通り。
　　文部省の『口語法』、上田・松井両氏の『大日本国辞典』（未完成）、芳賀矢一氏の辞典、落合直文氏の『言葉の泉』、大槻文彦氏の『言海』。
6）甲斐睦朗は、「大正 8（1919）年に刊行された澤柳政太郎・田中末廣・長田新著『児童語彙の研究』（成城学園叢書第 1 編　同文社刊）に始まる日本語基本語彙の研究」［甲斐睦朗 2002：360］と表しており、日本語基本語彙の研究文献は、『児童語彙の研究』に始まるという見方がなされている。
7）奥野は、赴任当初に澤柳校長が、国語の読方、綴方、書方、話方の他に「も一つ聴方といふ方面が必要であること」［教問1　1920.4a：11］を述べたと記している。
8）『統合主義新教授法』（1899）を著した樋口勘治郎は、『教育的応用を主としたる童話の研究』の「序」［蘆谷 1913：5］において、「教育者の中に科学派と文学派とあつて、科学派は童話を嫌ひ、文学派は之れを尊重する」、桃の中から赤ん坊が飛び出るような「不自然のことを教へるのは、科学的の研究心を妨害するものである」［5］と言う「科学派」の「教育者」が存在することに言及している。童話を教育において使用することへの理解に関しては過渡期であったことが窺える。
9）当時の成城小学校同人の論稿の中にはホール（Granville Stanley Hall）やホールの弟子であったヒューイ（Edmund Burke Huey）の言説の引用が散見される。奥野は、ホールは「幼童には国語を口頭にて学ばしめる方法が正当」であり、「書いた言語と口で語る言語との比較は、乾燥した植物標本と植物園との比較のやうなものである」［教問1　1920.4a：13］と言っていると記し、口頭で国語を学ばせることの正当性の論拠として引用している。
10）「聴方教授の誕生」（1920.4）においてはこの順に記されているが、その後の『お噺の新研究』（1920.9）においては、図によって、聴く→話す→読む→書く→綴るの順に整理されている。
11）丸山が『国語教育学』で言及した研究は次の通り。聴方教育について論じられているものの「聴き方の事実を対象としたる研究」［丸山 1932：77］ではないとするものは、豊田八十代『国語教授法指南』（1905）、芦田惠之助『読み方教授』（1916）。聴き

方について少し述べられている程度で「独立した研究」[77]ではないとするものは、飯田恒作『話方教授』(1918)、田中碓治『話方教授の新主張と実際』(1922)、内田治三郎『聴き方話し方解説』(1928)。

12) 同記録における奥野自身による「附記」によれば、この研究授業の批評会に出席できなかった芦田に、後日奥野は会う機会があり批評を求めたところ、芦田「氏は、はあ、して腰かけてお噺をするのは大層落着いた感じを与へてよい。あゝしたお話教授を児童の発達に応じて色々其の方法も併せ研究していつたら実に面白い研究が出来ると思ふと言つてゐられた」[古閑 1921：91]と記されている。芦田の感想からは、指導者である奥野の周りで児童がいわゆる体育座りをしてお噺を聞いていたような情景が想像できる。芦田の着眼点が、そのような奥野にとっては日常的だったであろう授業の形態に目が向けられていたことは、この授業に限ってみても奥野と芦田との背景の違いを示すものと考えられ興味深い。また、芦田がお話と児童の発達との関連に言及していたことは、奥野も共感をもって聞いたことと推測される。

13) 板書したとされる片仮名は、以下の通り。ノライヌ、シアン、クワ、ナサケブカイ、オドロク、クサムラ、フシギ、ウバツテ、トノスキマ。

14) この引用は第1例に記された付記であるが、「以下皆同じ」とされており、本文で検討した第3例の『谷の仙人』にも適用される。

15) イソップ寓話の「王様の耳はロバの耳」のあらすじが記されている。

16) 上野陽一著『児童心理学精義』の初版は1921年発行。筆者は1924年改版の後の1928年9月発行15版の図書も確認した。再版を重ねたことが分かる。『児童心理学精義』の章構成は以下の通り。

　第一章　児童観の変遷と文明の進歩
　第二章　児童研究の沿革と児童保護運動の発達
　第三章　児童研究の方法
　第四章　児童研究の進化論的基礎
　第五章　児童研究の優生学的基礎
　第六章　児童研究の生理学的基礎
　第七章　児童研究の心理学的基礎
　第八章　本能の心理及び生理
　第九章　本能と教育
　第十章　自己保存の本能
　第十一章　種族保存の本能
　第十二章　社会的本能
　第十三章　児童の遊び
　第十四章　児童の言語
　第十五章　児童の絵画製作

第十六章　児童の絵画玩賞
　　第十七章　習慣の生理及び心理
　　第十八章　精神の発生と発達
　　第十九章　意志及特性の発達
　　第二十章　身体上の異常児
　　第二十一章　知能上の異常児
　　第二十二章　道徳上の異常児
　　第二十三章　心身発達の根本義
17)『心理学要領』の「序言」[上野 1915 (1913)：序1] には、同書が「師範学校その他同程度の諸学校に於ける教育科教科書として編纂した」[序1] ものであることが記されている。また『心理学通義』の「序」[上野 1926 (1914)：序1] には、同書が「『要領』と同じ組織の下に詳しい講義を公にせよいふ要求」[3] に応じたもので、『心理学要領』の「詳解である」[4] 旨が記されている。
　　『児童心理学精義』は、「児童心理に関してこれまで研究されたことを集成して、研究の全野を概観するの便に供することが、本書編述の一つの目的であつた」[上野 1921：序1] とされている。さらに、この他二つの目的として、「普通心理学の体系を離れずに児童心理学を説くこと」と、「児童心理に関する内外の研究を集成することによつて、教育上の意見を演繹しようとしたこと」[序2] を挙げている。その上で「表面は飽くまで児童心理学を説きつゝ、結論として教育上の問題を論ずるといふ形になつてゐる」[序2] と述べられており、同書は、「心理学」の立場から「教育」への接近を図っていると言えよう。
18)「第十四章　児童の言語」の節構成は以下の通り。
　　第一節　言語の意義及び発生
　　第二節　言語の発達
　　第三節　児童語彙の研究
　　第四節　語彙の内容と文の構成
　　第五節　言語と精神発達との関係
19) 上野によれば、同表は「児童が全一日において用ふるところの語を調査して、その使用の範囲を明らかにしたもの」であり、「これ等の研究は児童の日常生活における言葉の価値と意義とについて光明を与えた点が少くない」[上野 1921：424] とされている。表は、8種類の調査を上野が一括して以下のように表にしたものである。同書の表は縦書きであったが、本欄に引用する便宜上、横書きに修正した。

第3章　奥野庄太郎の聴方教育と言語観

一日中の言語活動

研究者	年齢	語彙	使用各語	使用語総数
ゲール	2	729	635	5194
ゲール	2	741	398	4275
ゲール	2	(約1400)	805	10507
ゲール	2.5	1432	751	9290
ゲール	2.5	1509	629	8992
ブランデンブルク	3	2282	859	11623
ベル	3.5	…	…	15230
ベル	3.75	…	…	14996

［上野 1921：425］

20）奥野の他の論稿も含め、彼の著述内の引用箇所は、次第に引用の出典を明示しつつある過程にあったと思われる。明治・大正時代の引用の方法については、安の論稿に次のような記述が見られ、筆者も、奥野が上野の記述を引用する仕方については安と同様の理解である。安の記述は以下の通り。「(大久保忠利が、) 垣内が自らの学説を象徴的に表現した比喩に関して、このジェームズの出典からの引用であることを一切明示しなかったことをもって「転用」と批判している。しかし「転用」というのは多少批判がきつい。明治・大正時代の文化人は、海外の文献を剽窃することも多々あった。大久保の活躍した現代とは、〈引用〉〈剽窃〉に対する感覚がかなり違っていたのであろう。「転用」というよりも、「援用」という程度に理解しておいたほうがよいのではなかろうか。」［安 2009b：5　〈　〉内原著、（　）内引用者］

21）ここでは、奥野の「聴方」における語彙教育との関連で「話方」について考察を行った。奥野の話方教育は、話す時の表情や表現力にまで考慮に入れたり、綴方の前段階として位置づけたりしている。これら本章で検討した視点以外の観点の考察は今後の課題としたい。

第4章
奥野庄太郎における読方教育論の形成過程と
「ライフメソッド／生活的読方」
―― 垣内松三のセンテンスメソッドへの
批評を手がかりとして ――

第1節　本章の目的と先行研究

　本章と次章においては、奥野庄太郎の〈読むこと〉の教育の核となる「読方」の教育に焦点を当ててその理論と実際、またその形成過程を明らかにする。そのために本章においては、国文学者垣内松三（1878-1952）の代表的著書『国語の力』（1922）上で唱えられた「センテンスメソッド」に対して、5年間をかけて数回にわたって奥野が「批評」している内容を検討することとする[1]。それは、この検討により奥野の読方教育に関する理論が明確になり、また、5年間にわたる一連の奥野の批評点の変化が、彼の読方教育理論の形成過程そのものだと考えられるからである。本章における検討の過程では、奥野の読方教育理論の第1の柱である「ライフメソッド／生活的読方」についての考察も行うこととなる。第2の柱である「心理的読方」については、次章で検討することとする。

　本節では、奥野の読方教育に関する先行研究を整理し、その上でそれら先行研究の今日までの成果の中で、本章の目的に迫る際に認識しておくべき観点を明らかにしておきたい。本章に関連する先行研究について、奥野による垣内のセンテンスメソッドへの批評に言及しているものと（第1項）、「ライフメソッド／生活的読方」に関するもの（第2項）とに分けて

検討する。

第1項 奥野庄太郎による垣内松三のセンテンスメソッド批判に言及している先行研究

　すでに先行研究によって、奥野による「垣内批判」や「センテンスメソッド批判」は、その事実がしばしば採り上げられている。例えば、輿水実は、垣内の「解釈学的国語教育」に対する戦前における批判の傾向を整理しているが、その中に奥野の名前も挙げている。そこには次のように記されている。

　　心理主義、科学主義、あるいは読書指導重視の立場で、内容深究に
　　反対した人―成城学園の奥野庄太郎氏はその例。「読解指導」と「読
　　書指導」とは、日本では、戦前から離れていた。　　［輿水 1977：591］

　この引用に代表されるように奥野は、垣内の「解釈学的国語教育」に対する批判者として挙げられている。しかし、奥野が垣内に対してどの点から批判をしたのかという観点は、論者によって以下の通り様々である。すなわち、石井庄司による「日本におけるセンテンス・メソッドを主唱しだしたのは、かの垣内松三氏であるが、そのセンテンス・メソッドの意味はちがうといって、非難されている」［石井 1960：145］とするもの、高橋和夫による、奥野の垣内への批判が「まことに的を射ており、垣内理論の非科学性によく断案を下している」［高橋 1961：124］とするもの、大久保忠利による、「生活主義に立つ国語教育観の持主であるから、垣内的な国定教科書第一主義の教科観には強く反発を感じたのも当然」［大久保 1969：202］とするもの[2]、倉沢栄吉による「当時の「生命を読む」「自己を読む」式の、垣内・芦田の流れを批判したもの」［倉沢 1973：2］などである。これら先行研究における「奥野の垣内批判」の捉え方は、いずれも奥野の言説を根拠にしており、奥野の論評の一側面を捉えたものとしては参

第4章　奥野庄太郎における読方教育論の形成過程と「ライフメソッド／生活的読方」

考になる視点である。しかし、奥野自身が、批評する自覚をもって垣内に対して異論を唱えた論稿の題名は「読方に於けるセンテンスメソツド^{ママ}を批評す」(1925) であった。本章においては、まずは、奥野が、垣内によるセンテンスメソッドのどのような点を「批評」し、その批評が時間の経過とともにどのように論点を変え、その結果奥野のどのような読方教育論に繋がったのかを明らかにしたいと考える。

「奥野の垣内批判」については、上述の先行研究のように、断片的に言及されるに止まっていたが、山本茂喜の研究の視点は、奥野の読方教育の内容に踏み込んだ研究として先駆であり、本書と共通の視座をもつものである。「奥野庄太郎の読方教育論の展開（1）」(1982) において山本は、「留学後の奥野の論は、「センテンス・メソッド」への批判という形で展開される。垣内松三・芦田恵之助のセンテンス・メソッドは当時の読方教育界を席巻していた。それは、奥野の留学中におきた、地殻変動というべき出来事であった」［山本 1982d：104］とし、奥野が『国語の力』の著述の内「「センテンス・メソッド」への批判」を行ったという視点が、明確にされている。また、山本は、「当時、センテンス・メソッドは、授業法においては、「内容深究」という形で広まっていた。奥野はそのような流れに対峙させる形で、自説を展開していったのである」［104］としている。これらは、奥野を中心に据えた研究の成果として、本章における考察でも再確認する内容となろう。

また、「奥野庄太郎の読方教育の方法」(1986) において山本は、「奥野の一連のセンテンス・メソッド批判」を4点に要約している。[3] また「奥野の著作が発表された時期は、垣内松三が『国語の力』(1922) において提唱したセンテンス・メソッドが"形象の読方教育"として国語教室の主流となっていく時期とほぼ重なっている」［山本 1986b：73］と述べ、奥野と垣内との時期の重なりを指摘している。本章においては、その時期に発表された論稿の内容を追い、奥野が積極的に思考した点をさらに深く検討したい。また、山本によってセンテンス・メソッド批判の背景が「欧米の「生活主義」の読方に、奥野は賛同する」［山本 1982d：104］という点か

ら把握されている見方についても、その背景と内容を丁寧に確認したいと考える。

第2項 「ライフメソッド／生活的読方」に関する先行研究

　次に奥野の「ライフメソッド／生活的読方」に関連する先行研究を確認する。奥野は、後述するように「ライフメソッド」という概念を提唱したが、ほぼ同義で「生活的読方」という文言も用いている。本書においては、原則として「ライフメソッド／生活的読方」と記すこととする。

　増田信一は、読書教育の立場から奥野に言及しているが、中でも「奥野庄太郎著「生活的読方の背後に哲学あり」(1997)においては、奥野の「生活的読方」が「読書指導における本質的な四原則を挙げて」[増田 1997：91] おり、「垣内や芦田の読解指導に対して奥野は読書指導を正面からぶつけた」[91] と指摘し、「生活的読方」を「読書指導」の観点から検討している。確かに奥野は、現代の「読書指導」「読書活動」の範疇に含まれるような指導の工夫も行っており、本章第6節では、「読書科」の具体的な授業の検討も行うこととなる。しかし、筆者は、奥野の「生活的読方」を「読書指導」との関連だけで検討することには慎重でありたいと考える。それは、「生活的読方」が「読書指導」「読書活動」のみに直結するものではないと考えられるからである。例えば、先の「生活的読方の背後に哲学あり」においては、「生活的読方にあつては、一、符号を通して意味を読む実力を重んずる」[教問79 1926.10：216] と述べている。本章においては、「生活的読方」を「聴方」「読方」も含む国語科全般とのかかわりから捉えたいと考える。

　また、安直哉は「国語教育におけるセンテンス・メソッドの考察」と題する論稿 (2006) において、飛田多喜雄著『国語教育方法論史』(1965) に依拠しつつ、「日本における大正〜昭和初期の国語教育思想には、大きく二つの潮流がある。一つは生活主義であり、もう一つは生命主義である」[安 2006b：15] とする。そして、前者の「生活主義に立つ国語教育の代

第4章　奥野庄太郎における読方教育論の形成過程と「ライフメソッド／生活的読方」

表的主導者として奥野庄太郎をあげることができる」[15] としている。この中で安は、奥野によって「垣内学説による読み方教育を想定した批判がなされている」とする箇所から分析し[4]、「奥野の目には、生命主義によってたつ読み方教育は非日常的世界の深究に終始するのみに見えた。文章深究を掲げる垣内流のセンテンス・メソッドによる指導原理に対しても、日常生活を重視する奥野には到底納得がいかなかったのである」[15] と分析している。しかし筆者は、奥野の著述からは「文章深究」そのものを全面的に否定しているわけではないことや、彼の「生活」には、単に日常生活の重視とも言い切れない意味合いが含まれていることを読み取ることができると考える。奥野は、「生活的読方」を「ライフメソッド」とも表現しており、この「ライフ」の概念を掴むことが奥野の〈読むこと〉の教育を検討する上で欠かせない。「ライフ」は、もちろん「生活」も意味するが、「人生」という意味も含まれ、安の言う「日常生活」だけでは、含意しきれないものと思われる。奥野による垣内のセンテンスメソッド批判の内容を丹念に検討することによって、奥野が「日常生活」への視座だけではなく、「読方」において何をどのように指導すべきかという、国語科の本質的な問題に関する垣内との相違から批評していることを明らかにしたいと考える。

一方、前掲の山本は、「生活的読方」に対して次のように述べている。

　　「生活的読方」とは、教材にあらわされた「生活」を読みとったり、児童の生活そのものを指導する、というものではなく、あくまで児童が「読書生活」「言語生活」をすごすための読解力を指導しようとするものであった。この意味で、奥野の読方論は、昭和10年代の「生活綴方」をとびこえ、直接、戦後の読書教育（とくに「生活読み」）に結びつくものだということができるだろう。

　　　　　　　　　　　　　　　　[山本 1982d：104（　）内原著]

ここでは、奥野の「生活的読方」の先見性が指摘されるとともに、安の

言う「日常生活重視」とは異なる「生活的」の理解がなされていると言えよう。山本論文では、目指すものとしての「読書生活」「言語生活」と、指導すべき「読解力」という、発展と基礎の関係が描かれている。本章においては、これら先行研究の成果を起点として、奥野の言説を丁寧に読み取り、彼の「ライフメソッド／生活的読方」内実を明らかにし、それを〈読むこと〉の教育の中に位置づけたいと考える。

本章では、まず、奥野が批評の対象とした垣内松三著『国語の力』について概観し（第2節）、その後に奥野の批評の経緯とその内容を考察したい（第3節から第5節）。続いて、奥野の読方教育の理論が実際の「読方」や「読書科」の授業としてどのような形で展開していたのかを検討することとする（第6節）。

第2節　垣内松三著『国語の力』の概要

本節においては、1922年5月に発行された、垣内松三著『国語の力』の内容を概観し、奥野による批評の背景を確認しておきたい。まず、『国語の力』と国語科教育との関連を確認し（第1項）、次に、本章との関連から『国語の力』の構成と内容を概観し（第2項）、最後に奥野の批評の対象となった同書に記載された「冬景色」の授業の分析について確認する（第3項）。

第1項　『国語の力』と国語教育

『国語の力』の著者垣内松三は、「近代国語教育史上、初めて現れた本格的な国語教育学者であった。その国語教育学者としての提言は、常にきわめて、示唆的であり、時に衝撃的でさえあった」[野地 1982：27]とされる人物である。そして、その代表的な著作「『国語の力』は、大正一一

第4章　奥野庄太郎における読方教育論の形成過程と「ライフメソッド／生活的読方」

年（1922年）五月に初版が出て、昭和一一年（1936年）までの一五年間に四〇版と版を重ねている。その後は、時代の変化、国語教育の変質ということもあって版を加えることもなく、その影響力を失った」が、戦後には復刊され、さまざまな形で出版され[5]、「大正末より昭和初年代にかけて最も良く読まれた、影響力をもった国語教育書の一つである」［高森1979：226（　）内引用者］。

　同書の出版状況は、野地潤家著「『国語の力』（垣内松三著）について―国語教育学説史研究―」(1960)に詳しい[6]。そこに記されている重版の過程から奥野が読んだ版を推測すると、全40版のうち、最初の訂正の後で、発行から僅か1年半後の第7版になると考えられる。

　野地はまた、『近代国語教育論大系9　大正期Ⅵ』の「解題」において、『国語の力』第9版(1924)の巻末には「『国語の力』に対する世評」と題して、雑誌『国語教育』・東京朝日・大阪朝日・読売新聞からの書評が2ページにわたって掲載されていることを紹介し、これらの出版物によって『国語の力』刊行後における反響の一端を窺うことができるとしている。さらに、「『国語の力』を読んで、深い感銘を受け、国語教育について開眼せられた読者は少なくない」として、芦田恵之助、石井庄司、渡辺茂、時枝誠記等、14名の国語教育関係者の名前を挙げており［野地 1976：448][7]、ここからは後の時代における国語科教育における『国語の力』の影響を推し量ることができる。

　第3章で、奥野の「聴方」を評価していた同時代の丸山林平も『国語教育学』(1932)の中で『国語の力』の内容について記している[8]。そこでは、垣内以前の国語教育研究者が「方法の末節」や「単に言語学的または文法的な使命を説くといふ有様であつて、文学または国文学の解釈、鑑賞、批評等の立場から国語教育を見つめること」［丸山 1932：61］に欠けていたと指摘した上で、『国語の力』によって多くの魅力に満ちた新問題が青年教育家に提出されたとし、次のように具体的に「新問題」について記している。

いまや、青年教育家が永い間求めつゝあつたものが「国語の力」によつて與へられたかの観があつた。否、與へられたと言ふよりは、むしろ、多くの魅力に満ちた新問題が彼らの前に提出されたと見るのが至当であらう。即ち、文学科学の方法的諸問題たる、解釈法、批評法、解釈法と批評法との関係等から、文の形態、形象、表出と内化、芸術的摂理等の問題から、更に言語の活力、文の律動、国文学の体系等に亘り、それが常に国語教育の実際問題と交渉されつゝ説かれてゐるのである。その実際問題の中で、特に注意すべきは、センテンス・メソツド（sentence method）である。［丸山　1932：61（　）内原著］

　引用内の「文学科学の」以下に示されている多くの「新問題」は幅広い内容を含んでおり、それらの立脚点が国文学にあることが読み取れる。そしてその国文学の解釈法などの問題が、「国語教育の実際問題と交渉」したことに注目していると言えよう。さらに、丸山が「その実際問題の中で、特に注意すべき」と指摘した「センテンス・メソツド（sentence method）」は、同書がきっかけで国語教育界に広がったとされる概念である。後の節で検討する奥野の垣内への一連の論稿は、このセンテンスメソッドの概念に対する批評であった。

　次に、『国語の力』の出版を巡る経緯とその後の展開についての理解に繋がる事項を簡単に記しておきたい。この経緯自体に、垣内が国語教育、あるいは、小学校教育と初めて接点をもつことになる契機が記されており興味深い。垣内自身による記述（『国語の力』の初版から掲載されている附録「国語教授と国語教育」(1922)、同附録の前文として第40版（1936）に追加されている解説文）を元に、『垣内松三著作集　第一巻』(1977)所収の輿水実著「垣内松三の人と業績」と野地潤家編/石井庄司校閲「垣内松三年譜」から事実を補いながら、以下に時系列に沿って整理した。①から③の引用頁の記述のない「　」は『国語の力』（40版）［垣内 1936］の268頁の解説文の記述からの引用である。

第4章　奥野庄太郎における読方教育論の形成過程と「ライフメソッド／生活的読方」

①1921年11月20日「大正十年十一月二十日」［垣内 1936：289］、長野「県下中等学校国語教育の視察を行つた最後の日」
- 「長野県師範学校行動で、「国語教授と国語教育」と題する講演をする」［野地 1977：610］。講演で「長時間に互りて語つた」。
- この視察は、「松本女子師範学校教諭西尾実君（現法政大学教授）の推挙に依りて[9]、長野県視学小山保雄氏（現長野県飯田中学校長）と共に」［（　）内原著］行った。
- 講演録は「長野県師範学校教諭藤野重次郎君（現東京市視学）に筆録していただいた」［（　）内原著］。「もしこの視察と講演と筆録が無かつたら、「国語の力」は生まれなかつたであらう。」[10]
- 「この講演は、国語の問題に就いて始めて、他に語つた、私にとりては憶出の深いものである。」（ママ）
- 西尾実の談話録によれば、「県の学務課で、中学校の国語教育を見てもらい、そのあとで南信・北信で各一週間研究会をすることにな」り、「その指導者にだれがよいかという相談があった」ため、「東大時代の、国民生活を見渡したあの講義を考えて、垣内先生なら国語教育者のためになることを話してくださると」［野地 1977：545］思い、垣内に依頼した。
- 西尾も松本女師で授業を見てもらい、また、「全県下を見て、あとで全教師を集めて『国語の力』の附録になっている講演を行った。[545]」

②1922年5月8日
- 『国語の力』刊行。全5章の本論と附録「国語教授と国語教育」から構成。

③日時の詳細不明。「「国語の力」を刊行してから、間もなく」。
- 「山梨県北巨摩郡教育会長であつ、故堀内常治郎氏の招きに応じて、「その地の講習会で講演を行つたのが、初等教育に於ける国語教育と結びつけられるに至つた、始であつたかと思ふ」。

④1932年2月
- 「東京市千駄ヶ谷尋常高等小学校で行われた、芦田恵之助の「乃木大将の幼年時代」の授業を直接参観するとともに、講演をする。以後、垣内・芦田ふたりの学理面・実践面の交渉は、いっそう深くなる。」［野地 1977：614］
- 垣内は、「この書（『国語の力』）中に援用した、「冬京色」（「冬景色」の誤植）を機縁として、芦田恵雨先生の教壇に参加する機会を得、国民言語文化研究の関心を深められるに至つたことも、ここに書き止めて置かなければならぬ」［（　）内引用者］と記している。

　上述の経緯の中で本章との関連で再確認すべきは、垣内自身、①1921年11月の時点で初めて、「国語の問題」について他に語ったことが『国語の力』の機縁であると言っている点、そして、②1922年5月に同書が世に出た後の③の講習会において初めて、垣内自らが「初等教育に於ける国語教育」と結びつけられたと述べていている点である。また、『国語の力』が小学校教育界にも浸透した理由の一つは、垣内が自説の展開のために援用した、東京高等師範附属小学校訓導の芦田恵之助著『読み方教授』（1916）に掲載された、読本教材「冬景色」の授業記録だったことにあると考えられるが、芦田の授業を実際に垣内が参観したのは、『国語の力』出版後約10年経った④1932年2月のことであったという点である。これらの事実からは、同書の発行の時点では、垣内自身は『国語の力』の小学校教育界における影響を予想していなかったことが推察される。
　このことは、同書附録「国語教授と国語教育」の冒頭の垣内による次の記述からも読み取ることができる。

　　今回、県の御嘱託に依りて、県下中等学校の国語教育を視察致しましたが、時間の少いために、各学校に就いて視察を終ると直ちに卑見を申述べましたけれども、充分意を尽すことを得なかつたのみなら

第 4 章　奥野庄太郎における読方教育論の形成過程と「ライフメソツド／生活的読方」

ず、御高見を伺ふ機会を得られなかつたことを遺憾に存じて居ります。本日、この会に於て更に所見を申上ぐる機会を与へらるに当りま^{ママ}して、各学校に就いて申し述べました実際問題とは別に、純学問的立場から、国語教授と国語教育に関する私見を申上げたいと存じます。

[垣内 1922：287]

ここには、長野県下の各学校において視察後に話した「実際問題」とは別に、「国語教授と国語教育」の講演が、「純学問的立場」から国語教授と国語教育に関連させるという視座から生まれていたことが明確に記されている。①に記したように、垣内を長野県の中学校国語教育視察に推挙した西尾も、「あとで全教師を集めて」［野地 1977：545］と述べているが、玉川大学出版部発行の『国語の力』(1972) の「解説」において高橋和夫は、『国語の力』が「そもそも読者対象として、当時の中学教師および大学・師範学校の学生・生徒を対象としたものであった。これが「国文学習叢書」の一巻であることも同様のことを証明している」［高橋 1972：251］としている。このような、著者が中等学校以上の教員を対象とした国文学の叢書であった『国語の力』が、後述するような内容ゆえに、奥野を含めた小学校教育との接点をもつことになったのである。

次項で『国語の力』の本論の構成と内容を考察する。

第 2 項　『国語の力』の構成と内容――本章との関連から――

前項で『国語の力』の出版の経過を示した。そこで明らかになった、同書が中等学校以上の国語の問題を「純学問的立場」から扱っているという垣内の認識は、次に示す目次や序の文言の上にも現れている。ここでは、先の丸山も述べていた「文学科学の方法的諸問題たる、解釈法、批評法、解釈法と批評法との関係等から、文の形態、形象、表出と内化、芸術的摂理等の問題から、更に言語の活力、文の律動、国文学の体系等」［丸山 1932：61］が、具体的に展開されている。

『国語の力』は、全5章に先述の附録が付き、各章が15から28の項目によって構成されている。垣内はまず「序」において、同書は「『　解　釈　』（読方・批評）」［垣内 1922：序2 （　）内原著］を主題としたと記している。そして、「研究法・批評学、及び言語学的諸研究・文学概論を整理して、これを『読む』といふ作用の上に集め、『読方』といふことを実際に結びつけて新しい仕方で話して見たいと思つたのである」［序2］と述べ、同書の視座が、文学作品の「解釈」すなわち「読方」の「新しい仕方」の検討におかれていることを明言している。

　また、垣内は「二　読方の本質」［4］の項で、一方では「実験心理学の方面から現はれた「読書の心理」の研究は「読方の教授」の方まで進んで居る」［4］とする。それが「「読方教授の実際」と結びついて、学校の国語科に於ては、生きた読方を教授しやうとする作業」を生み、また一方では、「それとは別の方向を進んで来た「文学研究法」に於ても「研究の方法」又は「批評主義論」に就いてその「方法もしくは批評の批判」が考察せられて研究の態度を正しくしようとして」［5］おり、その両方面からの考察が求められているとしている。そして、この考え方は、学校の国語科で言えば、小学校における「読方」と、中等学校や高等学校における「　解　釈　」や高等学校以上における「批評」が、「もとよりその本質に於ては同一の作用を指すのである」［5］という前提に立っている。

　中学校以上の教員を対象にした講演に端を発した『国語の力』であったが、その記述においては、上述したような小学校の科目名である「読方」との接点が随所に記されていることにより、読者が小学校関係者にも広がりを見せたと考えられる。そして、このような視座から記された同書は、どの学校種の青年教育家であろうと[11]、自身の立場から『国語の力』を読み進めることを可能にしたであろう。また、その「読方」という語は、時によって、小学校の国語科の一分科としての「読方」である以前に、一般的な「読む方法」をも示しているようにも見受けられる。そのような観点に立てば、次に引用する垣内の「一　読む力」［2］の項で述べられた

第4章　奥野庄太郎における読方教育論の形成過程と「ライフメソッド／生活的読方」

認識は、一般読者にさえも広がりをもったことも推察できる。「一　読む力」の項から、同書の冒頭の一文を見てみよう。

　読むといふ作用は、行ふといふこと（政治・経済・道徳）や、考へるという作用（科学・哲学）と同じやうに又はそれと相伴うて人性の内面を貫きて、長い歴史を有する作用である。
　　　　　　　　　　　　　　　　　　［２　傍点（　）内原著］

ここには国語の専門書という垣根を取り払った「読むといふ作用」への追究の姿勢が端的に示されている。また、垣内は次のようにも述べている。

　然らば今日の人から見た読む力は、これまでの習となつて居る読む力とは異つた心の力である。即ち読むことに依りて、語彙を豊富にすることや、事物的知識を収得すること等は読む力の作用の自然の結果であつて、それよりも前に先づ要求することは、それ等を読破せんとする力の欲求である。
　卓越なる少数の学者がよく、「もし一々に書物を信ずるのなら本なんかない方がよい」といふやうに烈しくいつたのは、読方の中に考へる力が欠けているのをなさけなく思つたからであらう。
　　　　　　　　　　　　　　　　　　　　　　［３　傍点原著］

上記の両引用からは、垣内が「読む」ということと「考える」ということを密接に関連させていることが分かる。また「心の力」としての「読む力」や「読破せんとする力」と、「作用の自然の結果」である「語彙を豊富にすることや、事物知識を収得すること等」とを区別し、それらの「力」を、「作用」や「作用の自然の結果」よりも上位、あるいは先行するものとして位置づけていると言えよう。「力」があれば、「語彙を豊富にすることや、事物的知識を収得すること」は後からついてくるという考え

である。

　この点は、奥野の言語教育観との差異が見られる興味深い観点である。第３章で見てきたように、奥野は、「語彙」や「事物知識」を収得することが前提となって読むことができるという考え方であり、それらが「聴方」や「読方」の授業の中で身につくことによって初めて、垣内の言うところの「読む力」や「読破せんとする力」が生まれるとしていたであろう。そもそも言葉の意味するところが分からなければ、子どもは読めない、つまり「読破せん」とは思えない、ということになろう。つまり、奥野と垣内のこの点に関する論展開の矢印は、全く逆向きだったのである。奥野の『国語の力』への批評の論点は次節以降詳しく検討するが、その前提として上記のような垣内の「心の力」や「読む力」の視座は捉えておきたい。

　第３項　垣内松三のセンテンスメソッドと「冬景色」の分析

　後に詳述する奥野による垣内への批評の起点は、『国語の力』上のセンテンスメソッドに関する主張に対して行ったものだった。本項では、その提唱者とされる垣内自身がセンテンスメソッドについてその概念をどのように把握した上で提示していたのかを確認しておきたい。
　垣内の主張するセンテンスメソッドについては『国語の力』の「五　センテンス、メソッド」［９］の項で次のように説明されている。すなわち、読方の教育は各国にそれぞれ歴史がある。元来「読方の心理過程」は、第一に「文字を覚え」る、第二に「それに伴うて文字の訓方即ち発音の仕方を習」う、第三に「言語の結合に対する注意が現はる」という、第一、第二、第三の「どれかが特に強調された読方が残存」［９］している。しかし、「現今一般に行はれて来た読方は所謂「文自体」から出発する sentence method, であつて、以上の全ての読方を綜合し「文」を以て之を統率する方法である」［９］と言う。
　つまり、ここでは、「文」が、文字も発音も「言語の結合」も統率するものとして把握されており、その「文自体」から出発する方法が、センテ

第4章　奥野庄太郎における読方教育論の形成過程と「ライフメソッド／生活的読方」

ンスメソッドであるということを示している。垣内は『国語の力』第40版では、「センテンス、メソッド」を「全文法」と言い換えている。確かに「全文」から入る方法と記すことで、当初垣内が唱えた「センテンス、メソッド」の内実もある程度掴みやすくなると考える。「センテンス」は、一文なのか文章全体なのか、日本語の「文」という語が時には一文を意味し、また時には文章全体を意味するという曖昧さがある中で、後述するように、垣内の言う「センテンス」や「文」の捉え方に違和感をもったことが奥野の批評の契機になった。

　垣内は、当時の国語科の教授について、「これまで余り訓詁の方に傾き過ぎて居た」[10]、「読方の実際に於ては依然として訓詁の上に力を入れて居る」[11]と認識していた。その救済策として、また、その対極にある方法として、後に「全文法」と記す「センテンス、メソッド」を唱えたということである。

　次に、『国語の力』に掲載された「冬景色」の授業記録の採り上げ方についても確認しておきたい[12]。奥野は同授業記録も含めて批評しており、これは、本章の後の考察の前提となる確認である。

　垣内は、芦田恵之助著『読み方教授』(1916)の中から、芦田が5年生に対して行った「冬景色」の授業記録をそのまま転載し、それを考察している。『国語の力』において、垣内が「冬景色」の教材に関連して記述している箇所は以下の4箇所である。ここでは、便宜上AからDまで符号をつけた。

A.「一　解釈の力」における「七　『センテンス、メソッド』の実例」、
　「八　実例より見たる考察一」、「九　実例の考察二」
B.「一　解釈の力」における「二三　読書の力」
C.「二　文の形」における「二　文字の上に現はれたる文の形」
D.「三　言語の活力」における「四　言語解釈の実例一」

次に、奥野の批評との関連の深いAを中心に、垣内が『国語の力』においてどのように「冬景色」の授業を採り上げているのかを検討しよう。

Aは、『読み方教授』から引用した「冬景色」の授業記録とその考察を述べた箇所である。記録の内容は、1915年11月17日、18日、19日に5年生に行った「冬景色」の授業記録と、授業後にある女児が綴った「冬景色の所について」という綴方である。ここでの引用は、8頁にわたる。その冒頭には、芦田が授業に入る直前に、いわば教材研究として「冬景色」を読んだ所感も含まれている。それは『読み方教授』から次のように引用されている。

  大正四年十一月十七日水曜日の第一時間目は「冬景色」の課を取扱ふべき順序である。この朝教案を書くために彼の課を二回読んだ。余は、過去に於てこの課を取扱ふこと三回、さして強い感じも浮かばなかつたが、今之を読んで実によい心持がする。「絵のやうだ。銃声に天地の寂寞を破つた所は面白い。全課少しもわざとらしい所がない。以前は余の目が低かつたのか、よい文とは思つたが、今日のやうに感興をひいたことはない。この心持で児童にのぞめば成功疑ひなし」など思ひつづけた。　　　　　　　　　　　　　　　　　　[12]

ここには、芦田自身が過去に「冬景色」の教材を読んだ時とは異なる感動を覚えたことと、その文章が絵のようであることや銃声によって場面が転換したことに気づいたことが記されている。この芦田の気づきは、この後の授業展開に必要な伏線となっていると考えられ、垣内はその部分も漏れなく引用しているのである。

続いて垣内は「この読方の全体に現はれて居る作用を分析する」[19]として、3日間の授業記録を整理して、以下のように記している。

  1　通読（音読）―指導者の音読から生徒は文意を直観して居る。こ

第4章　奥野庄太郎における読方教育論の形成過程と「ライフメソッド／生活的読方」

れが sentence metod（ママ）の出発点である。
2　通読（音読―黙読―音読）―文をたびたび読んで、文の形に、第一段第二段第三段第四段第五段の展開があることを気づいた。
3　通読（音読）―文意が更に確実に会得せられて、それから自然に語句の深究が生れて居る。
4　通読（静かなる音読又は黙読）―語句深究のために作者の位置を見つけ、作者の景色に対して佇んだ時間まで考へ出した。
5　通読（黙読）―板書の綱目を透して全文を心読し、冬景色の天地の広さ、遠さ、色（光もあらう）、音等を観取し、静寂の感を深く味はつて居るらしい。特に銃声の後更に一層の静寂を感じたやうすがありありと見える。更にこの作用をいひかえて見ると
　　1　文意の直観
　　2　構想の理解
　　3　語句の深究
　　4　内容の理解
　　5　解釈より創作へ
ともいふべき順序を逐うて、展開して居るのである。
[20（　）内原著[13]]

　上記引用で注目すべきは、「1　通読（音読）―指導者の音読から生徒は文意を直観して居る。これが sentence metod（ママ）の出発点である」と記していることである。授業を行った芦田自身は、"sentence method" で授業を行っているという自覚はなく垣内による分析なのだが[14]、この記述によって『国語の力』の読者が、垣内のそれまで述べてきていた "sentence method" が、授業においては「通読（音読）」あるいは「指導者の音読」と「直観」に接続されるものだということを、初めて知らされることになる重要な分析である。

　続く「八　実例より見たる考察（一）」[21]の項においてなされて

いる垣内による評価は、要約すると以下の5点である。いずれも垣内が、sentence methodの要素として捉えている項目と言えよう。

①この授業は、一般的には、文字語句の注解から出発する「読方」の「到達点」となる「通読」が、この授業の「出発点」となっている。

②その結果、語句の解釈に関しては一語一句が文の全体の関係において生きている。

③この場合の解釈は、その場合に適合した「特殊的な具体的な意味」を求めなければならなくなる。

④内容の会得の結果も、その文を書いた「作者の創造の作用」を明らかに認識するから、作者の精神を透して文の産出された根源にまで導かれる。

⑤「文の産出される内面的な作用を見る学習の態度」つまり、「作者の創造の作用」が解れば、自分の考えを文に表現する作用も目覚め、創造の力を体験させられる。それが、「文を読むこと」において求めている「究竟の目的」である。　　　　　　　[21－22]

　以上5点は、いわば垣内が芦田の授業の中に見出した"sentence method"の具体的な内容と言えるが、垣内は続いて問題点も1点提示している。それは、音読と黙読（視読）による読み方の相違である。垣内は、芦田の実例は「指導者に指導せらるゝ国語の読方」であるため「読方」は「発音」によって行われているが、「我々の読方は教場で学習する時の外は多くは視読である」[22]と指摘する。その上で、視読の場合は、終始他の助けを借りないで文を「内視」するため、芦田の実例のような通読（音読）・黙読が反復される中では「初めの読み方よりは、だんだん精緻になつて行く作用の跡を尋ぬると、いかにも生命の力がめきめきと生い立つように感ずる」が、視読では「この作用を怠り易い」とする[15][23]。

　その上で垣内は、視読における過ちを避ける工夫を必要とするとして次のように述べている。

第4章　奥野庄太郎における読方教育論の形成過程と「ライフメソッド／生活的読方」

　視覚から神経に連る心理的の過程は、音読から導かるゝ心的過程とはもとより同一の作用ではない。これを心理的に分析すればヴントが文に対する時の心の動き方の初めを「暗室である画に向かつて居る時突然一方から光がさしこんだら先づ初めに画の全体の形が現はれて次第に部分々々が明に見えて来るやうに先づ文の形が見える(ママ)と来る」といつたのは第一回の視読に於て著眼(ママ)しなければならぬ要点である。
[24]

　ここで、視読の工夫として、授業の「第一回の視読」に注目した点と、ヴント（1832-1920）の引用によって読むことを絵画を視ることに譬えた点は、垣内の言う「読方」を把握するために重要である。これは、まず「文の形」全体を捉えた後に、部分の理解に及ぶということである。
　垣内はこのように述べた上で、先に記した芦田の授業の「作用」を5段階に分析した考察を「音読の過程」と称し、それに対して、「視読作用に於ける読方」［24］としては、次の3段階に表して相対させている。

　1　文の形─文の直観・構想の理解
　2　言語の解釈─語句の深究
　3　文の理解─内容の理解　　　　　　　　　　　　　　　［24］

　そして、芦田の授業に見るような「読方に依つて鍛錬せられた読む力であれば、視読に於ても、読まうとする文に対して未知の文字や言語に躓きがちであることなしに、先づ文全体を洞察して、それを心の前面に引据ゑた上で、徐々に、解らぬ言語の解釈を辞書に求めて言語の意味を考へ、文の真意を捉へる」［25　傍点原著］ことができるだろうと言う。

　ここまで、『国語の力』において「冬景色」について言及している箇所のうち、Aの内容を見てきた。垣内による「冬景色」の取り扱いは、垣内による芦田の授業展開の分析から始まったものであったが、次第に、「冬

205

景色」の教材をどう読むかという視点に移行し、「冬景色」やその指導例を素材とはするものの、どのように作品分析を発展させるかという側面に力点が置かれていったと考える。それは、上記のように当初5段階に分析した作用を3段階にしたことにも現れているが、さらにCの「二　文字の上に現はれたる文の形」の項においては、次のように「文の形」を展開させている。

　　1　遠中近の叙景
　　2　銃声から生じた局面一変
　　3　（読者の印象）　　　　　　　　　　　　　　　[89（　）内原著]

　垣内は、ここで、当初5段に分けた見方は、「印刷せられた文の形に基づいて」行替えした文字群を1段としたものであり、ここに示した3段の考えは「文の与へる印象に依りて、読者がそれを胸中に再構成して見た形」[89]だと解説する。その上で、解釈の起点として考えたいのは、後者の3段の「文の形」の見方であり、さらに、このような「文の形」は「想の形を意味する」[90]と言う。新たな3段階の解釈では、「冬景色」の文章自体は「1　遠中近の叙景、2　銃声から生じた局面一変」[89]の中に収められ、「3読者の印象」も含めて文章の「文の形」にするという大胆な解釈がなされているのである。
　さらにB、Dにおける「冬景色」への言及は、芦田の授業とは離れたところからなされる。すなわち、B「二三　読書の力」[58]においては、進んだ「読方」の証左として、女児の綴方を引用し、そのところどころに傍点を打って、綴方に表れている「読み」の秀でた点を強調している。また、D「言語解釈の実例一」では、芦田の指導上の発言等を採り上げつつも「言語の定着性」[131]を説く例示として扱われているに過ぎない[16]。

　ここまで、本章に関連する部分を中心に、『国語の力』の内容を見てきた。奥野は、このような『国語の力』に対してどのような角度から議論を

挑み、それが奥野の読方教育論としてどのように展開していったのだろうか。次節より詳しく考察することとする。

第3節　奥野庄太郎による垣内松三への「批評」の展開

　奥野が、「新学校」の一つとして存在していた成城小学校の一訓導として国語科の教育に従事していた時期について、丸山が、「所謂学者側と実際家側とが相呼応して、その研究に進んだ」〔丸山 1932：52〕時代であるとしたことは先に触れた。丸山がこのように振り返る「国語教育界」の変化の中で、奥野は「実際家」として活動していたのは言うまでもない。本章で検討する奥野の言説は、丸山が述べるような状況の中で、いわゆる「実際家」である奥野が、「学者側」である国文学者垣内の著書の内容に対して発言したものであった。しかし、そのような外面的な状況とは別に、奥野の著述からは、奥野という一訓導が、国語科を専門とする小学校教員として真摯に国語科や〈読むこと〉について考え続けた跡が読み取れる。まず、その批評の経緯について確認することから考察を始めたい。

　奥野の著作の中では、「文章深究」「内容深究」という語句がしばしば批判的に使われているが、それらが、垣内の『国語の力』で示された「センテンス、メソッド」による教授方法に対する批判だと明確に分かるのは、1925年10月発行の『教育問題研究』に掲載された「読方に於けるセンテンスメソッドを批評す」である。先述したようにこの奥野の論評は、『国語の力』の出版後間もない時期に行われたものである。奥野は早い時点で、後に国語教育界に大きな影響を与える垣内のセンテンスメソッドに対して、正面から論評したことになる。

　センテンスメソッドに関する奥野の論稿と、関連する垣内の論稿を発表年月順に見ると以下の通りである。

1922年5月　垣内『国語の力』
1925年10月　奥野「読方に於けるセンテンスメソッドを批評す」『教育問題研究』第67号（本章においては、【A論文】と表記する）
1926年4月　奥野「センテンスメソッドからライフメソッドへ」『読方学習の新研究』（本章においては、【B論文】と表記する）
1926年6月　垣内「センテンス・メソッドの弊害」『国文教育』
　（本章においては【垣内論文】と表記する）
1928年10月　奥野「内容深究に累されている」『心理的科学的読方の教育』
　（本章においては【C論文】と表記する）
1930年9月　奥野「読むとは如何なることか」『心理的読方の実際』
　（本章においては【D論文】と表記する）
これらの論稿のうち、【A論文】から【B論文】へは題名のみの変更、【C論文】においては内容にも手が加えられている。[17]

　奥野が『国語の力』を読んだと日記に記しているのは、1923年10月23日である。奥野は第2章で検討したように、1922年8月から1923年7月まで英米視察を行っているため、すでに発行されていた『国語の力』を読まずに視察に出発し、英米の教育を学んで帰国した直後に読んだことになる。日記には、「本屋で日本もの、国語研究書をあさつた」ことや「「国語の力」が大分沢山列べられてゐたので一冊かつてみた」こと、この日に第2章で検討した『英米小学教育の実際』の校正をしており「一五二頁迄了」〔教問67 1925.10：15〕ということも記されている[18]。つまり、世の中に広がりつつあった『国語の力』と奥野との出会いは、奥野が英米視察で見聞きし思考したことを、日本においてまさに今公表していこうとしていたその時期であったということである。

　奥野の【A論文】【B論文】での批評の表現は厳しく、それが奥野による「垣内批判」という評価を一人歩きさせた感は否めない。しかし、3年後の【C論文】においては、表現がある程度緩和され、主張したい本旨が

第4章 奥野庄太郎における読方教育論の形成過程と「ライフメソッド／生活的読方」

表されている。

　一方垣内は、奥野の【B論文】と【C論文】の間の時期に、「センテンス・メソッドの弊害」［垣内 1970（1926）］と題して『国文教育』に【垣内論文】を掲載している。石井によると、『国語の力』が刊行されると「この書のために、多くの友人を得、その研究会も催され、また雑誌が発刊されることにならうとは、全く思ひもかけなかったことです」［石井 1960：140］と垣内自らが雑誌『読方と綴方』に記していると言う。同時に、垣内にとって「多くの誤解と曲解が現れ」［143］、「ひどく非難された」［144］と記すような状況も生まれたが、石井は、それが具体的にどのようなものを指していたのかは分からないとも言う。石井は、奥野の批評について具体的に言及しているが、垣内に対する「激しい非難」［145］が奥野のそれかどうかは定かではなく、垣内は「表だって論争はされずに、ただ苦々しいことくらいに思って、すごされたのであろう」［147］としている[19]。

　しかし、【垣内論文】と奥野の論稿を照らし合わせると、【垣内論文】の内容には奥野が【A論文】【B論文】に記していた論点と同様の視点が採り上げられていることが分かる[20]。そのため【垣内論文】を奥野の批評の内容に照らしてみることは、当時の奥野の〈読むこと〉の指導における問題意識を相対化することになり意義がある。次節以降、奥野の批評の論点を整理し、それらを【垣内論文】と比較検討する。

第4節　垣内松三への賛意と異論

　それでは、本節において、具体的に奥野の批評の論点が何におかれていたのかについて考察することとする。奥野は、まず1925年の【A論文】において、「センテンスメソッドを信ずる人は多く、その主張も様々であらうが、こゝにはその台本として垣内松三氏の名著『国語の力』を借りて、それについて卑見を述べて見たいと思ふ」［教問67 1925.10：5］と記し、

3点から論を展開する。以下その3点に添って検討したい。第一に「読方」「解釈(インタープレテーション)」「批評(クリチツク)」の捉え方について（第1項）、第二にセンテンスメソッドの解釈について（第2項）、第三に「冬景色」の授業分析について（第3項）である。

第1項　「読方」と、「解釈(インタープレテーション)」「批評(クリチツク)」の分離

　まず奥野は、『国語の力』に記されている以下の2カ所の垣内の言説に着目して【A論文】に引用する。①へは一定の理解を示し、②へは異論を唱えている。以下の①②は奥野の著述から引用したが、参考までに『国語の力』(1922)での掲載箇所も記した。垣内の原著では「解釈」「批評」にそれぞれ「インタープレテーション」「クリチツク」のルビがある。

　　①一、氏は曰ふ、読む作用について、「我々の読方が、文字を視て精しく考へることから、我々自身を高めることでなければ、読むことは個性を生ひ立たすことでもなく文化を深めることにもなり得ないであらう。」　　　　　　　　　　　［教問67 1925.10：6］［垣内 1922：4］
　　②又読方の本質に於て「我々が別々に「読み方」（小学校に於て）「解釈」（中等学校高等学校に於て）「批評」（高等学校以上に於て）といふ語で現はしてゐる作用は、もとよりその本質に於ては同一の作用を指すのである。」と。［教問67 1925.10：6（　）内原著］［垣内 1922：5］

　奥野はこの前段で、「国語教育界」の変遷を記している。そこでは学制期以来の「形式重視の教育」から「大正の現代」に進むに従い、「読方も言語文字の形式にとらはれないで、内容を読むこと」に目覚め、「内容重視の思潮」［教問67 1925.10：5］が生まれたとしている。そして、その時代に「垣内松三氏によつてセンテンスメソッドなる言葉が叫び出され」たという意味ではセンテンスメソッドに喜びを感じるとし、上記①の引用の記述を「読むといふ意義を深く見た」［5］ものだとして、垣内に対して

第4章　奥野庄太郎における読方教育論の形成過程と「ライフメソッド／生活的読方」

敬意を表している。その上で②に関連して、次のように述べる。

　惜しいかな氏は小学教育の実際家ではない。又小学児童に関する国語研究家でもないと思ふ。故に小学児童特に低学年児童の国語的生活についてはそれに直接する意見が少い。児童の国語生活の発展についても余り説き及ぼされてゐない。
　故に氏の所謂センテンスメソッドが実際教授に応用された場合それは実に不自然なものになつてゐる。恰も中学に於ける深い解釈、高等学校に於ける高い批評のやうな、所謂氏の精しく考へるといふ態度が、尋常小学の低学年方面にすら徹底的に遂行されやうとしてゐる。　　　　　　　［6］

　つまり、奥野は垣内の唱えるセンテンスメソッドが、小学校特に低学年の児童に対して「徹底的に遂行され」ようとしていることに懸念を抱いているのである。そこには、次のように、センテンスメソッドの実施による現実的な弊害を児童の様子で表す記述が続く。

　　実に迷惑なのは児童である。可哀相なのは心意発達に添はない学習を堪へ忍ぶ子供たちである。それら児童は教師と僅か二三の学習優等生の犠牲になつて、一時間を沈黙してそのわけのわからない雄弁な高遠の深理を目をぱちくりしながら只きいてゐるのである。だまつて退屈さを忍ぶ習練をしてゐるのである。　　　　　　　　　　［6］

　さらに、低学年児童に対する上記のような教室の状況が、授業中の児童の「境遇」のみならず、学力の面でも大きな損失に繋がることに関して次のように続けている。

　　児童をさうした境遇に置くばかりでなく又センテンスメソッドは内容の意味を読むことを中心生命とするが故に、低学年時代に於て特に重要な言語文字の収得といふ方面が閑却されて行くのである。或極端

211

なセンテンスメソッドの信者は、現に「字はわからなくなつてもいゝのだから常に中の意味のわかるだけを考へて見たらよい。」といつて、この考へで押し通して居る。何といふ無謀な国語教育であらう。何でも開祖はいゝのであるが末は荒んでくる。少なくとも小学校の低学年に於ては読方教授に於て記号を知らすといふことは絶対に必要なことである。児童の欲求から見ても、生命の創造について考へても、学習の自然から言つても。　　　　　　　　　　　　　　　　［6］

　ここからは、二つの事実が「国語教育」に及ぼす影響を案じていることを読み取ることができる。一つには「或極端なセンテンスメソッドの信者」の例が示すような、字が分からないままでも、あるいは意味の解らない箇所を残したままでもよいとされている国語科の授業の実態である。もう一つが、垣内のセンテンスメソッドの広がりによって、「内容の意味」を詳しく考えることを中心とした「文章深究」の読方を行うことに多くの時間を費やしてしまい、「低学年時代に特に重要な言語文字の収得という方面が閑却されて行く」事実である。ここでは、具体的な授業の様子は記されていないが、奥野は成城小学校訓導として他校の授業の見学や講演等も行っていたため[21]、上述の「或極端な」例は奥野自身が見聞きしたものであることが十分考えられる。奥野はこのような当時の教室の状況については、他の論稿でもしばしば言及している。

　さらに奥野は、グレーやヒューイ（1870-1913）の説も導入して、彼の求める「読方」を以下のように提示していく。

　　彼のグレーも言つているやうに読方教授に於て低学年のそれと、中間学年、高学年のそれとは根本的に差異のあるべきものである。なぜなれば低学年児童に於ける読方の特徴は読まんとする欲求をうちにもち、且多くの言語（語彙約四千）を持ちながら、記号を少しも知らない時代である。その時代に記号を知らしめることは畢竟内容を読ます

第4章　奥野庄太郎における読方教育論の形成過程と「ライフメソッド／生活的読方」

　ことである。記号意識の熟練が積まれてゐない児童にどうして記号を通さずに意味を知ることが出来やうか。これは読むことの心理的研究の帰結として現在叫ばれてゐるところであり、氏の著書の中に縷々引用さるゝヒユイーに於ても、現に"to read is, in effect, to translate writing into speech" 即ち「読むといふことはつまり書いたものを言語に翻訳することである。」と述べてゐるではないか。低学年に於ける読方は記号を学んで記号を言語に翻訳することによつて足りるのである。記号をマスターしてしまつて内容の深究を念とする高学年の行き方とはその行き方が根本的に異なるのが当然である。　　［7（　）内原著］

　ここには、明確に奥野の言語指導観が表されていると言えよう。それは、第一に、低学年の指導は中学年や高学年とは根本的に異なるべきであるとする点。第二に、低学年の児童は「記号」、すなわち文字を確実に知らしめることが最も大切であるとしている点である。第3章の考察に基づけば、ここで奥野が言う「記号」には、場合によっては仮名ばかりではなく、漢字も含まれよう。文字、語句、語義、豊富な語感など全てを含んだ「大きな意味の言語」を、大量に音声言語すなわち言葉として獲得することができ、それが文字と接続して、文字や文字の連なりから、改めて背景や語感を伴った「語」を想起することができれば、低学年はそれで十分だと述べているのである。このことは裏返せば、低学年においては「記号を学んで記号を言語に翻訳すること」に専念しなければならないほど、学ぶべき「記号」が多いと考えているということでもある。更に、題材を替えて、繰り返し児童に提出する必要も考えていると言えよう。奥野はしばしば低学年児童が「すらすら読むこと」の重要性を説くが[22]、それは、上述の引用内にある「記号を学んで記号を（音声）言語に翻訳すること」（（　）内引用者）の連続を円滑に行うことに外ならない。

　続いて中学年の児童においても、センテンスメソッドで行う「一つのことをつきつめて精しく考へて見るといふ思考作用の充実を認めることは出

来ぬ」[8]とする。ホールが、10歳以上にならなければ理解力が発達しないと言っていることを援用しつつ、理解力よりも一層高尚な「文学的観照力、美の批判」[8]などは幼少の児童にはとてもできないと言う。中学年の児童へは、「児童さながらに感じ味はすこと」は必要欠くべからざることではあるが、「精しく考へさすといふ必要はちつともない」[8]とする。

そして、高学年に至って初めてセンテンスメソッドの真価は発揮されるだろうと、ようやくセンテンスメソッドの価値を認める発言に至る。ここで特筆すべきは、奥野が、高学年に対して「外国の例でいへば「読方」から「文学」といふに移つた程度の場合」[8]と断っていることである。英米視察の経験から reading から literature への移行の様子を実際に見聞きしたことによる但し書きである。後に国語科が文学科に展開する可能性を肯定しているということである。その上で、日本ではやはり、高学年でもセンテンスメソッドの導入は困難だと、次のように記す。

　　しかし悲しいかな日本の高学年に於てはそれはどうであるか、第一に低学年に於て言語文字に不注意であり、第二に中学年に於て広汎な読書経験をいとなませて思想内容を豊かにすることに不注意であつた現在の読方教育の状態にあつては猶且高学年に於てもセンテンスメソッドの応用が困難なものになつては来はしないかとさへ疑はれる。

[8]

ここには、奥野が小学校教員として6学年を見通した読方教育観が記されていると考える。すなわち、発達段階に応じた教育を重視する奥野であるが、それは、ただ単にある年代にはそれ相応の教育をすべきである年代と教育内容を対応させるということではなく、前の年代に身につけた学力が新たな土台となって次の年代の読方教育を支えているという論理なのである。つまり、低学年で身につけるべき「言語文字」の土台が築けていない児童は、中学年で「広汎な読書をいとなませて思想内容を豊かにする」

第4章　奥野庄太郎における読方教育論の形成過程と「ライフメソッド／生活的読方」

ことはできないし、中学年で「広汎な読書をいとなませて思想内容を豊かにする」という土台を築き終えていない児童は、センテンスメソッドの応用は不可能だと考えているということである。奥野のこの考え方は、前章で見てきた聴方教育における奥野の教育観とも通底するものと言えよう。

このように、奥野は、垣内に対して一定の賛意を明示しつつも、児童の力と日本の国語科教育における指導の実態を見れば小学校での「読方」を、上級学年の「解釈（インタープレテーション）」や「批評（クリチツク）」と同一にはできないという視点から、垣内のセンテンスメソッドに異論を唱えたのである。一方で奥野は、「中学や、高等学校に進めば進むほどこのメソッドにはより高き意味が意味出されてくるのだらうと思ふ」[15]と述べ、「解釈（インタープレテーション）」「批評（クリチツク）」の年代におけるセンテンスメソッドには、異論がないことを繰り返し記している。この点は、これまでの奥野評の中では採り上げられてこなかった点である。より上級学年におけるセンテンスメソッドは奨励していたにもかかわらず、「読方」は「解釈（インタープレテーション）」「批評（クリチツク）」と異なると奥野が主張したのは、以上のように、「所謂（垣内）氏の精しく考へるといふ態度が、尋常小学の低学年方面にすら徹底的に遂行されやうとしてゐる」[6（　）内引用者]ことに危機感を覚えたことに起因していたのである。

第2項　センテンスメソッドの解釈

奥野による批評の第二の論点は、【A論文】において示されており、欧米諸国におけるセンテンスメソッドの成り立ちや内容に関する垣内の理解が、実際の欧米のセンテンスメソッドとは異なると指摘している点である。本項では、垣内と奥野のセンテンスメソッドの解釈の違いについて検討する。

奥野は、『国語の力』から、垣内の言説を次のように要約して引用している。

215

センテンスメソッドは欧州の大戦後に於ける改造の精神の影響であって、読方教授法もこれまで字句の精細な分析に力を尽くしたイギリス、ドイツなどでは、文全体に注意せねばならないと考へ、文自体の鑑賞に流れていたフランスでは、文の部分である語句をこれまでよりはもつと精細に学ばねばならぬと考へているので、両方から歩み合つて一点に近づいて来てゐる。その帰着点は同じくセンテンスメソツドにあるといつてよい。　　　［教問67 1925.10：9］［垣内 1922：9］

　奥野は、センテンスメソッドの成り立ちに関する上述のような垣内の理解に対して、「センテンスメソッドは日本に於ては或は新らしいメソッドであるかもしれないが、欧米にあつては既にそれは古いメソッドである。アメリカなどでもセンテンスメソッドの原理は夙に説かれている」［教問67 1925.10：10］と反論する。その上で、クラッパーの説くセンテンスメソッドを引用し[23]、次のように解説する。

　　こゝにいふセンテンスメソッドは只文章から出発し、文章を中心として取扱つては行くが、日本で今行はれてゐるやうに文章の内面を精しく考へさして行く方法では決してない。故にこれが低学年にとり入れられても不自然にならないのである。しかし、このセンテンスメソッドは今でも残存しないことはないが、その全盛を極めたのは大体ファンファムなどの之を高唱した十九世紀末一千八百八十五年から一千八百九十年代のことである。今日ではセンテンスメソドよりストーリーメソッドが新らしき興味ある方法として多くの実際家に認められてゐる。　　　　　　　　　　　　　　　　　　　　　　　　　［10］

　すなわち、センテンスメソッドは、アメリカでは既に古いメソッドであり、また、その意味するところは、文章の内面を詳しく考えさせる方法ではなく、ただ文から出発し[24]、文を中心として取扱っていく「方法」である。だからこそ、欧米では低学年においても不自然でも無理でもなく行

216

第4章　奥野庄太郎における読方教育論の形成過程と「ライフメソッド／生活的読方」

われていると述べているのである。

　さらに奥野は、ロンドン滞在中に文部調査局長やロンドン市視学の国語研究家に話を聞いた時もセンテンスメソッドが流行しているとは感じなかったし[25]、「その時分の最新刊の読方研究の書物を紹介してもらつて、それについても研究して見たのであるが、さうして見てもその中からセンテンスメソッドのことは出て来なかった」[11]とする。その上で、現在の欧米の読方研究は「センテンスメソッド以上に遙に人生に近くに進展してゐる」として、「イギリスの読方研究家ペンネルやクサツクの著述」[11]の内容を記している[26]。

　ここで奥野の言う「人生」とはどのようなものなのだろうか。奥野の言う「人生」の含意するものを理解しておくことは、後述する「ライフメソッド／生活的読方」とも関連するため必要な作業であると考える。また、先に記した先行研究との関連もある。ここで少し詳しく検討しておきたい。

　奥野の言う「人生」は、奥野が、ペンネルとクサックの著書 HOW TO TEACH READING の目次を訳出した際に用いた語だと考えられる。同書の Part I EFFICIENT READING IN LIFE の中の、第1章 Why Effective Reading is of Fundamental Importance in Life や第2章 What Constitutes Effective Reading in Life [Pennell 他 1923：目次頁] に含まれる "Life" の訳語である[27]。そして、奥野はそれぞれを次のように訳している。第1章が「人生に於て読むといふことが何故必要であるか」、第2章が「人生に効果を齎す読方教授は如何に構成せらるべきであるか」である。この訳において、奥野が "Life" を「生活」とせず「人生」としたのは、時間的に将来を見据え、空間的に学校外を見据えた発展形としての生活を「人生」と表現していると考えられよう。

　このことは、同書の本文中にも見つけることができる。例えば、第2章 What Constitutes Effective Reading in Life すなわち奥野が「人生に於て読むといふことが何故必要であるか」と訳した章には、Why Adults Read

［2］、Why Children Read［5］という節が設けられている。前者には、成人が読書をする理由として、The desire to know.［2］、For vocational needs.［3］、For the guidance of life.［5］等の6項目が記されている[28]。また後者には、子どもの読書の理由について、発達段階による差はあるものの基本的には上述の成人と同じであるとされている。さらに、そこでは子どもにとっては、読書が、より豊かな、より満たされた、より完成された人生を与えるとも述べられている［2-6］。

後に奥野は、ここに記されていた6項目のうち4項目を「人間生活としての読方の目的」［奥野 1932.1a：1］という論稿で紹介しているが[29]、その中では「人間生活」という語を用いている。このことは、"Life"という言葉を「人生」でも「生活」でも言い現しきれず、自らのイメージするものとどのように合致させるかということに苦心していたことの一つの表れとも言えるだろう[30]。また、この「人生」は、第2章で検討した英米での視察経験から学んだ教育観とも通じる概念である。このように、奥野の用いる「人生」と言う用語は、"Life"を起点にして複雑な意味合いを含んでいたものだと考えられる。

ここまで検討してきたような意味を内包するものとして「人生」という語を用いていた奥野は、先述した「イギリスの読方研究家ペンネルやクサックの著述」の題目を記した後、「ライフメソッド」について次のように述べている。

> これ（ペンネルとクサックの著書）で見ても、之等の研究がいかに緊密に人生に連絡してゐるかを考へて見ることが出来る。即ち明らかにセンテンスメソッドから、ライフメソッドにまで進み動いてゐる。私は今後の読方は文章を精しく見ることによつて新生面が開かれるのではなくて、読むことを人生に密接させることによつて新生面が開かれると信ずる。
> 　　　　　　　　　　　　　　［教問67 1925.10：12　（　）内引用者］

第4章　奥野庄太郎における読方教育論の形成過程と「ライフメソッド／生活的読方」

　奥野が「ライフメソッド」という語を用いたのはこの箇所が初めてだと考えられるが、「ライフメソッド」が"Life"の訳語として用いた「人生」という語から生まれていることは明らかであろう[31]。

　さて、このように「人生」という語義を含んでいる「ライフメソッド」でありながら、奥野にとってそれは、読方教授の発展した「メソッド」、すなわち「方法」の一つに位置付けられていた。同様に、「センテンスメソッド」もその前段階に位置する方法の一つに過ぎなかった。一方、垣内の解説は、センテンスメソッドについて、「文全体に注意せねばならない」としたイギリスやドイツと、「文の部分である語句をこれまでよりはもつと精細に学ばねばならぬ」と考えたフランスとの「大戦後に於ける改造の精神の影響」による歩み合いの「帰着点」として生まれたとされていた。そして、センテンスメソッド自体が「改造の精神の影響」による歴史的産物として存在しているかのように記されている。これら垣内の解釈は、奥野の歴史的な認識と異なることはもちろんのこと、単に「メソッド」であるものが「精神」との関連で述べられている点でも大きな違いがあったと考えられる。

　さらに、垣内が言うように「今後の読方がセンテンスメソッドに近づいてゆくより活力を加へる方法がないなどゝいふことには全然賛同が出来ない」[10]としている。奥野は多くの自著の中で、様々な具体的な指導方法を提示している。そのような奥野にとっては、垣内がセンテンスメソッドという一方法に現状の国語教育の改善を託そうとする姿勢にも警戒感を示していたと言えるだろう。

　第3項　「冬景色」の授業分析

　『国語の力』に対する論点として、奥野が最後に挙げているのが、垣内がセンテンスメソッドの実例として取り扱った芦田の授業の分析にかかわる内容である。第2節第3項で述べたように、垣内は、同書において同授

219

業の進行を細かく分析し、肯定的に解説していた。

　それに対して奥野は、芦田の「冬景色」の授業に対する垣内の分析をそのまま【A論文】に引用して考察している。それは、第2節で検討した、芦田の授業展開を5段階に分析整理した箇所と、「作用」を1文意の直観、2構想の理解、3語句の深究、4内容の理解、5解釈より創作へと言い換えた箇所である（P.203参照）。その上で、奥野は「首肯し難い」点を3点挙げ、自らの意見を記している。整理すると次のようになる。

　　①センテンスメソッドの出発点が音読によって文意を直観するとしている点。
　　　これは読方心理から言って不合理である。音声に移すことは意味を構成するのにハンディキャップを与えるというのが定論で、高学年の文意の直観は、当然黙読によって行われなければならない。
　　②垣内の整理の「3通読（音読）」にある、「文意が確実に会得されてそれから自然に語句の深究が生まれてくる」とされている点。
　　　文意が確実に会得されてから「自然に」語句の深究が生まれてくると説明されているが、それが自然に生まれてくるとは考えられない気がする。
　　③垣内の整理の「5通読（黙読）」にある最後に「板書の項目を透して全文を心読して冬景色の天地の広さ、遠さ、色、光、音等を観取する」としている点。
　　　鋭敏な感受性をもっている児童の観取が3日も経った後に行われるのはおかしい理屈だ。児童はむしろ、一読していろいろなことを閃光のように観取するのではないだろうか。　　　　　　　　　　[13]

　さらに奥野は、垣内による授業解釈から離れ、芦田の授業進行や指導の流れ自体に対しても2方面から次のような指摘をしている。

　　ⓐ児童を操った昔の教授法で教師中心主義の教授細案のようであり、

第4章　奥野庄太郎における読方教育論の形成過程と「ライフメソッド／生活的読方」

　　五段教授法式の実例で共鳴できない。
　　ⓑ一つの教材に3時間もかかっており緩慢なやり方だ。教材の少ないのは読方の致命的な欠陥ではあるが、それを救済しようとせず、時間つぶしの伝統に忍従した方法だ。　　　　　　　　　　　　　[14]

　ここで確認しておきたいことは、奥野が『国語の力』から【A論文】に引用した箇所は、垣内が「冬景色」の授業に関して『国語の力』で紙面を割いた部分のうち、芦田の授業進行に関する箇所が中心だということである。垣内は同書に、芦田が本授業の準備段階で「冬景色」を読んだ際の、芦田の教材観とも言える感想の部分も引用していたことは既に述べた［垣内 1922：12］。にもかかわらず、奥野は【A論文】においてその部分を採り上げていない。これは、当時の奥野が教材観よりも、読方の授業展開方法自体に注目していたことを意味する。
　ⓐⓑの指摘は、芦田の授業展開方法に対する指摘である。奥野がⓐにおいて、「教師中心主義」と断じたのは、同授業における次の場面が象徴していると考えられる。

　　余（芦田）は「皆さんのうちに山水画の掛物があるだらう」といふと「あります」と答へた。「その山水の景色には遠くに山などの景色が画いてはなかつたか」。「中程にやゝはつきりと書いた景色はなかつた」「極手近なところにきはめて鮮明にかいた景色はなかつたか」。と問ふと、児童は悉く「書いてありました」と承認した。［垣内 1922：14（　）内引用者］

　これは、芦田が、児童に対して作者の工夫を発見・発表させたが児童の反応はまとまらなかったとする場面に続く、芦田の発問と児童の反応である。所謂一問一答式、あるいはそれ以上に芦田の問いかけが多い授業の進行である。奥野はこの点を、教師の誘導による授業の進行であるように感じたのではないだろうか。なぜならば、この芦田の授業風景は第3章の聴方の授業例で示した奥野の授業で見たように、「お噺」を終えた後の奥野

221

の「暫く黙していゐた。児童のそのお噺に関して自然に漏れてくる所感を聴かうとしてゐる」［古閑 1921：88］という待ちの姿勢とは対極にある姿だからである。

　一方垣内は、この芦田の進行に対して「周到なる用意に依りて文字の知覚から聯想に導かるゝ読方の作用の進路が明らかに現はれて居る」［垣内1922：85］としている。しかし、果たして芦田は「周到なる用意」によって山水画の例を出したのだろうか。子どもに日々向かう教員であれば、ある程度の経験を積むことによって、芦田がここで提示したような、その時の児童の必要に合致した好例を瞬時に提示することは可能であろう。それは、「周到なる用意」の場合もあるが、そうではなく、教員の経験から来る一種の勘とも言える瞬間的な指導力によって、授業の中で効果的に機能する場合もあるのである。現代の言葉で言えば、ある種の実践知を発揮したものと言えよう。上記引用の芦田の授業においては、このような芦田個人の実践知が働き、指導力が児童を引っ張っている授業であるように見受けられる。奥野はこの点を見抜き、垣内の解説に違和感を覚えたのではないだろうか。

　しかし、当時の小学校の教員達は、このような芦田個人の指導力を斟酌せずに「冬景色」の授業記録を一つの模範と仰ぎ、それをセンテンスメソッドとして取り入れつつあった。奥野の批判はその国語教育界の状況へも向けられたものだったのである。

　一方、上記奥野の批評の①②③の視点には、言語観や「読方」の指導観と関連する、国語科として重要な検討課題が含まれている。すなわち、①には、音読と黙読の問題。②には、直観に始まる5段階の授業の「作用」のうち、「語句」指導の問題。そして、③には、時間をかけた「文章深究」「内容深究」の問題。以上は、垣内に向けた奥野の異論の観点である。①の音読と黙読の問題は、奥野の「心理的読方」とのかかわりが深いため、第5章で述べることとし、次節以下の検討では、②の語句指導の問題、③の「文章深究」「内容深究」の問題との関連から考察する。

第4章　奥野庄太郎における読方教育論の形成過程と「ライフメソッド／生活的読方」

第5節　「批評」から見える奥野庄太郎の読方教育

本節では、前章で述べた奥野による垣内のセンテンスメソッドへの一連の批評の内容と、【垣内論文】との照らし合わせによって見えてくる奥野の読方教育の理論を考察する。まず、「区分」重視の「読方」について（第1項）、続いて「読方」の使命（第2項）について検討する。

第1項　「区分」重視の「読方」

第4節第1項では、垣内が、小学校における「読方」と上級学校における「解釈〈インタープレテーション〉」や「批評〈クリチック〉」はその本質において同一の作用であると述べている点に対する、奥野の反論を示した。それは、特に低学年において文字・語句の指導を閑却することにつながるという、奥野にとっては重要な問題を含んでいた。この背景には、「読方教授法の三大区分」（1925）に著されていた奥野の次のような認識がある。

　　小学に於ける読方教授の方法はさうした単一な内容の深究のみで一貫するものでなく、児童の精神の乃至言語活動の発達に即して当然その方法は区分せられなければならないのである。［教問62 1925.5：4］

つまり、「読方」の指導は『国語の力』を発端として国語教育界に広がっている「内容の深究」一辺倒ではなく、学年の発達段階に応じて、その「方法」は「区分」されなければならない。すなわち、学年相応の読方教授の「方法」があるのだということを唱えていると言えよう。奥野の一連の批評は、その学年に応じた指導方法の「区分」をすることもなくどの学年にも、さらにどんな土台に立っている児童にも応用できるかのように「内容の深究」が唱えられることへの抵抗だったのである。

223

奥野は児童の「読方」に関する発達段階とその時期の語句指導の理想を次のように捉えていた。まず、低学年は「頭の中に言葉は沢山知つてゐるが、文字を読むことはあまり出来ない」年代であるため、その時期には「何よりも文字を読むといふことが読方の本質上最も正しい歩み方」[4]である。そして、「文をすらすら読む」ことが大事で、文字を「一字々々読むのでなく語の一団としてそれを読みうる能力（これが後に読書能力の一重要基礎をなすところの）」[4（ ）内原著]を与えることが肝要になる。そのためには「興味にまかせて多く読ますことが必要」であり、次の中学年で普通の書物を読み得る実力をつけようとするならば、「どうしても低学年時に文字を読むことを充実させなくてはならない」とする[4]。ここにも、本項や第4節第1項でセンテンスメソッドの解釈をめぐる奥野の言語教育観を考察した際に見た、前の学年に築いた土台の上に次の学年の「読方」が行われるという論理を再び見ることができる。指導方法を「区分」するということは、単に、その年齢に応じた方法を採るというのではなく、前区分の方法によって培ったその児童の力を前提として次の区分の指導を受けることによって初めて、効果が生じるということなのである。

第2項　「読方」の使命

それでは、このような「読方」指導の使命に関する奥野の認識はどのように形成されたのだろうか。次に検討してみたい。先に考察した「冬景色」の授業に対して奥野が首肯しがたいとしていた観点について、3年後の【C論文】とその直前に発表された【垣内論文】を比較検討すると、奥野が時間の経過の中で垣内の何を受容し、何を異論として残したのかがより鮮明になる。その結果、奥野の「読方」やその広がりの先にある〈読むこと〉の教育に繋がる使命も示されると考える。【C論文】での展開を見ることとしよう。

第4章　奥野庄太郎における読方教育論の形成過程と「ライフメソッド／生活的読方」

(1)「形象」の受容と「方法」の重視

　奥野は、【A論文】【B論文】に掲載していた「冬景色」の授業進行方法に関する記述を、【C論文】ではほとんど削除している。芦田の名前も記していない。一方、センテンスメソッドに関する記述では、次のように【A論文】【B論文】より譲歩を見せている。

　　文章深究は或はこれをセンテンスメソッドによる方法とよんでもよいかもしれない。センテンスメソッド式な考へ方にしても、色々な流派があるやうである。
　　また日本でセンテンスメソッドと呼んでゐるこのメソッドは欧米に於て称せられてゐるセンテンスメソッドとは非常に意味をことにしてゐる。　　　　　　　　　　　　　　　　［奥野　1928.1015：21］

　このように述べた後、奥野はファンハムに端を発する欧米のセンテンスメソッドの経緯の説明を行い[32]、その上で「これらのセンテンスメソッドと別の意味に於て日本に於けるセンテンスメソッドを主唱し出したのは、彼の垣内松三氏である」[23] と紹介している。ここでは、垣内のセンテンスメソッドへの批評の論点を以前の論点からずらしていることが読みとれる。すなわち、欧米のセンテンスメソッドも、垣内のそれも、ともにセンテンスメソッドであるという認識に立っているのである。一方、【A論文】【B論文】を引き継いで再び記載させたのは、『国語の力』において垣内が、「読方」と「解釈」「批評」は「本質に於ては同一の作用を指す」と述べたということと、「読む作用」として先の「冬景色」の分析の5段階の「作用」[24] だけであった。これらの記述からは、時間の経過の中で奥野の取捨選択や譲歩の跡が見られるとともに、国語教育界においてセンテンスメソッドの普及が進んでいた様子も窺い知ることができる。

　センテンスメソッドへの言及が減った一方、奥野は、「全国国語教育研究会」席上で垣内が述べたという形象概念の講演を「形像の概念の題目に

ついて左の如く述べてゐられる」[24]として[33]、約3頁にわたって引用している。続いて、その反対論者の一人として石黒魯平の論稿も引用している［28][34]。それぞれの理論の内容については、奥野の詳しい考察は行われていないが、これらを引用するという事実が、垣内が『国語の力』で唱えた「形象」の概念を奥野自身が理解しようとしている証左と言えよう。そして、奥野は、以前に垣内の「国語について意見を述べたことがあつた」[30]と振り返りつつ、【A論文】【B論文】同様、垣内が「文そのものを深く見るといふ読方教育の重要な一面を徹底的に高唱せられたのは、真に大きな功績といはなければならない」と認め、「文そのものを深く見るといふ読方教育」[30]そのものへは以前と同様に尊重する姿勢を示している。

しかし、続いて「文章深究を読方の唯一使命とする人々すべてに共通の問題」[30]があるとしている。すなわち、「文の生命を見ることのみ目的とする読方教授」[30]では、底に沈んで展望がきかず、人生の潮流を感じず、文を生活に生かす力に繋がらないとし、「文章深究」「内容深究」のみに没頭している読方教育界に対する以前と変わらぬ危機感を記している。先述したように奥野は、【C論文】においては芦田の授業進行方法についての記述は削除している。その一方で「文章教育の第一歩が文字のマスター（自分のものにする）にあることは実に明瞭な心理である」[32（　）内原著]と、入門期における文字指導の重要性を再確認している。ここには文章の教育のためには、文字指導等が土台となって次の年代に繋がるという自説が、年月を経てなお主張されている事実が確認できる。そして、小学校の「読方」の教育には発達段階ごとに区分された「方法」が多様に存在すると考える奥野は、講演会の垣内の発言でも、未だ低学年に視線を向けた「文字のマスター（自分のものにする）」[32]ための「方法」の提示が説かれず「文章深究を読方の唯一使命とする」[33]状況が続いていることに対し、「方法」としてのセンテンスメソッドという観点の必要性を重ねて訴えたものとも考えられるのである。

第4章　奥野庄太郎における読方教育論の形成過程と「ライフメソッド／生活的読方」

（2）「『文』の本質」の重視

　奥野から垣内への批評自体がこれ以上展開することはなかった。しかし、筆者は、奥野の【A論文】【B論文】の後、【垣内論文】すなわち垣内が著した「センテンス・メソッドの弊害」という論稿に、奥野の読方教育理論の形成過程の考察に寄与できる一つの視点が存在すると考える。つまり、【垣内論文】の中で、垣内は、奥野の指摘と同様の批判に対して、批判の出所は明らかにしないまま、解答を提示しているのである。垣内は【垣内論文】において、自らに対する批判、すなわち、①センテンスメソッドは高学年では可能だが低学年では行えないとする批判と②文学教材にはよいが説明的教材には不可能だという批判に対して答えているのである[35]。まずは、【垣内論文】の内容を追ってみたい。

　【垣内論文】で重要なのが、「『文』の本質」をいかに視るかという点において、センテンスメソッドの批判者が、文を「結合体」だと見ており「統一体」として見ていないと指摘している点である。この前段で垣内は、「仮に英語を以てすれば、文と語は三様に現はす内容がある。即ち 1 Sentence—Word　2 Style—Speech　3 Literature—Language である」［垣内 1970：140］として、その3様を提示している。そして、「センテンスメソッドは、厳密にいへばこの第一項（1 Sentence—Word）に立つ」文と語であり、「第二項（2 Style—Speech）は修辞的といふべき」「文と語」だとする［140（　）内引用者］。しかし、「国語教育に於て目的とする陶冶材料は第三項（3 Literature—Language）にいふ意に於ける文と語」［140（　）内引用者］であり、それは、1. Sentence—Word、2. Style—Speech をも含んだものであるとしている。このように、「『文』の本質をいかに視るか」という考察において垣内は、「文は統一体として、これを構成する（上記1、2、3）全ての要素を包含するものと認めこれを台本とする教法も亦さうした包含性を持つものでなければならない」［141（　）内引用者］と述べ、「『文』の本質」とセンテンスメソッドの教授方法そのものとを「統一体」・「包含性」という言葉で関連させた。

この見地から垣内は、批判者がセンテンスメソッドは言語文字を無視する弊害があるとするのなら、それは上述のような『文』の本質は統一体であるという見方に立たない「教材観の不備について内省すべきものがあるといはなければならぬ」［141］と述べており、これは、授業者が教材の本質を捉えていないことを指摘したものである。この垣内の指摘は、奥野の【A論文】【B論文】における、発達段階の視点や教授方法の多様性の視点とも異なり、奥野が両論文で言及しなかった教材観の問題である。第2節で検討したように『国語の力』は作品の解釈について説いたものであった。この点については、【垣内論文】において垣内自身も『国語の力』が「その旨とするところは研究法にあつて、読方教授法にあるのではなかつた」［139］としている。それにもかかわらず、奥野は『国語の力』に掲載された芦田の記した教材観について【A論文】【B論文】では言及していなかったのである。

　このような垣内の「『文』の本質」観と教授方法との関連に対し、当初教材観に言及しなかった奥野はどのように向き合ったのであろうか。【C論文】、【D論文】には、奥野が【垣内論文】を読んだ事実は記されていない。しかし【C論文】の、以下の記述から奥野の真意を探ることができる。

　　読方の実力といふのは、自分の力で文の生命を自ら握りこれを自己の生命生長と、人類文化の価値生活へ移入創造を営み得る力と、その力を得るための諸能力、文字を読む能力、語句の意味をよむ能力、事実理解の能力、鑑賞の能力等の総合的陶冶を意味するのである。
　　文章深究にのみ没頭してゐては、これら全一の目的を遺憾なく達成することが出来ない。（中略）
　　文章深究はたしかに読方の重要な目的である。それが全部の目的でないにしてもたしかに重要な目的の一つである。けれども目的はたゞちに方法ではない。
　　　　　　　　　　　　　　　　　　　　　　　　　［奥野 1928.1015：31］

第 4 章　奥野庄太郎における読方教育論の形成過程と「ライフメソッド／生活的読方」

　ここで奥野は、文の生命を握り、それを生活に生かすという二段階の「力」と、児童をそこに到達させるための文字・語句・理解・鑑賞に関する「能力」を明確に分けて考えていると言える。その上で二者が「総合的陶冶」することが目指すべき読方の「全一の目的」だと説く。そのため、当時の国語教育界が「文章深究」を尊重し、そちらに比重がかかるばかりに、「文章深究」の授業が形式化し、「目的」とすべき「文章深究」が一つの「方法」になってしまっていることを問題視している。つまり、この奥野の視点は、彼が、読方の「目的」と「方法」を識別した上で、文を詳しく読み取る「文章深究」は本来読方の「目的」の一つにすべきものであり、「方法」化するものではないと考えていたことを強調したのだと考えられる。

　一方、ここで奥野が「文章深究」を「重要な目的の一つ」であるとした点では、【A論文】【B論文】とは趣を異にしているとも言える。それは、児童が自分の力で「文の生命」を握る力を肯定し、その力で握り取った「文の生命」を自らの「生命生長」と人類文化の「価値生活へ移入創造」の力へ陶冶させることが「読方」の力だと記している点にも表れている。このことは、先述した【垣内論文】において「『文』の本質」が「統一体」であるとした、垣内の指摘の内容を了解したことを意味する。

　奥野は、【C論文】から 2 年後、「読むとは如何なることか」［奥野 1930.0905：55］と題した【D論文】を発表している。【A論文】を著した時期からはすでに 5 年が経過していた。【D論文】の中で奥野は、【C論文】に引用した垣内の講演記録で言及されていた土井光知の『文学序説』（1922）から引用し[36]、「形象の意義」を明らかにしようとしている。奥野は、同書の「芸術的形象」の章を読み、その中の「形象の意義」「ベルグソンの形と流動」「「視ること」の意味とその拡張」「芸術的活動の自律」「クラッシシズムとロマンチシズム」の各項から引用している。脇坂豊によれば「『国語の力』は、著者（垣内）の学説の中軸をなす形象理論への入口に立つ書であると考えることができる」［脇坂 1977：495（　）内

引用者]とされるが[37]、奥野が時を経て垣内に近い土井の著作を通して「形象」を理解しようと試みたのであれば、奥野にとっても『国語の力』は、垣内の国語教育理論に関する思索を重ねるための「入口に立つ書」だったと言えるのではないだろうか。

　奥野は、「形象を読むといふことは、これは面白いことでもあり、必要なことでもある」[奥野 1930.0905：61]として、「形象を読む」ことを次のように解釈している。

　　形象を読むといふのは形象を流動の形に発展せしめることである。形象の内在生命を自己において再認識し、再構成してこれを生命生活の意味として創造的なものにまで築上げることである。それはたしかに自分の文化的生命の喜ばしい行進である。洵に形象を真に読むことは文章を真に鑑賞することである。真に形象を読んだことは、他を読むと共に自己を構成したこと、いへる。しかしこの形象を読むといふことも程度の問題で、小学校の読方教材の凡てにこの主張を徹底しようとすれば、そこに大きな無理が出来て来るのは当然なことである。
　　　　　　　　　　　　　　　　　　　　　　　　　　　　　[65]

　引用の最後の部分では、奥野はやはり「小学校の読方教材の凡て」への「形象を読む」ことの徹底を恐れていることを「大きな無理」だという率直な表現で表している。しかし、前半では、「形象を読む」ことが、「文章を真に鑑賞する」ことであり、「自己を構成したこと、いへる」という認識を示している。ここには、この5年間に、垣内や石黒、そして土井の著述にも向かい、「形象を読む」ことの理解にも努めてきた、奥野の自身の読みの軌跡も見つけることができるのである。

第4章　奥野庄太郎における読方教育論の形成過程と「ライフメソッド／生活的読方」

第6節　「読方」の実際と「ライフメソッド／生活的読方」

　本章では、ここまで奥野の読方教育理論の内容を確かめながら、その形成過程を明らかにしてきた。本節では、実際の「読方」の授業についての記録や言説を採り上げつつ、奥野の提唱した「ライフメソッド／生活的読方」についてその概念を整理しておきたい。前述したように奥野にとっては、教授法が多様にあるということが重要なことであった。これは、小学校の教員であった奥野にとっては、当然のことであると同時に必要不可欠であるという認識だったと言えよう。奥野がこのように国語科における多様な教授法について言及するようになったのは、英米視察後のことである。奥野の目には新鮮に映ったであろう英米の多様な教授方法は、様々な形で奥野の著作にも残されている。本節では、まず、奥野が多様な教授法の必要を説いている言説を検討し、「ライフメソッド／生活的読方」の理念を確認する（第1項）。続いて、「読方」の授業の記録を提示して考察する（第2項）。最後に、その「ライフメソッド／生活的読方」が一つの形として実現したと言える、成城小学校の「読書科」の思想を授業の進行例から考察しておきたい（第3項）。

第1項　多様な読方教授法と「ライフメソッド／生活的読方」

　第4節第2項で検討したように、奥野は、センテンスメソッドが様々な教授法の一つであるという認識に立っていた。奥野は1923年刊行の『英米小学教育の実際』の中で、センテンスメソッドを読方初歩教授方法の一つとして、スミス教授に依拠して紹介している[38]。奥野は、「兎に角方法は沢山あるのであるから、適当なものを選ぶなり、或は自分で考案するなりして、色々研究的に課して見た方が効果が多く、よい方法が発見されば、国語教育の能率を高めることにもなる」［奥野　1923.1208：133］と断言

する。この自信は、奥野が実際に多様な読方教授方法の知識と経験を蓄えていたことによるものであろう。

同書には「氏は読方初歩教授の六つの方式を挙げてゐる」「131」として次の6種が紹介されている。それらは、①「アルハベット　メソッド　The alphabet method」、②「ホネチソク　メソッド　The phonetic method」、③「ワード　メソッド　The word method」、④「フレーズ　メソッド　The phrase method」[131]、⑤「センテンス　メソッド　The Sentence method」、⑥「ストーリー　メソッド　The Story method」[132]である[39]。奥野はそれぞれについてスミスの著書から要約して説明しているが、例えば⑤「センテンス　メソッド」については、以下のように記している。

　　これはアメリカでは紀元一千八百八十五年初めてフアンハムなどの主張によつて一般に行はれて来た有力な方法で、国語の根本は言葉や、熟語でなくむしろ文章である。話や、考へは常に一つの文章を基礎として纏められる。子供の考へや、話もさうである。国語の表現としては簡単な文章から入るのが最も子供に適し易い方法であるといふのである。　　　　　　　　　　　　　　　　　　　　　[132]

本章でここまで検討してきたように、上記引用の奥野の唱える「センテンスメソッド」は、「言葉」や「語」という単位ではなく簡単な文から指導する「方法」の一つとして提示されているに過ぎないのである。ここで奥野は「文章」と記しているが、スミスの著書では"sentence"と単数である[40]。したがって先に検討した、奥野が言う「只文章から出発し、文章を中心として取扱」[教問67 1925.10：10]としての「センテンスメソッド」だと解釈して良いだろう。

この6種類の教授法で注目すべきは、これらの順序性は問題にされていないということである。一見アルファベットに始まりストーリーに到達するように見受けられるが、そうではない。多様な教授法として組み合わされて行われるのである。例えば、奥野はある授業例を提示して[41]、「この

第4章　奥野庄太郎における読方教育論の形成過程と「ライフメソッド／生活的読方」

教授は Sentence Methods と Story Methods によつたもの」[奥野 1923.1208：130] としている。このように奥野は、多様な教授法を多数提示しては、その必要性を唱えていたのである[42]。

　これらの教授法と多少趣を異にしているのが「ライフメソッド／生活的読方」である。先に述べたように、「ライフメソッド／生活的読方」も一つの指導方法という解釈が可能である。しかし、それはスミスの著書にはない。奥野が独自に編み出した概念だと考えられる。その意味合いは、時期によって多少変化している。次に、「ライフメソッド／生活的読方」の内実を明らかにしたい。
　奥野の「ライフメソッド」が、ペンネルとクサックの著書における"Life"に由来している「ライフ」であることは既に述べた。一方奥野は、【A論文】の中で「人生」語を「ライフメソッド」に接続させている。まずは、【A論文】を見てみよう。
　冒頭で奥野は、「時代思潮の反映である文学芸術は、過古から現在までにいろいろな変遷をして来た」[教問67 1925.10：3] と述べる。そして、その「文学芸術」の「開展」の過程を解説した後、「これら開展の跡を眺めて見ると、之を大体左の四期に分ち考へることが出来る」[4] として、「文学芸術」の変遷を次のように記している。

　　一、功利の為の芸術―Art for Utility Sake
　　二、芸術の為の芸術―Art for Art's Sake
　　三、自己の為の芸術―Art for Self's Sake
　　四、人生の為の芸術―Art for Life's Sake　　　　　　　　　[4]

奥野は上記4芸術それぞれに対して解説をしている。それを抜粋すると次のようになる。

　1．「功利の為の芸術」：「最初の文学」は、「宗教とか道徳とかを向上さ

233

せるといふ直接意識のもとに産出せられた」。「作品の評価も純粋芸術の評価でなく、道徳的に見ての功利的評価であつた」。

2．「芸術の為の芸術」：「宗教的道徳的の色彩を帯びなくとも芸術は芸術として認められ、その評価も道徳からも離れて行はれるやうになつた」。

3．「自己の為の芸術」：「芸術として独立したばかりでなく、追々と独自の世界を開拓し」、「自己に目覚め、人間精神に目覚めてその自由な表現を享楽した」。

4．「人生の為の芸術」：「只思想であり芸術であるばかりでなく、人間の生命、人類の生活に深い交渉を齎す生命力の創造そのものでなければならない」。「芸術は人類生命の創造でなければならないと叫ばれて、遂に芸術は人生の為の芸術、生命創造の為の芸術にまで開展してきた」。

[教問67 1925.10：3]

そして、国語教育界にもこうした変遷を見ることができ、「ことに読方などに於ては作品を材料とするものであるが故に一層さうした思潮の影響を受ける」[4]として、芸術の変遷を以下ように展開させている。そこに示されている解説とともにまとめると次のようになる。

1．「道徳の為の読方教育」：「読方教授も最初は又道徳的なものであつた」。「例へば漢学塾に於ける漢学の出発点が孝経であり、寺子屋の読書の教科書が男子には主として実語教、童子教、孝経、大学等を、女子には女今川、女孝経、女大学等が課せられてゐた」[4]。

2．「読方の為の読方教育」：「明治五年学制発布当初の教科書について見れば、内容は和漢洋折衷に自然人事各般の事実をとり入れて（中略）主として文字収得の目的をもって記載されてゐる」[4]。

3．「自己としての読方教育」：「明治の終から大正の現代に進むに従つて、読方も言語文字の形式にとらはれないで、内容を読むことの自己に目覚めて来た（中略）内容重視の思潮を生むにいたつた」。「これは思潮

第4章　奥野庄太郎における読方教育論の形成過程と「ライフメソッド／生活的読方」

の変遷に伴ふ自然の推移である」が、「たまたま此の時代に垣内松三氏によつてセンテンスメソッドなる言葉が飛び出され、内容重視の声が新面目をもつて我が国語教育界に台頭してきた」[5]。
４．「人生の為の読方教育」：「私の読方に対する理想から見ればこのセンテンスメソッドに於て満たされない多くのものが残されてゐる」。「更に飛躍して、これをもつと人間生活、人生生活に密接した」、「人生の為の読方教育にまで到達させなければならない」[5]。

奥野は、このように芸術の変遷を読方教育の変遷になぞらえる過程の中で、「人生」のための読方教育と「ライフ」メソッドを結び付けている。奥野がこの後使用していく「ライフメソツド」という語の「ライフ」に込められた意味は「人生」であることが示されていると言えよう。そして、ここで示されたことは同時に読方教育が、「文章深究」「内容深究」する「読方」の授業に終始することなく、「読方」の教育の範囲を広げ、「人間生活」や「人生生活」の中にまで組み込んで行く一つの「方法」であると理念も含んでいる。

奥野は、「ライフメソッド」を提唱した【A論文】の１年後に「生活的読方の背後に哲学あり」（1926）という論文を提出している。この中で奥野は「吾人の主張する人生に連絡した読方、所謂生活的読方、ライフメソッドにもつと主張の炬火を挙げなければならない」[教問79 1926.10b：216]と記し、ここで「人生に連絡した読方」と「生活的読方」と「ライフメソッド」を同義として提示した。同稿では「生活的読方とは何を意味するか」という問いかけに「万人に共通する学習」[216]だとして、３点を記している。抜粋して記すと次のようになる。

①「符号を通して意味を読む実力を重んじる」。「表現としての、内容の象徴としての符号を知らしめることは、意味を読むといふ読方の必然の発展として重要」[217]。
②「読書の能力―スピード、内容理解力、鑑賞力―を重んじる」。「生活

的読方に於ては、短い時間に沢山の分量を読破する能力を尊重する」。「同時にその内容を敏速に理解するの能力」、「活発に深遠に鑑賞する能力を尊敬する」[217]。

③「多読して読書的性格を構成すること」である。「読書愛の精神の培養は、人生生活に霊魂逍遙の楽園を築くことであり、生命創造の交響楽を高鳴らすことである」。「クラスライブラリーなしに読方教育は殆ど不可能である」[218]。

奥野は①②③の説明を、幾つかのキーワードとも言える文言で繋いでいる。例えば、①で述べている「意味を読む」ということは「レクチユア」でなされることではなく、「スタデイ」でなくてはならない、「受領」ではなく「創造」ではなくてはならない。また、「教室内に於ける読方は知れたものである」などである。①②③とこれらのキーワードを考え合わせると、奥野の「ライフメソッド／生活的読方」が理想とした教育は、第一に、「意味を読む」ことができるように「大きな意味の言語」である豊かに語感を伴った符号を身に付け、第二に、速さを伴った読みで内容を理解、鑑賞し、第三に、時間、空間ともに教室外に広がった、最終的には教室外の「生活」をも、将来的な「人生」も見据えた、「読書愛」の「人生生活」が営めるようにする教育ということが言えるだろう。ここに、本研究の枠組みに〈読むこと〉を設けた意味がある。

第2項　授業の実際とその考察

それでは、具体的にどのような「読方」の授業がなされていたのか、奥野の授業記録を採り上げることとする。

本項で検討するのは、1921年11月12日土曜日に行われた奥野の授業で、『教育問題研究』第21号に掲載された「奥野君の読方教授」[高橋 1921：88]と題した高橋辨藏による授業記録である[43]。対象は、秋期入学組の2年生、1学期の児童である。教材は、「国定尋常小学国語読本巻四、十、

第4章　奥野庄太郎における読方教育論の形成過程と「ライフメソッド／生活的読方」

日風」。現代では『北風と太陽』という題名で親しまれているイソップ寓話である。音読しても1分以内で読み切れるほどの長さの教材である。以下、高橋の記録を元に、授業の流れを要約して記すこととする。なお、記載に際しては、高橋の表現を生かしたが、後に検討しやすいよう筆者により、T＝奥野、C＝児童の記号と必要に応じて通し番号を表示し、〔導入〕、〔展開〕、〔終末〕の段階を分けた。

〔導入〕
①C着席後、Tが壇上に立つとCから先に「先生どこです、どこです」と読本の箇所を尋ねる声。Tが「日と風」と答えると、Cは読本を自分で自由に読み出す。
②この間にCは、「この字何という字ですか」と自分の読めない字をTに尋ねる。Tは机間巡視しながらそれを教える。質問された字は「勝つ」「先づ」「何」「吹立て」「雲」「心持」「負」等。Cは一回読み終わっても「先生もう一回読みます」と繰り返し読む。
〔展開１〕
①約10分読んだ後、T「ちょっとこちらを見ましょう。この字を知っていますか」と言って「勝」を板書する。Cは「かつ、かつ」と読んだかと思うと、「先生、佐藤の藤に似ています」と、佐藤という姓の子が言い出す。するとC「藤とも読みます」C「藤組の藤です」C「僕の兄さんは藤組です」などと言い、Tは「藤、藤組」と板書。
②T「この字は？」と「風」を板書。C「かぜ、かぜ」と読み、C「それに偏をつけると楓です」。T「そうだ」と「楓」を板書。C「楓の右の中だけのノを取ると虫です」。T「虫」と板書。C「虫は中に似ています」C「虫の中を取れば口になります」。T「そうですね」と「中」「口」を板書。以下同様の問答を繰り返し、最終的に読本からの８語（勝・風・先づ・何・番・雲・心・負）に対し、児童から出された文字、計45語を板書する[44]。例えば、「風」から派生して「楓・虫・中・口・凧・机」である。

237

③その後、板書を一読。
〔展開2〕
①T「今度は、中にどんなことが書いてあるか、わかるか、黙読して調べてごらん」。Cひっそりと読みふけり、しばらく経つと、C「先生、分かりました、分かりました」との声。T「良く読んでごらん」と返す。
②T1「それでは尋ねて見ましょう」。C1本を閉じる。まだ内容の分からないものは読んでいて良いとの指示で、読んでいる子も2、3ある。
③T2「ある時、風がどんなことをしたのですか」。C2「力比べをしました」。T3「そうです。それでは、どんなにしてその勝負を決めましたか」。C3「外套を脱がせた方が勝ちとしました」。T4「誰の外套ですか」。C4「旅人の」。
④その他の質問は、T5「風は初めどうしましたか」T6「日の番の時にはどうしましたか」T7「おしまいにはどちらが勝ちましたか」。
⑤T8「一まくりして見せようと、風のやったことを本にはどう書いてありましたか」。C8「激しく吹き立てました」。T9「日が光をよこしたことを何と書いてありましたか」。C9「暖かな日をおくりました」。
〔終末〕
①教師の朗読。応用練習として副教材（音読で1分程度の文章）を板書し、それを読解練習させた。

　高橋による記録は以上である。この授業で、奥野の「読方」の授業がどのように展開し、その展開がどのような目的をもっていたのか読み取りたい。
　まず、〔導入〕で顕著な点を確認しよう。最初に気付くのが「読方」の授業の流れが児童に一つのパターンとして周知されており、児童は既にそのパターンを身につけているということである。「読方」の授業においての流れ、すなわち、①先生が壇上に立つ、②本時の題材を知る、③不明語句を拾う、④先生に質問しながら一人読みをする（音読か黙読かは不明）、⑤一読したら時間まで何度も読む、という奥野流の授業の流れを、児童は

第4章　奥野庄太郎における読方教育論の形成過程と「ライフメソッド／生活的読方」

すでに獲得している。

　続く〔展開〕においても、〔展開1〕では文字・語句を発展させ、〔展開2〕では内容についての「問答」を行うという「読方」授業の流れが、児童に周知され、身についていることが窺える。そして、〔終末〕の応用練習は、高橋の記録に詳述されていないので断定はできないが、「副教材の読解練習」を行うことがいつもの授業の流れとしてパターン化されていたとも考えられる。

　〔展開1〕では記録者の高橋は、児童が類似語を豊富に挙げるさまを「見てゐても愉快な位」[89]と記している。高橋のこの記述を待つまでもなく、奥野と児童とのやりとりからも、児童の文字・語句に対する興味が自然に広がっていく様子が伝わって来る。この段階では、「読み書き並行の不合理」の理論と児童の個性尊重の考えが実践に移行していることを見ることができる。つまり、読本に提出されている文字・語句を起点として、まず児童の興味や意欲に任せて獲得可能な文字・語句の選択肢を広げているのである。これは、聴方教育でねらっていたような、一語一語の語感を豊かに広げるために文脈に戻るという問答とは異なる。しかし、結果的に黒板に書き出された児童にとっては難しい文字も、基の文字から連想された文字群として提示された形になり、字形や音からの語と語の連想を図る指導が行われていると言える。それでも最終的には、一読する程度で終わらせることには、それらの文字・語句の獲得を強要することなく、その児童の能力に任せているということであり、奥野の読方教育の理論が、実践に反映されていると言えよう。

　〔展開2〕においては、奥野が、内容についての問答を始める前にＣ1の箇所で児童が揃って本を閉じることに、大きな特徴が見られる。質問の度毎に教材を読み直して確かめることよりも、読み込んだ後児童が自分のものとして獲得している語句や知識を元に考えるのである。この前段階で児童が「ひっそりと読み耽つた」[89]場面では、高橋は「外形発声の活動から、内面鑑賞の活動に移つ」[89]たと記している。すでに、この段階で児童は、個々の黙読を繰り返しており、この黙読こそが「内面鑑賞」

であるということである。そして、「内面鑑賞」後のＴ２～Ｔ７の一問一答は、全てあらすじに関する問答である。つまり、事実を正確に掴んでいるかどうかの確認である。一問一答の中には、登場人物である「日」や「風」や「旅人」の心情などを尋ねるような質問はない。さらに、この話を読んだ児童の感想を尋ねる質問もない。一問一答の単純なあらすじの確認である。

　そして、高橋は、Ｔ８対Ｃ８、Ｔ９対Ｃ９の問答に対して初めて、「問答して、換言法でなく、語感を豊富にして語句の説明、言葉の教養を加へていつた」[90]と記している。Ｔ８「一まくりして見せようと、風のやったことを本にはどう書いてありましたか」、Ｔ９「日が光をよこしたことを何と書いてありましたか」という奥野の質問は、「奥野君の聴方実地授業」[古閑 1921]の検討でも見られたような一語ごとの意味の確認ではなく、Ｃ８「激しく吹き立てました」、Ｃ９「暖かな日をおくりました」という教科書で用いられている表現そのものを引き出している。この方法が、「読方」であるからなのか、児童の学年の違いから来るものなのかは、この例だけでは断定できないが、「読方」でも『お話と聴方教授資料上巻』の「実際例」の理想形に見られたように、物語の状況や進行の中で語感や表現の蓄えを増やすことが意図されていたことが分かる。

　高橋の記録は、Ｔ７までの「どうしましたか」の質問とＴ８、Ｔ９の「どう書いてありましたか」の質問が、それぞれあらすじの確認と、語句の使われている表現の確認という意図するところの違いを、明確に聞き分けており、記録者のこのような文言の使い分けからは、奥野の考える「読方」の指導が成城小学校において理解されていることも窺わせる。

　奥野自身は、この研究授業後の批評会で、本時の教材は、本来ならもっと高学年で行いたかったことを述べながら、次のような興味深い発言をしている。それは、文章を「読んで考へることは必要だが文の味読は必ず自然に出づるやうでなければならぬ。説明しての鑑賞はできるだけ避けたい」[91]と述べていることである。この発言によって、「文の味読」の必要性は認めているものの、本授業では教材が難しすぎてそれに関する児童

第4章 奥野庄太郎における読方教育論の形成過程と「ライフメソッド／生活的読方」

の発言がなかったことを反省していると言えよう。裏返せば、自然に「文の未読」に関する発言が出てこなかった本授業においては、無理には「説明しての鑑賞」を行わなかったと解説しているのである。

　それでは、この奥野の授業を通して、児童はどのような力を身につけることができたと言えるのだろうか。この授業では、イソップ寓話が示唆している教訓を抽出することを直接的には行っていない。一方、この授業記録を見る限りにおいては、授業中の問答においても、「分量を多く読む」ことや「読み書き並行の不合理」という成城小学校における国語科の理論を貫いて、第3章で考察した「言語（大きな意味の言語、文字、語句等凡てを含む）」や豊かな表現を獲得することが目指されていることを読み取ることができる。そして、奥野の反省にあるように、実現こそしなかったがこの授業の延長上には「自然に」自分の力で文の味読をする力を付けた児童の姿が期待されている。ここからは、奥野の考える低学年の「読方」の指導の姿を見ることができる。すなわち、多くの教材を提示することにより豊かな語感の伴った語彙を収得させるという意図をもって授業を計画し、授業においては、教科書の記述に戻りつつ進行し、一人一人の児童の実力や必要に応じて自然に児童が収得するのを待つ、という進行である。このような形の低学年の授業を志向していた奥野にとっては、同時代の実践家達が、いわゆるセンテンスメソッドによる内容深究の授業展開を低学年にも行おうとする事実があったとすれば、それに対して異論を唱えたことに首肯できるのである。

　　第3項　「読書科」の構想

　次に、上述の「ライフメソッド／生活的読方」が最も分かりやすく教育の「方法」として現れた、成城小学校の特設教科である「読書科」についての奥野の考えを検討しておきたい。成城小学校の「読書科」の目的と方法については第1章で触れたが、ここでは、奥野個人が「読書の時間」を

どのように捉えていたのかを考察する。奥野は「読書の時間」の在り方について『読方学習の新研究』(1926)の中で以下のように概観している。

　　読書の時間に於ては、児童を学校図書館なり、学級図書文庫の中になり遊ばせて、自由に児童の興味に任せて之を読ましめ、読むことの速度を高め、読書経験を豊富にし、読書愛の精神を刺戟培養し、Character building of Reading 即ち読書愛の性格を構成して行かうとするのである。(中略) 自由な読書によつて読書の趣味が養はれて行くことも亦万人の認め得るところであらうと思ふ。

[奥野 1926.0415：162]

　この記述では、「読書経験」や「読書愛」が満たされる場としての「読書の時間」の存在が明示され、それは「自由な読書」の保障が必要であるということが示されている。「読書経験」は、次章で検討する、奥野の「心理的読方」における重要概念の「連想活躍」を身につけるための前提になるものの一つである。奥野の「読方」の指導において「読書の時間」は「連想活躍」を起こすために必要不可欠な時間であり、つまり、「ライフメソツド／生活的読方」は、奥野の「読方」のもう一方の柱とも言える「心理的読方」にも密接な関連のある時間であるとも言えるのである。

　では、「読書の時間」において保障されるべき奥野の言う「自由な読書」とは、どのようなものだったのだろうか。同書の「第七章　読方学習の実際　四、読書時間の進行」[226]の項では、奥野が考える「自由な読書」が、全ての「読書の時間」に一様に行われていたものではないことが示される。また、「自由な読書」においても意図的な指導が行われていたことが分かる。以下に確認してみよう。
　奥野は、欧米諸国の研究家の考えを借りるとしながら、「学級教授に児童読物をとり入れやうとする場合、その研究の着眼点は三様ある」[228]として、次の三つの授業形態を挙げている。すなわち、①「学級全体の要

第4章　奥野庄太郎における読方教育論の形成過程と「ライフメソッド／生活的読方」

求として」、②「学級内に於ける分団の要求として」、③「各個人の要求として」［228］の3形態である。

このうち、①学級全体の要求として、②学級内に於ける分団の要求として、については、授業形態の上で学級全員の場合と、グループの場合を分け、前者は観照を主とするような読物の場合に適し、後者は理解力や内容経験などを充実的に得させようとする一般目的の場合に適するとしている。つまり、「読書の時間」で「自由な読書」を保障するとしながらも、①②のような形態を選択した場合は、教材選択の時点で指導者のかかわりが大きくなると考えられる。

一方、児童全体が各個人の要求に応じて自由に探し自らの好むものを自由に読ませるというのは、③各個人の要求として、のみに該当すると述べている。この方法は、「読書の興味、読書の性格を構成し、黙読を堪能ならしめ、読む速度を早からしむる等の（「読方」の）目的によく合致してくる」［229（　）内引用者］としている。しかし③の場合でも、次に示すような「読書の時間」の進行方法の例を見ると、そこには、必ず指導者の存在が必要になることが明らかになる。それでは次に「読書一時間内に（のの誤植と思われる）進行の方法」［231（　）内引用者］の進行方法の例で具体的に見ることととしよう。

奥野は、「方法」例として4例を挙げている。それぞれの授業の展開は、ＡＢＣＤの4段階で記されている。4例に共通している段階が、「A準備」「B黙読」である。「A準備」では、指導者は、「目次を見さして、その内容を想像せしめ、読まうとする本の自己選定の方法をみちびく」［231］とする。つまり、書架から図書を選ぼうとしている児童の側に行って図書を開いて目次を見せ、助言、指導するということである。そして「B黙読」では、「黙読を群集心理の助けによつて持続し、注意集中沈読の習慣をつけ、各個人について文字語句の困難なるものを知らしめてゆく」［232］とする。ここでも、指導者は、机間指導として、個別に必要な指導を行うことが示されている。続くＣやＤの段階は、4例がそれぞれ異

243

なる。それぞれの相違点は次のようになる。

　第1例では、「C問答」において、1冊読み終えた児童に「個人的」に問答し、「D指導」において、「個人の能力と、趣味と国語的発展の計画を顧慮して、次に読むべき書物の暗示を与へる」[232]としている。

　第2例では、「C劇的表出」において、「読解した内容を動作によつて表現」させ、「他の児童にも読むことの刺戟を与へ」、「社会的情操の陶冶に資」するようにし、「D暗示」において、同じ図書から異なった表出ができるよう促して、「児童自身としての意味の見出し方、内容の握り方を習練することを導く」[232]としている。

　第3例では、「C議論」において、「同一書物を読破したものを集め」、登場人物の性格に対する見解好悪、そう感じた理由等を討論させ、「D暗示」において、「読むことの興味を深めるやう暗示を与へる」[234]としている。

　第4例では、「C報告」において、読んだ本について「自分の感じたところ、又は握つた新知識」[234]を教師や組の友達に報告するとしている。

　以上の4例が示すように、奥野は、「自由な読書」においても、指導者の一定の役割を明確に位置づけていたことが分かる。「自由な読書」と言いながら、様々な指導的事項が行われている奥野の「読書科」の授業は、異論のあるところかもしれない。しかし、奥野の「人生」への連絡から生まれた「ライフメソッド／生活的読方」であったことと、それが、学校で指導する「メソッド」すなわち方法であるという奥野の認識の中では当然のこととして、このように指導を伴う形の「読書科」が行われるべきものだったのである。

第7節　本章のまとめ

　本章では、垣内松三著『国語の力』への「批評」を起点とした奥野による一連の論稿と、それと関連の深い垣内の論稿の分析を通して、奥野自身

第4章　奥野庄太郎における読方教育論の形成過程と「ライフメソッド／生活的読方」

が「読方」の教育理論を形成していく過程を考察してきた。塚田泰彦は、『語彙力と読書——マッピングが生きる読みの世界——』（2001）において、「読むことにかかわって「語」というレベルがどう作用するかという点について、センテンス・メソッドを重視する日本では曖昧に対応してきた経緯があ」［塚田 2001：9］ると指摘している[45]。ここでは、センテンスメソッドの導入が「読むことにかかわって「語」というレベルがどう作用するか」ということに影響を与えたことが明示されている。前章と本章における考察の視点から見れば、塚田の言う「経緯」のごく初期に当たる1920年代において、奥野はその「曖昧」さに気付き、〈読むこと〉と「語」の関係を思考し、〈読むこと〉とセンテンスメソッドの関係について問題提起をしていたと言えるのである。

　また本章の考察の中では、「実際家」としての奥野が、「方法」重視になりやすい教育実践の背後において、それらを支える「原理」や「理念」を確立すべく思考していたことを示すことができたと考える。同時にその読方教育理論の形成過程には、国文学者である垣内の理論に対する受容と抵抗の歴史があったことも示すことができた。その結果奥野は、単に「垣内批判」を行っていたという訳ではなく、垣内の理論の重要な視点である「『文』の本質」は「統一体」だという認識をも受容しつつ論を展開していたことを確認できた。

　しかし、この確認は、奥野と垣内との差異も改めて私たちに示すものとなった。それは、垣内のセンテンスメソッドが、「『文』の本質」としても教授の「方法」としても「統一性」を志向していたものだったのに対し、奥野の「読方」は、「目的」と「方法」を異質なものとして識別されるべきものとして捉えたという点である。奥野にとっては、「文章深究」「内容深究」は読方の「目的」とすべきものであり、一方、「センテンスメソッド」は多数もち合わせている「方法」の一つであったのである。

　それでは、奥野が「読方」において、「目的」と「方法」を識別して論

じた背景には何があるのだろうか。

　　自己を読むといふことはあまりに沈潜的であり、形象を読むというふことはあまりに文学的である。小学校の読方においてはそれが適用される場合もあるが、又適用されない場合もあるといふことを知らねばならない。　　　　　　　　　　　　　　　［奥野 1930.0905：66］

　ここに記されるように、「小学校の読方」を舞台としてきたということは奥野が垣内との差異を自覚している大きな背景だったと言えよう。目の前に児童の実態を見ることのできる奥野にとっては、理屈抜きで低学年児童に内容深究、文章深究は不可能だと感じられたであろう。一方、本章で示してきたように、年月をかけて、垣内のセンテンスメソッドという課題に向かい続け、それに対して論評を繰り返してきたという営み自体が、奥野は無自覚だったかもしれないが、彼の「読方」の教育理論を形成したと言えるのではないだろうか。そう考えれば、ここに「実際家」が理論に対峙することの意味を見出すことができる。
　そして、奥野のこのような「読方」の教育に対する理論形成の営みや実践での試行錯誤は、例えば「ライフメソッド／生活的読方」の具現化としての「読書科」というような、既成の「読方」という科目の枠を超えた新たな科目として結実させていることも示すことができた。さらに、奥野の「読方」や「読書」に関する思考は、一方では時間の枠をも超えて、児童の「人生」への貢献も視野に入れた概念になっていたことを確認したが、もう一方では、前章で考察した「聴方」「話方」による語彙（群）の形成を重視する聴方教育における言語観との繋がりを深めていることを見出すこともできた。本書の検討対象を奥野の〈読むこと〉の教育としたことの意味がここにある。

　次章においては、「ライフメソッド／生活的読方」に並んで重要な読方教育の概念である「心理的読方」について考察し、奥野の読方教育の全体

第4章　奥野庄太郎における読方教育論の形成過程と「ライフメソッド／生活的読方」

像に迫りたい。

注）
1）先行研究では、奥野の垣内への言説を採り上げる時に「批判」という語が使用されているが，奥野自身は、「読方に於けるセンテンスメソッドを批評す」と記している。奥野が、垣内が用いていた「読方」「解釈」「批評」のうちの「批評」という語を敢えて用いたとも推測できるため、本章においては奥野にならって「批評」（クリチック）という語を用いることにする。
2）大久保は、この他にも、垣内の「「内容深究主義」（垣内の理論を奥野はこう呼んでいる）は「非児童心理的な姑息の一方法」であると論断している」［大久保 1969：204（　）内原著］、「芦田の「自己を読む」についても」、「垣内等の唱える「形象を読む」についても」［205］など、奥野が垣内を批判したとする点を多数示している。しかし、これらは象徴的な文言で批判の事実を強調しているに止まり、奥野の批評の論点を明確に示しているものではない。
3）山本の整理による「奥野の一連のセンテンス・メソッド批判」の「要約」は以下の4点。①「欧米におけるセンテンス・メソッドは、文章精読を意味しない。また、すでに古い方法になっている」。②「国定読本の教材、特に低学年の教材においては、内容深究の必要はない」。③「読むことの心理的研究に基づいていない」。④「児童の精神や言語活動の発達にそった方法上の区分がない」。［山本 1986b：73］
　　山本の上記の「要約」は奥野の読方教育に関する6文献より検討をしたものとしてまとめて述べられている。
4）安によって採りあげられている奥野の言説は、奥野著『読方学習の新研究』（1926）114頁と、『心理的科学的読方の教育』（1928）30−31頁に依っている。
5）戦後の出版状況について高森は、「昭和二八年八月、垣内の死後一年に垣内先生著作刊行会によって復刊され、以後は昭和四三年『合本国語の力』、同四七年玉川大学「教育の名著第四巻」『国語の力』、同五一年『近代国語教育論大系第九巻』、同五二年『垣内松三著作集第一巻』などとして、出版されてきている」［高森 1979：226］と記している。
6）同稿によると、出版状況は以下の通りであり「大正末期から昭和初期にかけて、とくにひろく読まれてたことがうかがわれる」［野地 1960：12］。すなわち、『国語の力』は、1922年5月8日刊行の後、第4版（1922.7.20）の訂正、第26版（1928.6.25）の改版、第40版（1936.5.27）の記念改版を経て1942年に絶版されている。重版は、1922年に4回、1923年に3回、1924年に5回、1925年に3回、1926年に7回、1927年、1928年に2回ずつである。
7）「開眼せられた読者」［野地 1976：448］として挙げられた14名にはこの他、滑川道

夫、田中豊太郎、志波末治、飛田多喜雄、沖山光、泉節二、加茂学而、奥田勝利、大野静、安田孝平がいる。

8）倉澤は、『近代国語教育論大系 13 昭和期Ⅳ』に掲載された丸山林平著『国語教育学』の「解題・解説」において「普通、国語教育の体系的学問的組織は、垣内松三から始まるとされているが、垣内学派以外にも忘れてならない人があり、丸山とこの著書は、注目すべきものの一つである」［倉沢 1987（1976）：508］と述べている。

9）『垣内松三著作集 第一巻』（1977）輿水実著「評伝 垣内松三の人と業績 一、略歴と人柄 （2）関係者たちが語る」［垣内 1977b：543］には、雑誌『国語教育の近代化』第170号、1976年9月号所載の「垣内先生をしのぶ会」（1958）における談話から、「（垣内）先生に近かった諸大家が垣内先生の人と業績をどう受け取っているかを見る」［543（ ）内引用者］として渡辺茂、土井光知らの談話の内容が掲載されている。「西尾実氏（国立国語研究所元所長　法政大学名誉教授）」［544］の記述によれば、西尾は、垣内の講義の内、「武家故実」を1年、「国文学研究法」を2年受けたという。

10）『国語の力』の出版は、長野県における講演が契機だったことは先行研究においても知られる。例えば石井は「垣内松三『国語の力』刊行六十年」（1982）において次のように記している。同講演が「たいへんな好評で、見送りに行かれた西尾実から、長野駅頭で「今日のお話のような事をぜひ書いて下さい」といわれ、かねてから、執筆を依頼していた不老閣書房の中西浜太郎に最初の三十ページばかりの原稿が渡されたのは、翌十一年の二月初めであったという。かくて、初の方の校正を見ながら、後の方の原稿を書き続けるという有様で、いよいよ「序」の執筆が大正十一年三月三十一日ということになったわけである。」［石井 1982b：28］

11）丸山は、当時の「青年教育家」が芸術や文学への志向から『国語の力』を求めたとして次のように記している。「青年教育家の多くは生命的なものにあこがれを持つものである。芸術が、文学が、彼等の憧憬の的となるのは当然である。而して、当時は実に芸術教育勃興の時代であつたのである。」［丸山 1932：61］

12）「冬景色」は第二期国定教科書『尋常小学読本』巻十に掲載されている教材。作者は巖谷小波だとされている。芦田の授業記録は、1916年刊行の芦田惠之助著『読み方教授』に掲載された。「冬景色」の全文は以下の通り。改行は「／」で記した。

第九課　冬景色
　黄に紅に林をかざつてゐた木の葉も、大方は散果てて、見渡せば四方の山々のいたゞきは、はやまつ白になつてゐる。山おろしの風は身にしみて寒い。／宮の森のこんもりと茂つた間から、古い銀杏(いてふ)の木が一本、木枯に吹きさらされて、今は葉一枚も残つてゐない。はうきを立てた様に高く雲をはらはうとしてゐる。中程の枝の上に鳥が二羽止つて、さつきから少しも動かない。廣い田の面は切株ばかりで、人影の見えないのみか、かしの骨も残つてゐない。唯あぜの榛(はん)の木に雀がたくさん

第4章　奥野庄太郎における読方教育論の形成過程と「ライフメソッド／生活的読方」

集つてゐて、時々群になつては飛立つ。畑には麥がもう一寸程にのびてゐる。それと隣り合つて、ねぎや大根が青々とうねをかざつて、こゝばかりは冬を知らないやうに活々とした色を見せてゐる。畑に続いて、農家が一けんある。霜にやけて、赤くなつた杉垣の中には、寒菊が今を盛りと咲いてゐる。物置の後には、大きなだいだいの木があつて、黄色い大きな実が枝もたわむ程なつてゐる。／家の横に水のよくすんだ小川が流れてゐる。魚の影は一つも見えない。二三羽のあひるが岸の霜柱をふみくだきながら、しきりにゑをあさつてゐる。犬を連れた男が銃を肩にして、森の蔭（かげ）から出て来て、あぜ道伝ひにあちらの岡へ向つた。／ずどんと一発。何を撃つたのだらう。銀杏の木の鳥は急いで山の方へ逃げて行く。榛の木の雀は一度にぱつと飛び立つた。［海後 1964：176］

　『国語の力』に掲載された「冬景色」の授業やその分析に関しては充実した先行研究がある。『「冬景色」論争──垣内・芦田理論の検討──』（1980）は、文芸学者西郷竹彦が行った「垣内・芦田理論に対する検討と批判」［西郷他 1980：まえがき］に対し、芦田門下として知られる国語教育学者古田拡が、解釈学の立場から反批判を試みた論争についての著書である。両者の論稿と、高橋和夫、益ып勝実、野地潤家、井上正敏、波多野完治が意見を付している。その「第一稿「冬景色」論──文芸学の観点から垣内・芦田理論を検討する──」において西郷は、垣内が芦田の指導例を採り上げたのは、「いわば自分の理論と方法の裏付けとして芦田の実践例をとりあげたといえましょう」［西郷他 1980：10］と記している。

13) この引用箇所は明らかな誤植が多かったため、訂正して掲載した。

14) 垣内は、「『7 『センテンス、メソッド』の実例』」の冒頭、「学説の上から得た思ひつきでないことを証明するために sentence method と見られる実例を前にしてこの趣旨を考察して見たい」［垣内 1922：12］と述べている。ここには、「学説」からでなく「実例」からの考察であることが示されていると共に、垣内の判断で同授業を sentence method として見た旨が記されている。

15) 『国語の力』の第40版では、「作用」を「用意」［垣内 1936：22］と修正している。

16) この箇所における「言語の定着性」は、以下のように記されている。「言語は文中に流動する意識の連続の焦点を示すものであつて、其の職能は意識の焦点を定着せしむるものである。文を評して「一語も動かすことができない」といふのはこの定着性を示すものである」［垣内 1922：131］。

17) 【A論文】と【B論文】の本文は同文のため、引用文献の頁数の表示は、煩雑さを避けて、初稿である【A論文】すなわち「読方に於けるセンテスメソッドを批評す」［教問67 1925.10：3］によって記す。

18) 奥野は【A論文】で、13頁にわたって、「読方に於けるセンテンスメソッド」を「批評」している。先行研究でしばしば採り上げられる「こんな説が読方教授実際家に宣伝してたまるものか」という文言は、同稿においてセンテンスメソッドへの批評

を終了させ、その最後の頁に余談的に記されている文章の中に見られる記述である。奥野による「垣内批判」については上記の発言だけが採り上げられる傾向にあるが、前後の記述の中の言い回しも奥野の言説の真意を探る上では参考になると考えるため、以下に引用する。

　　以上私はセンテンスメソッドに就ての所感を述べたが、も一つ忌憚なき所感を添へる事を許してもらひたい。それは大正十二年十月廿三日、私が帰朝して間もない時分の日記に次のやうな記述が見えた。その日記の記事はかうである。「大正十二年十月廿三日。靖国神社の祭典で休日。震災個所修繕の大工来り、午前中に修繕終る。英米の校正一五二頁迄了。夕食後裕用の反物を買ひに神楽坂へ出かけた。例の本屋で日本もの丶国語研究書をあさつた。「国語の力」が大分沢山列べられてゐたので一冊かつてみた。明月の夜だ。月の光と街燈の輝で電車を待ちながら序文を読んだ。家へ帰つて一気呵成に数十頁を読んだ。読後の感、「こんな説が読方教授実際家に宣伝してたまるものか。」

　　こんなに書きつけてある。これはその当時のほんの所感であつたのである。以上私のこゝに述べたのは小学校に於ける読方としてのセンテンスメソッドに就てゞある。中学や、高等学校に進めば進むほどこのメソッドにはより高き意味が見出されてくるのだらうと思ふ。その点を論じなかつたことは許してもらひたい。

〔教問67　1925.10：15〕

19)『国語の力』出版前後の垣内の詳しい状況については、「形象理論の国語教育」〔石井　1960：129〕を参照。

20)【垣内論文】は、「激しい非難」に反論する内容になっているが、垣内は奥野の【A論文】【B論文】を読んだとは記していない。しかし、垣内の用いている文言が奥野の使用した文言を意識していると考えられる箇所が3カ所ある。センテンスメソッドを批判したのは奥野だけではないが、奥野と垣内の論稿における表現の重なりは興味深い。奥野の用いた表現や批評内容と、それとの関連の窺える垣内の表現は以下の通り。→の前に奥野の状況や表現、後ろに垣内による表現を記す。〔　〕内の数字はそれぞれ、〔教問67　1925.10〕、〔垣内　1970（1926）〕における頁数。

　①「センテンスメソッドは日本に於ては或は新らしいメソッドであるかもしれないが、欧米にあつては既にそれは古いメソッドである。」[10]　→「センテンス・メソッドといふやうな新しい方法に惑はされてはならない（実は古い方法であるが）と謂はれ居るといふことであるが、さうした態度は別に学理的立脚点を含むとも思はれないから、そのまゝにして置いてもよいと思う。」　　　　〔139（　）内原著〕

　②奥野は欧米のセンテンスメソッドとの比較から垣内を批判した。→「もしセンテンス・メソッドの内容を吟味して（外国の伝統的学説に依る必要はない）これを一の原理にまで高めるとすれば、〔後略〕」　　　　　〔141（　）内原著〕

　③「センテンスメソッドといふ象牙の塔から出でゝ、ライフメソッドの十字街頭に

第4章　奥野庄太郎における読方教育論の形成過程と「ライフメソッド／生活的読方」

立たなければならない。」[教問67 1925.10：5] →「十字街道に立つ交通巡査の掌を学ぶことである。」　　　　　　　　　　　　　　　　　　　　　[141]
21) 例えば「壱岐への旅」と題した旅行記では、「私どもの仕事とは講演の事で講演は一日から始まつた。鯵坂主事は「教育の根本問題としての哲学道徳芸術宗教」について述べ、自分は「教育教授改造の実際」に就いて話した」[教問18 1921.9：88] と記している。
22) 例えば、『低学年の読方教育』(1927) には、「内容の深究よりも、文字文章がすらすら読め、読めると同時に内容の意味がわかつて行くことです」[奥野1927.0210：15] と記している。
23) 現段階で筆者はクラッパーの著書を未確認である。奥野は「クラッパー氏なども述べてゐる」[教問67 1925.10：10] として、以下のように引用し訳も並記している。
　　If reading is a process of thought-getting and thinking, then the unit must be an idea. But the language expression of a unit of thought is a Sentence; hence rational reading muct begin by teaching children to read Sentences. 読むといふことが思想を抽出したり考へたりすることであるならば、その単元は考へでなければならぬ。同時に考への単元をあらはすものは何であるかといへば、それは文章である。故に合理的な読方は文章を出発点として初められなければならぬ。　　　　　　　　　[10]
24) 引用されたクラッパーの原文は、Sentence と Sentences とを分けて記されている。奥野は共に「文章」と訳しているが、「只文章」から始まるとする奥野の真意を探れば、Sentence は「文」あるいは「一文」と訳すことで意図が伝わりやすくなったのではないかと考える。この考えに基づき、筆者は本文の中で「文」と表した。
25) 文部調査局長はトエンチイマン氏、ロンドン市視学で国語研究家はバーラード博士と記されている。
26) 奥野は著書名を記していない。筆者が奥野の著述と類似の内容を確認した図書は、George G. Harrap & Co. から出版された Mary E. Pennell と Alice M. Cusack の共著書 *How to teach reading* であり、出版年が不詳である。シカゴ大学図書館の蔵書検索から、1923年と1924年に Houghton Mifflin から出版されている同著者名、同著書名の図書を確認することができたため本書では [Pennell 他 1923] と記すこととする。なお、著者である Pennell と Cusack は共にカンザス市の教育関係者であるので、奥野がここで「イギリスの」というのは誤りだと考えられる。
奥野が「ペンネルやクサツクの著述」[Pennell 他 1923] の内容として掲げた「研究の各章」は次の通り。
一、人生に於て読むといふことが何故必要であるか。
二、人生に効果を齎す読方教授は如何に構成せらるべきであるか。
三、いかにして読書愛の刺激を与へるか。
四、いかにして思想摂取の能力を養ひ得るか。

251

五、いかにして読む方便としての言語文字を収得さすべきか。
六、読むことの速度をいかにして進むべきか。
七、読書の機関をいかに利用すべきか。
八、各学年別の個性的取扱ひ。

How to teach reading.［Pennell 他 1923：目次頁］における章構成は、上述の奥野が記した一から八と同一ではない。同書の全13章目次は、注27参照。［Pennell 他 1923］の全13章から奥野が部分的に抽出した上で、訳して引用していると考えられる。あるいは、奥野が読んだ著作は、著者の確認していない Houghton Mifflin から出版されたものである場合も考えられ、それに基づいた訳である可能性も否定できない。

27) *How to teach reading* の目次は以下の通り。
　　Part Ⅰ　EFFICIENT READING IN LIFE
　　　　Ⅰ．Why Effective Reading is of Fundamental Importance in Life
　　　　Ⅱ．What Constitutes Effective Reading in Life
　　Part Ⅱ　WAYS AND MEANS OF HELPING CHILDREN TO BECOME FFICIENT READRES
　　　　Ⅲ．How the Child Can Be Stimulated in His Desire and Love for Reading
　　　　Ⅳ．How the Child's Ability to Get Thought in Reading Can Be Developed
　　　　Ⅴ．How the Child Can Gain Command Over the Mechanics of Reading
　　　　Ⅵ．How the Child Can Increase His Speed in Reading
　　　　Ⅶ．How the Child Can Be Helped to Use the tools of Reading Effectively
　　Part Ⅲ　SILENT AND ORAL READING
　　　　Ⅷ．How the Child can become a Good Silent Reader
　　　　Ⅸ．How the Child Can Become a Good Oral Reader
　　　　Ⅹ．How the Child Can Be Helped to Overcome Individual Difficulties
　　Part Ⅳ　WORK BY GRADES
　　　　Ⅺ．The Kindergarten and First Grade
　　　　Ⅻ．The Second and Third Grades
　　　　ⅩⅢ．The Fourth, Fifth, and Sixth Grades

28) 6項目は次の通り。① The desire to know. ② For vocational needs. ③ For pleasure. ④ For the satisfaction of suppressed desires. ⑤ For the understanding of life. ⑥ For the guidance of life.

29) 奥野が「人間生活としての読方の目的」で引用したのは注28の6項目のうち4項目である。①②⑤③の順に記し、それぞれに次のように訳をあてている。①知りたいといふ人間の懇願。②自分の職業的要求のため。⑤人生を理解するため。③娯楽のため。

30)【A論文】において、奥野は「このセンテンスメソツドから更に躍進して、これを

第4章　奥野庄太郎における読方教育論の形成過程と「ライフメソッド／生活的読方」

もつと人間生活、人生生活に密接した所謂人生の為の読方教育にまで到達させなければならないと思ふ」[教問67 1925.10：5] とも述べ、「人間生活」「人生生活」「人生の為の読方教育」など色々な表現で"life"との接続を試みている。

31)「ライフメソッド」については、第6節でも検討するが、管見のところ奥野が「ライフメソッド」という文言を使うのは【A論文】が初出である。そして、【B論文】では、本文は【A論文】から転載であるにもかかわらず、題名だけを「センテンスメソッドからライフメソッドへ」と変更させている。この時期、「ライフメソッド」という語を使い始めていることが分かる。

32) この欧米のセンテンスメソッドの経緯に関する記述の出典は明示されている。ヒューイの著書は *The psychology and pedagogy of reading*、ファンハムの著書は *Sentence method of reading* である。

33) 石井は、奥野が掲載した垣内講演について、1925年10月「第二五回全国教育者協議会の講演「象形の概念」の要点」[石井 1960：146] だとしている。

34) 石井は、奥野が紹介した石黒の説の出典を「雑誌「国語教育」第一二巻一一号〈昭和二年一一月〉にある「垣内教授の言語観を疑ふ」」[石井 1960：146] だとしている。

35) 奥野もD論文において、文学的な教材は形象を読むという態度はいつでも必要だが、科学的な教材は別であるという考えを示している [奥野 1930.0905：66]。同様の主張は当時の他の実践家にも見られる。例えば千葉春雄も「センテンス、メソッドについて」[千葉 1926：425] の考察を行っているが、この中で垣内が唱えるセンテンス・メソッドが「直観」を重視していることに関連させて「かの説明文の如きものにも、果たして直観が可能であるかの問題」[426] があると指摘している。

36) 土井光知（1886－1979）は英文学者。垣内の「年譜」[垣内 1977：607] には、1910年垣内が東洋大学の講師になった際、同大学において「田部重治氏を知り、田部重治氏を介して土井光知氏を知るに至る」と記されている。同書内の輿水実による評伝「垣内松三の人と業績」には、土井の談話が載っており、「垣内さんのお導きで、国文学と英文学との調和を考えるようになった」[輿水 1977：544] としている。「垣内さんは学者というより、思想家であったと思う」[544] とも述べている。

37) 垣内による「形象」の概念は、『国語の力』にある以下の文章に象徴的に言い表されており、後に「形象理論」として展開していく。

　　雪片を手に執りて、その微妙なる結晶の形象を見んとする時、温い掌上に在るものは、唯一滴の水である。文に面して、作者が書かうと思つたものを捉えやうとする時もし文字に泥むならば、そこに在るものは既に生命の蒸発し去つた文字の連りである。微妙なる結晶を見るには、硝子板に上ぼせて顕微鏡下に結晶の形象を視なければならぬやうに、文の真相を観るには文字に累はさるゝことなく、直下に作者の想形を視なければならぬ。文の解釈の第一着手を文の形に求むるといふ時、それ

は文字の連続の形をいふのではなくして、文字の内に潜在する作者の思想の微妙なる結晶の形象を観取することを意味するのである。　　　　　　　［垣内 1922：82］
38）奥野による文献名の記載はないが、William A. Smith による *The reading process*（1922）における TEACHING BEGINNERS TO READ の章には、奥野が、スミス教授が述べているとして提示した「読方初歩教授の六つの方式」［Smith 1922: 88-107］が、詳しく述べられている。奥野は同書に依拠したものと考えられる。
39）同書では英字の誤植が多いため、本文での引用に際しては誤植を直し、大文字小文字等の体裁を揃えた。
40）Smith の原文は次のようになっている。
　　"The sentence method came into general use in this country after 1885. It is based upon the assumption that the sentence rather than the phrase or the word is the unit of speech and thought and that it should, therefore, constitute the starting point in teaching beginning reading." ［Smith 1922: 93］
41）この授業で提示された文は次の通り。「入学して三日目の尋常一年の児童」が対象とされている。
　　The Little Red Hen,
　　The Little Red Hen Found Some Wheat,
　　She Called The Cat,
　　She Called The Goose,
　　She Called The Pig.　　　　　　　　　　　　　　　［奥野 1923.1208：126］
42）この他にも［奥野 1926.0415］［奥野 1928.1015］［奥野 1930.0905］などの奥野の著書には具体的な読方教授方法例が多数掲載されている。
43）高橋辨蔵「奥野君の読方教授」『教育問題研究』第21号（1921）は、数少ない奥野の授業記録の一つ。奥野が行った授業に関する記録は、管見のところ［古閑 1921］［高橋 1921］［一記者 1926］の3稿のみである。
44）本文にある「風」以外、板書された文字は以下の通り。
　　勝→藤
　　先づ→先生・牛・午・手・毛・毬・雀・少い
　　何→向・河・高・歌・作・處・此處・其處・彼處
　　番→町・米
　　雲→雪・雨・露・雫・（印刷悪く不明）・霰・雷・電
　　心→思ふ
　　負→貝・見・自分・目・月・日・力・刀・太刀・小刀
45）塚田泰彦は『語彙力と読書――マッピングが生きる読みの世界――』（2001）において、現代の視点から見た「これまでの国語科を支配している読みの理論」と「最近の読みの研究」について、それぞれ、次のように端的に表している。「これまでの国

第4章　奥野庄太郎における読方教育論の形成過程と「ライフメソッド／生活的読方」

語科を支配している読みの理論」は、「解釈学に基づく読解指導や読みのスキル観に基づく読解指導である。前者は垣内松三の形象理論に基づく解釈学的な読解指導に、後者は輿水実の提唱したスキル学習による読解指導に代表される」［塚田 2001：15］。一方「最近の読みの研究」は、「文章の意味理解行為は受動的なものではなく、読者の側からの能動的な意味構成行為によって成立している点を強調しており、読者の理解が読者の既有の知識や経験とかかわって読みの過程でダイナミックに形成され変容される実態を解明しつつある」［14］。

第5章
奥野庄太郎の「心理的読方」

第1節　本章の目的と先行研究

　本章では、奥野庄太郎の読方教育論のうち、「心理的読方」に関する著作を検討し、「心理的読方」の理論の背景と内容を整理するとともに、それを支える奥野の言語教育観を追究することとする。

　第2章で検討したように奥野は、成城小学校の機関誌『教育問題研究』の刊行（1920年）と同時にそれに発言の場所を置き、またそれ以外の場でも1930年代前半までに、国語科教育を中心に多方面から著作を残している。本章においては、「読方」「話方」「綴方」「聴方」各領域にわたる幅広い著作のうち、奥野の唱えた「心理的読方」に関連する著述に焦点を当てて考察する。

　奥野は、成城小学校を退職した年である1928年10月に『心理的科学的読方の教育』を発行した後、それに加筆修正した『心理的読方の実際』（1930）において「心理的読方」という名称を定着させている。同書は、『心理的科学的読方の教育』出版後の、より新しい当時の「心理学」の知見を取り込んだ、彼の集大成的著作である。本章では同書を中心資料とし、その前後の時期の著述で補いながら検討することとする。

　先行研究においては、倉沢栄吉が同書について「内容はといえば、当時アメリカを中心とした教育心理学の発想や方法を取り入れようとしたもので、読みに対する考え方もきわめて新しく今日なお大いに生きている」［倉沢1975a：477］と記し、その内容の価値を1975年当時にも新しいものとして評価している。しかし、倉沢はその詳細については言及していな

い。また、山本茂喜は、奥野の読方教育を、「生活的読方」「心理的読方」に分けて検討しており、奥野の「読みの心理分析にもとづいて学習を指導しようとする発想」は、「欧米における読書心理学の成果」にあり、それらに着目したのは「成城小学校の方針」、すなわち「児童中心」と「科学的研究を基とする教育」[山本 1986b：77] が要因となっているとする。さらに山本は、「奥野の方法は、大正新教育における国語教育の学習改革の一つの達成点を示したものと言っても過言ではないだろう。しかし、その方法は、発展・継承されることなく、孤立したままおわっている」とし、その主な原因を、彼が「成城小学校を退職し、実践の場を去ったこと」と「新教育思潮の衰退」[78] など、外的な環境の変化に求めている。これら先行研究の奥野への視座は、奥野が国語科の研究の対象を当時の心理学も含め欧米の知見や成城小学校の方針を指摘していた点や、彼の「方法」の先見性・独自性等を認めながらも、1920年代に見られる「独自の国語教育理論の提示」[野地 1985：9] の一つとして把握されているものと言えるだろう[1]。

　本章では、上述のような1970年代から1980年代の奥野の先行研究における評価を確認した上で、奥野の「心理的読方」が内包していた理念や思想に焦点を当てるものである。繰り返し述べてきたように、奥野の著述には「方法」の提示が数多く見られるが、「実際家」であった奥野の「方法」には、その裏に隠れている「原理」も存在する[2]。本章はそれを抽出する試みになる。この試みによって、奥野の「心理的読方」が提示していた内容が、国語科教育史において1920年代に閉じるものではなく、時代を経た現代においてもなお存在し続ける国語科教育の課題であることを確認することになると考える。結論を先取りすれば、奥野の「心理的読方」は、児童がどのように思考を働かせてシンボルとしての文字や文章の意味を獲得していくのかという観点からの理論の提案であり、さらにその理論を理解した上で、それを指導するにはどうすればよいのかという二重の課題への取り組みであったと考えられる。そこには現代の私達も共通に考えなくて

はならない〈読むこと〉の教育の課題が存在すると思われる。

　次節以降、まず、奥野が「心理的読方」を提唱するに至った経緯を確認し（第2節）、「心理的読方」とはどのような理論であったのかを検討する（第3節）。続いて、奥野同様、当時の「心理学」の知見を摂取し『読方学習の心理』（1925）を著した平田華蔵（1883-1968）に対して奥野が展開した批評を資料として、平田の指導との比較から奥野の「読方」の授業における語彙教育観を考察する（第4節）。さらに「心理的読方」の二大要素である「アイムーブメント」と「連想活躍」の指導の実際を確認したい（第5節）。

第2節　「心理的読方」提唱の背景

　本節において、奥野が「心理的読方」を唱えるに至った背景として、まず、奥野が当時の読方教育の何を問題視していたのかを示すこととする（第1項）。次に、彼が依拠した文献を整理してその傾向を示しておきたい（第2項）。

第1項　奥野庄太郎が捉えた当時の読方教育の問題点

　奥野が当時、「文章深究」「内容深究」の読方教育が国語教育界に普及することに疑問をいだき繰り返し批判してきたことは、前章においてその詳細を確かめた。しかし、奥野が捉えていた当時の国語科教育に関する視点は多様である。それらは、「文章深究」「内容深究」の読方教育と密接に関連するものではあるが、本項で検討するように、この他にも奥野は具体的な課題を認識していた。「全体」を志向する時代にあって、個別・具体的に問題点を捉えた奥野の観点は特筆すべきものと考える。以下、奥野が当時の読方の教育を巡る状況をどのように把握していたのかを確認すること

から始めたい。

奥野は、1925年4月「先生の暗示による国語研究の開展」として澤柳政太郎校長から得た「国語研究」に関する示唆を、次の12項目にまとめている。それらは①「聴方について」、②「語彙の研究」、③「読書き平行の不合理」、④「漢字教授の研究」、⑤「低学年に於ける文字教授の重視」、⑥「分量を多く読むことに就て」、⑦「課外読物の奨励」、⑧「読本内容の改良に就て」、⑨「仮名遣に就て」、⑩「個別指導と自学的態度」、⑪「綴方に就て」、⑫「話方に就て」[教問61 1925.4：173-181]の12項目である。これは、成城小学校の研究実績を踏まえつつも、成城小学校に赴任してから7年目の奥野自身の問題意識を示している。すでに、奥野が「国語研究」を多角的な視点から捉えていることを見て取ることができよう。

そして、これらの問題意識はその後も奥野の研究において継続されるが、5年後の読方教育に関する集大成である著書『心理的読方の実際』においては、「現代読方の批判」[奥野 1930.0905：16]の章で、国語科教育の様相に対する新たな批判の視点も示されている。ここで節を設けて論じられたのは、①「科学的教材鑑賞の問題」、②「低学年と鑑賞深究の問題」、③「語句閑却の問題」、④「読方と書取並行の問題」、⑤「補充教材不足の問題」、⑥「説明過剰の問題」、⑦「素読と講義切離しの問題」、⑧「読方の歴史的発展と今後の進路」[22-54]、の8項目である。先の12項目と比べると、奥野の5年間の問題意識の変化を読み取ることができる。

新たに加わったものは、科学的な文章さえも文学的鑑賞をしなければならないとする現状があることを指摘した①科学的教材鑑賞の問題、低学年児童に対しても「内容深究」の読方を強いている②低学年と鑑賞深究の問題、③語句閑却の問題、⑥説明過剰の問題、⑦素読と講義切離しの問題、⑧読方の歴史的発展と今後の進路、の6項目である。これらは、奥野が「読本の文章に含まれてゐる内容を鑑賞的に眺めてそれを深究、吟味、説衍することを読方の唯一使命と考えるやうになつて来た」[7]と感じていた当時の国語科教育の状況を背景にした視点である。読方指導の「方法」自体が依然として旧式であることに対して、具体的に批判したもの

第5章　奥野庄太郎の「心理的読方」

だったと言えよう。

　同書においてこれらの問題意識は、具体的な当時の指導の様子で示されている。例えば、①科学的教材鑑賞の問題の項では、次のように描かれている。

　　読本教材の中には誰が見ても文学的でない科学的な教材がある。例へば尋常四年の巻五の読本についていへば、世界とか、横浜とか、海の生物とか、彼岸とかいふ課がある[3)]。これらは明らかに科学的な文章である。かうした科学的な文書をさへ今日の内容深究をモットーにする研究家は、その課の材料如何を問はず、文学的鑑賞を試みなければ止まないといふのである。（中略）文学的な教材はこれを鑑賞し科学的な教材や、公民的な教材は鑑賞せしめずに、理解するとか、批判するとか、その教材に適して取り扱いをするのが自然である。　[23]

「世界」「横浜」「海の生物」「彼岸」は教材名であり、いずれも説明的文章である。奥野は、この前段で当時の国語教育界について、「読方教育に関する研究も盛であり、参考書も多く出来てゐ、又実際指導の任に当たる者も力をこめてやつてゐる」[17]にもかかわらず、一向に読方の実力がつかないのは、「教師のとつてゐる読方指導の方法が当を得てゐないと考へるより仕方がない」[18]と述べており、このような非文学的教材でさえ方法としての「内容深究」が行われている現状が記されている。

　奥野はさらに、「目の律動運動とか、連想を鋭敏にする語彙の教育とか、児童自身の読む能力の啓培とかさうした方面には殆ど着眼しないで与へられた教材を深く理解させればそれでよいといふ風に考へてゐる」当時の「一般的過程」[19]は、時代遅れの読方教育であると指摘している。ここで述べられている「目の律動運動とか、連想を鋭敏にする語彙の教育」は、「心理的読方」そのものであるので後に詳しく述べることになるが、奥野が問題を指摘している「さうした方面には殆ど着眼しない」「一般的過程」がどのようなものであったのか、奥野の言葉で確認しておこ

う。すなわち、①授業時間の初めに、その課に対する「興味を喚起するための予備的問答を行う」、②「読本を開かせて黙読をさせる」、③「教師が範読」する、④「児童の朗読練習がある」、⑤読めるようになると、「その後はもう一度黙読をさせ」る、⑥「その課の中心思想とか、作者の考へ方とか、作者の気持ちとか、その内容の深い味わい方とか、その内容の深味のある考へ方とかを説明敷衍、吟味鑑賞、論議深究をつぶさに尽くしてこゝに多大の時間を与え、学習の中心努力をここに注いでもつて一時間を終わ」る。⑦「どの時間においても大体の方針としては、内容の深い理解を目的として進んで行かうといふ行き方」[19]である。奥野は、当時の「一般的過程」がこのように行われていると認識し、これに相対するものとして、自身の「心理的読方」を提案していったのである。

　第1章、第2章で見てきたように、奥野の教育理論は、自らが訓導であることによる、実践的な経験から得た知識を発揮した教室の内側からの視点と、在籍校における研究や英米視察や他校見学などの機会から身につけた国語科の事象を外側から見る研究的視点、さらに『心理的読方の実際』発刊時点では教育雑誌の編集主幹という教育を論評する視点も加わっていたと考えられるが、いずれにしろ奥野が多角的な視点を持ち合わせていたことから成立したと言えよう。そのような異なる角度から見る奥野が、国語科教育の組織そのものが、純粋に国文学の研究者である「国文学者」の影響の元に「小学校の読方も国文学教授式に研究されて行つた」[8]と感じ、上述のような「一般的過程」が行われる当時の国語教育界の空気に一種の抵抗感をもつと同時に、小学校の読方指導者にはむしろ心理学や教育学の研究者の方が適当であると考えて、「科学的」である「心理的読方」を提示していったことは[4]、むしろ自然な流れだったと言えるだろう。先に述べた新たな批判の6項目のうち、⑧読方の歴史的発展と今後の進路の項では次のように述べている。

　　　さてこれからの読方学習は何処へ行くか。その黎明のすがすがしい

第5章　奥野庄太郎の「心理的読方」

姿を何処にのぞむべきか。須らく今後の読方は現代文化の尖端的生活に合流するものでなくてはならない。地上に生活する万人の生活を向上し、幸福にするものでなくてはならない。万人の理知が大きく、堅にうなづくものでなければならない。さうした理知的合理的な読方学習は、どうしても学的基礎に立つて組織的に建設されなければならない。茲に心理的読方の生命の曙があるのである。　　　　　　　　　　　[53]

　ここでは、奥野が「心理的読方」に求めたものが、「現代文化の尖端的生活」や「地上に生活する万人の生活」の向上や幸福など、前章で検討した「ライフメソツド／生活的読方」をも視野に入れたものであり、かつ、「学的基礎」に立った「組織的に建設」された「理知的合理的」な読方であったということが確認できよう。奥野の言う「学的基礎」は次項で検討する文献を指している。次項でそれらの文献を概観したい。

第2項　奥野庄太郎の依拠した文献

　奥野が「実際家」という立場で多くの著書を著していることはすでに述べたが、題名に「実際」という文言の入った著作においてさえも理論面に多くの紙幅を割いている。それらの理論は、児童との実践や調査から帰納的に考察したものも多いがそれだけではなく、多くの先人の言説にも耳を傾けている。彼の著作では日本人、外国人を問わず多くの言説が引用され、『心理的読方の実際』に限っても50名以上の先人、研究者等の名前が挙げられている。その中には、誰々が言っているがという程度の簡単な扱いのものも多数ある一方で、自身の理論の背景として重要な内容を含むものも多い。しかしそれらの中には引用箇所の出典を明確にしていないものが多いことは前にも述べた。そこで本項では、「心理的読方」の提唱に際して奥野が依拠した主要海外の文献について、現時点で筆者が把握できているものについて明らかにしておきたい。それらの文献からは、奥野の「心理的読方」の背景が明らかになり、奥野の唱える理論と実践やその変

遷をより深く考察する上で有益であると考える。以下、スミス、ペンネルとクサック、ブライアント、ヒューイ、クラッパー、スタンレー・ホール、ブルークスの著作との関連について検討する。

『心理的読方の実際』の記述の中で、本章が対象とする「心理的読方」にかかわる内容では、奥野の説はスミス（William A. Smith）著 *THE READING PROCESS*（1922）に負うところが大きい。スミスへの言及は、英米視察以前の単行本である『お噺の新研究』（1920）、諸見里朝賢との共著『読方教授の革新』（1921）、「今後の綴方教授」（成城小学校編『児童中心主義の教育』所収1921）には見られないが、1923年12月発行の『英米小学教育の実際』以降、『読方学習の新研究』（1926）、その後継書である『心理的科学的読方の教育』（1928）、『心理的読方の実際』（1930）では引用されている。*THE READING PROCESS* の序文の日付は1922年6月になっており、奥野の渡米は同年9月であるため当地で刊行したばかりの同書を手に入れたものと考えられる。

同書の表紙によれば、スミスの所属は"UNIVERSITY OF CALIFORNIA SOUTHERN BRANCH"と記されている。また序文によれば、同書は、読方教授の方法（methods of teaching reading）よりも、方法の基礎となる原理（the principles which underlie method）について著されたものだとされ、教員志望や指導主事に対する科目で行った内容だとされる。そして、教員を啓発し、方法を賢明に利用できることを期して、心理的、言語的、歴史的、実験的な視点からの情報を提供することが明記されている。スミスは、当時のアメリカの言語教育の様子を評して、一般には中等教育以上の言語教育が不足していることが言われているが、言語の専門家の大多数も、言語の起源や科学の面からの知識が乏しいとしている。それは、学生の活動の多くが、文学と表現技術に向かっており言語学の（philological）方面が閑却されているためだと指摘している。そこで、同書においては読方の教員にとって緊要な言語学上の情報を提供するとされている。また、近年の多くの実験に基づいた文献が発表されて基礎が築かれており、その

第5章　奥野庄太郎の「心理的読方」

ため量的な処理が行われるようになり、そのことは教育実践にとっては正当な手法だと評価している［Smith 1922：序］。

以上のようなスミスの意図は以下に記す章構成にも表現されていると言えよう。

The reading process
- Ⅰ. Language
- Ⅱ. The Evolution of Written Language—Picture Writing and Transition Stages
- Ⅲ. The Evolution of Written Language—The Phonetic Stage
- Ⅳ. English Spelling—Present Status and Pending Simplification
- Ⅴ. Teaching Beginners to Read
- Ⅵ. Analysis of the Reading Process through an Investigation of Eye Movement
- Ⅶ. Perceptual and Interpretative Processes in Reading
- Ⅷ. Reading Ability—Its Development and Variation
- Ⅸ. Oral and Silent Reading—A Comparison
- Ⅹ. The Content of Readers
- Ⅺ. Standard Tests for Measuring Reading Ability

このような同書に対して、奥野は、次に掲げる章を中心に引用や考察を行っている。すなわち、「Ⅴ章　読みの初心者指導」、「Ⅵ章　「アイムーブメント」の調査による読む過程の分析」、「Ⅶ章　読みにおける知覚と解釈の過程」、「Ⅷ章　読みの能力―その発達と多様性」、「Ⅸ章　音読と黙読―その比較」、「Ⅺ章　読みの能力測定のための標準テスト」、である。このうちⅥ章、Ⅶ章、Ⅸ章は、その題名から後述する内容との関連が明らかであるため本節では題名の提示に止める。

その他の箇所で同書と奥野との関係で注目すべきは、「Ⅷ章　読みの能力―その発達と多様性」のように、読む速さと理解力の関係について著さ

265

れた章や、「Ⅴ章 読みの初心者指導」の内容のうち前章第6節で紹介した、「アルハベット メソッド」に始まる「読方初歩教授の六つの方式」〔奥野 1923.1208：131〕に該当する箇所である。ここには、奥野が繰り返し記す次のフレーズの原拠を見つけることができる。それは奥野が『英米小学教育の実際』（1923）において述べている「スミス教授は低学年児童の読方教授初歩の方法に就て述べて曰く、国語には文字を知るといふこと、、意味を知るといふことゝ此の二つの要素がある」〔130〕との説である。スミスはこのⅤ章の冒頭に、スミス自身も繰り返し指摘していると断りながら、言語には、二種の主要な要素があり、それは、文字と意味であると述べている。続いて次のように記している。"Teaching beginners to read involves, therefore, two main processes—training in word mastery and training in thought getting"〔Smith 1922：88〕。奥野はこの中の"training word mastery"と"training in thought getting"に対して「文字を知るといふこと」「意味を知るといふこと」という訳を充てた。このように「文字の習熟」と「思想の獲得」の明確な区別と、それぞれの英語のもつ意味合いを自覚させられたことは、奥野の言語教育観の形成に影響を与えたものと考える。

　次に、前章で「ライフメソッド」を検討した際に「ライフ」の語義の典拠としたペンネル（Mary E. Pennell）とクサック（Alice M. Cusack）の著書 *HOW TO TEACH READING* の内容も、「心理的読方」とのかかわりが深いと言える。同書の発行年月日は特定できないが[5]、奥野の著書では、1928年発行の『心理的科学的読方の教育』以降に同書からの引用及び考察が見られる。

　著者の所属は、同書の表紙にそれぞれ次のように記されている。ペンネルは Assistant Superintendent of Schools Kansas City, Missouri、クサックは Director of Kindergarten and Primary Department Kansas City, Missouri である。

　同書も序の冒頭において、読みにおいて、理解し、速く読む能力の価値

第5章　奥野庄太郎の「心理的読方」

が、全ての職業人によってだんだん認識されてきている。読む能力を身につけていることは、人生を豊かにし、職業の選択を効果的にし、世界にとっても大きく奉仕することであると述べられており［Pennell 他 1923：序］、第4章で検討した「人生」や、地域的な広がりを示す「世界」への「奉仕」など、読む能力の獲得が時空を拡大するという視点が示されている。それと同時に、本章で後に検討する「理解力」と「速さ」という「心理的読方」の内容に直結する問題も語られている。同書は次のように4部に構成されている[6]。

HOW TO TEACH READING
- Part Ⅰ　EFFICIENT READING IN LIFE
- Part Ⅱ　WAYS AND MEANS OF HELPING CHILDREN TO BECOME EFFICIENT READRES
- Part Ⅲ　SILENT AND ORAL READING
- Part Ⅳ　WORK BY GRADES

　本書の特徴は学年の違いに応じた様々な方法を提示している点である。この観点は、前章で述べたように、低中高学年毎にその指導方法は「区分」されるべきだと説いてきた奥野にとっては、共感できるものだったに違いない。逆に奥野が同書からの示唆により、「区分」の有効性の確証を得た可能性も大きい。例えば、『心理的読方の教育』に引用されている箇所では、低学年、中学年、高学年それぞれに「読方の詳細目的」が記されているが、それらは *HOW TO TEACH READING*（以下 *HOW TO* と記す。）内 の "Objectives in the Formation of Appreciations, Habits, and Skills for the First Grade," ［159］に同様の箇所を見つけることができるからである。ここで注目すべきは、奥野は、*HOW TO* に依拠しながらも必要に応じて自らの考えによる修正を加えている点である。*HOW TO* では "Appreciations," "Habits and Skills,"　に分けて、前者に2項目、後者に11項目を記しているが、奥野は同列に14項目を挙げている[7]。また、*HOW TO* では項目名

267

のみの羅列であるが、奥野は一項目ずつに解説を加えている。

例えば、HOW TO における "Appreciations," の2項目は "To desire to read," "To love to read," と項目名が記されているに過ぎない。それに対して、奥野はそれぞれを「1．読まうといふ気持ちを起さすこと」［奥野1928.1015：87］「2．本をよむことをすきにすること」［88］と項目名をつけた上で、前者には「いろいろな低学年向内容の読物を教室に備へつけて、読む興味を刺戟するのである。（後略）」［87］、後者には「読みぶりを奨励してやつたり、答へよい内容の問答を答へさせたり、内容を話させたり、絵によつて読んだ印象を表現させたり、劇によつて現はさせたり、（後略）」［88］という具合に解説をつけている。このような記述の手法からは、奥野が HOW TO をそのまま引用するのではなく、明らかに同書から受けた示唆を奥野本人が咀嚼し、時には日本の実情に合わせて読者に伝えようとしていた意図が見える。

上記の2著書は、奥野の英米視察以降に引用、検討されるようになった文献であるが、視察以前から言及されている著書を挙げておきたい。まずは、ブライアント（Sara Cone Bryant）である。『心理的読方の実際』（1930）には、聴方教育の題材に関する記述にブライアントの HOW TO TELL STORIES TO CHILDREN から引用した箇所があるが[8]、すでに1920年の『尋常小学国語読本の批評』[9]、『お噺の新研究』でもブライアントに言及している[10]。このことから、奥野はスミス同様ブライアントからも、長期にわたって示唆を得たことが分かる。しかし、「心理的読方」に関する内容では、前掲のスミスやペンネルとクサックによる著書に依拠している部分が多い。

また、奥野は、ヒューイ（Edmund Burke Huey）の THE PSYCHOLOGY AND PEDAGOGY OF READING にもしばしば言及している。同書は、ともに1927年10月に発行された水木梢著『ヒユエイ読方新教授法』、木下一雄訳著『ヒユエイ読方の心理学』を通して日本にも紹介されている。木下は、

268

第5章　奥野庄太郎の「心理的読方」

序において「世界に於ける読み方教授研究の最高権威たる米国ヒユエイ氏」［木下 1927：序1］と記している。また水木は、「我が国の読方教授界には、組織的なる科学的実験といふものが未だ行はれてゐないやうに考へる。従つてその実験の業績を発表したものも見当らなかつた」［水木 1927：自序8］とした上で、我が国の読方教授の「根本改造は、研究方針の新奇蒔直しが必要」［自序8］であり、「この仕事に役立つと思はれる著書は、何といつても現代読方教育界の大立物たる米国ヒユエイ氏の原著「ザ、サイコロジイ、エンド、ペダゴギー、オブ、リーデイング」の外にあるまい」［自序8］と紹介している。

　第4章で考察した垣内松三や本章で考察する平田もヒューイには言及しており、当時広く流通したと考えられる著書である。奥野は『読方学習の新研究』（1926）ではヒューイに言及しているため、先述したスミスやペンネルとクサックの著書同様、英米視察時に原著を入手したと考えられる。同書においては、「ヒユーイーは「よむといふことはつまり書いたものを言語に翻訳することである」―"to read is, in effect, to translate writing into speech" と、いつてゐる」［奥野 1926.0415：79］としているが、この引用箇所は、繰り返し提示され、「読むということ」をどう捉えるかという奥野の思想を支えているフレーズだと言える。なお、ヒューイについては、先述のスミスの著書 *THE READING PROCESS* 内でも多数言及されている。

　次に、クラッパーを見てみよう。彼については、『読方教授の革新』（1921）に『児童の読方教授』という著書名とともに言及されており[11]、それ以降、『綴方指導の原理と其実際』（1924）、『読方学習の新研究』（1926）、『心理的科学的読方の教育』（1928）にも関連の著述が見られる。『心理的科学的読方の教育』においては、クラッパーは次のように英文、訳ともに引用されており、やはり奥野の「読むということ」の把握に関して重要な影響を及ぼしていると考えられる。

269

If reading is a process of thought-getting and thinking, then the unit must be an idea. But the language expression of a unit of thought is a sentence; hence rational reading must begin by teaching children to read sentence. 読むといふことが思想を抽出したり考〔ママ〕たりすることであるならば、その単元は考〔ママ〕でなければならぬ。同時に考への単元を現はすものは、何であるかといへばそれは文章である。故に合理的な読方は文章を出発点として始められなければならぬ。〔奥野 1928.1015：22〕

　上述の箇所は第4章で検討したセンテンスメソッドの考察に関連する内容であるが、ここでは奥野が"idea"を「考へ」、"unit"を「単元」という語を用いて翻訳しているところに注目すると、奥野が、「考へ」を「単元」として捉えている、すなわち、「考へ」というものが何かしら一塊の概念として存在しているという意味合いを摂取していたということである。
　このように奥野は、〈読むこと〉の教育の底辺を支える重要な概念を、クラッパーと共感していたと考えられよう。奥野が上述のクラッパーの引用を行っているのは1921年なので、英米視察以前である。このことは、奥野は英米視察前から英文の著作を原著で入取し、先述したような重要な概念を築き上げていたことの証左となろう。

　また、後述するブルークスの調査結果は、『心理的科学的読方の教育』(1928)にはなかった研究であるが、1930年の『心理的読方の実際』には追記されている。「最近ブルークスはこの方面を大〔ママ〕に研究している」〔奥野 1930.0905：201〕として[12]、前著作では採り上げていなかった研究を第一項目に挙げて紹介している。
　一方、スタンレー・ホールに関しては、1920年から1926年の著述においては言及があるものの[13]、『心理的読方の実際』(1930)においては、文学教材の「鑑賞」に対して、科学教材の「組織」の学習も必要だという文脈の中で[14]、「文学的教材のみを教材とするやうなスタンレーホール時代の思潮は今となつては古いもので、今日では全人類の全心的内容の文字的表

現を悉く味はひつくさねばならないといふ元気で読方生活に臨んでゐるのである」[389] という表現が見られ、奥野のスタンレー・ホールに対する評価に後退が見られる。

以上、奥野の依拠した文献の主なものを紹介した。これらの文献の確認からは分かることは、奥野は「心理的読方」の基礎となる知識を欧米の最新の心理学、生理学、読書心理学等から摂取していたということである。奥野は約10年間の成城小学校の訓導生活において常に海外の文献に触れつつ、その内容を取捨選択して自身の〈読むこと〉の教育の思想を構築していったと言うことができるだろう。

第3節　「心理的読方」の理論

それでは、奥野が唱える「心理的読方」とは、具体的にどのような理論だったのだろうか。それは、「教育」との接点をもち始めた当時の「心理学」の成果を受容する形で奥野の〈読むこと〉の教育の一部として展開していく。本節ではその受容の過程を検討したい。まず、「心理的読方」の前提として奥野が示した姿勢について述べる（第1項）。続いて、現代であれば認知心理学的アプローチとも言える当時の「心理学」からの見地と「読方」の接点を奥野がどのように求めたのかを検討する（第2項）。その後に、「心理的読方」の中心概念である「アイムーブメント」（第3項）と「連想活躍」（第4項）の内容を考察する。

第1項　「文学的研究」を等閑にしない

奥野は、『心理的読方の実際』において、「読むといふことがどういふことであるか、その事実を確かに知らなければ読方指導の要点が分からない筈」だと前置きし、「常識的着眼」ではない、科学的根拠に立脚した「読

む事実の心理的解剖」[191] に着手している。この出発点において、まず、以下のように断りを入れていることに注目したい。

　　学的研究によらないものはどうも近代人には安心と満足とを与へない。科学的にその事実を究明し、そこに初めて確乎たる信念が得られるのである。今迄の読方は実に漠然としてゐた。能力として何をねらつてゐるのか、それは只常識的着眼に過ぎなかつた。それでは読方教育が進歩してゐるとは言へない。今後の読方は須らく科学的根拠に立脚しなければならない。科学的根拠に立脚するといふことは読方の使命の一たる文学的研究を等閑にするといふことでは決してないのである。（中略）科学的根拠に立つてはじめて文学的鑑賞の基礎も有効に養はれて行くのである。　　　　　　　　　　　　　　　　　[191]

　ここには、読方教育に「科学的根拠」が欠かせなくなってきているという同時代への奥野の評価が示されていると言えよう。それと同時に、「科学的」研究を唱えることが「文学的研究」に対比される形で受け取られ、「文学的研究」自体を否定していると誤解されることを避ける意図が働いていると考えられる。低学年における「文学的鑑賞」は否定していたもの、学年が上がればその必要を肯定していた奥野にとっては、重要な断りだったのである。つまり「心理的読方」は、読むということを当時の「心理学」の視点から捉えたアプローチであり、それは、「文学的研究」を否定するものではなく、その前段階として「科学的根拠に立つ」読方として位置付いているという確認をした記述だったのである。

　　第2項　「心的過程」と「読方」の接点

　それでは、奥野は「読む」ということをどのように解釈していたのだろうか。奥野は、『心理的読方の実際』の中に収められた「読む事実の心理的解剖」[191] と題する章の中で、「読方に科学的基礎を与へるまづ最初

第5章　奥野庄太郎の「心理的読方」

の重要事」[192] として、次の五つの認識を確実にしていく。すなわち、①「読むといふこと」の「働き」、②そこに含まれる「心的過程」や「機能」、③そこに働く「能力」、④なぜ「読むといふことが達成せられるのか」、⑤「読むといふこと」の「学的意味」はどのようなものか、という認識である [192]。そのために、ブルークス、スミス、スターチの説を英文で紹介し[15)]、それらに対訳を付けつつ比較検討を進めている。奥野はそれらの内容を検討し、彼が捉えた「読む事実」を明らかにし、同時に、国語科における教育的視点との接点を探っている。以下、どのような接点を見出したか、奥野の摂取した説をもとに考察したい。

これらの諸説は、印刷物上の文字が視神経を刺激してから発語に至るまでの段階を研究したものであり、第一に、黙読・音読との接点である[16)]。それは、ブルークス説として以下のように説明されている中から導き出されている。そこに記されている、「読むといふ事実の心的過程」の段階を追って記すと次の6段階になる。

① 「視覚によつた印象が網膜に映ずる。」
② 「神経の刺戟が網膜に受けた印象を脳髄の視覚領域へ通達する。」
③ 「すると、これらの神経の刺戟に意味を与へるところの観念連合が呼び起される。」
④ 「刺戟は視覚中枢からこれを運動言語中枢へと伝達する。」
⑤ 「神経の刺戟は運動言語中枢から、舌、唇、発声靱帯、その他頬、喉などの各筋へと伝達する。」
⑥ 「談話の器官が動いて、言葉に発せられる。」[17)]　　　　　[192]

この「心的過程」では、①②③の段階は黙読において行われ、④⑤⑥の段階が音読における過程だと奥野は分析している。つまり奥野はここで、「心理過程」と、「読むという事実」の教育において重要な音読・黙読という観点との接点を示し、音読・黙読の機能に対し「科学的」根拠を与え

273

たのである。第4章でも述べたが、奥野が、内容理解のためには音読よりも黙読の方がよいとする根拠は、ここにあると言えるだろう。

　第二は、語や文章の意味の構成という事柄との接点である。それは、次のスミスの説の6段階の紹介によって示されている。

①「語の形を認識する。」
②「解釈しようとする感じを起す。」
③「内面的発音をする。」
④「連想を構成しようとする状態になる。」
⑤「それが言葉に働きかゝる。」
⑥「それが文章に働きかゝる。」18)　　　　　　　　　　　　　［194］

　この中で奥野は、スミス説は「意味構成の方面を中心としてゐるところに特色がある」［194］とし、上述の「心的過程」と、「読むという事実」を教育する際に要になる文章の「意味構成」の指導との接点を見出している。この接点は後述する「連想活躍」への足がかりになったものとして重要である。

第3項　「アイムーブメント」とは

　奥野は、従来の読方教育に存在していた概念と、上述のような音読と黙読の問題や、文の意味構成の問題等、当時の心理学から摂取した「心理過程」との接続を試みた上で、次のようにスターチの9段階を紹介している。そこでは「アイムーブメント」［195］という用語が提示される。

①「印刷された文字の頁からの刺戟を網膜に受け入れる。」
②「網膜にうつることによつて見える文字の範囲即ち視野の範囲が限定される。」

第5章　奥野庄太郎の「心理的読方」

③「すると視覚的刺戟を理解する注意が起る。」
④「目の運動即ちアイムーブメントが始まる。」
⑤「網膜から脳の視覚中枢へ視覚から来つた印象を伝達する。」
⑥「入つて来た刺戟によつて内容を読む連想の活動が起される。」
⑦「刺戟が視覚中枢から、運動、言語中枢に伝達される。」
⑧「運動衝動を言語中枢から声帯、舌唇、其の他の発声機等の各部の発声機関の各筋へ伝達する。」
⑨「音読の機関の活動が実現される。」[19)]　　　　　　　　　　　　[194]

　これら三者の説には、英文の引用に奥野の対訳が併記されている。そして、この④の段階の英文の中で著された"The movement of eyes"という語に着目し、その内容を次のように解説している。

　　即ち、読むといふことは、先づ、読む者が印刷された或いは書かれた文字文章の頁に向ふといふことが前提であり、向へばそこにそれらの文字が網膜に映ずる。そこから読む活動が展開し初めてくる。次に網膜に文字がうつつてもその文字は一頁の全部を一時に見るものでない。見る部分が限定せられる。即ち視野の範囲が限定せられる。その一小部分の視野が、たてに行を追つて、次から次へと移動してゆくこれがアイムーブメントである。　　　　　　　　　　　　[196]

　ここで言う「アイムーブメント」は、紙面上の文字や文章に向かう時の眼球運動そのものを指している。続いて奥野は、この「アイムーブメント」が律動的に移動するのとしないのとでは、読む能力や効果が違ってくると言う。そして、語を一団として見、意味を考えて読む習慣をつけると「アイムーブメント」は「自然リズミカルになる」[196] ため、その指導を行うことが大切であると言う。同時に、この指導によって、「意味を考へながら読む習慣、すらすらと読む習慣、速く読む能力等が自然に有効に養はれて行く」[197] とし、「アイムーブメント」の指導が、文章の意味

275

構成と密接に関係していることを説いている。

　奥野は、「アイムーブメント」の「休止の間」に、「語句の意義を媒介として内容を読む連想の活動が起こる」［197］としている。そして、この連想の活動によって「内容の意味」を理解すると言う。ここで奥野は、「アイムーブメント」を、後述する「連想活躍」や語彙教育とも関連させて次のように説明する。

　　　この連想が起こらなければ内容の意味を理解してゆくことは出来ないのである。かう考へて見るとその連想湧起の如何といふことが大きな問題になり、又その湧起の導火線となる語句の意味といふものも同時に大きな問題となつてくるのである。であるから心理的読方の立場に立つた場合語句の意義といふものは取扱上非常に重視せられなければならないものとなつてくるのである。この連想が豊富に、鋭敏に起れば、読方の能力が大きいわけである。その豊富と鋭敏な連想を起すためにはいろいろな指導が必要である。豊富な語彙教育、人生経験、読書経験の指導が是非必要なものになってくるのである。　　［197］

　ここには、「心理的読方」の要素である「連想」が、第3章で検討した「大きな意味の言語」の「語彙教育」を土台とし、第4章で検討した「ライフメソッド／生活的読方」の要諦である「人生経験、読書経験」を発展とし、その双方を結ぶ読むための「方法」あるいは「技術」として連絡し合っている構造を見てとることができるだろう。

　さらに、「アイムーブメント」については、「アイムーブメントの問題」［198］と題するの項の中で、スミスの **THE READING PROCESS** の記述に依拠して、「パリー大学のジヤバン博士」が1879年に初めて「左から右にラインを辿る眼の運動についての研究」［198］を始めたことから記述を起こしている[20]。その中では、「一の凝視点から他の凝視点にうつる時間」や、「読書の眼球の運動に於ける視野の範囲、行を追ふ眼の運動の休

第 5 章　奥野庄太郎の「心理的読方」

止の数、休止の持続、知覚の時間、休止の箇所、目の運動と年齢の差等多くの研究が行はれた」[199] 事実とその結果が紹介されている。

　その上で、奥野は「アイムーブメント」の重要性を次のように説明していく。

　　アイムーブメントの一停止の間に見る語の数を、その児童の知覚距離（visual perceptual span）と称するのであつて其の距離の大きいほど、意味結合には便利なのである。この知覚距離に比較してその長さは少いが、こゝに又認識距離といふのがある。認識距離（span of recognition）といふのは、アイムーブメントの一停止の間に了解される語の意味の数をいふのである。知覚距離の大きいほど認識距離も大きくなり得る可能性があるので相関の関係にあるものである。
　　　　　　　　　　　　　　　　　　　　　　　[206（　）内原著]

つまり、「アイムーブメント」が休止する短い時間に、語として知覚できる数を「知覚距離」、そのうち、意味まで了解することのできる語の数をその児童の「認識距離」と称しており、奥野は「知覚距離」や「認識距離」など造語しながら、新しい概念を国語科教育へ導入しようとしているのである。そして、「知覚距離」や「認識距離」を大きくする練習は「アイムーブメント」の指導として是非必要だとし、低学年の「読方」によるこれらの指導の必要性を強調している。例えば、カードに単語や単文を書いてそれを一瞬見せて、その瞬間になるべく多くの文字を認識するように練習する「瞬間露示法」[204] などの「方法」を講ずるよう唱えている。

　第 4 項　「連想活躍」とは

それでは、「心理的読方」のうち「アイムーブメント」に並んで重要な「連想活躍」とは、どのような概念だったのだろうか。それは、先のスミス説の訳において奥野の言うところの「連想を構成しようとする状態」や

スターチ説の訳で言うところの「内容を読む連想の活動」を意味するもので、「連想活躍」という語は、原語を根拠にして奥野が造語したと考えられる。すなわち、スミス説の第4項目、"Tendency toward structural association."を「連想を構成しようとする状態になる」[194] と訳し、スターチ説の第6項目、"The establishment or arousal of association processes whereby incoming impulses are interpreted." を「入つて来た刺戟によつて内容を読む連想の活動が起される」[195] と訳したところから生まれたものであろう[21]。

　前項で述べたように、奥野の「連想活躍」は、その前段として、「アイムーブメント」時の「知覚距離」と「認識距離」の増大が図られることによって「鋭敏」になると理解されている概念である。奥野は、その指導の原理を「連想活躍の問題」[204] として8頁にわたって丁寧に解説している。そこには、奥野の言語観・言語教育観が凝縮されていると考えるため詳しく見ておきたい。

　ここで奥野は、「幼児が事物に対して、意味を持つ状態」[207] すなわち、幼児が事物の意味を獲得する過程を観察した際の説明をしている。幼児は、見る、聞く、味わう、物を持ち上げる等「感覚」「行為」「筋肉」に訴えて「その事物と意味とを連結」し、意味を体得していくとしており、「幼児の言葉に対する意味」[207] というものは、「活動的」「行為的」であり、「概念的」「定義的」[208] ではないとする。つまり、「言葉の意味は経験によって構成されて来てゐる」[208] として、「言葉の意味」と「経験」の結びつきの大きさを指摘する。そのため、「児童の生活経験の拡大」が「国語の実力が拡大」されることに繋がり、「経験の生活」と「読むといふ生活」はその根底では「強い連絡」[208] をもっているとする。また、「経験の多いほど意味が豊富」であり、「その意味が豊富なほど、語句に接した場合その連想は起こりやすい」[209] と展開させる。つまり、「連想が鋭敏に起こると起こらないのとは、その意味の内容の豊富と然らざるとによる」として、「連想活躍の問題と経験の問題とは離すべからざる関係になつてくる」[209] と結論づけている。ここでは、「言葉の意味」

278

第5章　奥野庄太郎の「心理的読方」

「経験」「国語教育」「読むといふこと」「連想活躍」と5者の繋がりが強調されている。

続いて、「言葉の意味」と同義で使われている「語彙」について、「連想活躍」との関連で、興味深い語彙教育観を次のように記している。

　　この意味をしつてゐる言語を文字といふ符号と連結させて、そこに連想活躍の道を指導することが畢竟初歩の読み方の正道になつてくるのである。この練習を営むことによつて、段々言葉の背後にかくれてゐる意味を鋭敏に想起するやうになつて、内容を読むといふ力が有効に養はれてくるのである。　　　　　　　　　　　　[209]

奥野は、この前段で、児童がもっている「語彙」は、殆ど「行為的意味」[209]を内包しているとしている。上記引用では、その「行為的意味」も含んだ「言葉の背後にかくれてゐる意味」を「鋭敏に想起」し、「符号と連結」させることが「初歩の読み方の正道」であり「内容を読むといふ力」だとしているのである。「行為的意味」について奥野は「鞠」という「言葉」の場合を例にとって次のように説明している。母親が鞠を子どもに渡すときに「さあマリをあげませう」といって渡せば、子どもは「マリ」という言葉を覚え、その意味は「それをもてあそんだことによつて自ら意味づける」[209]ということである。奥野は、そのことを「マリの意味はその子供の行為の中に存してゐる」[209]と表現している。このことは、幼い子どもが語彙を身につける時は、換言法や、単語を重視した範語法的な方法で実物や絵を参考にして語彙を増やしているのではないということや、先に述べた「感覚」「行為」「筋肉」に訴えて「行為的意味」を伴った事物を「意味」と連結させているのだということを述べていると言えよう。

このような「連想活躍」がなされることによって語彙が収得されるという奥野の見解が、彼の「語彙教育」に対して、〈読むこと〉の教育の土台としての役割を与えるのである。先述したように、奥野は「言葉の意味」

の獲得と「経験」との繋がりを強調していたのだが、次の引用に示すように「経験生活」と並ぶものとして、直接的に「語彙教育」の必要も説いている[22]。

> 故に読み方の最前提的過程は言葉の符号と意味とを結合させる仕事に外ならないのである。この結合を優良ならしめるには、経験生活のほかに、語彙教育といふことが問題となつてくるのである。言葉に対する経験が豊かであり、語彙が豊富であつたならば意味構成が容易で、従つて認識距離も大きく、連想活躍も鋭敏になり得るわけなのである。　　　　　　　　　　　　　　　　　　　　　　　　[210]

さらに奥野は「語句の意義を知るといふことは非常に必要なことであるが、語句の意義さへ知つて居れば、すぐ文章の意味が理解出来ると考へることは早計である」[212]と、語句教授で満足しているのではないという前置きをした上で、奥野の必要とする「語彙教育」の内実を次のように述べる。すなわち、読方は他人の思想を理解するものだと言われるが、「思想といふものは内発するところに生命がある」のであるから、「本来は読方も他人の精神内容を刺戟として自分がその符号に自分の思想によつて或意味づけをするといふことになるのがよい」[212]。この「読方」と同様、「語句の意義」も、「そこにやはり自分が思想するといふこと」[212]が加わらなくてはならない。このことを「分析的」に言えば、そこには「豊かな連想活躍が雄飛されなければならないといふことになるのである」[212]。

つまり、文章の意味をとる時に他人の思想を理解するのに止まるのではなく、「自分の思想によつて」その文章に関わって「意味づけ」をするような読みが必要であり、それが豊かな「連想活躍」であると述べているのである。これは、文章に対する主体的な読みであり、現代の「読むこと」に求められている読みにも関連するものと考えるが、ここで奥野が、「語句の意義」の教育に関しても同様の「自分が思想するといふこと」を求め

第5章　奥野庄太郎の「心理的読方」

たのは特筆すべきことだと考える。奥野は具体例を出して以下のように説明する。

　文章を理解しようとしたならば、まづ単語の意義にしても、その意義を自分のもつてゐる語彙の中から適当に選択しなければならぬ。一つの言葉でもその使はれ場所によつてその意義は非常に異つてゐる場合が多いのである。例へば〔恐れ〕といつてもそれが恐怖と意味づけてよい場合と、心配があるといふ風に意味づけなければならない場合等がある。これらはその場合々々適当に選択されなければならないものなのである。読み方に熟練するとその選択もうまくなり、その場合に応じて適当な意味づけをすることが習慣づけられてくるのである。
〔213〔　〕原著〕

　例えばこの〔恐れ〕の例は、文章の理解の視点から見れば、使われている文章において、a「恐怖」なのか、b何かの「心配がある」という状況なのかあるいはさらにc「恐れ多い」という意味なのかなど、いわゆる文脈に即して読むという行為なのだが、奥野の語彙指導の視点から見れば、「自分のもつてゐる語彙」の中から「その場合々々に適当に選択」し「意味づけ」〔213〕る作業であり、その作業自体も熟練し、上達し、習慣づけできると考えているということである。そしてその「選択」すなわち「語句の意義を構成して文章の意味を創造する」〔214〕のは、先に述べた「連想活躍」の作用なのである。第3章の聴方教育との関連で言えば、〔恐れ〕の例では、a、b、c、三つの選択肢を上述したが、この選択肢自体を新たにdにもeにもfにも広げるのが「聴方」のねらいとしていたところであった。一つの語のもつ意義を深め、広げ、多様な連想を可能にする語彙に仕上げ、さらにそのような語彙を増やし語彙（群）を作る教育だった聴方教育は、「アイムーブメント」時の「認識距離」を広げ、かつ「連想活躍」を鋭敏にするための条件となる指導であったことが分かる。奥野自身も「土台」という言葉を使って次のように述べている。

文章を理解するには経験や、精神内容や、意味構成力やが必要であるが、その土台として認識距離の間にあつて、その語句に活発な意味づけを働きかヽり、そこに連想の活躍を醸して意味を構成することが大切である。想像力の活動が望まれるのである。この意味構成の働きによつて初めて文章全体の意味が握られてゆくのである。　　［214］

　ここでは、文章全体の理解の「土台」として、「語句」に対して「意味づけ」る働きかけを行うために、「連想」や「想像力」が求められていることが記されている。一方で、奥野は「その連想を活躍せしめる精神内容を作る基礎は又人生経験や読書経験」だとして「読書経験の生活」に児童を導き誘うべきだと言う。先述したように、「生活経験」との結びつきに始まった「言葉の意味」の教育、すなわち「土台」としての語彙の教育は、ここに至って「国語」や「読むといふこと」の営みの中で、「連想を活躍せしめる精神内容を作る基礎」としての「読書の経験の生活」の必要性にまで及んだと言えるだろう。

　以上の奥野の解説からは、「知覚距離」「認識距離」の概念を含む「アイムーブメント」と「連想活躍」とは、共に発達することによって初めて、「読方」の指導に寄与するものであると考えていたことが示されている。つまり奥野は、「読む」という文章の内容を理解する行為には「連想活躍」が不可欠であり「アイムーブメント」の訓練単独では機能しないという前提のもとに、「アイムーブメント」が「律動的に」「リズミカルに」行われることの必要性を説いていたのである。

第4節　「モノサシ」の指導に見る奥野庄太郎の「読方」指導観

　それでは、具体的な授業展開から、奥野の「心理的読方」とりわけ「連想活躍」がどのような指導観を伴うものだったのかを考察しよう。そのた

第5章　奥野庄太郎の「心理的読方」

めに、当代の平田華蔵の授業との比較を試みる[23]。奥野は「平田華蔵氏の読方意味解釈の心理を評す」(1926.1) において、平田が示した1年生の「モノサシ」の指導例に対して発言している[24]。以下、奥野の同論文に著されている内容から、平田が示した指導法の概要と（第1項）、奥野が平田に反論して示した指導法の概要を示し（第2項）、最後にそれらを比較検討したい（第3項）。

第1項　平田華蔵による「モノサシ」指導法

奥野は、第1学年の読本教材「モノサシ」の指導について、平田の著書『読方学習の心理』(1925) から引用している。奥野が同書から引用した平田の提示した授業内容の概略を記すと以下のようになる。

　　一学年の読本教材「モノサシ」を教えるのに、「心象説」を採れば次のようになる。すなわち、教師が「皆さん、「モノサシ」を知つてゐますか」と尋ねれば、児童は大抵「モノサシ」の視覚心象をもっているから、直ちに、「ハイ、知っています」と答える。そこで教師は「そのモノサシは文字でこうかきます」、「皆さんこの字を読んでご覧なさい。モ・ノ・サ・シ…」という取り扱いを行う。
　　しかし、これでは不十分であり、新しい「人格反応説」に基づけば[25]、以下のようになる。すなわち、モノサシの実物や絵を見せるのは当然である。さらに、絵であれば、現今の教科書の挿絵や掛け図のようにただモノサシだけを書いてあるのは不完全である。「モノサシ」を読むには、お母さんがモノサシを使って反物を測っているところを描いてほしい。また、児童がモノサシを使った経験を語らせ、あるいはモノサシの実物を与えて実際に測ってみせるということもできるだけしなければならない。これは、モノサシという静的な物体を例に採ったが、いかなる語、句に対してもできる限り人格反応を起こすようにしなければならない。

ただ、モ・ノ・サ・シという文字を皆知っており、また、「モノサシ」の視覚心象をもっているからよいというような簡単な取り扱いで指導しては、将来語句文章を味読するということができるかどうかおぼつかない。［教問70 1926.1：9－10］［平田 1925：47に該当箇所あり］

第2項　奥野庄太郎による「モノサシ」指導法

前節の平田の方法に対して、奥野は代案を提出している。以下に引用してみよう。

　　もし私が仮にモノサシ教授をするならば、モノサシの実物も、モノサシの絵画も、お母さんがモノサシを使用している掛図も何も持つて臨まない。私は直にミナサンハ　モノサシヲ　シツテヰマスカと板書する。そして、読める子に読まして見る。読めなければ教師が読んでやる。（勿論全ての子供に提示した文字を全部覚え込まさうといふのではない。）そしてその解答を―即ち児童の生活経験を―発表さす。いろいろな解答をきいて置いてA児童の経験B児童の経験、或は教師自身の経験等いろいろな精神内容のうち児童の読方として適当な様なものを選んで、それを一つ一つ提示して読解して見る。例へば、
　　ワタシハ、モノサシヲモツテ、アソンダコトガアリマス。
　　ワタクシノウチニ、モノサシガ、ニホンアリマス。
　　オカアサンハ、ナガイモノサシヲ、モツテイラツシヤイマス。
　　ワタクシハ、オカアサンノモノサシデ、スンヲ、トツタコトガアリマス。
　　いろいろなことがある。その一つ一つを板書する。即ち初めに、ワタシハ、モノサシヲモツテ、アソンダコトガアリマス。子供は何もモノサシの実物を見せられなくともモノサシはよく知つてゐるのである。低学年の読物の特徴は子供が頭の中に沢山の言語をもつてゐて（語彙約四千）経験内容をもつてゐて、しかもその熟知の内容が表現

第5章　奥野庄太郎の「心理的読方」

されてゐる記号、シンボルがよめないといふのである。故に低学年に於ける解釈はヒユーイーの言ふやうに書かれた文字を言語に翻訳することである。スラスラ読めれば自然解釈は出来るのである。そして心象説の説く以上に或意味に於ては人格的反応が強度に行はれるのである。　　　　　　　　　　　［教問70 1926.1：12（　）内原著］

第3項　両者の比較から見える奥野庄太郎の言語指導観

　平田は奥野同様、欧米の「心理学」からの知見を得ており、「読方に於ける眼球の作用」［平田 1925：20］にも言及している[26]。しかし、第1項、第2項で見たように具体的な授業の展開においては、奥野と対照的な姿を示している。この背景にはどのような考え方の違いがあるのだろうか。平田の授業に対して奥野が行った分析の論点に添って考察したい。

　第一の論点は、奥野は、同論稿の中で、平田の指導例を「呑気な教授法」［教問70 1926.1：10］と言い切っている点である。奥野の「能率」を重視する考え方の由来は第1章でも述べたところであるが、先の平田の指導例は、その「能率」から考えれば「モノサシ」という短い題材の指導に対し「呑気」な時間を過ごしてしまうという意味で、納得できないものだったであろう。奥野は同論稿の中で、平田の授業と「類似の方法」を採っている授業例を提示している。それらは、「尋一の「カタツムリ」の韻文を教授するのに一人残らずの子供に蝸牛の実物をもたせたり、尋二の「山びこ」の課を教授するのに護謨毬を全級児童にかはるがわる壁に投げつけさして時間をつぶしてゐる」［10］というものである。これらの方法では、「読方能率のあがらないことは火を見るよりも明らか」であり、「現に今迄それに類似の方法をとつてきて皆失敗してゐる」［10］と指摘している。これは、先に奥野が問題視していた「説明過剰の問題」を具体的に現す姿であろう。

第二の論点は、前節で考察した奥野の「読方」の授業における語彙指導にかかわる重要な内容を含んでいる。続く奥野の解説を引用して考察したい。

　　一たい「モノサシ」などといふ単語の教授を良しとしてゐるやうでは心細い。範語法による教授は既に前世紀の遺物で、現在ではどこの国の教科書でも殆ど文章をもつて始まらないものはない。
　　モノサシといつても子供には、少なくとも子供の頭にはモノサシといふシンボルその儘のものはない。子供はそれを必ず頭で「モノサシガアリマス」とか、「ワタシノウチニモノサシガアリマス。」とか、「オカアサンガモノサシヲモツテキマシタ。」とか、いろいろあろうが、それを一つの思想としてもつてゐるので、只モノサシだけを意識してゐるものは子供ばかりでなくモノサシといふ抽象的なものはこの宇宙にすら存在してゐない。そのモノサシは個々の意味をもつて、或位置にあり、ある意味を個別的存在として具体してゐる。　　[10]

　まず奥野は、平田の授業が「「モノサシ」などといふ単語の教授」をよしとしていることに対して、「範語法による教授は既に前世紀の遺物で、現在ではどこの国の教科書ででも殆ど文章をもつて始まらないものはない」と平田の方法が旧式であるという点から反論を行っている。その上で、奥野の言語指導観を知る上で検討すべき発言を行っている。それは、奥野が、「モノサシ」と言っても「子供の頭」には「モノサシといふシンボルその儘」では存在しなく、「モノサシ」という「抽象的」なものはこの宇宙にすら存在しないとしている点である。奥野は、「モノサシ」は、一人一人の児童によって「個々の」意味を「個別的存在として具体して」いるとする。つまり、少なくとも「モノサシ」というシンボル、つまり「モノサシ」という語に限って考えても、抽象的な概念としての「モノサシ」などありようもなく、児童にしてみれば、必ず、自分の家の棚に置いてあるあの長い道具であったり、自分のお母さんが着物を縫う時に使って

第5章　奥野庄太郎の「心理的読方」

いるあの道具であったりという、立体的に、情景や動作などと共に意味をもつ個別のイメージとして存在するということを述べているのである。前節のマリの例で奥野が、幼い子どもは「感覚」「行為」「筋肉」に訴えて「その事物と意味とを連結」して語の意味を体得していくと述べていた「行為的意味」として認識しているということである。ここでは、奥野はそれを第3章の検討同様「思想」と表現している。

　この奥野の視点に立てば、平田の指導例に違和感をいだくのは首肯できよう。すなわち、平田は、「モノサシ」の「実物」を提示したり、教科書にあるようなモノサシ一本描かれているような「絵」では不完全だから「お母さんが反物を測っている絵」を必要としたり、モノサシの実物を与えて実際に測って見せたりたりすることを要求していた。このような平田の「モノサシ」の授業の指導観は、奥野の言うように児童が個別の「思想」を既にもっているという視点はなく、モノサシを見たこともない児童にモノサシとはなんぞやということを「教える」姿勢である。その一方で、平田は、児童が実際「モノサシ」を使った「経験」を語らせることにも言及しており、これ自体は、奥野の、「児童の生活経験を発表さす」こととも共通する。しかし、奥野の授業はいわば「児童の生活経験を発表さす」ことだけで成り立っていると言えよう[27]。「生活経験」の中で、「行為的意味」として既に存在している「思想」から選択し、それらを授業の場で多数発表させ、板書することで「文字」になった「思想」を共有し、「モノサシ」の語感を広げるという奥野の授業と平田のそれとの、語彙教育の理念上の違いは歴然としている。

　さらに、奥野の言う「思想」の内実をもう少し丁寧に見ておこう。次の彼の記述には、それが、詳しく説明されている。

　　（平田が）人格反応といふがその反応とは何を意味するか、反応の当体は勿論自己である、感情、知覚、意志の反応が加はつても畢竟す

287

るに投写するものは自己である。刺戟に対する反応は自己投写である。自己投写の意味は自分としての意味づけが完全に行はれるといふ創造的希求に他ならない。別言すれば刺戟を通して一種の自己創造を試みることである。(中略)即ち解釈したといふことは人格的反応が起こつたといふことではあるが、それは個々の刺戟によつて起こつたのではなく物そのものに直面して自己の内容から醸された意味なのである。　　　　　　　　　　　　　　　　　　　　　　［8（　）内引用者］

　つまり、児童は、「モノサシ」という語の刺戟があれば、そこに「自分としての意味づけ」を行うという「自己創造」の営みをするというのである。これは、前節で確認した「心理的読方」の概念である「連想活躍」のことであり、奥野が、1926年の時点ですでに「心理的読方」の考え方に基づいて思考していたことの証左であり、奥野の主張の一貫性を見ることもできる。
　続いて奥野は、語彙から離れて文章の問題に移り、「文学」の場合でも「同じもの、同じ花、同じ雲を見ても、見る人の心の動き方によつて夫れ夫れ異なつた特異の意味が創作されてくる」［8］と、個々の読み手による「特異の意味が創作」されるという主体性を述べた後、再び「解釈」についても「文学」と全く同じであるとして、次のように記している。

　　解釈は、だからいろいろな道具立て直観方便物等によつて深まつて行くのではなくして、主観の物を見る眼の創作的なところに深められて行くのである。
　　解釈はシンボルから経験を再現することであつて、何もシンボルに関した事実をその場で体験することでない。絵を用ゐたり、実物を用ゐたりすることが無用ではないが、それを用ふることを解釈するに非常に有効な道だと考へることは文学に理解のない人の言とより考へることは出来ない。(中略)
　　問題はシンボルについて新しい経験をもつことでなくて、主観がそ

第5章　奥野庄太郎の「心理的読方」

のシンボルをいかに自ら意味づけたかといふことにある。　　[8]

　この引用にある「解釈はシンボルから経験を再現すること」「主観がそのシンボルをいかに自ら意味づけたか」という奥野の理解は重要である。つまり、児童が何かを「解釈」するということは、平田の授業のように、単に指導者が実物や絵等を道具立てをして外から与えることによって可能になるものではなく、「自分の経験を追憶したり、モノサシを頭に浮かべたりそのあそび方を想像したり、その行為を評価して見たり」など、感情、知覚表象、意志などが「頭の中で起つてゐ」ことによるとしているのである [13]。これもまた、先に述べた「連想活躍」の鋭敏に行われる状態を指していると言えよう。

　ここまで見てきたように、平田と奥野の授業の形の違いは、その「読方」の授業が内包している思想そのものの違いが反映されていたと言えるだろう。それと同時に奥野は、平田が「国定読本の内容を過重視」しており、そのことが「国定読本の内容で一わたり、現代文化の内容を児童に知らし得るかの如く考へられる」[11] ことにも危惧を抱いている。つまり、平田の授業は、いわゆる教科書を教える式の授業方法であるという見方を示し、その発想自体を警戒していると言える。それは、平田の授業風景からも読み取ることのできるような、児童の姿勢が受け身にならざるを得ない状況への抵抗とも言えるだろう。奥野は、再度、「読方は飽くまでもシンボルを通して自己の経験を再現することである。刺戟に対して自己が意味を投入することである。それは自己に属する。他の説明によるものでない」[16] と「自己」に授業進行の主体がある旨を繰り返している。ここからは、自己の経験を再現するという児童の主体性が重要であり、児童にはたとえ低学年であっても、すでに経験している「思想」があることを前提とし、その「思想」をもとに、語や文章に対して主体的に、創造的に意味を投入していくことが「読む」ということであり、「読方」の教育だと考えていることも読みとることができる。

奥野の教材観については第6章で考察することになるが、当時は奥野に限らず、補助教材の準備が当然のこととしてなされていた。そのような授業をよしとする奥野にとっては、「モノサシ」程度の題材は単なる授業のきっかけとされ、多数の補助教材によって、その先の児童の思考が広がっていく授業展開を期待していたと推測できる。

　以上見てきたように、一見指導の「方法」の違いのように見える平田とは、「読方」の授業や語彙指導の「原理」が違うことによって、授業の差異が生じたと言えるだろう。

第5節　「心理的読方」の指導の実際

　本節では、「心理的読方」の二大要素である「アイムーブメント」と「連想活躍」の概念が、「指導」との繋がりではどのように述べられていたのか考察したい。ここでは、『心理的読方の実際』（1930）の2年後に奥野が発表した「読方の心理学習の実施面」（1932）をもとに考察する[28]。同稿は、管見では、戦前の奥野の「読方」関係の著作のうち、まとまった形で出されている最後の論稿である。

　同稿で奥野は、今後の読方教育をどのようにするべきかという課題を検討しており、まず過去に遡りその欠点を提示し、そこから今後の改善点を示すように論を展開している。この中で奥野は、「アイムーブメント」と「連想活躍」の「指導」について、「今後の読方の歩みとして、その日々の学習に於て実施せらるべき読方の心理的学習の重要なもの」［奥野1932.9：268］として提示している。以下、奥野の著述に従ってそれらの内容を具体的に示し、「心理的読方」の理念とその指導方法との誤差から生まれる限界と対策について考察する。

　まず、「アイムーブメント」について（第1項）、続いて「連想活躍」について（第2項）、それぞれ、指導について述べている部分を奥野の記述

第5章　奥野庄太郎の「心理的読方」

のまま抽出し検討する。その後に、奥野が「心理的読方」の「指導」や「方法」の限界をどのように乗り越えようとしていたかを考察する（第3項）。なお、第3項については、「読方の心理学習の実施面」の論稿にはその内容が含まれないため、『心理的読方の実際』（1930）や『読方学習の新研究』（1926）の著述に基づいて検討する。

第1項　アイムーブメントの指導方法

「アイムーブメント」は、第3節第3項で確認したように、「知覚距離」と「認識距離」の概念を含んでいる概念である。奥野はその具体的な「指導」や「方法」として「読方の心理学習の実施面」において次のように記している。

> ①「これ（知覚距離と認識距離）は、習練によつても増大することが出来る。欧米では瞬間露示法といつて、細長いカードに短文を書いてそれをチラッと見せて瞬間にそれらの文字語句をなるべく多く認識し得るやうに指導習練を試みてゐるかうした指導等によつて習練も出来得る」。
> ②「日常教師がこの（①のような）意味で文字や語をなるべく、「一かたまりづゝ見る」ことを習慣づけるやうに指導することによつて、さうした距離は増していくのである。」
> ③「認識距離の場合に於ては常に意味を考へながら一纏めにして見る習慣を構成するやうに絶えず指導して行くのである。」
> ④「アイムーブメントの指導これらを総合した語を一かたまりとしてなるべく意味を考へながらすらすらと読ますやうに指導していけばよいがそれがよい訓練になつて行くのである。」
> 　　　　　　　　　　　　　　［269（　）内、通し番号は引用者］

奥野は、これらの「訓練」によって、「読む速度も早くなり、のみならず読んだ文章の意味も読みながらわかつて行くいふことになるのである」［269］としている。奥野が、『心理的読方の実際』の中で多数挙げている「遊戯的学習」［奥野 1930.0905：123］の中にも、①にあるの欧米の「瞬間露示法」に示唆を得たと思われる、短時間で文字を読み取るという形式の指導例がある。例えば、「表情学習」というものは、「教師が黒板に何か活動的な或は表情的な文章」を書いてすぐに消してしまい、その後、「教師が板書した文章の意味を動作によつて表はさして見る」［135］というものである。また、「動作学習」というものは、「色々動作に表はせる文章や語句をカードに書いておいて」それを「ちらつと教師が子供に見せる」［140］ものであり、児童はすぐに消えてしまう状況やちらっとしか見ることのできない状況の中で、書かれた文字を認識するという方法である。これらの方法は、一瞬目にした文字を認識する「訓練」だが、ゲーム的要素が多く楽しみながら繰り返し行う中で、正しく読めたか、速く読めたかというその成果も即座に分かるような学習方法が提示されているのである。

　一方、②、③、④の記述に目を転じると一つの問題に突き当たる。これらが共通して求めていることは、文字や語を一かたまり、一纏めとして見ること、さらに④では、①で求めたような速度も必要とされた上で、「すらすらと読ます」ことが求められている。これらは、奥野が繰り返し説くところではあるが、問題は、これらの成果を指導者はどのようにして認識するのかということである。児童が一かたまりで読んでいるか、すらすら読んでいるかは音読の際には分かるだろうが、奥野は円滑な「アイムーブメント」のためには先述のとおり黙読を奨励している。そのような奥野が、児童の黙読の最中にこれらの成果を指導者としてどのように把握することができると考えていたのだろうか。

　　第2項　「連想活躍」の指導方法

　この疑問は、「連想活躍」の指導の際にはさらに難しくなる。具体的に

第5章　奥野庄太郎の「心理的読方」

見ていこう。奥野は時を経てなお、繰り返して「連想活躍」の重要性を説いている。

> この連想の活躍があつて初めて文章の意味が理解されて行くのである。この活躍を離れて文章の内容の理解を云々することは殆どその意味をなさないことであるといつてもよいのである。［奥野　1932.9：270］

ここでは「連想活躍」の重要性が、「アイムーブメント」以上に強調されていることが分かる。以下、その具体的な「指導」や「方法」を確認しよう。便宜上、順序を入れ替え、通し番号をつけた。

①「文章を読んでゆくうちにいろいろな意味を連想しながら読んでゆく、この連想がある故に文章を読みながら内容が理解されてゆく、故に小学校の読方に於てはどんな短い文を読む場合でも常に意味を考へながら読ますやうに指導しなければならぬ。」［270］
②「読方のいつの時間に於ても意味を考へながら連想を醸しながら文章を読んでゆくやうにその指導的注意を怠らずに与へるのである。」［271］
③「低学年時代によくあることであるが斉読といつて内容の意味を考へさせないで声と調子だけを合わせて機械的に読ます場合がある、あれはいけない、斉読さしてもよいが、その斉読の場合に於てもその連想活躍の指導原理からいへば、先づ意味を考へさせながら斉読さすべきである。漫然と機械的に斉読さすことは決して読方のよい訓練を行ふ所以ではないといふことになるのである。低学年の最初からこの方針で指導して行かないと、それが習慣になつて高学年になつてから文章を読んでも連想が伴はずその内容を理解しないで只読んでゆくといふ習慣をつけることになつて行くのである。」［270］
④「連想の想起は同じ文章を読んでも毎回同じとは限らないから、異つた想起のあつた場合は之を発表させて見るといふ風に指導を仕向けた

ら猶更面白い発展を見ることが出来るやうになるであらう。」[271]

　①、②においては、「いろいろな意味を連想しながら」とされ、③においては、機械的な斉読は好ましくないものの、もしも斉読させる場合にも「先づ意味を考へさせながら」させるようにと述べている。④においては、前節で検討した奥野の「連想活躍」の理念の発展的な姿が示されていた。それは児童が連想の想起を変化させて行く状況、つまり、個人内の読みの変容にも期待しているということである。しかし、これらの「指導」や「方法」は、具体的には、「連想しながら」「意味を考えながら」読むことなどを「指導的注意」し、促すことしか述べられていないのである。逆から見れば、奥野はこれらの「指導的注意」によってしか、「連想活躍」を鋭敏にさせることができないと考えていたのである。ここには「連想活躍」の「方法」の限界が見えるとも言えよう。「アイムーブメント」の指導方法の多様性に比しても、「連想活躍」に対して、何かしらの対策は考えられなかったのだろうか。この解決策を奥野は結局、調査法や測定法に求めたのである。次項では、それらの内容の確認をしたい。

第3項　「心理的読方」と測定法

　上述の問題は、奥野自身も次のように自覚していたと考えられる。すなわち、「連想活躍」の指導が、前項で見たような形でしか成立させられないということに加えて、ある授業の中で児童が確かに意味を考えながら読んだかどうか、語を一かたまりのものとして読んだかどうか、成果の正確な把握が困難であるという問題である。奥野はこの、児童の実態把握に関連して、「テスト」の必要性を次のように述べている。

　　音読の能力は教室で児童が朗読する際に、それをきいてゐれば大体の見当はつくものである。しかし黙読方面の語句の意義をどれほど知つてゐるか、内容をどの程度に理解し得るか、各自がどんな速度で読

第5章　奥野庄太郎の「心理的読方」

むものであるか等は、どうしてもテストの結果に俟たなければ知りにくい。　　　　　　　　　　　　　　　　［奥野　1926.0415：293］

　ここでは、黙読時の語句の意義、内容の理解、読む速度の観点から、音読とは異なるテストの必要性を唱えている。その上で、奥野はテストの内容について考察している。それらは、先に触れた欧米の文献から得た知見の影響も大きいことが見受けられる。

　奥野は、『読方学習の新研究』の「第九章　読方成績調査法の改造」［285］中では、「従来行はれてゐる調査法」［286］として当時の国語科における「調査法」を6分類している。6項目は①「文字の読方」、②「語句の意義」、③「文章の解釈」、④「語句の応用」、⑤「文の改作」、⑥「漢字の書取」［285］である。そして、これらと対比させる形で、「読むテストの中心をなすもの」［287］を考察し、まず、「速度」と「理解力」、そして「鑑賞力」を挙げている。それに続いて、「言語文字力」、「分量」と記している。先の「従来行はれてゐる調査法」の6観点と比較すれば、奥野の観点が、文章を解釈するという発想から脱し、文章を読むという行為を総合的に捉えた観点を提示しているという点で趣を異にしていることが了解できよう。また、参考として挙げられている「外国の読方テスト」は、「黙読のテスト」と「音読のテスト」［292］に大別され、前者は「1、読む語の意義を知る語彙、語句のテスト」「2、内容理解のテスト」「3、読む速度のテスト」［293］とされている。

　ここで、上記テストの観点のうち、「速度」「理解力」「音読」「黙読」を繋ぐ奥野の認識を確認しておきたい。それは、音読あるいは朗読よりも、黙読の方が読む速度は速く、さらに読む速度が速い方が内容の理解力は確かであるという認識である。この認識は、その根拠となる実験やデータとともに、奥野の著述にはしばしば見られるものである。例えば『読方の新研究』には、アメリカのスターチがPort Townsendの小学校で行った「読方速度と理解力の関係について」の調査結果としてそのデータが紹介され

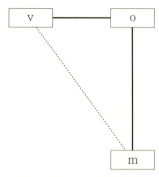

『読方学習の新研究』(1926)
84頁の図を元に筆者作成

ており[29]、その結果から「読むことの速いものは、その速度に比例して読んだ内容をよく理解してゐるといふことが証明されている」[83]としている。そして黙読が音読よりも速い理由を次のように図示して説明する。すなわち、「視覚」を「v」、「発声」「o」、「意味の了解」を「m」として、v、o、mの3点を頂点とした三角形を示し、朗読（音読）の場合は、「意識」がvからoを通ってmに来るが、黙読の場合は、oを媒介しないで直接vからmに行くために「意識」の進行が速いとする。ブルークスの「心的過程」と音読・黙読が結びついたことは先に述べたが、ブルークスの説における「連想活躍」は、「黙読」中に行われるとされていた。つまり、「黙読」が上達すれば「連想活躍」が活発になり、それはそのまま、読みの「速度」や「理解力」の向上に繋がるということである。このように「連想活躍」の概念にとっては、「黙読」は、児童が身につけるべき最も重要な技術として認識されていたと考えられる。

　一方その向上は、指導者にとっては把握しにくく、テストの工夫が必要になる。この奥野の一つの葛藤は、4年半後の『心理的読方の実際』内の「読方能力の科学的測定要素」[奥野 1930.0905：418]においては、『読方学習の新研究』内の先の「調査法」の6観点よりも更に整理され、「読方能力測定着眼要素」[418]として以下のように13項目展開されている。

- 文字力（文字読解力）
- 知覚距離（語を一団として見る習慣）
- アイムーブメント（語を一団として見、意味を考へながらすらすら読む習慣）
- 語句の力（語句解釈力）

第 5 章　奥野庄太郎の「心理的読方」

- 認識距離（語句の意味反応を鋭敏にする習慣）
- 連想活躍（常に文章の内面に連想を託して読む習慣）
- 語彙（意味をもつた言葉の豊富な集積）
- 経験（特に読書経験）
- 理解力（文章理解力）
- 速度（内容を考へながら速く読む力）
- 鑑賞力（芸術的文章を鑑賞する力）
- 組織力（科学的文章を組織する力）
- 朗読（読方リズム、エキスプレッション、発音の誤り、繰返し、別語挿入、脱漏、別語置換、呼吸習慣、等に注意する）[418（　）内原著]

　ここには、奥野が「心理的読方」を説いてきた要素が全て含まれていると言えよう。奥野自身も、「以上の諸能力が養はれたならば読方の発達は甚だ健全なものになるのである。これらの測定は、一々細密に行はれないにしても、即席測定法（Improvise test）といふが如く教師が任意に測定し、時々之に留意し、自らの指導を反省するだけでも非常に効果の多いものである」[419（　）内原著]としている。

　本節で見てきた「心理的読方」の指導実際の考察では、「アイムーブメント」の指導に比べ、「連想活躍」の指導が単調であることや「方法」として展開させづらいという特徴を見ることになった。奥野が提示していた「測定法」は、その不足点を補う役割をもつものとして提示されたと考えられる。奥野はこれらの測定法の資料を繰り返し具体的に示している。例えば、『読方学習の新研究』には、「ソーンダイクスケール」[奥野 1926.0415：293]の「読解力スケール」を和訳したものや心理学者の久保良英（1883-1942）が『児童研究所紀要』第 6 巻に発表したとする「読書力測定の問題」[298]などを掲載している[30)]。ここに、洋の東西を問わず、これら心理学的観点から〈読むこと〉の教育との接点を求めて新情報を摂取し、紹介しようとしていた奥野の軌跡を読み取ることもできる。「科学的研究」

を基とする教育を唱えた成城小学校訓導であったこと、また、視察や文献から欧米の知見を直に摂取し続けてきた奥野にとっては、「心理学」からのアプローチは合理的で受け入れ易く、その結果として「心理的読方」に到達したということが言えるだろう。なお、先の引用にあるように、提示したスケールを教師が「自らの指導を反省するだけでも非常に効果の多いもの」だと記している点は、奥野が「読み」の「測定法」の提示そのものに加えて、「自らの指導を反省する」という、教員に必要な一つの技量の提示も行っていることを確認しておきたい。

第6節　本章のまとめ

　本章では、奥野庄太郎の「心理的読方」について考察してきた。前章で見てきたように「文章深究」「内容深究」の読方教育が中心だった時代に、奥野は着々と欧米の新しい学問からの情報を摂取し、自身の論稿を通してそれらを発信していたことを明らかにすることができたと考える[31]。多くの実験データに基いて説かれる欧米の「心理学」から学んだ「アイムーブメント」と「連想活躍」という二つの重要な「心理的読方」の概念は、「実際」や「研究」を重んじる奥野にとっては説得力のあるものに映ったであろう。「アイムーブメント」は、眼球運動の訓練という側面よりも、その上達が読みの速さや理解力の向上につながるという合理的な裏付けをもって推進できる概念であった。さらに、その「アイムーブメント」の技術としての「視覚距離」「認識距離」の拡充を目指すことが、「連想活躍」という児童の「思想」の形成過程と結びつくことによって、それらの指導は「読方」の指導として意義あるものとして存在感を増すことになったと言えよう。しかし、「連想活躍」には、その向上の過程が見えにくいという欠点があった。奥野はそれを「測定法」で対処する。これら「心理的読方」の実体は、これまでの先行研究でも深く言及されなかった点である。そして、本章における「心理的読方」の検討は、第3章にお

第5章　奥野庄太郎の「心理的読方」

ける彼の言語観、第4章における「『文』の本質」観と「ライフメソッド／生活的読方」の理論や実践等と密接にかかわりをもっていることも次第に明らかにしてくることができたと考える。これらの内容は奥野の〈読むこと〉の教育の独自性を示している。

　一方で本研究は、大正新教育時代という枠組みの中に、「奥野の独自性」として埋もれてしまっていた「国語科」における本質的な課題を取り出して、現代に置き直して考えてみることも意図している。平田の授業との比較から見えた奥野の語句指導においては「連想活躍」を起こさせ、語彙（群）の形成を企図した授業を見ることができた。「文章を理解しようとしたならば、まづ単語の意義にしても、その意義を自分のもつてゐる語彙の中から適当に選択しなければならぬ」［奥野　1930.0905：213］という奥野の言説には、彼の言語観の中では、ある「語」の意味は、児童の保持する語彙（群）の中から「選択」されているという考え方が採られていたと言えるだろう[32]。ここには、大正新教育期の奥野が、時代思潮の中で摂取していた「自由」への信頼も背景として見え隠れする。
　本章で検討してきたような奥野が注目した観点、すなわち、児童が、ある「語」に対する既有知識としての「思想」とその「語」のシンボルである「文字」とを主体的に結びつけるような指導という奥野の視点は、結果として、時を経ても国語科教育において有効なものとして、今なお存在すると考える。

注）
1）野地によれば、わが国の近代国語教育研究史においては、「一九二〇年代に、すでに独自の国語教育理論の提示があったが、学的体系化の意図が時代的機運としてみられるようになるのは、およそ一九三〇年代からである」［野地　1985：9］とされる。
2）奥野は、3冊の自著の題名に「原理と実際」という文言を用い理論面と実際面ともに光を当てている。3著書は、『綴方指導の原理と其実際』（1924.7／1930.9再版）、『聴方教育の原理と実際』（1928.4）、『話方教育の原理と実際』（1928.10）である。

3）いずれも第三期国定教科書『尋常小学国語読本』巻七の教材。『尋常小学国語読本編纂趣意書　尋常小学国語書キ方手本編纂趣意書』(1924)においては、それぞれの教材は次のように類別されている。「第一　世界」「第二　横浜」は、共に地理的教材。「第十九　海の生物　一動物　二植物」は、理科的教材。「第二十四　彼岸」は実業的教材。

4）奥野は「読方学習の科学的建設」［奥野 1930.0905：232］など、「科学的」という語をよく用いるが、「科学的」という語の意味については、以下のように述べている。「数学や、理科やさうした科学の意味で文学と対照して考へる」［奥野 1930.0905：233］意味でなくて「「体系化された認識といふ意味」である」［234］。

5）この件に関する詳細は、第4章の注26を参照。

6）より詳しい章の構成は、第4章の注27を参照。

7）奥野による14項目は以下の通り。
　1．読まうといふ気持ちを起さすこと
　2．本をよむことをすきにすること
　3．静かに落付いて読む習慣をつけること
　4．一字々々ついてよむ習慣からはなれさすこと
　5．頭をふつたりからだをゆすぶつたりして読まないやうに
　6．小さい声を出して読む習慣をやめる
　7．目の律動をただしくすること
　8．新出文字、語句を注意して覚えさせること
　9．内容を尋ねられてもいつでも答へられるやうに読むことを習慣づけること
　10．朗読のくせを直すこと
　11．発音を正すこと
　12．読書の姿勢を正すこと
　13．収得した内容を表現する可能性を得しめること
　14．よいリズムを理解することの出来るやうに　　　　　　　［奥野 1928.1015：87－94］

8）『心理的読方の実際』には、「ブライアントの説」［奥野 1930.0905：79］として聴方教育における学年別の材料の内容が記されているが、同様の内容が *How to tell stories to children and some sotries to tell*［Bryant 1917：64］に記載されている。

9）第1章において考察した『尋常小学国語読本の批評』(1919)の奥野が担当した「第四章　国語読本の人文化的教材」の中でブライアントに触れている。内容は、低学年児童の読本教材は、現行読本のように多方面から材料を取る必要がないとする箇所である。この中で奥野は、この頃の児童は「精神が空想的」であることの証左として、「童話と年齢に関するチルレル、ライン、ヴィルマン、モイマン、ブライアント等の諸説を考へて見ても大体空想的材料要求の時期が一二学年頃といふことになつて居る（後略）」［奥野 1920.0125：77］としている。

第5章　奥野庄太郎の「心理的読方」

10) 『お噺の新研究』の記述での「ブライアントがお噺の使命は児童の悦楽にあるといつても此処のことで、この精神的享楽が真に児童の為の美しい幸福である」[奥野1920.0928：68] などの記述に見られるように、奥野の聴方教育も含めた国語科教育全般を捉える時には、英語教育において音声言語を重視しているブライアントの影響を無視することができない。

　ブライアントには *Stories to tell to children*（1907）という著書もある。その中には、"I mean the growing effort to teach English and English literature to children in the natural way: by speaking and hearing, —orally." [Bryant 1907: xxix] という記述もあり、ブライアントが奥野の聴方教育に与えた影響は大きいと考えられる。ブライアントに関する詳しい検討は今後の課題としたい。

11) 筆者は、クラッパーの文献についての確認ができなかったが、先のスミスの文献リストには "Klapper, Paul *Teaching Children to Read* ; D. Appleton and Company 1914." [Smith 1922: 107, 224] が記載されているため、奥野が『児童の読方教授』と記した書は同書と考えられる。

12) ブルックスについては原著、訳本と未確認のため、今後調査を続ける。

13) 「国語読本の人文科的教材」（『尋常小学国語読本の批評』所収）[奥野 1920.0125：77, 83]、『読方学習の新研究』[奥野 1926.0415：49, 102] などにホールへの言及が見られる。

14) 奥野は、科学読み物や説明文など、非文学教材の構成や読解の指導のことを「組織」と表現している。

15) 奥野が引用したこれらの説の出典はこれまでのところ確認できていない。今後も調査を続けたい。

16) 第4章においても、音読と黙読の問題は、奥野による垣内松三著『国語の力』に対する批評の論点に挙がっていた。奥野は、芦田惠之助が授業の導入時に音読させていることを批判している。

17) ブルックスの6段階の原文として、奥野が記載しているのは以下の通り。
　① Visual impressions are received upon the retina.
　② Nerve impulses pass from the retina to the visual areas of the brain.
　③ Associations which give meaning to these nerve impulses are aroused or established.
　④ Impulses pass from the visual centers to the motor speech centers.
　⑤ Nerve impulses pass form the motor speech centers to the muscles of the tongue, lips, vocal cords, and certain other muscles of the cheek and throat.
　⑥ The organ of speech are moved and utter the words.　　　[奥野 1930.0905：192]

18) スミスの6段階の原文として、奥野が記載しているのは以下の通り。
　① Recognition of the wordform.
　② Feeling ef confidence.〔ママ〕

③ Mental pronunciation.
④ Tendency toward structural association.
⑤ Tendency to react to the words.
⑥ Reacting to sentences.   ［奥野　1930.0905：194］

19）スターチの9段階の原文として、奥野が記載しているのは以下の通り。
① Reception upon the retina of the stimuli from the printed page.
② The range of the field of distinct vision on the retina.
③ The range af[ママ] attention in apprehending visual stimuli.
④ The movement of eyes.
⑤ The transmission of the visual impressions from the retina to the visual centers of the brain.
⑥ The establishment or arousal of association processes whereby incoming impulses are interpreted.
⑦ The transmission to the impulses from the visual centers to the motor speech centers.
⑧ The transmission of motor impulses from the speech centers to the muscles of the vocal.
⑨ Execution of the movement of speech organs in speaking the words.
　　　　　　　　　　　　　　　　　　　　　　　　［奥野　1930.0905：194］

20）スミスの *The reading process* には、Professor Javal of the University of Paris の実験とされている［Smith 1922: 108］。奥野は、アーレンス、ヒユキー、ドッチ、ディアボーン、シユミットなどについて、同書の記述から取捨選択した上で要約して紹介している。

21）association の「連想」は分かりやすいが、和訳として用いた「活躍」という語はstructural、establishment、arousal の概念を表そうとしたのだとすると、苦心の跡を感じさせる。「連想活躍」という日本語の一語になったときに、それら英語のもっていたニュアンスを読者に感じさせるのは難しいことだったと推察する。

22）ここで奥野は語彙教育の「方法」を具体的に用意している。本書においては、奥野の理念や思考に重きをおいているため、奥野の指導の具体的な「方法」については詳述しなかった。しかし、奥野の具体的な指導「方法」は第2節で検討した欧米の文献から示唆を得たものも多く興味深い。同書に「語彙教育」として提示されたものだけでも「最も有力なものであるといへる」とする「聴方」以外にも、「話方学習」「直観学習」「校外学習」「ピクニック学習」「掲示学習」「学級文庫」［奥野 1930.0905：97－115］がある。「語彙教育」の中に「聴方」「学級文庫」等も含まれていることに、奥野の〈読むこと〉の教育の概念の広がりが示されているだろう。

23）奥野の「平田華蔵氏の読方意味解釈の心理を評す」［教問70 1926.1：7］と題する論稿は、平田華蔵の読方学習における「意味解釈の心理」［平田 1925：44］に対する

第5章　奥野庄太郎の「心理的読方」

批評である。「意味解釈の心理」は平田著『読方学習の心理』(1925) 所収で、「序」において平田は、同書出版のいきさつについて、「学習心理叢書」の第一冊としてすでに公にした『算術学習の心理』に続く著作であり、「我国に於ては此方面に関する心理学的研究の乏しきが為に、彼我国語を異にすることを承知しながら、海外の資料を多く引用した」[序3] と述べている。同書の巻末には「主要なる参考文献」として30冊の文献が示されており、その中には24冊の英語、2冊のドイツ語の文献を含んでいる。

24) 教材「モノサシ」[海後 1964：264（尋常小学国語読本巻一：8）] の全文は、「ハサミ　ガ／アリマス。／モノサシ　ガ／アリマス。／ヒノシ　モ／アリマス。」（／は、改行）

25) 平田は、心像説（Mental Image Theory）について、「児童が語句に意味を付与するのは児童の心中にある経験と語句との連想によるもの」とする「従来の心理学」[平田 1925：44] であり、「古い連想心理学」[46] だと位置づけている。また「人格反応説（Personal Response Theory）」[45] を、人の心は「単に印象を記憶して貯蔵してゐるものではな」く、「必ず能動的有機的の一人格として刺戟や地位に対して反応しなければならない」と唱えられたものであり、それが「真理」[45] だと位置づけている。ここで言う「地位」は「Situation」の訳として使われている。なお、平田からの奥野への反論は管見の限りでは見当たらない。

26) 平田は同書の「第三章　読方の機制」の中で「第一節　読方に於ける眼球の作用」と題して、「眼球運動の実験的研究」[平田 1925：20] に言及している。この中では、「ヒユーイー（E.B Huey）、ディアボーン（W.F. Dearborn)、エルドマン及びドッヂ（Erdman and Dodge）等の有名なる研究があります」[20] として実験結果を紹介し、考察がなされている。この内容は、同書の巻末の文献紹介にディアボーン、エルドマン及びドッヂの個別の著書の紹介がないことから、ヒユーイの *The psychology and pedagogy of reading* を参照したものと考えられる。

27) 奥野がこの授業で、児童の経験を一つ一つ「提示して読解して見る」として「ワタシハ、モノサシヲモツテ、アソンダコトガアリマス。」など板書してシンボル・文字として提示している点は、先に第3章で見た奥野の聴方教育においても見られた方法と共通するということを確認しておきたい。

28) 同稿は、1932年9月の発行の内外教育資料調査会編『最新変動　教材集録』第21巻10号に収められている。同誌は「今後の読方教育」と題する臨時増刊号である。

29) スターチによるデータは、5人分の実験結果が表で示されているものである。表の項目は4項目で、以下の通り。「30秒間に読んだ語の数」、「書いた語数」、「1秒間の速度」、「読んだ語を覚えていた百分率」。"Educational Psachology P.284" からの引用とされている [奥野 1926.0415：82-83]。なお、同様の内容は、後継書である『心理的読方の実際』にも記載されている [奥野 1930.0905：247]。

30) この他にも奥野は、しばしば英米の「スケール」を紹介している。例えば、『英米小学校教育の実際　附　世界一周紀行』(1923) には、「読解力スケール」「国語スケール」「書方スケール」など国語科関係の他、「加法スケール」「減法スケール」などの算数に関するものや「歴史スケール」など、「スケール」と称したテスト用紙を、必要に応じて日本語に翻訳しながら掲載している。[奥野　1923.1208：273-302]
31) 第4章で検討した垣内は、奥野が「心理的読方」を提唱した3年後、「初学年児童の読方の特性」[垣内 1977a (1933)：69] について記している。そこで、垣内は「初学年児童の読方は成人のそれとは甚しく異なるものであることを念頭に置くことを要する」[70] とした後、奥野同様、「心理学」からの知見に基づいた「初学年児童の眼球運動」[70] に言及している。その中で垣内は、「眼を以て知覚したものを口に上せつゝ把捉するか、上せることなしに把捉するかを問はず、眼球運動なしには読方は開始されないのである」[70] とする。さらに、「初学年児童の読方に於ける眼球運動の特色は、その定着休止及び運動が、印刷された行に沿うて、著しくあちこちに動揺し、且つ背進的であつて滑らかに進行」せず、それは「規則正しい効果的な眼球運動の運動習慣が未だ形成されてゐないから」[71] だと指摘している。そして、眼球運動の「形成を指導するのは読方教育の第一歩である」[71] と記している。ここには、奥野と共通の低学年における「アイムーブメント」の教育の必要性を認識している事実を読み取ることができる。しかし、奥野の「アイムーブメント」と垣内の「眼球運動」が接点をもち、議論になることはなかったことは、第4章に示した通りである。
32) 奥野が自認する「語彙主義」という文言は、多くの語を児童生徒に注入するかのように、語だけをとりたてて指導することと誤解されやすい。しかし、本書における検討によって奥野の「語彙主義」がそのような指導ではなかったことは明らかになったと考える。塚田は「読みの研究と教育に関する基幹学会である国際読書学会（IRA）の代表的著作　Theoretical Models and Process of Reading（第2版, 1976, 第3版, 1985, 第4版, 1994.）の目次」[塚田 2001：66] から「理解（comprehension）」の項目の構成を調査している。その分析より、「80年代に入ると認知論的傾向が強くなり、スキーマ理論の影響の大きさを認めることができるようになる」[67] としている。ここに示される「スキーマ理論」[67] の説明は、奥野の語彙（群）が意味する内容に近いと考えられる。スキーマ理論そのものについては、[塚田 2001：67-69] に詳しい。

第6章
奥野庄太郎の教材観

第1節　本章の目的と先行研究

　ここまで、奥野庄太郎の言語観とそれを伴う彼の読方教育論についての理論と実際について検討してきた。奥野庄太郎の〈読むこと〉の教育の考察において残している課題は、ここまで述べてきた奥野の理論や実践が、どのような教材を必要としており、それらがどのような考察に基づいて形作られたのかを明らかにすることである。「何を」読むかという、読む対象を問うことは、常に国語科の中心かつ最重要課題である。
　第4章において、奥野が、形象理論を唱えた国文学者垣内松三の理論との葛藤の中で、自身の読方教育の理論を形成させたことを述べた。その垣内は、1933年4月[1]に創刊した雑誌『教育』の「新「小学国語読本」の批判」と題する特集号に、「批判の批判」[垣内 1933：79]という論稿を載せている。その冒頭で垣内は、国定読本への批判を戒めている。

　　小学国語読本の批判といふことを、既に教科書として編制せられ、教材として与へられた読本の批判的批評の意味に解するとしたら、それは二つの意味に於て意義のないことである。その一は今われわれは与へられたる教材をいかに国語教育の実際に生かすかといふことと、その二は子供たちをこの読本に親しませる導きをいかにすべきかといふことが心の全部を充たして居るのであつて、個人的主観的なる立場に於て、この二つを無視した批判を試みる一切のことは時を過まり且つ極めて罪の深いことであると考へる。しかももし批判を要するものがあるとしたら、それはこの二つの課題の解釈を弱めたり歪めたりす

るやうな一切の言説に対して厳正なる批判を下すことのみが残されて居ると考へるのである。　　　　　［垣内 1933：79（　）内引用者］

　ここで垣内は、今は「与えられたる教材」としての第四期国定教科書『小学国語読本』（以後「『小学国語』（第四期）」と記す）の授業への生かし方と、児童への親しませ方のみに心をかけるべきであり、読本（教科書）の批判はすべきではないとしていると解釈できるのである[2]。後の時代の私たちから見れば、大正新教育時代の一つの終着点を、この垣内の発言に見ることができると言えよう。なぜなら、本章で取り扱う1920年代後半の資料からは、国語教育界の人々が国定読本という限りある教材の内容に関しても、真摯に議論し、よりよい国語科の授業のための教材観を公然と議論し合っている姿を見ることができるからである。「編纂の趣旨」[80]に遡り、そこに潜む「言語文章に関する原理の進展」[82]に着目する必要を説く垣内の真意とは裏腹に、いかに教材を授業に生かすか、いかに児童に親しませるかという「方法」の研究に重きがおかれ、すなわち結果的に教科書やそこに掲載された教材を絶対視するかのような考え方や実態は、その後の時代の国語科教育の中にも少なからず残ってきたとは言えないだろうか。本章では、この垣内発言直前の第三期国定教科書『尋常小学国語読本』（以後『尋常小学国語』（第三期）と記す）の時代における国語科教材に関する活発な議論を見ることになる。そこからは、奥野の〈読むこと〉の教育における教材観を示すことができると考える。

　滑川道夫によれば、「副読本がブームとなるのは、関東大震災（大12）後から、昭和初頭にかけてのできごとであ」り、第二期国定読本に「比して、大正新時代に適応しようとする意気込みがあらわれた国語読本の出現によって、国語教育界に清新の気がおこってくる」［滑川 1933：99］とされる。しかし、本章で扱う『尋常小学国語』（第三期）を実際に授業で使っていた人々の生の声からは、「清新の気」と言えない国定教科書の実像も示される。1920年代に小学校教員を務めた奥野の〈読むこと〉の教育の教

第6章　奥野庄太郎の教材観

材に関する具体像を描く目的の本章では、国語科教材史研究の蓄積を念頭におきつつ[3]、奥野を含む当時の教員達が、どのような時代的雰囲気の中でどのような思考を働かせながら、選択の余地のない国定教科書教材を受け入れて授業を展開していたのか、その姿の一端を示し考察したいと考える。

「教材」という語は多義的であるため、本章で言う「教材」「補充教材」等の名称は便宜上以下のように定義する。国語科の授業において児童が読む対象（聴方の場合には聴く対象）全てを包括して「教材」とする。この中には、教科書（正読本）の教材も含む。また、当時から「副読本」「補充読本」「補充教材」「補助教材」「課外読物」など多様な名称で語られている教科書以外の文字、文章、作品等も、授業で用いられている場合は「教材」とする[4]。「教材」の中でも、教科書以外の「副読本」などの多様な名称は、当時においても論者によって用い方に特徴があり、それら文言の繁雑さは認識されていた。本章では、現代においても理解しやすいと考えられる広島高等師範学校訓導の原田直茂の説を定義として使用する[5]。原田の説は図書の形態による定義づけではなく概念による定義づけである。①「副読本」は、正読本に対するもので、文部省が提供しているもの以外の読本はこれに含まれる［原田 1929：110］。②「課外読物」は、正課以外に読む読物を一括し、「副読本」と銘打ってあっても正課以外で読まれるときは、ここに含まれる［110］。③「補充教材」は、教材の不足を補うための材料であり、その選択には教師の意図や指導、全ての児童に読ませようという強い要求などが伴う。「副読本」と銘打つものが、ある方案の下に全ての児童に提供される時は、ここに含まれる［110］。以後本章においては、原則として上述の①②③の定義に基づくが、引用箇所では論者の文言をそのまま用いることとすると同時に、なお分かりにくい場合はその都度補足をする。

続いて、本章で奥野の教材観の検討を行う前提として関連のある先行研究を概観しておきたい。3分類して確認する。第一に大正時代の教材観と

の関連から（第1項）、第二に成城小学校の国語科教材との関連から（第2項）、第三に大正時代の副読本、補充教材との関連から概観したい（第3項）。

　　第1項　大正時代の教材観との関連

①倉澤栄吉著「脱教科書論のために」（1994（1974））
　同稿は、奥野に直接言及している。倉澤は「国語教育研究の先達には、きわめて魅力に富む何人かの人がいる。その人々は、垣内、芦田の、いわば主流の座にはなかったために少しばかり不当に軽視されているらしい」［倉澤 1994：29］とし、その一人として奥野を挙げ、「教科書批判、国定読本観の批判をやっているところは、私の印象にあざやかである」［30］と紹介している。この中で倉澤は、奥野庄太郎著『心理的科学的読方の教育』（1928）より3箇所を引用しつつ「これはまさに、「脱教科書論」ではないか」［31］と評価している。
②井上敏夫著『教科書を中心に見た国語教育史研究』（2009）
　井上によれば、「わが国の国語教育は、明治以降、ひきつづき国語教科書を中心に行われてきた。国語教科書は他の学習資料と並ぶ、資料の一つに過ぎないという教科書観に開眼させられたのは、太平洋戦争以後のことである」［井上敏夫 2009：168］[6]。つまり、本書が対象としている大正新教育期は、国定教科書の教材を対象にして研究が進められていたということである。一方、同書には、「国定読本の批判」［171］という項も設けられ、「国定教科書の編纂趣旨を徹底させ、その内容解説と指導法提示という、啓蒙的伝達的研究書だけでなく、広い視野からの教科書批判や改正への提言が、明治末から大正期へかけて、さかんに行われるようにな」［171］ったことも示されている。同書では、『尋常小学国語』（第三期）に対して行われた批判として、辰馬六郎著『国定小学校教科書の諸欠点』（1926）と並んで第1章で検討した澤柳政太郎他9名共著『尋常小学国語読本の批評』を挙げ、これを「教育学者、国語・理科・図画等の指導実践

第6章　奥野庄太郎の教材観

家としての立場から、広く白表紙（『尋常小学国語』（第三期））を検討し、国語読本改造に役立てようとした書」[171（　）内引用者]だと紹介している。

③飛田多喜雄著『国語教育方法論史』(1988)

同書の国語教育史的区分では、大正初年から1922年までが「教材研究期」[飛田多喜雄 1988b：80]とされている。この時期の国語科教育が提示した現代でも学ぶべき問題として、「教材研究の必要を確認したこと」と「学ぶ者自体の自己確立を強調したこと」[82]の2点を挙げることができるとしている。また飛田は、保科孝一著『国語教授法精義』(1916)を引用し、教材研究への意識の高まりに言及している[7]。飛田は「教材研究期」の特徴として、「教材が教授法を決定するという教材重視と自己確立の問題」[84]を挙げている。本章で検討する奥野や同時代の実践家達は、国定読本の内容を批判する一方で、補充教材をも教材として重視し、その教授法研究にも真摯に向かう姿勢を示している。

第2項　成城小学校の国語科教材との関連

①北村和夫著「大正新教育と成城小学校（1）──国語科の教科改造と「児童文化としての教科書」──」(1986)

同稿では、聴方科の内容、すなわち奥野の理論と実践について言及している。北村は「奥野においてはお噺を人類の祖先の思考・空想・感情の表現と見、そのようなお噺を選び、提供することこそが詩的空想的神秘的な児童の「本能的要望」にかなうものであり、児童期という黄金時代（ゴールデン・エージ）を享受せしめる所以となると構想したのであった」と述べ、「内外の多くの伝承説話、寓話、神話、歴史譚、少年小説が正にお噺として教材化されている」[北村 1986：53]と指摘している。本章第4節の奥野の「お噺」の検討においては、なぜ奥野がこれらの「お噺」を教材化したのか、その思想的背景を詳しく示したい。

また北村は、「大正11年には読方科から読書科が分化独立し、読方科の

内容も「国語教育」と「文学教育」とに明瞭に分化していく」とし、読方科「文学教育」の目的は「文芸品の読解及鑑賞」[55]であったとする。内容には、童謡、自由詩、童話など広い分野の単行書が使われ、中でも「学校共通の自作教科書として比重の高い物は『小学児童文学読本』である」[56]と紹介する。北村は、同読本の成立の契機として3点指摘している。第一に「沢柳の教科書観と、それを更に進めた成城の教科書を使いこなしていく自学学習方式」[69]、第二に「沢柳の国語国字問題への長年の問題意識」[69]を契機とした児童調査によって開発された「国語教育の体系」[70]、第三に「「芸術としての学校劇」を創始し、芸術教育運動、児童文化運動の情熱的なリーダーであった小原」[70]による児童文化運動の成果の教材化である。

②木村勇人著「成城小学校における国語教育と副読本」(1998)

　同稿は、成城小学校の訓導の手によって作成された児童読本の発行の経緯、編集方針、収容教材、個別の教材から窺える教材観や児童観の抽出などの考察を通して、成城小学校における児童読本発行の全体像に迫るべく検討されている。

　上記の北村、木村の研究からは成城小学校の国語科教材、中でも『小学児童文学読本』にまつわる事実を知ることができ興味深い。小原の名前が前面に出ているものの、同書の編者に名を連ねる奥野も何らかの形で『小学児童文学読本』作成に貢献したと考えられるからである。読本の編集は複数で行われているため、これら先行研究から奥野の教材観だけを抽出することはできないが、筆者は、木村が行った『小学児童文学読本』とその改訂版との比較から明らかになった以下の事実に注目した。それは、1930年に改訂された同読本の変更点である。木村は変更点を4点に整理している。第一に「ページ数、教材数がともに増え」[木村 1998：43]た点、第二に前版との「重複教材は3割程度であり、全面的な改訂がなされたといってもいいだろう」とする点、第三に編者については「奥野庄太郎が抜け、新しく玉川学園訓導の谷口武が加わ」った点、第四に「装幀が柏原覚太郎に変わっ」[43]た点である。木村はこれらの指摘に続き、教材数、

総ページ数、作者数は増加している点、外国の文学作品が教材数22は減らしているにもかかわらず作者数では3名増えている点も指摘し、それらの作者など細かく検討している。木村は改訂の過程で「文学性をさらに高めようとする流れと、欧米から日本へそして童心から現実の生活へという二つの流れが存在した」［47］と述べているが、編者から奥野が抜けたことの影響も当然考えられよう。木村の解釈に従えば、奥野は同読本の「欧米」の時代、「童心」の時代に編者を務めていたということができよう。

第3項　大正時代の副読本、補充教材との関連

①木村勇人著「大正時代における「国語副読本」の研究――「国語副読本」に見る「文学」と「教育」の接点――」(1999)
②木村勇人著「大正時代における「国語副読本」成立の背景」(2000)
　木村の上記2稿の、「国語副読本」（木村による仮称）の存在が、「国定読本との関わりの中で大きな展開をみたという指摘」［木村 1999：48］に端を発する点は、本章と認識を共有している。本章においては、「補助教材」と国定教科書とのかかわりから考察することになる。
③大塚浩「国語科教育における副読本教材研究――文部省通牒との関わりを中心に――」(1995)
　同稿は、「国語科教育における副読本教材研究の一環として、文部省通牒を手がかりとして、国語教科書教材と国語副読本教材との攻防について考察を進めようとした」［大塚 1996：1］論稿である。本書第1章でも検討した文部省通牒と、「国語教科書教材と国語副読本教材」との関係を考察している。同稿においては、「この時期の国語副読本の存在は、常に主読本である国定国語教科書の欠点を明らかにした上で、それを補充することを前提とした機能をようやく持ち得るに至ったにもかかわらず、為政者側による教育政策という名のもとによる思想統制と管理教育を目途とした、固定的かつ一元的な国家による国定国語教科書至上主義が推し進められる中で、強力なる制約と締め付けを全面に受けながらの細々とした運用

であったと言える」［大塚 1995：7］という一つの結論が示されている。しかし、本章において検討する雑誌『国語教育』の第12巻7号と第14巻7号は同通牒後の発行であるものの、上記の大塚の結論とは異なる視点を提示することになる。すなわち、大塚の言う「強力なる制約と締め付けを全面に受けながらの細々とした運用」とは別の、その「制約と締め付け」の中でも、文部省通牒を「解釈」によって切り抜け、指導の工夫や改善を試み、それを発信する訓導達の一面の提示である。

④吉田裕久「昭和二十一年度の国語補充教材に関する考察」(1997)

1946年度の暫定国語教科書を補うものとして存在した「補充教材」についての詳細な検討がなされている。吉田は、その実際の使用の仕方の具体的なことについてはわからないとしながらも、「この未曾有の混乱期に、こうして不足する教材を自主的、積極的に補い、児童の国語力を少しでも高めていこうとする真摯で熱心な営みが当時の国語教育界に展開されたと言うことは、この時期の歴史的事実として記憶に留められておいてよいことではないかと思われる」［吉田 1997：94］としている。吉田が1946年度の暫定国語教科書を補うものとして存在した「補充教材」に見た国語教育界における「真摯で熱心な営み」の発端を、本章においては1920年代半ばに見つけるものとなると考える。

　以上、先行研究を概観した。同時代の教材に関するこれらの知見を踏まえて、本章では以下の構成で論ずることとする。

　まず最初に、奥野と同時代の国語教育関係者の教材論を検討し、奥野の教材観を相対化する。方法としては、当時の国語教育関係者の主張を辿ることのできる雑誌『国語教育』の論稿を考察することとする。『国語教育』は1927年7月と、1929年7月に『尋常小学国語』（第三期）に関する特集を組んでいる。前者が「国語読本改善号」後者が「補充教材号」である。2年の時を経て組まれている特集だが、両号には共通する論点を見出すことができ興味深い。前者を中心に検討するが、両号ともに論稿を寄せている論者も見られるためそれらの人々の主張の時間経過の中での異同

も含めて検討しつつ、奥野の時代の教材観を確認したいと考える（第2節）。

続いて、奥野自身の教材観に迫りたい。前述の両特集号には奥野の論稿も掲載されている。本節では両特集号の奥野の論稿を中心資料として検討する。奥野の作成した補充教材の内容を具体的に示して考察したい。その際、同教材に対する補充教材や授業のあり方を、他の論者の補充教材や指導方法との比較の中で探る（第3節）。続いて、第3章で検討した聴方教育の教材としての「お噺」について、その価値や内容を明らかにする（第4節）。最後に、奥野が創作した「児童読物」を概観する。いわゆる「課外読物」として考えられがちな児童読物、児童書であるが、奥野の〈読むこと〉の指導においては、教材としての意味をもっていたと考えられる。奥野が何を意図して児童読物を選択し、創作したのかを確認したい（第5節）。

教材観の考察は、いつの時代でも検討すべき中心的な課題であり、国語科教育における内容に直結するものである。この考察は、大正新教育期や成城小学校という時間と場所の制約も超え、教育方法論とは別の視点である小学校教員の指導内容観として、現代の私たちに対しても検討すべき課題を提起することと考える。同時に国語科の教育内容論としての奥野の教材観が、本書においてここまで見てきた語彙教育、「読方」、「聴方」、「話方」等の分科の枠を超えた〈読むこと〉の教育としての全体像のどこに位置付くのかを確かめる過程になるものと考える。

第2節　『尋常小学国語読本』と補充教材

本節では、『尋常小学国語』（第三期）に対する批判の内容と、当時における補充教材に対する視座を、雑誌『国語教育』の論稿の考察を通して明らかにしたい。

まず、『尋常小学国語』(第三期)を巡る時代状況を確認し(第1項)、その後に本節の資料を概観する(第2項)。次に、同誌の編集主幹である保科孝一(1872-1955)の論点を整理して第4項以降の考察の視点を提示する(第3項)。続いて、国定教科書制度と補充教材の関係と(第4項)、批判の中心的な論点である読本の文学化に関する議論を確認し(第5項)、最後に、補充教材に関する多様な視点を確認しておきたい(第6項)。

第1項　『尋常小学国語読本』と批判の状況

　奥野が成城小学校で訓導として活躍していた時代は、1918年4月から使用された『尋常小学国語』(第三期)の時期に重なる。『日本教科書大系』を編纂した海後宗臣によれば、この時期には第二期国定読本『尋常小学読本』(以後『尋常小学』(第二期)と記す)も並行して使用されていたが、『尋常小学国語』(第三期)は、「第一次世界大戦が終った後で新しい教育運動が各国に展開した時であって、思想的、文化的に従来にはなかった新風潮が流れた際に編集され、新しい時代の動向を教材に反映している。特に、当時の児童中心主義の新教育思想をとり入れた国語教材を提供しようと努めたことなど、当時の教育者の要望にもそうた内容となったので、好感をもって使用された」［海後 1964 : 719］とされる。また井上敏夫も、『尋常小学国語』(第三期)の使用開始は「大正期国語科教育を推進する原動力となった」［井上 2009 : 367］と言う。そして『尋常小学』(第二期)も、「国民的童話・伝説・神話などの数を増し、文学的趣味の多いものにしようとした努力の跡がうかがわれたが、この第三期国定白読本(『尋常小学国語』(第三期))にいたって、その傾向はいっそう顕著になった」［367(　)内引用者］とする。

　しかし、第1章で述べたように、成城小学校においては早くも1920年の1月の時点で、『尋常小学国語』(第三期)に対して澤柳政太郎他9名の共著の図書という形で『尋常小学国語読本の批評』を出版し、同書には「国語読本の如何に改造すべきか」［澤柳他 1920 : 序2］について9名の論評

が収められており、当初から批判的な見方も存在していたと言えよう[8]。そして、使用開始から10年目の1927年7月には、保科の主宰する雑誌『国語教育』誌上で、「国語読本改善号」(以後「改善号」と記す)と題する特集が組まれ、初等教育、中等教育合わせて32名の国語教育関係者等の論稿が掲載されている。この中では保科を初め芦田惠之助、また、千葉春雄、河野伊三郎など高等師範学校や女子高等師範学校訓導の面々、『尋常小学国語』(第三期)の編集に携わった八波則吉(第五高等学校教授)、公立小学校校長や訓導、そして唯一の私立小学校訓導として奥野も名を連ねている。さらに同誌は、1929年7月に「補充教材号」を発行しているが、この中でも奥野を含む27本の論稿が掲載された。両特集号に共通する論者は、保科孝一、八波則吉、芦田惠之助、原田直茂、河野伊三郎、宮川菊芳、白鳥千代三、千葉春雄、そして奥野庄太郎である。

　本節では、同誌上の主張から、当時、『尋常小学国語』(第三期)が国語教育実践者達にどのように受け止められていたのかを考察したい。海後によって「好感をもって使用された」と評される『尋常小学国語』(第三期)だが、使用開始から10近くが過ぎた時点の同誌「改善号」では、その改善点が堂々と論じられるようになっている。国定教科書に対する不満が公言されていたのである[9]。また、その2年後に発行される「補充教材号」は「改善号」と無縁ではない。「改善」を要するようになっていた『尋常小学国語』(第三期)の使用者達にとって、「補充教材」は不可欠のものになっていたことが窺えるからである。以下、その内容を確認したい。

第2項　「国語読本改善号」(1927)の概要と「補充教材号」(1929)との関連

　「改善号」は1927年7月1日に発行されている。32名の論者がそれぞれの観点から『尋常小学国語』(第三期)について論じており、保科の「主張」に続いて、「初等教育」と「中等教育」に分けて構成されている。32名のうち、「初等教育」について論じているのは20論稿である。以下その

題名を列挙する。「補充教材号」にも論稿がある場合は、その題名も併記した。（　）内は記されている役職。便宜上、「改善号」の掲載順に筆者が通し番号をつけた。

〔主張〕
1．保科孝一「わが国語教科書に対する要望」／「補充教材の利用について」
〔初等教育〕
2．芦田惠之助「国語に関する読本編纂について」／「補充読本私見」
3．千葉春雄（東京高等師範学校訓導）「国語読本に改善を要することども」／「補充資料の本質」
4．河野伊三郎（奈良女子高等師範学校訓導）「国語愛と読本編纂」／「補充読物と読書法」
5．原田直茂（広島高等師範学校訓導）「国語読本に対する希望」／「補充教材について如何に考ふべきか」
6．春水「挿画随話」
7．八波則吉（第五高等学校教授）「男女青年の補習読本について」／「補充教材選択難」
8．岡井二良（東京市永田小学校長）「国語読本に於ける韻文の改善に就いて」
9．宮川菊芳（東京高等師範学校訓導）「都会文化と国語読本」／「補充教材について」
10．白鳥千代三（東京府千寿小学校訓導／千寿第二小学校訓導）「国定読本改善について」／「補充教材について」
11．池田小菊（奈良女子高等師範学校訓導）「現国語読本の存在は教育錯誤」
12．野澤正浩（広島高等師範学校訓導）「文章と変容の自己の生活」
13．五味義武（東京女子高等師範学校訓導）「国語読本に対する所見」
14．奥野庄太郎（成城小学校訓導）「国語読本改造の要求」／「補充教材の必要の原理」

15. 井上助太郎（山形県左沢小学校訓導）「国語読本資材選択の原理」
16. 富澤次平（徳島県女子師範学校訓導）「児童読本の誕生を祈念す」
17. 小松辰藏（新潟県金沢小学校訓導）「国語読本形式方面の改善案」
18. 安田義一（岡山県中谷小学校訓導）「内鮮融和の上より眺めたる国語読本の内容改善」
19. 丸山林平（東京高等師範学校訓導）「わたくしの希求する国語読本」
20. 竹内文路（主任）「国語読本改善の方向」

　これらの内容は、「改善号」という特集名どおり、20名の執筆者全員が『尋常小学国語』（第三期）は改善する必要があることを前提に論陣を張っている。冒頭に『国語教育』主幹の保科による「主張」がある。続く2から20までの論稿は、それぞれ自由に、歯に衣着せぬ表現での主張がなされている。

　2年後の「補充教材号」においても「改善号」同様に20の論稿が収められているが、その役職を見ると、公立小学校の訓導が「改善号」では4名だったのに対して「補充教材号」では9名と倍増し、授業での具体策に直結する補充教材に関する特集であるとは言え、広く公立小学校訓導からもその知見が示される土壌ができていることが分かる[10]。第4項以降これらの論稿を検討するが、その際、主幹である保科の「主張」を一つの指標とする。まずは、次項で保科の著述を整理することとする。

第3項　「国語読本改善号」(1927) における論点
——主幹保科孝一の場合——

　冒頭で保科は、欧米において教科書を論じることの自由について言及している。保科によれば、欧米では「教科書の取り扱いは極めて自由」［保科 1927：1］であり、「教授資料と見なし、教科書を教授するとゆう態度はなく、たゞこれを教授上に利用しようとして居る」［1］とする。それに対し、日本は「教科書を教授する」ため、教科書を「金科玉条としてそ

の通(ママ)に私見を加えることすら遠慮する傾がある」[1]と当時の状況を語っている。続く保科の「主張」からは8観点が抽出できる。以下、提出順に、その内容の要点を抜粋する。

①日本の教科書は、「教師の見るところによつてみだりに加除することが許さ」れないが、「国語読本のごとき、小中学を通じて一学年二冊」[1]という分量は全ての学校に叶っているとは言えない。ドイツのように「各地方をしてそれぞれ教科書を編纂してこれを用いさせ」ることが、日本の「国情によつて許されない場合には、読本の教材を地方の事情によつて加除し、その調節を図ることが必要である」[2]。「教科書の取扱い方に一大改善を加えるとともに、教科書の編纂法もおういに考究を要する。」[2]

②「小学校における読本教材は、児童の日常の生活における経験範囲から選択すべき」[2]である。「修身教科書や国語読本等に採択されて居る偉人傑士の伝記」[2]など児童の境遇とかけ離れている。このような教材もあってもよいが、「児童とほぼ同じ境遇にある人々の嘉言善行はかれらはおういに共鳴するが、貴族階級に属する人々の伝記や逸事には感服はしてもこれをまねようとゆう考は起こさない」[2]。「今日の社会において範とするに足るべき人々の伝記逸事、あるいは嘉言善行を取て教材とする方がはるかに有効」[3]ではないか。

③「説明的な知識教材や道徳教材は感興に乏しく、児童が一般にこれを喜ばない傾がある。」[3]読本教材は、「児童の経験範囲に存在し、趣味に適応し[11]、しかも文章がうつくしく面白く書きあらわされて居ることが最も必要な条件である」[3]。「読本教材のすべてが文学化されなければなら」[3]ない。実科教材を採択すると「実科教授と国語教授との区別がなくなってしまう恐があ」り、「たとえば地理教科書における地理教材と、国語読本における地理教材とは、取扱上格別な(ママ)違がないことになるから、その場合には国語教授が地理教授に

④「教材があまりに断片的なものでは、十分な感興を催さしめることが出来ないから、二三課継続のもの、あるいは七八ページから十二三ページの長篇を採択することが緊要だ」［４］。

⑤「国語読本を分類して見ると、雑集読本・類集読本および連続読本の三種になる」［４］[12]。短編教材の雑集による読本は、「昨日は地理教材、今日は文学教材とゆうように、教材の種類が課ごとにわかるために、児童の興味と注意が集中せられる機会が乏しいために、教えにくい」［４］。短編でも類集にしてあれば教え易いが、「これによって読書の十分な能力を養うことが出来ない」［４］。「わが国の小学読本はすべて各種の短編教材を雑集したもので、読み切りの長篇教材はほとんどない」［４］ため、児童はむしろ課外読物に興味をもつ。

⑥「長編教材の分量を増す」と同時に、「副読本を利用して正読本の欠陥を補うがよい」［５］。

⑦「さし画」について、「児童の趣味は静的なものよりも動的なものに傾いて居ることは言うまでもないが」、「小学校の国語読本は概して静的で、動的な気分に欠けて居る。例えば、日本の教科書のさし画では、「兵卒の行進図は兵卒の胴から上をえがい」たり「えん側の猫と庭先の犬とは端然として相対し、あたかも置物のように見える」ように描いたりするが、兵卒の行進も「外国のものには歩調を取つている足部を」描いていたり、「ブルドックが猫を追うて居ると猫が懸命に逃げ去るところをえがいて居る」［５］。「欧米にはさし画や児童画を専門とする画家が居るが、わが国にはその大家として認められるものがまだ現われない」［６］。「児童の趣味とその発達変化」［６］を研究し描写しようとする画家が乏しい。「読本のさし画は、教材の要旨をよく理解せしめるたよりになると同時に、情操を養成する重大なる使命を有するものであるから、これを専門に研究する画家があつて然るべきである」［６］。

なつてしまう。それでは国語教授の堕落で、国語科の意義が消滅する」［３］。

⑧「中等学校の国語読本は教材の選択についてこそ張目して見るべき進歩をあらわして居るが、編纂の方法は依然として旧のごとく雑集的である」［6］。「作者の見識や意中も十分に窺い知ることができない」雑集読本では、「人格の養成品性の向上とゆう一大使命を果すことが出来ない」から、「正読本はしばらく現在のまゝとしても国民一般が深く尊敬して居る書籍を副読本として取扱わせることがもつとも緊要」である［6］。

要約を通覧して分かるように、保科の提出した具体的な例示を交えた「主張」は、諸外国との比較の中で論じられていることに特徴があると言えよう。続いて次項で他の論者の論点を見ていくが、比較のために保科の視点を以下の2点に整理し、それらを指標として他の論者との異同を検討したい。

　視点ア）国定読本の取り扱い方及びその編纂方法に関すること：保科の①⑤⑧より

　視点イ）読本教材の分量及び内容に関すること：保科の①②③④⑥⑦より

第4項　国定教科書制度の副産物としての補充教材

まず、「視点ア）国定読本の取り扱い方及びその編纂方法に関すること」について論者の主張を確認したい。

編纂方法に関しては、2.芦田と7.八波、両者の異なる論調の中から、国定読本編纂の事情を知ることができる。芦田は、『尋常小学国語』（第三期）が八巻まで発行された時に、高師訓導の傍ら八波、高野両図書官の指導を受けて「読本編纂見習生のような生活」をした縁で朝鮮総督府の編修官として「かの地の普通学校国語読本を八巻まで編纂し」、その後「南洋群島国語読本本科用三冊、補習用二冊を編纂し」たことで、見識が養われたとする［芦田 1927：8］。一方で、この読本編纂の経験から知った「官

第6章　奥野庄太郎の教材観

の仕事」に対しての難しさに対する「歎声」［8］をもらしている[13]。同僚、調査委員などとの合議しての多数決や、上官からの「一蹴の厄」の後編纂会議にかけられるという編纂過程に対して、「単独で思ふ存分編纂したいと思つた事は、幾度だつたかしれません」［8］と率直な心情を記している。

　一方、『尋常小学国語』（第三期）編纂者であった八波は、「男女青年の補習読本について」［八波 1927：36］と題する論稿を寄せている。『尋常小学国語』（第三期）の改善問題からは距離を置いた内容である。この中で八波は、男女青年は全国小学校の児童数にも匹敵するにもかかわらず、彼らに対する「補習読本」が、各府県の教育会編纂の専売のような傾向になっていることへの憂いを記し、「国家の中堅」［36］である青年の補習読本編纂に対する改善意見を記している。そして文末近くでようやく、「読本を文学読本にせよ、趣味読本にせよとの呼び声は数年来随分高く響いてゐるが、読本の内容形式に関する規定があり検定がある以上は、さう思ひ切った斬新な物は出来難い」［37］と述べるに過ぎない。このように2. 芦田、7. 八波の両論稿からは、国定読本であるがゆえの編纂者の苦悩を窺い知ることができる。そして芦田は、その結果出来上がる国定読本の文に対しては、「きずはないが―いや随分ある―生気がなくなる」［芦田 1927：8］と率直に批判している。

　1. 保科においても同様に「教科書の編纂法もおういに考究を要する」としていたが、それは、前述したように教師による加除が許されていないために国定読本を扱う分量や内容が一定にならざるを得ないという、指導者にとっての弊害に置き換えられている[14]。そして、地域差や学校の実情に即したものにならない点を、地方毎に教科書を編纂しているドイツとの比較から、日本においても「地方によつて適当なもの（国語読本）を編纂し、しかるべく取扱うことがもつとも策の得たるもの」とする。［保科 1927：2　（　）内引用者］。

　芦田、八波、保科に共通して窺える論評の姿勢は、編纂の経験がありながら教科書が国定であることに伴う弊害を認めている点である。しかし、

国定制度自体への是非を問うことではなく、その弊害を編纂法と教科書の取り扱い方の改善によって対応すべきという論調である。また、この三者以外にも「改善号」において、国定であること自体に異論を唱える論稿はない。国定教科書制度は、1904年4月、後に成城小学校校長になる澤柳が文部省学務局長時代に開始されているが、それから23年余り経ち、『尋常小学国語』（第三期）の使用開始からでも10年が経とうとしているこの時点では、国定であること自体は議論の対象にならなかったと言えよう。この事実を国定制の出発点に遡って考えれば、国定教科書制度に至った契機として知られる教科書疑獄事件の衝撃がそれだけ大きかったことを意味することかもしれない[15]。また、国定教科書導入後の年月が慣れを生じさせたのかもしれない。しかし、ここで扱う論稿の検討から見えて来るのは、結果として国定教科書の歩みが長く続いたこと自体が、実際家と言われる教科書の使用者達によって、その改善と取り扱い方の工夫の必要性を訴えることができる土壌をも準備したという事実である。

一方、直接の編纂者という立場から、『尋常小学国語』（第三期）への改善についての具体的な言及を避けた八波は[16]、「補習読本」については、「文部省の検定が入らないから、編者は思ふ存分個性を発揮し、（中略）理想を実現することが出来る。故に読本の改善は先づ補習読本から始むべきではなからうか？」、「補習読本」には「細かい規定も束縛もな」く「自由競争場裡での花々しい奮闘が国家の為にのぞましい」［八波 1927：37］などと、「補習読本」の作成を奨励している。これらは、国語科教育の当事者達が「国定」であることの束縛の中から、制度の隙間を賢明にすり抜け、実体としての国語科教材を得るための智恵を絞った姿とも言えるだろう。この当時の状況については、3. 千葉が2年後の論稿「補充資料の本質」［千葉 1929b：114］において、次のように端的に述べている。

　　近年の教育界は、各種教科の材料に関する本質的言議が逞しくなり、その結果、材料についての関心が微に入り細に入わたり、未だかつて見ざる深刻なる研究の状況を示してゐる。這般の消息は、補充教

材といふ在来ともすれば、私的自由さを濃厚にもつてゐた此の種のものについての、つまりは任意視された此の種の問題に職責上必然の考察を向けねばならぬやうにまでなつて来た。個人的関心が社会的関心にまで高められてきたわけである。特殊的意味をもつたものが普遍的意味にまで成長して来たわけである。　　　　　　　　　　　[115]

　ここでは、当時の教材への真剣な研究姿勢の高まりと、補充教材を語ること自体が、「個人的関心」から「社会的関心」へ、「特殊的意味」から「普遍的意味」へと公の関心事になっていたことが語られている。そして、このように国定教科書制度が定着していくことが、補充教材を認知するという副産物を生んだとも考えられるだろう。

第5項　雑纂読本か文学化か

　次に「視点イ）読本教材の分量及び内容に関すること」についての論点を見ていきたい。国定教科書の分量については、単純にその少なさが共通の批判の対象となった。しかし、内容についてはやや詳しく検討しなければならない。
　まず、保科が指摘した短編教材の寄せ集めである雑纂読本であることへの改善については、論者達の中では2観点から論じられている。第一に、国語読本は文学化すべきであるという主張であり、第二に、他教科が歴史的に「読み書きからいろいろなものが分派され、国語読本はそのあとに残されたものを集めたといつたかたち」[丸山 1926：15]の雑纂読本であることへの批判である[17]。この点に関する『国語教育』誌上の他論者の発言を見てみよう。保科が唱える国語読本の教材は文学化すべきであるから雑纂的な編集は好ましくないという論理は、東京女高師の13. 五味や『国語教育』編集主任の20. 竹内の論稿にも見られる。以下、五味と竹内の言説を確認したい。

一口にいへば、今日の読本は雑纂読本の譏りを免れない。読本によつて何もかも授けようとする八方美人的態度が非難の焦点である。必要といふことに立脚して国語科本来の面目が幾分でも犠牲にされるまで、他の材料を採択せねばならぬ理由はない。地理的教材、理科的教材、実業的教材、公民的教材といふやうな材料は省けるだけ省いて、もつと鮮明に、国語の特質を発揮したらそれでよいのである。(中略) 真に国語読本が国語教育の使命を果すにはあくまで文学本位であるべきことを要望する。　　　　　　　　　　　　　［五味 1927：64］

　竹内は、『尋常小学』(第二期) に比べ『尋常小学国語』(第三期) が一段の進歩改善を見せたとして進歩した13項目を認め[18]、今後もこれらの点は改善が必要だとした上で、次のように記している。

　併し考を明確にするためには右のやうな諸点 (13項目のこと) を雑然と列挙しただけではだめで、その根源的のものから出発して統一的に考察することが必要である。それで国語読本改善に対して統一的なる思想を持つために、右に掲げた十数個条の項目中最根本的のものに着眼して見るならば、8、文学教材の増加、に白羽の矢が立つであらう。国語読本が諸教科の玄関番のやうな地位に自ら卑下して他教科から教材を少しづゝお裾分けしてもらつて、自らの本領が何であるかの自覚を持たない、所謂雑輯読本、掃溜読本といはれるものから漸次文学読本に向つて修正せられ改変せられて来たことが、国語読本改善運動の中心動力である。　　　［竹内 1927：102 ( ) 内引用者］

　竹内は今後の一層の改善のための13項目の筆頭に「文学教材の増加」を挙げた。当時の国定読本は、編纂趣意書において教材の類別が明示されていたが[19]、五味と竹内の論評からは、それらが実践家の思考の中では桎梏となっていたことが伝わってくる。両者とも、「八方美人的態度」や他教科からの教材の「お裾分け」である教材からの離別を望み、文学本位、

文学読本に向かうことを望んでいる。

　また、保科は「文学化」と表現してその必要性を訴えていたが、東京高師の3.千葉の「国語読本に改善を要することども」[千葉 1927：12]では「国語読本の本質」[12]という項を起こし、より国語読本の本質論に迫ろうとする立場から主張している。千葉は、「先づ結論から申し上げておきます。文の上から観た材料は、左の二つに限られていゝとおもひます。1.一つは純文学作品たるもの。2.一つは文学作品的なるもの。以上の二つです」[13]と言い切っている。千葉の言う「純文学作品たるもの」と「文学作品的なるもの」とは、前者が「芸術的価値から見て完全なもの」であり、後者は「アンリー、フアヴルの昆虫記のやうなもの」を例に挙げ、「「趣味的にかく」といふ態度から生れたものでは駄目です。根本の観方に文学と科学とが融合してるところから生まれたものをいふ」[13]とする。千葉の解説によれば、「文学作品的なるもの」の範囲はかなり広く、歴史、紀行文、名勝記、天文や地文、神話、伝説、伝記、処世的事項も含んでおり、「純文学といひ得ないが、さて文豊の味の学醇なものゝしかも材料は科学的のものといつたようなのは、皆この文学的といふ称呼の中に含めて考へておきたい」[13]と言う[20]。

　一方広島高師の5.原田の「国語読本に対する希望」[原田 1927：28]のように雑纂的体裁を是認している論稿も見られる。原田は、その理由を「国語教育の目的」[29]に求めている。国語教育の目的は、「我が国独特の言語の理解と運用とを期するといふことに帰着」し、「読み方は言語の理会その言語を表現してゐる文章の理会が直接の目的である」という立場から見ると、「材料採択も一部に偏してはならない」[29]とする。さらに、「児童の発育程度」を考えれば、「幼稚な時期に国民文学などと、かつぎまはらなくともよい。先づ児童の生活圏内から選択して、其の言語生活の整理と発展とを望まなくてはならない」[29]と言う。そのために、「現行の雑集的組織を是認する」[29]という立場である。五味や竹内の指摘に見られるような、「地理的文章は地理教科書に譲れ、理科的文章は理科

教授に一任せよ、読本は純文学的材料で沢山である」というような議論に対しては、それらは、「素材そのものが不適だといふのではなくて、表現如何の問題」[30]だと補足する。

　先に考察してきた保科のように雑纂読本を否定的に捉える人々が、その表裏一体の問題として国定読本の教材内容の全てを文学化することを唱えていた。その対極にある原田の意見は当然、雑纂的編輯を是認する立場の裏側に、「科学的の文章を全然排斥するといふ論者には俄に賛同が出来がたい」[30]という主張も包含していたのである。

　　第6項　補充教材論の多様な視点

　先に示した「視点イ）読本教材の分量及び内容及に関すること」のうち分量不足の問題は、保科の主張にも2観点存在していた。第一に、「短篇教材では一般に無味平淡で、これを読んで感興を催うすまでに至らない」[4]として、読本教材の一篇ごとの分量が少ないために長篇ものを取り入れて欲しいという点であり、第二に「欧米にならつて一冊の読切の教科書を用いることは種々の事情ですこしく困難であろうが、しかし二三課続きの長篇教材を加える」[5]方針によるようにと、長篇ものの数自体も増やして欲しいという改善要求であった[21]。そしてこれらの要求は、国定読本自体への改善要求であると同時に、一方では、国定教科書であるがゆえの限界を補う、補充教材や副読本及び課外読物の充実を望む議論の場も用意した。

　本項では、「改善号」の論稿において、それら補充教材または副読本についての議論がどのように進められていたのか、個別の主張を見ることとする。結論を先取りすれば、これらの主張を見ると、補充教材に対する個々の論点は実に多様であったことが明らかになると考える。なお、以下の個別の論者の発言の中では、論者の使用した「補充教材」「副読本」などの名称を用いることとする。

　1．保科は、「副読本を利用して正読本の欠陥を補うがよいと思う。す

なわち一冊読切の副読本を利用して長篇教材に親しましめ、これによつて読書の能力と趣味を養うように致したいものである」[保科 1927：5]と、「副読本」に長篇教材を採ることによって正読本の教材の分量不足を補う必要性を提示し、それが読書の能力と趣味の育成に繋がることを示唆している。

2．芦田は、教科書の国定制度は当然のことであり、「国家はこの制度を完全に運用するために、十分の手を尽くさなければなりません。国に理化学研究所があるやうに教材の研究所がなければならない」と提案したのに続き、その「教科書の研究所ができましても、民間の心ある者が補充読物として研究工夫した図書の刊行に、不利な事情を与えてはなりません。（中略）教科書の研究に資する民間の補充読物の研究は、文部省でも好感を持つて、その助長をはかつてほしいと思ひます」[芦田 1927：9－10]と、民間人が「補充読物」を刊行することに対して文部省が好意的になるべきだとしている。

3．千葉は国定読本に入れるべき具体的な教材例は提示しているが、補充教材についての意見は記していない。しかし前項で示した、国定読本の内容は「純文学作品たるもの」と「文学作品的なるもの」[千葉 1927：13]に限るべきだという千葉の主張は、必然的に国語読本上から他の教科的教材を排除する方向に向かうことを意味する。しかし千葉は、その点に関してはむしろ、「今日教科書を使用してゐる教科に、それぞれ教科書以外別に読本体のものをへんさんしてして与へる」[15]という方法を提示する。例えば「地理の副読本体のものには、（中略）資料の豊富な、しかも健全な一冊の地理の読物が提供されます。それは自習の用にもなり、自学の用にもなり、読物にもなり」[15]とし、補充教材は国語科に限らないという広がりのある立場を示している。

5．原田は、補充教材に言及していないが、分量の問題から「当局はよい材料を選択して、もつとどつしりと提供してもらひたいもの」[原田 1927：30]とした後に、当局側は「そんなことは教師信頼」[30]の事項だと弁明するかもしれないと述べる。つまり当時、国定読本以外の「児童自

身で学習の出来る練習的応用的の材料」が、「謄写刷り」[30] など個別の教師の準備により使用されていた状況を示す記述をしているのである。見方を替えればこの記述からは、教師たちを信頼して任せているという文部省の態度があったことも窺い知ることができる。

7．八波は、先に述べたように、「読本の改善は先づ補習読本から始むべきではなかろうか？」と、「補習読本」[八波 1927：37] の編纂を勧める立場である。自身も「現代補習読本二十巻と青訓用の青年国語読本四巻を編纂し」[37] た旨記している。

10．白鳥は、国定読本の内容に関して 3 項目の要求をした後、最後に、「副読本乃至補充読物の制定又は募集をしてほしい」[白鳥1927：50] と訴えている。その理由として、正読本二冊だけでは、「読書趣味の養成」には距離があり、「正読本は教師を予想してあるから形式が難かし」く、読み書きの訓練が目的のため「要求が多」く、「のびのびとしてのんきに喜んで、自発的に読むにはや、窮屈な感じが伴ふ」[50] と述べる。このような教科書のもつ雰囲気に対する率直な意見からは、国定読本の善し悪しに関わらず「教科書であること」を補う副読本や補充読物が必要だとす判断が窺える。白鳥は本論文で奥野の英米視察の報告を根拠にして[22]、日本の読本が分量、内容ともに貧弱なことを指摘しているが、国定読本と、副読本や補充読物を併用することを望む白鳥の主張は、奥野とも共通する。

16．富澤は「幸いに今日の子供が正しい文章の理解や鑑賞が出来てすくすくと生ひ立つて行くのは学校の文庫を賑はしてゐる副読本や課外読物の賜といはなければならぬ」[富澤 1927：81] と述べ、自身の「学校では既刊の副読本は殆ど揃へてゐる」ことと、「新児童読本・文学読本・小学読本など個人として持たしてゐる」[82] ことを紹介している。そして「正読本を読むよりも副読本を読むことを子供は喜ぶ」[82] と子ども達の現状を報告している。

17．小松は「国語読本形式方面の改善案」[小松 1927：85] と題して、表紙や背布の色、挿画の風情、価格など主に形式的な面に絞った改善案を

提示している。その理由として「子供の自由に選択して読む課外の読物の如きは、徹頭徹尾形式上からのみ彼等は選択する」ことが挙げられ、「単に価格の低下のみを念として形式を無視してゐる、現在の国語読本は、いやいや乍ら仕方なしに読むのであつて、子供は止むに止まれぬ読本欲など起つて見ようがなく、其結果は課外読物よりも反つて読本を嫌忌し、延いては学習能率の低下を招くやうな恐るべき問題にも達する」[小松 1927：85]ことの危惧が記されている。

19. 丸山は、「児童の国語の力とか文学鑑賞の進展とかは、国語読本によつて得られるより遙かに多く芸術家の作品（課外読物）によつて得られてゐるやうであります。読本だけしか読んでゐない児童の如何に貧弱なことでありませうか。読本は強ひられて読み、文学的作品は進んで読入るからであります。出来るなら、読本をして児童のあこがれの的たらしめたいのであります」[丸山 1927：99（　）内原著] と国語読本に対する課外読物の優位性を明言し、国定読本への期待も記している。

20. 竹内は、今や民間、各地方の教育者団体、そして文壇知名の士によって「優良なる読み物」[竹内 1927：107] が現れていることは事実であると述べた上で、以下のように続ける。「この天下の大勢に逆つて、国定読本以外のものは読むなといふが如きは馬鹿げ切つたことで、如何に政府の威力を以てするも児童からこれ等の読物を奪ふことは出来ない。むしろ今日は進んでその読物又読み方の指導に最善の努力をしなければならない。国定読本はこれを国語教育の中心とし、之を補ふに諸種の出版物を用ひることの必要は、国語教育の上よりするもまた出版界の状況よりするも当然のことである。」[107] そして、「か〻る広汎なる立場に於て、豊富なる読材に囲繞されたる今日及び今後の国語教育の中枢たるべき国定教科書が如何なる範囲にまで自らの境地とし、他を民間出版物に譲るべきかも一つの研究問題でなければならぬ」[107] としている。これは、国と民間、国定読本と「読物」のなど垣根を越えた検討が必要であるという、広い視野からの指摘と言えよう。

以上、補充教材との関連を示しながら国定読本の改善を述べている論稿の視点を提示した。20名の内、半数の論者が何らかの形で補充教材について言及していることが分かる。しかも、国定読本教材の分量や内容の不足を補う点から補充教材の必要を唱えるというような、教材そのものを考える視点からの指摘は保科に限られており、その他の人々は、「副読本」や「児童読物」に代表される補充教材に関する体制や仕組みの在り方、教員や児童の受け取り方や対応の状況、そして、『尋常小学国語』（第三期）を代表とする教科書そのものが内包するマイナスの要因とそれに対する「課外読物」のプラスの要因など、実に様々な視点からの指摘である。このような「改善号」における多様な論調は、大正新教育期の実際家と呼ばれる人々が、教材を考える個別の確乎たる視点をもっていたことを物語っている。

　中でも、竹内の発言は、国語科の問題を学校の外からも見たものとして注目に値する。竹内は『国語教育』の編輯主任であるため、集められた論稿は当然掲載前に目を通していたであろう。その上で、先の「豊富なる読材に囲繞されたる今日」の状況を踏まえ、民間出版物である読物と国定読本の「範囲」は明確にすべき問題であることを指摘している。つまり、国定読本の内容を文学化すべきかどうかなど国定読本の話題に収めることなく、国定読本以外の教材の存在も考慮した発言だということである。

　また、竹内の言う「国定読本以外の物は読むなといふが如き」「政府の威力」は、1924年5月の文部省の次官通牒を指していると推察できる。同通牒では、「教科書ノ解説書若クハ教科書類似ノ図書ヲ副教科書又ハ参考書ト称シテ使用」［塩見 1980：71］することが禁止された。この出来事に関しては、第1章第2節において、長野県、大阪市、神戸市、奈良女高師附小における波紋や、奥野の在籍する成城小学校の機関誌『教育問題研究』誌上の特集記事による通牒批判の事実を考察したが、「改善号」上の論稿でこの件への言及だと思われるのは白鳥とこの竹内の記述のみである[23]。少なくとも1927年7月の同誌上では、先の文部次官通牒自体が彼らの言論そのものを縛っているようには見受けられない。そのことから

は、教育実際家達が通牒をうまく受け流し、国定読本の教材内容を真剣に問い続け、さらに自由で多様な教材論を戦わすことのでき安定した議論の場が存在していた現実があったことを窺い知ることができるのである。

　これら自由で多様な発言の中には、国語科の教材の本質を問おうとしている国語教育関係者の真摯な姿と、時代をも超えて問いかけてくる国語科の課題が溢れていた。本章は奥野庄太郎の教材観を明らかにすることが目的である。奥野の時代のこのような背景を、彼の思考の前提として確認することなしには、奥野の教材観への考察が成立しないことは言うまでもない。

　なお、この他にも、保科の「主張」の⑦に見た静的な挿画から動的なものへというような挿画に関する改善点を初め、新出字、仮名遣い、候文、文語文、韻文、笑い話の量と内容、紙質、価格等、主張の個別の視点を挙げれば実にさまざまにあったことを付言しておく。

　次節では、奥野自身の言説を見ていきたい。

第3節　補充教材に見る奥野庄太郎の教材観

　前節では、奥野の教材観を検討する前段階として、同時代の国語教育関係者の論調を見てきた。本節において、奥野の教材観を検討したい。まず、奥野の教材に関する論稿を整理する（第1項）。続いて、前節で資料とした「改善号」と「補充教材号」それぞれにおける奥野の論稿を中心にして、奥野の教材観を検討したい（第2項・第3項）。そして、奥野の教材観が具体的にどのような教材として授業に活用されていたのかを考察する（第4項）。その際、前節で採り上げた論者との教材・指導例と比較検討を試みたい。

第1項　奥野庄太郎の「教材」に関する論稿

　奥野が教材や教育内容に関わる事項を採り上げている論稿は多数存在する。管見の限りだが、年代順に以下に提示してみたい。教材や教育内容に触れている論稿も含めて挙げると55編を数えることができる。便宜上発行年月日順に通し番号を付けた。なお、同月発行のもの前後は未確認の場合もある。

1．「国語読本の人文科的教材」『尋常小学国語読本の批評』1920.1
2．「課外読物研究の一面」『教育問題研究』第5号　1920.8
3．「第2編　お噺の材料」『お噺の新研究』1920.9
4．「第5章　教材の提供」『読方教授の革新──特に漢字教授の実験──』1921.9
5．「第6章　教授の革新──第1節　内容の問題──」同上書
6．「聴方教授に於ける語句の収得」『教育問題研究』第23号　1922.2
7．「児童の創作的文章」『帝国教育』第481号　1922.8
8．「読方教授と補助読本の問題」『教育問題研究』第34号　1923.1　※1
9．「読方教授と補助読本の問題」『教育論叢』第9巻2号　1923.2　※1を抜粋したもの
10．「英国に於ける小学校読方教授の方針」『教育問題研究』第40号　1923.7　※2
11．「児童大学読方教授の実際」『教育問題研究』第43号　1923.10　※3
12．「第2編　各教授の実際──第1章　読方教授の実際──」『英米小学校教育の実際』1923.12
13．「第2編　各教授の実際──第2章　読方教授と補助読本の問題──」同上書　※1・※3を加筆修正したもの
14．「第4編　英国小学の実際──第1章ダルトン案小学の実際──」同上書

15. 「第4編　英国小学の実際——第2章　普通小学の実際——」同上書
　　※2を加筆修正したもの
16. 「国語科と国際教育」『帝国教育』第496号　1923.12
17. 「英米のダルトン案小学校に於ける指導案の一例」『教育問題研究』第46号　1924.1
18. 「読方に於ける形式主義と内容主義」『小学校』第38巻第4号　1925.1
19. 「欧米に於ける課外読物の状況」『教育問題研究』第58号　1925.1
20. 「尋一読方四月の実際と副教材／尋二読方四月の実際と副教材」『低学年教育』創刊号　1925.4
21. 「尋一読方五月の実際と副教材／尋二読方五月の実際と副教材」『低学年教育』5月号　1925.5
22. 「尋一読方六月の実際と副教材／尋二読方六月の実際と副教材」『低学年教育』6月号　1925.6
23. 「読本内容の改善に就て」『教育時論』第1439号　1925.6
24. 「尋一読方教授と七月の副教材／片仮名五十音趣味的練習／尋二読方教授と七月の副教材」『低学年教育』7月号　1925.7
25. 「第1編　教授論——b 内容の方面——」『お話と聴方教授資料（上巻）』1925.7
26. 「尋一読方教授と九月の副教材／尋二読方教授と九月の副教材」『低学年教育』9月号　1925.9
27. 「尋一読方教授と十月の副教材／尋二読方教授と十月の副教材」『低学年教育』10月号　1925.10
28. 「尋一読方教授と十一月の副教材／尋二読方教授と十一月の副教材」『低学年教育』11月号　1925.11
29. 「お噺の価値」『児童文学の研究』4巻11号　1925.11
30. 「尋一読方教授と十二月の副教材／尋二読方教授と十二月の副教材」『低学年教育』12月号　1925.12
31. 「尋一読方教授と一月の副教材／尋二読方教授と一月の副教材」『低学年教育』1月号　1926.1

32. 「第5章　読方学習一般方法の論議──3．形式主義と内容主義の問題──」『読方学習の新研究』1926.4
33. 「第5章　読方学習一般方法の論議──4．課外読物の問題──」同上書
34. 「第8章　読方教材の選択」同上書
35. 「読本改造の根本要件」『初等教育研究雑誌』第41巻3号　1926.6
36. 「大人の読物と子供の読物」『初等教育研究雑誌』第42巻4号　1927.1
37. 「尋常小学校乃至高等小学校に於ける現行教科書改正要求の世論に対し、如何なる方法を以てこれに応じ得べきか」『教育時論』第1460号　1926.1
38. 「第5章　低学年における読方材料」『低学年の読方教育』1927.2
39. 「第3章　聴方の材料」『低学年の聴方教育』1927.3
40. 「尋一教育と課外読物」『初等教育研究雑誌』第43巻1号　1927.4
41. 「国語読本改定の要望」『教育問題研究』第86号　1927.5
42. 「国語読本改造の要求」『国語教育』第12巻7号　1927.7
43. 「読み方に於けるアクションセンテンスの応用」『教育問題研究』第91号　1927.10
44. 「国定読本を墨守するの功罪」『教育問題研究』第93号　1927.12
45. 『尋常小学補充教材全集　第1学年』1928.3
46. 「第5章　聴方教育の材料」『聴方教育の原理と実際』1928.4
47. 「第8章　聴方教育の資料」同上書
48. 「読方教育の勢力範囲を論ず」『教育時論』第1547号　1928.6
49. 「第6章　読み方教材の研究」『心理的科学的読方の教育』1928.10
50. 「第6章　児童用図書の学年別紹介」『児童文庫の経営と活用』第6章　1928.11
51. 「現代の要求する読方教育」『教育時論』第1568号　1929.1
52. 「補充教材の必要の原理」『国語教育』第14巻7号　1929.7
53. 「課外読物の教育的地位」『初等教育研究雑誌』第48巻4号　1930.1
54. 「A転回編──2現代読方の批判──」『心理的読方の実際』1930.9

第6章　奥野庄太郎の教材観

55.「Ｃ組織編――8各学年別読物配当――」同上書

　既に述べたように、奥野の最初の論稿は1917年の東京府の訓導当時に執筆した、雑誌『児童』における懸賞論文であると思われる。その題目は「如何して我国現代児童文学の欠陥を補ふべきか」［奥野　1917.9：168］であったが、この題目に応募したことに奥野の児童文学への興味の深さを見ることができよう。そして、上掲の論稿群からは、それ以降も常に児童文学を含む国語科の教材に対する考察が彼の研究課題だったことが分かる。数が全てではないが、教材や教育内容に関わるものだけでも10年余りの間に著した55編にのぼる論稿群は、奥野がいかに教材や教育内容という観点を重視していたかを物語るものと言えるだろう。これらの論稿から奥野の教材観の本質を探り出し、それらを提示し、評価することが本節の課題である。

　第5章においては、1930年に発行された『心理的読方の実際』を奥野の読方に関する著作の集大成であると述べた。奥野は、そこに向かう過程において、国語読本という全国共通教材に対してどのような視線を向けていたのだろうか。続く第2項と第3項において検討したい。

　第2項　「国語読本改善号」における奥野庄太郎の視点

　「国語読本改造の要求」［奥野　1927.7a：70］と題する「改善号」の論稿で奥野は、それまで「国定読本の批評は、いろいろな機会に之を行つて来た。発表も幾度か試みた。しかし考へて見るたびに異つた欠点が次から次へと見出されてくる」［70］としている。「昭和の現代は文化の進んだ現代である。（中略）この進歩しつゝある人生に於て、我が国語読本のみ進歩しないといふのは矛盾である」と指摘することから始め、10項目の「改造の要点」［70］挙げて国語読本の改造の要求をしている。この中で奥野は、「国定の読本は読方の能力を啓培する材料であるとは、誰しもの信ずるところである。けれどもどれほどその所謂大事な読本によつて所謂大事な読

方の能力が啓培されるか、それは甚だ疑問である」[71]とする。1920年発行の澤柳政太郎他9名著『尋常小学国語読本の批評』における成城小学校の論点は第1章で検討したが、この中で奥野自身は、読本の一層の「児童化」[奥野 1920.0125：71]と「趣味化」[72]を要望していた。その7年後の「改善号」の論稿で、奥野が読方の能力を啓培する材料であるとする国定読本に関してどのように分析していたのか、以下の表に整理した。a欄に、奥野が「改造の要点」[奥野 1927.7：70]として挙げた読本考察の10項目を列挙し、b欄にその項目に関する奥野の考え方、c欄に奥野が捉えている国定読本の実情と批判点、d.欄に読本に求める改善点とする。なお、表の中の文言は、同稿における奥野の表現を生かしつつ筆者がまとめたものである。

国定読本に対する奥野の分析			
a．項目	b．奥野の考え方	c．国定読本の実情と批判点	d．読本に求める改善点
1．日本の国語の性質から見て [70]	・日本の国語は、世界に類例がないほど特殊である。縦書きで右から読み、漢字は意表文字や象形文字も多い。	・このような国語の困難を自覚していない編纂である。	・アイムーブメントの練習に注意がはらわれるべき。形・音・意味等漢字の要素と関連させて、類似文字を自然収得させる方法を発案する。
2．文そのものを読む能力から見て[71]	・読むことの心理的研究が明らかにしているが、読む能力の中核をなすものは、読む速度と理解力である。	・読本中の芸術的表現の作品に功利的要素を入れている形跡がある。従って科学的文章へ要求も曖昧に違いない。・芸術的表現と科学的文章の二面の表出の意識が編纂者に確立していない。	・読む速度や理解力を有効に習練させ、黙読材料への考慮ある読本へ。・科学的文章において、読者の批判、思考、推理、組織が必要であることが意識された読本へ。
3．文化生活理解の方面から見て [71]	・読方は、文字という符号を借りて人間の精神内容が表出し	・今の読本は右欄のようにはなっていない。	・文化人の欲求を満たすべき習練材料、文化価値の文字的表

第6章　奥野庄太郎の教材観

	た世界。文化人の欲求を満たす作用。文化生活と精神文化の価値のうち、文字的表現を理解し味得することは文化人の欲求である。		現の諸々の相が案配されていなければならない。功利的な常識事実の理解ではなく、文化価値創造の見地から材料を選択する必要がある。
4.リーデイング（読方）からリテラチユアー（文学）にうつる時期が考へられていない[71]	・「文学鑑賞」は、低学年、高学年児童、大人の鑑賞は異なる。子供の鑑賞は閃光的。幼少の子どもにとって、文の深い鑑賞は読書経験の不足、メンタルエージの未発達のために無理である。	・リテラチユアとしての時期、材料の用意が具案的になっていない。	・時期、材料によって、所謂リーデイングではなく、リテラチユアとしての取り扱いが理想的に行われなければならない。 ・読方は、自身の使命が、文学的カルチユアの向上にあることを自覚しなくてはならない。
5.生命創造の理想の上から見て[72]	・読方は、読方を通しての人間の生命創造である。	・現行読本を人間生命創造の理想の上から見ると、創造的意識とそれの形態としての構成が統一しておらず、生命が欠けている。	・読本の全巻を通じて、その底流としての人間生命創造の形態としての組織があってほしい。その色彩、薫りが強く出てほしい。
6.児童の国語生活の範囲から見て[72]	・入学したばかりの児童は、符号としての文字はまだそう読めないが、読書能力の大きな基礎であるところの言語は沢山知っている。満二歳頃から営まれている偉大な収得のある国語的生活において約四千の言語は知っている。	・入学したばかりの児童を何等国語の知識のない白紙のものの如く考えているが間違っている。 ・入学前の国語的生活と関係なく国語教育を行おうとしているが、それは不合理で不経済だ。1年生39字程の漢字の提出に根拠なく、児童の収得力には盲目である。	・入学前の国語生活の連続として編纂されるべきである。

337

7. 読み書きを平行する点から見て[72]（ママ）	・読むことと書くこと、性質の違うものを相即不離の関係において、読む生活に必ず書くことを密着学習させていくことはつまらなく、恐ろしく不経済な学習法である。	・読むことと書くことを平行させて行くという伝統的学習の墨守である。 ・読本も読み書き平行主義（ママ）の信者であるかのような態度で編纂している。	・漢字の提出を多くすべきである。
8. 片かな平かなの学習に就て[73]	・片仮名、平仮名全部の指導には一ヶ年で大丈夫、否一学期で出来そうに思われる。	・第1学年に片仮名、第2学年に平仮名と両仮名の指導に二ヶ年を予定しており、緩慢で、分量が少なく、国語の有力な発展を築き上げるのには物足りない方針。実に恐ろしく緩慢な進行プログラムである。	・伝統の迷夢から醒めて、開展の飛躍を足踏みすべきである。
9. 読方の心理的発達から見て[73]	・児童の国語生活と読むことの心理的研究とを相即させて、その心理的発達に基礎を置いて教材が提供されなければならない。	・教材の案配において、読方の心理的発達に即した学年的意識がなされていない。何等組織的研究的形跡が認められない。	・①語彙を重視すべき時代、②読者経験を重んずべき時代、③科学的理解の時代、④文学的鑑賞力陶冶の時代など、学年に対する考慮をすべきである。
10. 読む生活の訓練から見て[73]	・読方が学校のみの読方、象牙の塔に籠もった読方では駄目である。人間生命の創造としての生きた読方でなければならない。	・読む生活に必要な道具（例えば字引、百科字典（ママ））を取り扱って自習的に研究するような材料乃至方法的暗示が加えられていない。右欄の「本当の読方」の用意に全然着眼されていない。	・読方を愛し、読方生活を習慣づけ、読方研究材料を使用する方法の習練を小学校において訓練しなければならない。本当の読方は、クラスルームの教育から、ライブラリーの教育に転向する指導を認めなければならない。

第6章 奥野庄太郎の教材観

　表を参照しつつ、奥野の国定読本批評の内容を考察したい。前節で見てきた同時代の論者との比較によって特徴的な点が3点挙げられる。第一に、成城小学校同人としての特徴が表れている箇所であり、それは7と8の項目である。これらは、既に述べた成城小学校の実験を根拠にして成城小同人や奥野自身が繰り返し唱えてきた読み書き非並行の原理に基づいた主張である。すなわち、漢字、片仮名平仮名の提出量と時期に関して述べている。漢字も仮名も書けることを強要せず、書けなくても読めることでよしとする指導観である。「不経済」「緩慢」などの文言からは、「成城小学校創設趣意」にもある「能率」を重んじる理念を見出すことができる。これらの観点は当然、「改善号」上の他の論者には見られない奥野独特の視点である。

　第二に、他の論者と比較して独自性が際立つのは、1－d欄や、2－d欄、4－b欄、6－d欄、9－c欄に見られる内容である。すなわち、アイムーブメントの訓練の必要性、読む速度と黙読との関係、児童のメンタルエージを考慮した教材やその配列の問題など[24]、いずれも第5章の考察対象としてきた「心理的読方」の観点からの指摘である。前章においては、「心理的読方」の概念に基づいた授業で、複数の児童の生活経験の発表を板書する授業を奥野が提案していたことを紹介した。それは「改善号」の1年半ほど前の「平田華蔵氏の読方意味解釈の心理を評す」（1926）上の著述だったが、そのような方法も補充教材を用いての授業の延長上にあったと言ってよいだろう。しかし、「改善号」の奥野の論点に補充教材についての考察が入っていない。また、1927年当時は補充教材について語る土壌ができていたことは前節で述べたが、それにもかかわらず、奥野は同号においても、補充教材については一切触れていない。これらの事実は、奥野が国定読本の改善を訴えるに際しては、補充教材に関する考察が不要だったことを意味すると言える。奥野にとっては、補充教材の必要性と、国定読本の内容の是非に関する検討とは、関連性のないものだったことを示しているのである。このことは、2年後の「補充教材号」上の論稿の冒頭で端的に述べられている。

339

補充教材が必要であるといふことを、国定読本に欠陥があるからだと考へるのは、少し早合点しすぎる。よい国定教科書があつてもなおかつ補充教材が必要なのである。よい教科書があつても、補充教材が必要であるといふ所に、面白い研究が存してゐる。同時にそこに又補充教材の必要の原理が力強く腰をおろしてゐるのである。

　　　　　　　　　　　　　　　　　　　　　［奥野　1929.0701：38］

　補充教材については、本節第4項で検討するが、上記引用では、奥野は補充教材が国語科教育において必要不可欠であることと、その必要性は国定読本そのものの善し悪しとは無関係だとしていることを押さえておきたい。奥野にとっては、たとえ良い教科書があったとしても、補充教材は必要であり、そこにこそ、児童にとって、あるいは教員にとって「面白い研究」があると述べていることを確認することができる。
　奥野の国定読本改善に関する主張の第三の特徴は、表の項目3、5、10の観点である。これは、第2章で触れたような奥野の教育観に基づく観点からの指摘である。項目3に見られる「文化人」「精神文化」「文化価値創造」、項目5、10に見られる「人間生命創造」などの文言が、奥野の好む表現である。第4章において奥野の「生命」「生活」「ライフ」については検討したが、表の10－b欄に見られる「人間生命の創造としての生きた読方」を求めるための批判対象や改善点は、10－c、10－dに見られる字引や百科字典を例とした「読む生活に必要な道具」を取り扱って自習的に研究するような材料乃至方法的暗示が加えられていないことや「クラスルームの教育からライブラリーの教育」という、実に現実的な児童の「生活」への展開を予想したものなのである。奥野にとってはこれらの実現が「人間生命の創造としての生きた読方」に繋がるという考え方である。これは既に検討した「ライフメソッド／生活的読方」に直結する意味合いを含んでいると言えよう。さらに、表の項目3に示されている「文化価値の創造者」としての人間を目指すという奥野の教育観にも繋がっていく重要な観点なのである。

以上、奥野の「改善号」上の論評から、他の論者にはない特徴的な観点を検討してきた。これらの観点は、1929年の「補充教材号」の論稿においてより具体的な表現で深められている。次にその内容を示すこととする。

第3項　「補充教材号」に見る奥野庄太郎の補充教材観

前項で述べた読み書き非並行の指導は、奥野の徹底した発達段階重視の児童観に基づいたものだが、「補充教材号」上の「補充教材必要の原理」［奥野　1929.7a］でも次のように述べている。

> 読方の発達にはすべてのものゝ生長と同じ様に段階がある。その段階の初歩にある小学校程度の児童には、その読方発達の滋養として、是非補充教材が必要なのである。　　　　　　　　　　　　　　　　［37］

ここでは、小学生にとっては、補充教材が食物と同様の「滋養」であるという考え方が示されている。前項で見たように、奥野は良い国定教科書があったとしてもなお補充教材は必要だと述べていたが、その背景には、補充教材に子どもが育つ上で必要不可欠の「滋養」と同じという意味合いをもたせていることに起因していたことが分かる。そして以下のような、児童が読む様子を日常的に知っている奥野ならではの表現が目をひく。奥野は、「よむことの最初に来る問題は、文字を通して内容の意味を理解することである。まづ何事がかかれてあるか、それが理解出来なければならない」［37］とした上で、次のように述べる。

> しかしこのよんで内容の理解出来るといふことは、何でも無いことのやうであるが、これをよむ過程の心理的研究によつて見ると、その中にはいろいろな面白い問題がふくまれてゐるのである。さう簡単に片付けてしまふべき問題ではない。なぜならば現に小学校児童の中にはよむことはよめる。しかしながらよんでもその中にどんなことが書

いてあるのか、その意味が解らないといふ子がたくさんあるではないか、この欠陥は何を意味するか、それはつまり、読方に於ける理解といふことを心理的に研究し、その理解を導く必要なエレメントを少しも刺戟して来なかつたからではないか。文章を理解さすには、それに適応するいろいろな機能の錬磨と発達を考へることが必要である。

[37]

　筆者は、ここで述べられている、児童の中には「よんでもその中にどんなことが書いてあるのか、その意味が解らないといふ子がたくさんある」という状況への指摘は、重要だと考える。日々児童に接する奥野が、現実問題として目にした子どもの様子だろう。場合によっては、教科書を手にして音読する姿すらここには含まれるかもしれない。奥野は、音読していてもなお、あるいは、文字に向かっていてもなお「意味が解らない」児童の存在を知っていたのである。第5章で検討し、また上記引用でも触れている「心理的」な研究とは、外見的に読んでいるように見える行為が、しっかりと「理解」に繋がるような読みを求めているのである。そのために奥野は、文章を理解させるのに必要ないろいろな「エレメント」、つまり「心理的読方」の要素である「アイムーブメント」や「連想活躍」の錬磨の必要も訴えていた。補充教材の必要を説く同稿で、「心理的読方」や「ライフメソッド／生活的読方」に関することの主張に及ぶということは、両読方が、補充教材と密接な関係にあることを、奥野が十分自覚していたことを示している。

　続く同稿の内容は、「生活経験」と「読書経験」に言及している。児童の文章理解の背景として、両者の必要が説かれている。これらの内容は第4章、第5章で検討してきた、「ライフメソッド／生活的読方」と「心理的読方」の内容と重なる点が多い。奥野の言う「読書経験」の内容について補充教材との関連では、以下の点を確認しておきたい。奥野は、「読書経験とは何を意味するか」[39]と問うた後に、次のように記している。

読書経験とは即ち人生において、児童が生活を経験するごとく、読書を通して、文字といふ記号を通して、他人の精神生活の世界を、精神内容の意味の世界を、他人の経験、知識、思想、感情の世界を渉猟することを意味するものである。であるから、読書経験の世界と、補充教材の世界とは、緊密なる関係をもつてゐるものであつて、補充教材を広義に解したならば補充教材の提供が即ち、児童の読書経験の世界の建設であるといふことがいひ得るであらう。　　　　　[39]

奥野は上記引用の前段で、文章の理解と生活経験との関係について触れ、生活経験をもっているとその文章をよく理解することができると記している。それに続く上記引用は、「他人の精神生活の世界」や「他人の経験、知識、思想、感情の世界」、すなわち実際に「生活」できない経験を理解するには、「読書」が有効であり、「読書」が実際の生活を体験することと同様の意味をもつということを表している。この奥野の読書経験観に立てば、「補充教材」は、「人生」における「生活経験」と同義と考えても善いだろう。国定教科書の善し悪しに関わらず、「補充教材」は子どもの成長にとって必要不可欠だと考えていたことの背景にはこのような読書経験観も存在したのである。
　以上のように「補充教材号」の著述においても、奥野の「ライフメソッド／生活的読方」と「心理的読方」の構想が、奥野の教材観と密接に関わっていることが示されていたと言えるだろう。

第4項　奥野庄太郎の補充教材の実際――他の論者との比較から――

本節の最後に、奥野の補充教材例の内容を具体的に検討したい。比較のために「補充教材号」に主張が収められている他の論者の中から、同じ読本教材に対する指導事例を入手することができた河野伊三郎と千葉春雄の資料を合わせて検討する。読本教材は、『尋常小学国語』（第三期）巻一第一「ハナ」である[25]。それぞれの資料発表の年代に5年の開きがあるこ

とと、千葉と河野の指導例は補充教材を意識して提示したものではないことは断っておきたい。しかし、これらを含みおいた上でも、同一教材の指導法の異同を比較検討することは、奥野の教材観の特徴を読み取るのに有効だと考える。

【千葉春雄の「読方教授例」】
　資料は「補充教材号」の前月発行の『国語教育』第14巻第6号（1929.6）所収の「読方教授例」〔千葉 1929a：52〕である。「国語研究会」の著として提示されているが、千葉の氏名も記されている。以下、〔教材〕と〔利用の仕方〕を記す。〔教材〕は、「資料」として提示されたワークシートの説明、〔進め方〕は、同稿の千葉の記述を抜粋した。アは読本１頁「ハナ」に対応させた「補充的資料であり、合科的資料」、イは読本２頁「ハト」に対応させた「作業化する資料」〔53〕である。

〔教材：ア〕〔千葉 1929a：53〕

〔利用の仕方：ア〕〔53〕
① 「必ずこゝにある全文を、よませかゝせることは要求しない。」
② 「「ハナ」といふところだけ指摘させるとか、それ以外に知つている仮名を発見させるとかでよい。」
③ 「全文を読むといふなら、指導者がよめばよい。」

〔利用の仕方：イ〕〔53〕
① 彩色させることができ、「コドモの着物、顔色などには、それぞれ彩色者の創意を加へることも出来る。」

第6章　奥野庄太郎の教材観

〔教材：イ〕［54］

② 「ハト」にも彩色させる。
③ 「これらは切抜をするによい材料である。色紙に切り抜いたら、ハトには一々ナマヘをつけさせるのも面白い」。

【河野伊三郎の「教材の見解」】
　資料は「補充教材号」の約半年後の発行の『小学校』第49巻第1号（1930.4）所収の「国語読本四月教材の見解（下学年）」［河野1930：125］において教材「ハナ」を対象に示されている見解である。以下、河野が立てた項目ごとに必要に応じて抜粋して記す。

〔「本課に対する態度」［125-126］〕
　「国語の基礎をつくるべく目論むべきであり」、「ハナ」は「この態度を養成するのに都合の良い教材である」。「入学当初の児童を発音と文字とに囚われて指導するから（中略）情緒生活を無視する」ことになる。すると、「ハナ」の取り扱いが「桜の庶物教授となつてしまつて」、「「花弁」とか「萼」とか「雄蕋雌蕋」とか、「花弁が五枚」とか教へる」ことになる。これも必要だが、「それよりも山野に咲き満ちている桜の気分、咲き満ちている絵を直観させてその気分に触れさせるがよろしい。本教材で「桜をとつたのは、国民精神、爛漫と咲きほこつてゐる国土美に触れしむるためである。」
〔「一、情緒を基として指導する」［126］〕
① 「唱歌に始める。―桜ガ咲イタ、野ニモ山ニモ桜ガ咲イタ……」
② 「山野に桜が咲いてゐる春陽の長閑けさを体得せる。」

345

③　「学校の裏山や、神社の庭園等に桜が咲いてゐたら其処に連れて行つてその美に直覚させる。直観を重んずる。」
④　①の「唱歌を教師独唱しつゝ、黒板に一野山に桜の咲いてゐる情景を描く。(小さい規制の掛図等では不十分である。)(後略)」
〔「二、発音の指導」［126-127］〕
①「単に「ハナ、ハナ、ハナ」とばかり単音の練習に始終しないこと。」
②「黒板に書いた絵について説明させ。感想を述べる際に「ハナ」なる語、「サクラ、ハナ」なる語を使へば「ハナ」の発音は十分に練習が出来る。」
③「即「音」としてのみ発音教授をなさずして言葉として、自分の心の表れとして「ハナ」の発音を十分させる。」
④「要は、教師の書いた板画や掛け図や(中略)絵本等によつて話をさせる。かく導いておけば話方は自分の生活に生れるものであることを児童自らに語る。」
⑤「音は明瞭でさへあればよい。さう高くないでもよろしい。単音として「ハナ」の二音ばかりをなせば、児童の思想は枯渇してしまふ。」
〔「三、文字の学習」［127-128］〕
①「余り文字に早くから謬着したくない。読むことが出来る様に第一指導したい。読む力を尊重したい。」
②「絵画発表をさせる際、亦は教師が板画して春の野から来を(るの誤植と考えられる＝引用者)気分を起さす際、適当なことのあつた際「ハナ」と板書して、それを見る習練をすればよい。「ハナ」の文字だと知つて読むことを重んじたい。」
③文字指導では、「総合した文字、形として完成した文字を正しく大きく十分に見せることを必要とする。」
④「書くことは見ることに始まる。よく見せしめる。」
⑤「教師は墨色の出た文字を正しく大きく板書するがよい。」
⑥「器械的に書くことのために時間を空費したり、読書学習の趣味を没却してはならぬ。」

第6章　奥野庄太郎の教材観

【奥野の「副教材」】
　資料は「補充教材号」の4年3ヵ月半前に発行されている、奥野が主幹を務めた『低学年教育』創刊号（1925.4）所収の「尋一読方四月の実際と副教材」［奥野 1925.4a：38］である。本資料は『尋常小学国語』（第三期）巻一の1頁から9頁までの教材それぞれに対応させて、4種ずつ合計36種の短文や韻文等を5頁にわたって提示している。ここには「読本一頁に連絡」から「同三頁に連絡」［39-40］までを掲載する。以下、前半に授業の進め方についての抜粋、後半に「教材　読本巻一の一頁より九頁関連」［39］として掲載されている本文を記す。

〔進め方〕［39］
①次に示す「教材は、之れを板書して読解さしたり鑑賞さしたりして見る」。
②「その中で特に知らしめたいやうな字があれば赤チヨークで印をつけて授け」る。
③「児童の個性に応じた任意の収得に任じて覚えることを強制しないことにして置く。」

〔教材〕［39-40］
「読本一頁に連絡（次のうち圏点のうちてゐる字は読本の新字に連絡あるものです）
（その一）　ハナ　ガ　キレイ　ニ、サイテ　キマス。
（その二）　ハナ　ノ　ナカ　デ、トリ　ガ　ナイテ　キマス。
（その三）　ハナ　ノ　シタ　デ、コドモ　ガ　アソンデ　キマス。
（その四）　サクラ　ノ　ツツミ　ハ、ハナ　ノ　トンネル　ノ　ヤウデス。
同二頁に連絡
（その一）　ハト　ガ　マメ　ヲ　タベテ　キマス。
（その二）　ハト　ハ　マメ　ガ　ダイスキ　デス。
（その三）　ワタクシ　ハ　ハト　ニ　マメ　ヲ　ヤツタ　コト　ガ　アリ

347

マス。
(その四) ワタクシ ハ 「ハト ポッポ マメ ガ ホシイカ ソラ ヤルゾ」ト イフ ウタ ヲ シツテ ヰマス。

同三頁に連絡
(その一) アメ ガ フル ト ヒヤクシヤウ ハ ミノ ヲ キマス。
(その二) アメ ガ フル ト ヒヤクシヤウ ハ カサ ヲ カブリマス。
(その三) アメ ガ フル ト ワタクシ ハ、カラカサ ヲ サシマス。
(その四) チンチンカララ チンカララ
　　　　ヤマ ノ コトリ ガ
　　　　　コエダ ヲ ワタル
　　　　　　チンチンカララ チンカララ。」

そして、奥野は同稿の終末に次のような説明を加えている。

　以上の教材を如何様にでも工夫して有効につかつていたゞきたい。低学年の読方で注意すべき大事なことは何といつてもすらすらよめるといふことです。よめればわけはわかります。それから、文字だけを読んで内容を考へないくせのつくのが大きな危険です。ですから特に低学年では、読むときには必ず字を読むとともにその意味を考へさせて読ませることを常に注意しなければなりません。　　　　　[43]

　以上、三者の補充教材や指導例を提示したが、一見して奥野の補充教材とその授業での扱い方が、千葉、河野のそれと異なることは明らかである。少し詳しく三者を比較したい。
　千葉の例は、教材、進め方共に、奥野との共通点を見出す事ができる。読ませるだけで文字を書かせることを要求しない、全文を読むのは指導者でよいなどと児童の収得能力に任せるよう配慮している点と、教材アにおいて短文を提示している点である。一方、2行の短文に対して絵を一枚ずつ対応させて4枚の絵を提示した点、8行全て読めばリズムを伴った一つ

第 6 章　奥野庄太郎の教材観

の韻文になる点、数の指導も盛り込んでいる点、また、教材イの指導では、図の彩色や切り抜き、ハトに名前をつけることまで含んでいる点などに奥野との相違が見られる。千葉が提示している補助教材は千葉自身が「教授例」の冒頭で述べているように「合科的資料」である。提示形式はアに関しては板書された可能性もあるが、イは「作業化する資料」とされており、謄写版されたワークシートであろう。

　次に河野の資料だが、その冒頭で、「国語の基礎としての正解には種々あるが、その一は「発音」二は「文字」三は「情緒の生活」といふことであらう」［河野 1930：125］とされている。その上で、本教材の「ハナ」が「サクラ」であることの意味について次のように述べている。

　　此処に「ハナ」として桜をとつたのは前に述べた様に我が国民性に通ずる桜花を以てしたのであるからこの点は取り扱ふものゝ大いに注意すべきところである。よつて、一の花を捉へてその部分的名称等を教へてのみで満足する庶物教授では国語心は養へない。即総合美より来る、昔から伝統的にある国民思想に適つた花の心を、朝日に輝いてゐる花を教へねばならぬ。　　　　　　　　　　　　　　　［126］

　ここには、「情緒の生活」を国語の基礎としている河野の見解が表現されていると言えよう。その上で授業は、上述したように、唱歌、裏山や神社での「直観」、教師の独唱と桜の絵の板書から始め、「ハナ」の発音練習と、絵画発表などの折に「ハナ」と板書したものを見る練習と「ハナ」の文字だと知って読むことなどを重視しているのである。資料中には扱う時間数などの情報は無いが、著述内容から一単位時間内の授業で行う計画ではないことは明らかである。時間的、場所的な制約のある読方の授業というよりも、それら制約を取り払った進め方である。奈良女子高等師範学校附属小学校において「実質的に「合科学習」と呼べる実践」［松本 2006：109］を行った一人とされる河野の発想と考えれば首肯できる[26]。

349

両者と奥野の差異点は、奥野の教材観や授業観を示してくれる。その一点目として最も特徴的なことは、奥野の提示する文字教材の量と内容の多さである。千葉の精選された一教材や河野の日常生活を材料としての展開とは異なる文字教材の分量である。第4章で明らかにしたように、奥野の「ライフメソッド／生活的読方」は生活から取材するという意味合いよりも生活へ発展していくものとしての「読方」を志向していた。低学年児童の国語科指導の特殊性に再三言及している奥野は、第一学年の最初の教材である「ハナ」において、未だ乏しい言語生活しか持ち合わせていない児童の生活から材料を準備することよりは、文字言語を多様に提示することを通して、文字の世界や言語の世界には、多様な表現や意味合いがあることを児童に知らしめたいと考えていたのではないだろうか。そのために、（その一）から（その四）の短文の内容に、「ハナ」にはその咲き方も、周辺の様子も、それに対する自分の感じ方も多様な観点から取材したものを用意したと言えよう。

　二点目として挙げられる差異は、一単位時間の内容が多いということである。奥野の資料にも時間数の計画は記されていないが、少なくとも上述の「読本一頁に連絡」に含まれる4短文程度の量は一度に提示していると考えられる。このことは、奥野が10年余りの間に執筆してきた一単位時間の授業展開を示す著作から推測することができる[27]。奥野の言語教育観や児童発達観の中では、児童は、指導者が一度に教えたもの全てを収得するわけではなく、多く、繰り返し与えることによってその中の一定量の知識や能力が児童に残っていくのだと考えられていた[28]。いわゆる分量主義である。本資料の場合、数多く豊富な種類の補充教材を提示することによって初めて、児童の中に「ハ」「ナ」の文字や「ハナ」という語が、語感を伴って児童に収得されると考えていたと言えよう。きれいに咲いているのが「ハナ」、鳥の声がしてくるのは「ハナ」の中から、その下で遊べるのも「ハナ」、堤にトンネルを作っているサクラも「ハナ」など、児童の想像力からかけ離れない程度に身近なさまざまな生活の情景の中から場面を提示し、個々の児童の選択、吸収する力に任せて、立体的に「ハナ」

という文字とその意味を形成させる意図をもって準備された教材である。奥野は『尋常小学補充教材全集　第一学年』(1928)では、「ハナ」に連絡させた「補充教材」を「その十二」まで準備している[29]。このことも考え合わせると、奥野が、多様な情景の中にねらいとする文字や語句を組み入れ、形を変えて繰り返し児童に提示することを尊重していたことが分かる。

　それでは、この奥野の「副教材」と、千葉の「読方指導例」、河野の「教材の見解」をそれぞれ「補充教材号」の記述で補いつつ比較し、奥野の特徴を明確にしてみよう。
　まず、千葉は「補充教材号」上の「補充資料の本質」と題する論稿において、補充教材を求める立場を次の3点から示している。すなわち、現行読本の量の不足を補うという「量的必要の立場」や、読本教材の内容が生活的でないなど「質的主義による」立場、そして「ほたる狩」の教材では「ほたるがりのうたを補充」するような「伝統主義とでもいふべき補充観をもつ人たち」[千葉 1929b：116]による立場である。その上で、「私は明らかに質的主義である」[119]と、自らの立場を表明している。そして、教材の質の開拓のためには、「単なる学者も駄目、また最高の官吏も駄目、適者はたゞ教育者をおいて他に人はいない」と述べ、「子供をつかむことの出来得る人」[120]である教育者によるものや、「子供の作品」[121]が教材として適当であると述べている。同稿で千葉は、教育者の作だとする教材例を具体的に示している。それらは、「読方指導例」に提示されているような素朴な子どもの生活を題材にした短い詩であり[30]、これは、千葉が教材の質を追究した姿の一端と言えよう。対する量的な改善に関しては、次のように記している。

　　読書には、いはゆる精読的な場合と、多読的な場合と、自づと二様あることは何人に於てもみとめるところである。しかもその中の多読は、よほどに生活的な読書の傾向でさへある。多くの課外読物、雑

誌、新聞等を児童の閲覧する態度は正しくこの多読である。それがま
　　たかなりな読書の領域を占めてゐるといつてよい。
　　　さういふことを考へると、小学校に於て、この多読的態度を培ふた
　　めに、またその態度の訓練のために、その資料としての補充材料を、
　　他に仰ぐことは、必ずしも無理なことではない。(中略) 量的主義に
　　より補充教材観が成り立つことは成り立ち得る。　[千葉 1929b：116]

　つまり、千葉は「量的主義」による補充教材観に対しても理解を示して
いるのである。そして、「多読」は「生活的な読書」の領域にあり、多く
の課外読物、雑誌、新聞等を閲覧する「態度」の育成に関わる事項として
認識されている。
　一方、河野は先述の「教材の見解」において、「情緒の生活」を強調
し、裏山等に連れて行って桜を「直観」することまで示したが、「補充教
材号」上の論稿「補充読物と読書法」では、次のように記している。

　　児童は教科書以外に無論多種多様の読物を読んでゐる。雑誌を読め
　　ば、上級等では新聞も読む、または参考書も読む。がこれ等は直接に
　　教科書の補充ではあるまい。(中略) 即ち教科書なるものがあつて、
　　それに達するにはもつと何かを以て補はねばならぬといふことにな
　　る。読本の文章を理解するに直接する読物、文章上の文字か、内容か
　　を玩味するためにそのことのために与えるべき読物これが所謂補充で
　　ある。　　　　　　　　　　　　　　　　　　　　[河野1929：31]

　つまり、河野も教科書以外の読物の多様性を認めるものの、補充教材
は、教科書の教材を最終到達点において、それを補うものだとしているの
である。その上で自らの著書から『尋常小学国語』(第三期)の教材に対
応させた読物を例示している[31]。例えば、巻十の第二十課の教材「奈良」
に対しては、「奈良の都」「奈良より」「春日野」「嫩草山の夕」「東大寺の
宵」「御所柿」「正倉院」「奈良のうた」「奈良」を挙げ、「「奈良」なる教科

第6章　奥野庄太郎の教材観

書の文章を児童に読ませるとすれば、以上に挙げた文章の中にあることは話して聞かせねばならぬ内容を有つてゐる」[河野 1929：33] とする。このことは、河野の場合、教科書教材の「奈良」の内容を終着点と考え、その理解を助けるのに必要な補足説明的な文章を補充教材としていると言える。つまり、河野にとって読本教材「奈良」の補充教材として「東大寺の宵」等を予備的に読ませることの必要性は、先の「ハナ」の指導例において、未だ文字での補足説明を理解することができない入学間もない児童に対して、裏山や神社での体験を「ハナ」という文字と語の理解に収斂させようとしたことと共通の必要性の上にあると考えられるのである。

千葉も河野もその授業の姿こそ異なるものだったが、その発想においては、共に教科書教材に示された内容（ここでは、「ハナ」の文字と語義）に向かうように設計された授業であった。その一方で、両者とも「多読」に関しては、「生活的」であり「態度」として育てるものであり、雑誌、新聞、参考書等を含むが、それらは教科書の補充ではないとしている。いわば教室外の事象である。

これに対して、奥野の「副教材」は、教室に居ながらにして外の世界の多様な「ハナ」に出会えるように仕組まれていた。また「ハナ」ばかりではなく、次の展開としては、「ハ」にも「ハト」にも変化していくものとしての「ハナ」であるとも言える。前項において、奥野が「補充教材を広義に解したならば補充教材の提供が即ち、児童の読書経験の世界の建設である」[奥野 1929.7a：39] と考えていたことを示した。その「読書経験」は、読書を通して、他人の様々な精神を渉猟することを意味するものだった。これは広義の補充教材に位置づき、その一方で、本項で確認した奥野の「ハナ」の指導例のような授業で提示されるものは、狭義の補充教材に位置づくと言えるだろう。「読書経験」と「ハナ」の「副教材」は広義狭義の差こそあれ、ともに補充教材に位置づく等価値のものとして存在していた。すなわち奥野は、教室における授業においても、将来的には「読書経験」に繋がる、その第一歩になるような補充教材を志向して、それを提供していたと考えられるのである。このことは、見方を変えれば、「読書

経験」を「教室」へ取り込もうとしていたとも言えよう。ここからは、千葉や河野の教室における補助教材が、教室外の「読書」と分断されていたのとは異なる、教室と「読書経験」の連続性を見ることができる。

　以上第3節では、前節で検討した雑誌の特集号に見る奥野自身の教材観を考察してきた。また、奥野作の「教材」も検討した。他の論者との異同を確認しながら検討することによって、奥野の教材観が、彼の「心理的読方」と「ライフメソツド／生活的読方」の論理と密接にかかわっていたことや、「読書経験」をも「教材」に取り込む教材観として結実していたことを確認することができたと考える。

第4節　聴方教育の教材としての「お噺」

　本節においては、奥野の聴方教育の教材としての「お噺」を採り上げる。奥野は「聴方」にとっての「お噺」をどのようなものとらえて導入していたのだろうか。以下、奥野の「お噺」観を支える論理と、奥野自身の考察を追うことにしたい。
　倉沢は、「大正から昭和にかけて、児童生徒の「おとぎ話を聞く」という経験は多く、それのための教師用書として、下位春吉の『お噺の仕方』（1917）や水田光の『お噺の研究』（1916）などは広く流布していた」［倉沢 1975a：471（　）内引用者］ことを指摘している。そして、『聴方教育の原理と実際』（1928）について、「奥野のこの著のように「お話の聞き方」としてまとめたものはまさに嚆矢とすべきである」［471］としている。一方で、「もちろん一般的な聞き方の指導書ではなく、お話の聞き方が中心であるのは、当時としてはやむを得ないことであった」［471］とも述べている。これは、奥野の聴方教育においては「聞き方」よりも「お噺」という聞く対象、すなわち教材に重きが置かれていたことに対する倉沢の消極的な評価である。このように奥野の「聴方」は、「聴き方教育というと、

第6章　奥野庄太郎の教材観

今日では、どのような場面で相手の話をどう聞くかという広い意味に解されている」[472]という1970年代の「聞くこと」の教育とは異なるものとして捉えられてきた。しかし筆者は、本節で考察するように、奥野の聴方教育は「お噺」を用いることにこそ意味があった点を強調しておきたい。このことは、第3章で明らかにしたように、奥野の聴方教育による語彙（群）の形成には「お噺」という、筋を伴う教材を耳から摂取することが必要条件だったということを裏付ける考察になると考える。

倉沢は、奥野の聴方教育をまとめた同書は「お噺のおもしろさが前提であり、児童が童話・お伽噺を聞くことが彼らの道徳芸術宗教や、国民生活・社会生活とどんな関係があるか、という立場から考察された」[472]と指摘し、奥野が「お噺」の内容の「おもしろさ」に目を向けていることに言及している。本節では、奥野が「お噺」と「空想」「道徳」「宗教」との関連をどのように考えて「お噺」を教材としたのかについて検討し、奥野の「お噺」観、すなわち教材観への理解を深めたい。これは、奥野自身が、倉沢が指摘する「お噺のおもしろさ」をどこに見出していたのかという点の追究にもなる作業である。

本節において、まず、なぜ奥野は「お噺」を教材とするのかを確認し（第1項）、続いて奥野が児童はお噺好きであるとする根拠を彼の著述に求めたい（第2項）。さらに、童話や「お噺」そのものについての諸説を奥野の理解に基づいて考察し（第3項）、最後に「お噺」の内容にどのような要素を求めていたのかを検討する（第4項）。

第1項　なぜ「お噺」を教材とするのか

奥野がなぜ「お噺」を扱おうとしたのか。その理由は、大正新教育期という時代の思潮と、教員が自由に研究することのできた成城小学校という環境が大きく影響していたと考えられる。つまり、児童が「お噺」を好むから聴方の教材として扱うのだという、単純明快な児童中心主義的な発想が許容された環境によるものである。「聴方教授の誕生」（1920）、『お噺の

355

新研究』(1920)、『聴方教育の原理と実際』(1928) と続く聴方教育の著作では、奥野は児童がいかに「お噺」を好きかについて触れている。児童がお噺好きである様子は、教室内の光景から生き生きと語られている。例えば、「「お噺をきかして下さい、お噺を。」といふことは、殆ど児童共通の要求として叫ばれる。そして「さあお噺をする。」といへば、児童はもう何事も忘れて夢中になつて聴き惚れる」[教問1 1920.4a：14]、お噺を求める声は「どの児童の口からも殆ど生命的要求として挙げられて来る。実に食ふことと、遊ぶことと、お噺を聴くこととが幼年時代の生活の殆ど全部である。(中略) 何処の子供でも子供でお噺を聴くことを好まない子供は滅多にいない」[奥野 1920.0928：2]、「お噺といへばどの子供も子供もみんな満腔の喜びをもつて之を迎へる。子供は本とうに不思議なほどお噺を喜ぶものである」[奥野 1928.0401：1] などと記されている。これらの記述は、奥野が教員として目の前の児童の自然な反応を素直に受け止めたものであると言えよう。一方、「聴方教授の研究」(1927) という論稿において奥野は、児童が「聴方」を好きかどうかを、児童調査の結果の数字でも示している[32]。その上で「児童がお噺を好むことは実に瞭々火を見るよりも明らかである、児童が熱愛するといふ一事だけでも聴方特設意義は充分に存してゐると思ふ」[奥野 1927.0611a：35] と記している。これらの表現方法からは、一教員としての実践知に裏付けられた感覚と、数字も用いた成城小学校教員の旨とする「科学的」な根拠を重視する視点が、共に奥野の理論を支えていることが透けて見える。

このように奥野は、児童がお噺好きだからという児童に寄り添った視点から、「お噺」を教材とする聴方教育を実践していた。それでは、そもそもなぜ児童が「お噺」を好むと、奥野は考えていたのだろうか。次にその根拠を確認したい。

第2項　なぜ児童は「お噺」を好むのか

奥野は、「児童が一般お噺を好むのは、夫れは単なる退屈醒しの遊戯的

のものか、或いは児童の生命に根ざした本質的要求か」［奥野 1920.0928：7］を吟味するとして、真意が後者にあることを示唆しつつ、児童が内在させている「精神生活」について考察している。奥野によれば、「精神生活」は、「空想生活」「道徳生活」「宗教生活」の3者を含むものであると言う。そして奥野は、児童が「精神生活」を営むために「お噺」が欠かせないとする。以下に、奥野が考察した「精神生活」の内容を検討したい。

　「精神生活」の中でも児童の「空想生活」に関する考え方は、奥野の綴方教育や低学年指導との関連が深く、彼の国語科教育全般にわたる思想の背景として重要な内容を含んでいる。まず、児童の「空想生活」の内容から見てみよう。

　「お噺」と児童の空想については、1920年に『お噺の新研究』において、さらにそれに加筆修正する形で1928年刊の『聴方教育の原理と実際』でも言及しており[33]、両著書の主張は一貫している。これらの著述の中で、奥野は、児童の「空想生活」の一例として、「お噺」の主人公が海の上を歩いたことを信じたある児童との会話を紹介し、児童は「空想と現実との区別が厳密でない」［奥野 1920.0928：9］と述べている。また、ごっこ遊びの中での児童の言動を具体的に示して「かうした空想の生活を児童は頗る興味を以て、極めて正当な自然なことのやうに真面目になつて行つて居る」［9］とし、「児童の意識的に或は無意識的に考え浮かべた雑多の空想例」［11］を多数列挙した後[34]、以下のように記している。

　　彼等が大人から見れば架空な非常につまらなく思はれるやうなお噺を、真剣になつて聴くのは矢張り児童の精神生活それ自身が空想的で、空想が事実のやうに思はれ空想に、自我を没して忘我遊神の至楽境に至り得るが為である。児童にあつては空想は単なる空想ではなくて夫れが意味深い現実なのである。　　　　　　　　　　　　［16］

　つまり、児童にとっては空想する営みそのものが現実の生活なのであり、自然な心境の在り方であり、この発達段階の児童が「お噺」を欲する

のは、人間の本能からの自然な訴えなのだという奥野の理解である。

　次に児童の「精神生活」のうち「道徳生活」と「お噺」との関連を確認したい。当時の成城小学校の「聴方科」が後の学年で「修身科」に接続されていくものとして捉えられていたことは既に述べた。ここには、「修身科」の前身としての「聴方科」という意味合いが含まれることは、澤柳の持論にも見られたことである。そして、奥野が「道徳生活」と「お噺」とをどのように関連させているかを見ると、「聴方科」時代の児童つまり低学年の児童の、発達段階上の必然であるという観点からなされていることが分かる。奥野は、「幼児期の児童の道徳心は猶幼稚である。理知も、感情も、意志も共に完全な道徳生活を営むには未発達のものである。児童は全く主我的本能的決して道徳的でない」[24]とする。そして、「児童の道徳は自覚によつて動かないで刺戟によつて動いて居る」[25]ことなどを、児童の姿によって説明している。そこには、例として、低学年の児童は、小動物に対しては石を投げるなど「何か残酷な真似をしなければ満足しない」[26]こと、妹を何故嫌いかと尋ねれば、「ぢき泣いてひつかくから」と「只理由はそれだけ」の「単純な自己的感情に止まる」[27]からであること、また、「あの玩具先生僕に下さい」と主我的に叫ぶこと、さらに、「褒められるといふことが価値なのであ」り、「賞罰といふことが、此期の児童にあつては轆て道徳の標準となつて来る場合が多い」[28]ために行動を起こすことなどが挙げられている。

　また、2年生の児童に対して「児童の道徳的判断の一班（ママ）を覗う目的を以て」[30]行った調査では、児童の実態を数値で示す試みをしている[35]。そして、上記の児童の姿の例示と同様に、児童の道徳的判断は、ほとんど「自己感情的」[39]に解決していると言う。さらに、倫理的な話も聞けるような生活環境の児童も「夫れ（倫理的な話）を自分の思想に取り入れないといふのは、其の思想が自分の心に共鳴類化されない、即ち児童の心が未だ原人的で道徳意識の発達が猶幼稚であるが故」[39（　）内引用者]だと述べている。つまり、年少の児童は、外的な生活環境如何を問わず、

第 6 章　奥野庄太郎の教材観

倫理観や道徳意識が満足に発達していないために倫理的・道徳的な事柄に共鳴できないと考えているのである。そして、このような児童の「道徳生活」や倫理観などの実態の把握を踏まえて、「お噺」と「道徳生活」を次のように関連づけている。

　　かく考へて来るとお噺と児童の道徳生活との関係が段々緊密なものであるといふことが想像せられて来る。元来お噺は遠き祖先の物語であつて、其処にあらはれて来る道徳は総て自然的人情的勧善懲悪的因果応報的なもので、全く児童の道徳意識さながらのものである。お噺の行為者は民族発達前期の主我的情緒的行為者であり、児童も発達前期の主我的情緒的心情にあるのであるから、其の行為者の行動に同情し共鳴し、或は其の心を持つて批判するのは蓋当然のことである。故に児童の道徳生活が最もよく具体的に顕はされて居る客観的のものは何であるかといつたら、夫れは民族の過去の時代から伝へられて来た神話、伝説、寓話であるといつてよいと思ふ。お噺と児童の道徳生活との関係も亦深いと言はなければならない。　　　　　　　　　　[40]

ここでは、児童の「主我的情緒的」な心情とお噺の主人公達の「主我的情緒的」行為との「共鳴」があるから、児童は「お噺」を好むのであるとされ、その結果児童の「道徳生活」は、「お噺」の中でも特に神話、伝説、寓話との結びつきが深いと述べられている。

「精神生活」の最後に、奥野は「お噺」と児童の「宗教生活」の関連についても簡単に触れている。前述した児童の「空想」「道徳」と同様に、「宗教」も「未開的、原人的、空想的、主我的、情緒的、自然崇拝的であつて、是等児童の精神生活はお噺の内容に共通してゐる点が多い」[45]とする。奥野の言う「宗教」は特定の宗派を指すものではなく、「文明の未だ発達しなかつた太古」[41]にあつた宗教をイメージしており、「原始時代に起つた宗教が主として自然崇拝の形をとつたのも当然のことである。自然崇拝、祖先崇拝、精霊崇拝は上古宗教の特徴である」[42]と述

べた上で、児童も幼少の時代から原人的な自然崇拝、祖先崇拝、精霊崇拝の意識をもっており、古代民族と似通っていると指摘する。ここで奥野は、人間の歴史の初期に当たる「上古」と人間の成長の初期に当たる幼少の児童を重ね合わせて考察しており、当時流通していた反復説の影響を受けていることを認めることができる。

　奥野は、「空想」「道徳」「宗教」について以上のような解説を行った上で、「お噺」は児童の「空想」「道徳」「宗教」という「精神生活」さながらのものだとし、「児童がお噺を好むのは単なる好智心や、皮相な退屈さましの為ではなくて、深い内容をもつた、本能的な、精神生活創造の為の本質的欲求であると見る」[45] と結論づける。

　奥野がこのように、自著において児童の「本質的欲求」を根拠として「お噺」と児童の「精神生活」との関連に言及しつつその重要性を強調するのには、先に触れた反復説の影響の他にも、「お噺」の価値を主張せざるを得ない当時に特徴的な状況の影響があったと考えられる。それは、児童向けの読物に対する理解が未だ進んでおらず、次項で言及する森岡常藏（1871-1944）の説に見られるような児童読物に対する抵抗も少なからずあり、そのために、上述のような念入りな検討を行う必要があったのではないかということである。

　　第3項　「お噺」の価値——諸説の比較——

　「お噺」を材料として聽方教育を行うことを奥野が唱える根拠には、上述のような「お噺」好きという児童の実態や「精神生活」を尊重した考え方と、もう一方には「お噺」そのものがもつ価値の考察によるものがある。奥野は、米英への長期滞在以前から、積極的に海外の文献から知見を摂取していたことはすでに述べた。同時に、海外ばかりではなく国内の「童話」をめぐる諸氏の言説にも触れ、成城小学校着任後の早い時期からその考察を発信している。本項では、諸氏の言うところの「童話」を「お噺」と同義と捉えた上で[36]、童話に対する諸氏の説を奥野がどのように

第 6 章　奥野庄太郎の教材観

受容あるいは批判したのか、その経緯を検討する。そのことを通して、奥野が童話や「お噺」の価値をどこにおいていたのかを明らかにしたい[37]。まず、海外の説、続いて日本の説についての奥野の論点を考察することとする。

　海外の説については、奥野はその流れや断片を紹介するに止めている。そこでは、ルソー、ペスタロッチ、ヘルバルト一派などに言及している。それは、童話に関するルソーやルソー流派の主張として記した次の記述から始まる[38]。

　　（ルソーらは、）童話は無生物を有生物とし、想像を以て現実とするものであるから、自然と人間に関する統一を打破し、従つて自然界の表現を誤解し、現実を空想とを混同せしめる。これは結局児童に非真理を教ふるに等しい。であるから教訓上の価値もなく、心理の発達上にも弊害がある。唯幼児に詩的興味を起こさしめる位のもので他に効果のないものであると論じて居る。　　　　［46（　）内引用者］

　空想的な童話へのルソーによる非難であるこの言説を、児童の「空想生活」を重んじていた奥野がどう乗り越えたのかは、残念ながらここでは語られていない。ここでの奥野は、ルソーが、「エミールの読むべき第一の書籍をロビンソンクルーソー漂流記であると言つて」おり、「空想的な童話」を非難しているとし、ルソーを「お噺を教育上に用ゐた人物であつて、同時に非難した一人である」［46］と述べるにすぎない。
　続いて、ペスタロッチについて奥野は、「童話教授に対しては中立の態度をとつた」人物だとし、さらに「童話を最も組織的に教科目中に採り入れたのは、矢張りヘルバルト一派で、ワイツ、チルレル、ライン、ヴイルマン等」［46］だとする。ヘルバルトは、「独逸の国民童話をもつて情操的教材を形作つた」し、チルレル（ツィラー）は「童話の教育的価値を高潮した」［47］と紹介するに止まるが、ラインについては、具体的に記して

いる。ラインは、「グリムの童話から一個年の教材十四編を選んで、聖書及び教会史、普通国史、文学等情操教授の綜合中心教科とし、そして之を以て児童の智的、美的、倫理的、宗教的情操を陶冶しようとした」[47]として、グリム童話から選択して総合中心教科の教材としていたこと、また、それによって目指していたものは知的内容に止まらなかったことに言及している。

　加えて、前述のルソー一派の「自然界の表現を誤解し、現実と空想とを混同せしめる」[46]という考え方に対してラインが述べた「反対の意見」[47]を採り上げている。それは、ラインが、「抑も童話といふものは想像力の作用によつて、広汎深遠な道徳的法則を、簡易平明に表現し、高尚な心理を詩化して、実験観察的に案配し、然も児童の説話の形に纏めたものであるから、多分の道徳概念を包蔵し、常に児童の道徳的判断の機会を与ふることが多いから、情操陶冶には必要な材料である」[47]と言っているとする部分である。このラインのルソーへの「反対の意見」とされる内容は、先に引用したルソーの説、すなわち童話は現実と空想を混同し非真理を教えているに等しいとするルソーの説を乗り越えるものとしては、論点のずれがあるように見える。つまり、奥野の中で真理の追究の問題と、道徳的陶冶の問題が混同されているのである。しかし、この混同はかえって、奥野の前項で見たような、「空想」と「道徳」と「宗教」の三者をまとめて児童の「精神生活」と捉えていた思考を裏付ける。奥野は「宗教生活」の項の中で「真理の探究」にも言及しており[39]、真理の追究も道徳的陶冶も、共に児童の「精神生活」上ひとくくりに考えそれを重要事項として捉えていたと考えられるのである。

　以上のような海外の知見に対する奥野の追究は、現代の私たちから見れば、真理の追究と道徳的陶冶の関係への議論や知見が不十分ではないかと感じさせられる部分もある。しかし、これらは、奥野が大正新教育時代において国語科の教材（ここでは、「お噺」）を選択するという日々の教員としての仕事の過程で、ルソーやツィラー、ライン等の説にも依拠しつつ、あるいは、それらの説自体に議論を挑みつつ、理解を積み重ね、熟考して

第6章 奥野庄太郎の教材観

いた足跡だと言えよう。ここには、一訓導である奥野が、海外の教育者の思想をたどって童話や「お噺」という教材がもつ意味を考え、その利用が児童に与える影響に期待するという真剣な思索を続けていた軌跡が確認できるのである[40]。奥野は、ラインが、童話の「選択を失せざる限り、教訓上最も適当な材料たるを失はないといつて居る」[48]と教材の選択の重要性を唱えたことも押さえている。筆者は、この教材を選択するという指導者の役割に関する言説が示す、指導者としての徹底した自覚と考究と実践が、奥野の思索に厚みを与えていた点を見落としてはならないと考える。

続く日本人の森岡常蔵、高木敏夫（1876-1922）、西宮藤朝（1891-1970）の言説に対しては、奥野の反論が示されている。次にそれら諸説とそれに対する奥野の批評を検討して、奥野が「お噺」を重要視する理由に迫りたい。

まず、森岡の説に対する論点を確認しよう[41]。奥野は、森岡の説に対して「童話を教育に応用することの長短利害を最も委細に論じた代表的のもの」[49]で、「誠に正当な見解」[50]と評価している。奥野は、森岡の挙げた童話を教育に応用することによる「利益」を次の6点に整理している。すなわち、「（一）愉快の中に知識を増す、（二）言語が豊富になり、思慮を習熟する、（三）道徳上及審美上の修養を得る、（四）道徳上及審美上に得た修養が是からの自分の考へや行ひの上に大なる影響を及ばす（ママ）、（五）補習自習の精神を刺戟する、（六）閑暇を愉快に有益に使ふことが出来る」[50]である。

続いて、森岡の言う童話の弊害を5点示した上で、これらの弊害は教師の注意によって十分救済できるとしてその対応を考察している。森岡の言う第一の弊害は、童話は「想像のみを鼓舞して外の心力発展を妨げる」[50]ということである。これについて奥野は、元来「空想」と「科学思想」とは精神内で反発せず、児童は空想的な童話にも精細な科学的観察等にも興味をもつとする。指導者は、「想像力のみの刺戟」に偏することな

く、「児童の空想生活の時期を正当に理解し、その年齢程度に於てのみ」、つまり発達に応じた内容で、導けばよいとする［51］。ここからは、文学教材にこだわる必要はないとする奥野の考えも窺える。

　第二の弊害は、児童が「真面目な業を厭うやうになる」こと、第三として、「学校の教科書とか課業とかをお留守にする」［50］ことだという。これらについては、「教師父兄の導き方によつては之を救ふ道が幾らもあると思ふ。低学年の時代に豊富にお噺を味はして置けば、それで児童は満足して次には真面目な科学的の研究に向つてくるといふことも有るであらう」［51］とする。その上で、もし、自ら向かわなければその時は「教師が導くがよい」［51］と言い切る。児童自身の満足感や伸びようとする力を尊重すると同時に、指導者は必要な指導をしっかり行うべきであるという奥野の指導観が示されている。ここで示されている、低学年のうちに「お噺」を味わう土台を築けば、その先の段階で科学にも目が向くという論理は、「聴方」だけではなく「読方」でも見られる論理である。さらに、奥野は「趣味ある科学的の課外叢書などあれば、児童は必ずそれを喜んで愛読するに違ひない」［51］と、科学読み物の必要にも触れている。「教科書でも非常に趣味的に出来て居れば」よいのだが、「問題は彼の旺盛な読書欲に応ふる適当な教科書を与へないところにある。与へないからして教科書をお留守にするのである。課業をお留守にするといふのも導き方によるのである」［51］と、ここでも教科書の内容を含む十分な教材の重要性と、それらを授業に用いる指導者の「導き方」を一体の事項として捉えている[42]。

　また、奥野は、森岡が指摘する「選択の注意」を次のように紹介している。それらは、「（一）其の子供の観察と経験とに基いて、其の範囲を広げ、知識を深めるものを選ばなければならない。（二）非徳非礼のものを避けねばならない、（三）首尾完結して美的の全体を意味して居るものでなければならない、（四）長い説明や複雑な形容を避けて、明白に簡単にそして活気あるものを選ばなければならない。」［50］の4点である。

　この4点は、次項に示す奥野の教材選択の標準と比べても大きな隔たり

第6章　奥野庄太郎の教材観

はなく、森岡の説が、奥野の教材選択に関する基準に影響を与えている可能性も考えられる。ここまで見てきたように、森岡に対して奥野は、是々非々の姿勢で論じている。

　続いて奥野は、1916年刊の高木敏雄著『童話の研究』より、高木の著述を引きつつ、次のように3点に整理できる内容に「別に異存はない」[55]と共感を示している。第一に、高木が「グリムの童話集は世界の童話集中で最も理想に近いものである。独逸の童話首唱の教育家達が此の（童話）集中のもののみ選択したのは誠に意味のあることである」[53（　）内引用者]としている点。第二に、その「選択された十幾篇の童話を子細に点検して見ると、教育家に厭がられさうな神怪不思議の分子も沢山」あるが、「此の懸念に対して幸に独逸の教育実際家は比較的超然として居」[53]り、「理屈ばかり云ふ教育学者の非難を無視して、昔から民間に物語られて居る童話を其儘修身教育の資料に当てた勇気は感ずるの外はない」[54]としている点。第三に、「日本の教育実際家達は、之に反して民間童話を其儘採用するの勇気を欠いて居る」[54]としている点である。
　さらに、奥野はここでも「空想」に対する見解について、神話の専門家である高木に依拠しつつ次のように繰り返し記している。

　　　一体世間の人は余り空想を危険視するが、是は高木氏の説にもある通り児童の精神生活の特色を観破しないもので、空想的なお噺を精神発達の空想的時代に聴かして置くことは大きな人生の為の教育、発達段階に適応した発生心理的に見た教育として価値のものであると思ふ。　　　　　　　　　　　　　　　　　　　　　　　　　　[55]

これに続いて、奥野は、ホールがアリストテレスの浄化の原則に従って、「大概の幼少な子供は残酷な物語を読んでも之が為に害を受けないのみか、却つて善い結果を受けるやうに思はれる」としていることや[43)]、ラスキンが「気高い子供は選択なしに色々なお噺類を読んでもそれによつ

て害せられることが無い。子供は無邪気である。(中略) 子供がもしお噺によつて害を受けたとすれば、それはその子供自身が他の原因から、既に不健全な方向に傾いてゐるからである」[55] としていることを紹介している。さらに、遠藤博士や小西博士の説も援用しつつ空想の必要性を説いている[44]。前項では児童の発達の観点から空想の価値を唱えたことを示したが、ここでは、先人の力を借りることによって補足したと言えよう。

奥野は次に、空想の価値を認めていた高木への評価とは対照的に、西宮を「純粋芸術上の立場から是等の空想に手厳しい非難を加へる芸術批評家」[57] の一人として紹介している。そして、「氏の芸術教育に関する意見には甚だ敬聴すべきものがあるが、只氏の童話に関する意見には首肯し得ない所がある」[57] と『解放の教育』(1919) から引用しつつ[45]、次のように反論する。

まず、西宮が「在来教育に応用せられた日本五大お伽噺等は、「つくり物」で何等の価値のないものである」と指摘していることに対し[46]、奥野は、「此の意見は大人の頭、しかも大人の芸術的な頭から見た議論であつて、児童の世界に這入つて、児童の心から見ての議論ではない」[58] と反論している。奥野がこの反論のために引用した西宮の言説は次の①②の2点に整理できる。①「教育家は文芸を排斥して、なるべく学校内に入れしめないようにするが、」彼らは、「所謂教訓的文芸」のような「或る特殊な文芸に対してはそれを拒絶しないのが普通である」[58]。しかし、「所謂教訓的文芸は、(中略) 不自然がある。虚偽があることを忘れてはならぬ。それは結局「つくり物」に外なら」[58] ない。「勿論、文芸は凡てつくり物である。(中略) けれども純粋の文芸作品が作り物であるといふ意味と、所謂教訓的文芸がつくり物である意味とは其の間に大きな差がある」[58]。すなわち、「純粋の文芸作品」は「其の事件乃至人物に現はれた思想や感情は明らかに全人間性そのものとして、吾々人間の内部に存在する」[59] が、「所謂教訓的文芸」は、「その中(事件乃至人物)に吹込まれた思想や感情は人間性の全部を観照したものでなく、一部分をとつて

恰かも全部であるが如く仮想するか、或は虚説する」[59（　）内引用者]ものである。また、②「所謂教訓的文芸は、初めから何らかの人間性といふものを予定してかゝり、善は栄え、悪は亡ぶものであるといふ観念を頭の中で拵へて置いて作品を作つたり、或は善をなすは人間の本務であるといふ観念を吹込まんが為に初めから或る目的を設けて作るのであるから、(中略)自然(ナチュラル)を尚ぶ文芸に於て其れ（人間の本性）を自然な感情として表現することも出来なくなる」[60（　）内引用者]。

これら西宮の①②の説に対して奥野は、以下のように反論する。まず、「教訓的文芸は純文芸作品と違つて作り物であるから見処がない」[61]という点には、奥野は、「少年の心理を理解しないで速断したもの」[62]であるとする。「何故なれば幼児期児童の心理特色はその空想的な点にある」から、幼児期には「空想と事実が混同して居るのであ」り、「大人が人間内部に存在してゐないと思つてゐる思想感情を、児童は確かに内部に存在せしめて居る」[62]からだと言う。したがって、「大人がつくり物で見処のないものだと思つたものが、児童自身にとつては夫れが真剣な芸術である。(中略)少くとも一二学年頃の童話は空想が当然その中心生命をなすべきものである。此の時代にあつては空想が即ち現実であるのである」[62]と、再び「空想」重視の視点から反論する。

次に、「所謂教訓的文芸」は不自然だとする点に対する反論である。奥野は、「凡て芸術は一面に於て作者の人生観の宣伝である。作者の描こうとした人生、作者の覘つた材料は既に其処に目的がある。主観がある。そして又人生の事実には善もあれば悪もある。善を描いたからとてそれが美にならない理由はない[47]。只問題はその取扱方にある。(中略)作者が善を狙ひ教訓を狙つたからとてそれが直ちに低級のものであるといふことは言ひ得ない。醇化が問題である。教訓そのものを故意に部分的に露出するからして、自然でなくなるのである」[62]と述べ、その「材料」を「自然」とすることがきるかどうかを、指導者の役割である「取扱方」の問題にしている。

また、西宮が①の議論の延長で、幼年時代に聴いた『花咲爺』『舌切

雀』などの童話の教訓によって今日の吾々の道徳的信条が培われたとは思えないと述べている点に対しては、奥野は児童の視線を重視して、次のように反論する。すなわち、「価値は推移し、道徳は進歩し、心意は発達する。しかもその発達は持続的である。そして約説原理を説く学者の言ふやうに段階的である」[63]とする。つまり、「「舌切雀」も「花咲爺」も児童が中心から之を要求する時代には、それがその時代に於ける唯一の価値であつたのであ」り、「時代の欲求が変るにつれて、ロマンチックな作品からリアリズムの作品に変るやうに、児童心意の発達に応じて異つて来る」ので、「大人の現在の頭から見て現在に価値がないからといつて、直ちに児童の中心欲求のあるものを一概に非難することは出来ない」[64]と言うのである。そして、「教訓的文芸」では悪を味わうことができないとする西宮の考えに対して奥野は、「幼児期児童の道徳意識は極めて幼稚なものであつて、凡てが習慣とか、命令とか、主として外的刺戟によつて動いて居て、未だ道徳的自覚の域に至らない」ため、「此の時期に悪を観照せしめるといふことは不可能のことである。（中略）さうした教育は児童の道徳意識の相当に発達した時を待つのが最も適当であるやうに思はれる」[65]とする。つまり、幼児期の子どもの教材に悪を盛り込むことは無意味であると示唆しているのである。

　このような奥野の思想の根底にあるのは、児童期に対する徹底した尊重の姿勢であり、それが、児童の発達や希望に叶った「お噺」を使うべきだという主張に繋がっている。奥野は、それを様々な角度から繰り返していると言える。さらに、「お噺」の選択やその扱い方という指導者の行為が、「お噺」が持ち合わせている価値と同等に重んじられていることにも注目すべきだろう。ここに、教室において教材である童話や「お噺」を用いる奥野と、西宮のような「芸術批評家」との思考の相違がはっきりと見られるのである。

　以上見てきたように、奥野は先人からの諸説を咀嚼しながら、「お噺」の内容や「お噺」を授業に用いること、すなわち、「聴方」の教材として

の「お噺」の価値の地盤固めをしていたと言えよう。奥野が一貫して「お噺」が含む空想的側面や児童が空想することの価値を重視していたことが明らかになったと考える。ここで中心資料としてきた『お噺の新研究』の内容は、およそ８年の後の『聴方教育の原理と実際』に引き継がれ、加筆修正されている。そこでは、奥野にとっての空想重視の考え方は、「イリユージョンの世界、フアンタジーの教育それはお噺のねらふところである」[奥野 1928.0401：111]という表現も加わり、「自然物を有情化することによつて、子供らは自然物により深きなつかしみを持つ」[115]点が強調されており、「自然を人格化」[116]することへの肯定的な解釈が続く。ここでは、「お噺ほど想像力を活発に働かす教科は他にないであろう」[111]とも述べられ、教科としての「お噺」の重要性は、読方ばかりではなく、芸術、空想、想像、文学化、など多方面との関連からも語られ、「お噺」という教材・素材が奥野の〈読むこと〉の教育における中軸に存在することが強調されていることが確認できる。

　それでは「お噺」の具体的内容について、奥野はどのように言及しているのだろうか。次項で検討していきたい。

　　第４項　「お噺」の内容──修身との関係及び「お噺」選択の観点──

　第２項で「お噺」と「道徳生活」との関連について触れたが、前掲２著からは「お噺」と「修身」との関連を探ることができる[48]。当時の成城小学校では、特設教科である低学年の「聴方科」は後の学年で「修身科」に接続されていた。「聴方科」を「修身科」の前身としてとらえるというこの考え方は、校長の澤柳の持論に見られたが、奥野による「聴方科」の教材としての「お噺」からは、「修身例話」を用いた形式的で徳目主義的な教育とは異なる内容を見出すことができる。
　奥野は、先に述べたように、「お噺」はその性質上国民性の陶冶に裨益すると考えていたが、特に神話、伝説、歴史譚には著しく表れると言う。

神話、伝説、歴史譚は、遠い先祖の生活や精神を理解させたり、種族的・血族的感情を呼び起こさせたりして、郷土愛好の思想や国民的感情を興進させるとする。そして、童話についても、「必ず自国の性情、国民情調が流れて居る」［奥野　1920.0928：152］と、国民性の表れ方について外国と日本の童話の比較を行っている。それによると、日本の童話は、「祖先崇拝の国だけあつて童話にも多くの場合老人が主人公となつて居る。そして其の背景が多く田園的であ」り、「勧善懲悪的の対立形式の童話が多い」［152］。しかし、西洋は、「王子と王女を主人公とし、宮殿を背景として居」り、「魔法や機知が主となり、破魔放釋以て結婚に団円している形式のものが多い」［152］と分析する。そして、このように「お噺には何等かの形で国民性が溶け込んでゐるから、国民性陶冶の資料としては充分の価値を有するものである。ことに低学年時代の国民性陶冶には、理論的な説話や、無味乾燥な物語に比較して、この種のお噺の方が遙かに効果が多い」［153］とする。

　ここで奥野の言う「国民性陶冶」云々の内容はいわゆる忠君愛国的なものばかりではなかったと考えられる。それは、奥野が、「独逸の教育家」に注目し、次のように述べていることから窺い知ることができる。すなわち、「彼らの中のチルラー（ツィラー）、ユスト、ヒーメツシュ、トロル等は情操陶冶に適用する修身教材を選択したとき、第一学年の児童に対しては、忠君愛国の主義を鼓吹したり、国体の説明をしたりしないで、無邪気なそしてその中に只国民性の血の通つた国民童話を提供した」と紹介し、それは、「独逸の教育家が児童の心理と精神能力の発達を知得してゐたからである」［154（　）内引用者］と評価しているのである。

　続いて奥野は、高木の『童話の研究』から先述の「四家の選択になつた童話題目及集中番号、並にトロルの倫理的関係の分類配置」［156］を掲載している。チルラー（ツィラー）らが選択したとするグリム童話18編それぞれが、「両親に対する児童の態度」［158］、「善の果」［160］などの倫理的な態度項目の何に該当するのかについて9方面に分類した一覧である[49]。その上で、奥野はこの方法に準じて、「自分の選択したお噺教材と

第6章　奥野庄太郎の教材観

其の道徳的関係とを一覧して見よう」として、自身が選択した聴方教材90編について、その中に含まれている「道徳的要素」［161］を学年ごとに調査して提示しているのである。この中で奥野は、第1学年から第3学年まで学年ごとに30編ずつ計90編の「お噺」の題目一つ一つに対して、どのような「道徳的要素」が該当しているのかを記している。例えば、第一学年の『瘤取り』には「羨望」［161］、『一寸法師』には「知恵」［162］、とされている。中には『腹の洗濯』の「軽浮、同情、虚偽、応報」［161］や第3章で扱った『欲ばり和尚』の「無慈悲、貪欲」［163］など、複数の要素を示しているものもある。その後に、「道徳的要素」を5分類し、更に細かい徳目ごとに、90編の「お噺」の題目を対応させた「聴方教材倫理的関係一覧」［168］を提示している。この中の項目を、高木がグリム童話に対して掲げた項目に比べるとその数ははるかに多く、また、項目名も多少異なる[50]。その中で高木の分類項目にはなかった「国家に関するもの（忠君・愛国）」に注目すると、ここに該当する「お噺」の数は、5分類の中で最も少なく全90編の内13編である。その他の項目を見渡しても他国他民族を排除するような内容の記述は見あたらない。奥野の他の部分の記述を見ても、前述のような「国民性の陶冶」等に繋がる文言が、いわゆる国家主義を連想させるものとも趣を異にしている。また、奥野自身も、この分類後の考察で、「お噺の中に含まれて居る陶冶要素は豊富なものであつて、其の倫理的関係も広汎で、家族、社会、国家各方面に亘つてゐるといふことが知られる」［173］と述べている。さらに、童話軽視の態度について、次のように忠告を記している。

　　一般に童話といへば之を軽視して、只児童の興味迎合の為の慰安物の如く考へて居る人が多いが、之は間違つた考へで、もつと慎重に考へて見る必要がある。私は彼の貧弱な内容の修身例話より、お噺の方が数倍価値が有ると確信する。　　　　　　　　　　［173］

ここからは、奥野が、「童話」や「お噺」を「修身例話」と対比させな

がらその「価値」に言及していることが分かる。先の「聴方教材倫理的関係一覧」に関連して奥野自身は、「私の選択した聴方材料合計九十篇のお噺に就て考へて見ても、其の中に含まれて居る道徳的関係はかなり多い。尋常三学年位迄の修身徳目は其の三四を除いて殆ど全部網羅せられて居る感がある。(中略)斯く考へて見るとお噺と修身教授との関係をもつとずつと深く見ることが出来る」[160]としている。ここには、低学年のうちから「修身例話」による「修身科」を行うことへの反発と表裏一体のものとして、「お噺」を用いる聴方教育が、「修身科」との関連においても自然で児童の実態に合った指導法だと考えられていたことが示されている。

　以上、修身や道徳との関連から奥野の「お噺」観を考察したが、最後に「お噺」の内容を選択する際の観点について見ておきたい。奥野は『聴方教育の原理と実際』の「お噺と児童年齢との交渉」[奥野 1928.0401：198]の項で、「お噺に於ける各学年児童の趣好」[199]と「聴方材料選択の標準」[204]の2方向から検討している。前者は、ブライアントに依拠して「お噺と児童の年齢との関係及び性的趣向等より」[200]適当だとされる「材料」を考察した後、「私の児童年齢とお噺の交渉に関する研究の結論を要約すれば大体次の通りである」[203]として、「最も適当であると思ふ」[204] 3項目を挙げている。それらは、①「第一学年には余り内容の複雑でない童話伝説の類」、②「第二学年には内容の少々複雑な童話、伝説、神話及一部の歴史譚等」、③「第三学年には、神話、歴史譚、伝記物語、実話等」[204]である。

　一方、後者の「聴方材料選択の標準」は、高木敏夫、水田光、秋田雨雀の説を採り上げて、三者の共通点を次のようにまとめ共感している。すなわち、「児童の生活に根ざしたもので、最も理解易く、且つ無邪気で空想的であるものが適切であると主張されてゐる」点と、「長さの適当なもの即ち、複雑程度に特別の留意すべきことを述べてゐる」[206]点である。そして、最終的に奥野が「以上の如きものを望みたいと思ふ」[207]として要約した「材料選択標準」は次の5点である。

第6章　奥野庄太郎の教材観

　　A、児童の本能に根ざしたものであつて欲しい。
　　B、子供の興味を考へたものであつて欲しい。
　　C、民族的情緒に富むものであつて欲しい。
　　D、内容は生命創造的であつてほしい。
　　E、叙述描写の平易で明るいものであつて欲しい。　　　　　［206］

　以上のことから、奥野の求める「お噺」の内容は、上記①～③の「児童の年齢との関係及び性的趣向等趣好」とA～Eの「材料選択の標準」の交差する観点から教材として選択されていたと推測できるのである。

第5節　奥野庄太郎の児童読物

　本節においては、奥野の自作の児童読物について概観しておきたい。既に述べたように、奥野は「補充教材」を一つの「読書経験」と考えていた。そして、最も「読書経験」にふさわしい補充教材が、内容と分量の充実したいわゆる児童読物であった。奥野は、その児童読物を多数自作している。原田の定義で言えば、授業時間内にこれらが使われればそれも「副読本」になるものではあるが、奥野の目的は児童が自ら好んで沢山読むことに、すなわち「読書経験」を重ねることに見合うだけの児童読物を著すことにおかれていたと考えられる。
　以下に、管見ではあるが、奥野の著作とされる作品を挙げることとする。他にも書誌情報を得ているものはあるが、原則として筆者が確認した文献を挙げた。出版年順に記し、通し番号を付けた。

1．「新作お伽　平家蟹」教育学術研究会『小学校』同文館、1919.10
2．「創作童話　父恋し」同上、1920.2
3．「創作童話　昼の心と夜の心」同上、1920.5
4．「創作童話　善い人と悪い人」同上、1921.3

5．『小学お伽選　神話伝説の巻』大日本文華、1921
6．『児童源平盛衰記　上』集成社、1921
7．『児童源平盛衰記　下』集成社、1921
8．「何でもない事（童話）」『児童の世紀』民文社、1921.11
9．『こどもアンデルセン』イデア書院、1925
10．『世界英雄物語』イデア書院、1925
11．『こどもせかいれきし』目黒書店、1926
12．『東西童話新選　天の巻』中文館書店、1928
13．『東西童話新選　地の巻』中文館書店、1928
14．『東西幼年童話選　楓の巻』中文館書店、1928
15．『東西幼年童話選　菊の巻』中文館書店、1928
16．『東西幼年童話新選　桜の巻』中文館書店、1930
17．『東西幼年童話新選　梅の巻』中文館書店、1930
18．『東西童話新選　文の巻』中文館書店、1930
19．『東西童話新選　人の巻』中文館書店、1930
20．『世界一周物語』（学習室文庫）中文館書店、1934
21．「孝行ナ子ウサギ」『講談社の絵本』106「漫画と出征美談」号、大日本雄弁会講談社、1939.4
22．『世界童話撰集　Ⅲ　聖フランシス物語　ロビンソン物語』新緑社、1946
23．『学習室文庫』中文館書店、1927から

　これら出版状況を確認しつつ特徴的な事項を見ていきたい。筆者の確認した奥野の児童読物で、最も早い時期の作品が『小学校』誌上の4作である。『小学校』は、1906年に創刊された教育雑誌であり、その内容は「口絵」「主張」「講話」「研究」「雑集」に分けられている。その中の「雑集」の欄に、奥野は、「新作お伽」「創作童話」と銘打った作品を掲載している。最も早い1．「平家蟹」は、「成城小学校訓導　奥野庄太郎」という署名があるが、それ以外は肩書きが記されていない。4作のうち、3．「昼の心と夜の心」は舞台が外国を思わせる御殿における出来事であり、登場するのは「王様」や「臣下」だが、他の3作は、日本の話であり、素朴な恩返しや親孝行の物語である。作品の中で特徴的なことを挙げると、4．

第 6 章　奥野庄太郎の教材観

「創作童話　善い人と悪い人」［奥野児 1921.3：28］において、物語が一通り終わったところで、「世に絶対の善人、絶対の悪人があらうか」［31］と一言付す形式を取っていることである。本誌の掲載は、投稿によるものだったとすれば、奥野はさまざまな形式の創作を試みていたと言えよう。

　この「善い人と悪い人」に関しては、一つのエピソードがある。奥野の児童読物創作の真意に触れる出来事なので、その経緯と内容を紹介したい。それは、「善い人と悪い人」の掲載の翌月の同誌に「奥野氏の創作童話を読む」［佐々木 1921：51］という記事が掲載されたことに始まる。「宮城県　佐々木譲」［51］の署名がある本記事の内容を要約すると以下のようになる。すなわち、佐々木は、「児童を理解し其の理解を根底として作をしてゐる」［51］童話作家の少ない時代に、待ち望んでいた「奥野氏の出現」に多大の期待と興味をもって「善い人と悪い人」を読んだが、失望し、期待も興味も裏切られたと記している［52］。そこには、「物語の形をとつた観念そのものを見た」、「童話といふ衣装を着けた教訓そのものを見た」と述べられ、「氏にとっては、おそらくはエソップ物語が唯一にして最上の童話かもしれない。『童話即修身の教材』ではない」［52］と奥野を痛烈に批判しているのである。「善い人と悪い人」［奥野児 1921.3：28］は農村を舞台にした素朴な話で、村人達から善い人と思われていた人が、村が津波に襲われた時に泥棒を働き、逆に悪い人と思われていた人が多くの人を助けたという話である。そして、物語の最後に、先の「世に絶対の善人、絶対の悪人があらうか」［31］という一言が添えられている。

　奥野は翌 6 月号の「研究」欄に、即座に「「奥野氏の創作童話を読む」を読んで」（目次では「佐々木氏に答ふ」）［奥野 1921.6：69］という論稿を掲載している。その冒頭、「（五月一日夜）」［69］と記された奥野自身の日記の一節だと思われる部分を引用している。そこには次のように記されてゐる。

　　机上の小学校五月一日号を何げなしに見ると、「奥野氏の創作童話

375

を読む」といふ題目の元に僕の創作童話の批評がしてあつた。五百字論文で勿論詳しいことはわからないが、併し氏のいはんとする所は明らかであると思つた。創作が僕の命がけの仕事のひとつである以上、僕はどんな短文にでも真摯に僕の思想を以て応答するだけの責任感を持つてゐる。勿論僕は宮城県の佐々木譲氏を知らない。けれども氏は僕の創作を通して僕を知つて呉れた。私は此の機会に佐々木氏及び一般本誌愛読者諸君に私の童話に関する考への一端をもらして、更に汎く諸君に批評を仰がうとするものである。　　　　　　　　[69]

　ここには、奥野が一般読者の批評にも真摯に向かおうとする姿勢が見られる。その内容は、佐々木に対して反論するというよりは、自らの童話にかける思いが綴られていると言ってもよい書きぶりである。その中で奥野は、自身も「「童話即ち修身の材料」としようとは思ひません」[69] と断言し、次のように記している。

　　私は自分の発見した生の意味を児童を通した芸術、もつと広義にいへば自己の発見した生の意味も最も民衆芸術の形ちで表現したものが童話であると思つて居る。私は童話は立派な芸術であると信じてゐます。　　　　　　　　　　　　　　　　　　　　　　　　　[69]

　ここには、童話は芸術だと考えて創作に当たっているという、奥野が童話の創作に向かう上での基本的な姿勢が示されていると言えよう。この後、自著の『お噺の新研究』からも引きながら、「芸術が道徳から独立し、善が美と対立したのはとつくの昔で、(中略) 今頃芸術が教訓でないなどは寧ろいふだけ野暮」[71] であると述べた上で、批判の的の「善い人と悪い人」について次のように述べる。

　　私の彼の「善い人悪い人」も、絶対の善人絶対の悪人があらうかといふ、自己の生を瞑想した発見から来た特異な思想の創出的表現であ

第 6 章　奥野庄太郎の教材観

　　る以上、それは道徳的なもの「善」を取扱っても、特異な創出、生の
　　意味観照を伴ふ点に於て「美」である。即ち立派な芸術である　フイ
　　ドラーは「意味を見出すこと」が美であるり、リップスは「心を動か
　　すこと」が美であり、トルストイは芸術は新意味の創造であるといつ
　　ているではないか。　　　　　　　　　　　　　　　　　　　[71]

　ここには、題材として善悪を扱っていても、「善い人と悪い人」は「美」
であり芸術であるということが述べられている。他にも、文末に「あゝし
た訓言的なものをつけたからして、その作者は童話即ち教訓の材料といふ
つもりで創作して居るのだなど、即断してはならない」こと、このような
方法はトルストイも行っており、「特異な思想の強調」であること、批評
を受けても「少しも自分の所信は曲げる気にはならぬ。併し佐々木君の僕
の寓話に対して話に対して注意を向けて下さつたことを難有く感謝する」
[71] こと等が記されている。
　奥野はここで、自分の信ずる芸術としての童話の創作に向かう姿勢を言
明したと言える。それと同時に、童話執筆の難しさに対する葛藤も味わっ
たことも想像に難くない。この佐々木の投稿がきっかけだったかどうかは
分からないが、奥野はこの後同誌への童話の投稿は行っていない。

　その後、奥野の児童読物は、自身が編集主任をした児童雑誌『児童の世
紀』誌上に掲載されているのを認めることができる。そして、それと並行
してその後は単行本の出版が続いている。一つ一つの著作についての詳し
い検討は稿を改めることとするが、筆者の手元にある6.『源平児童盛衰
記』(1921) 上下巻 2 冊を見てみよう。それぞれ第 6 版、第10版であり、
版を重ねていたことが分かる。しっかりとしたハードカバーで表紙には色
刷りの源平合戦の様子の絵が描かれている。澤柳の序に続いて、自序の冒
頭で奥野は次のように記している。

　　父兄教師が安心して与へることが出来て、然も子供にとつては実に

377

面白く、同時に内容価値の豊富にあるもの、そして尚それは断片的なものでなく、分量のたつぷりあるもので、かなり長い間、児童が愛読の快感、読書の世界に浸ることの出来る長篇の逸れたもの。
　こんな課外の読物が欲しい。夫れを与へて児童の旺盛な読書欲を充たし、読方の実力もつけ、精神陶冶にも役立てゝゆきたい。
　かう考へると、西洋のもの、ロビンソン漂流記や、ガリバー旅行記はあるが、日本の子供に適した、夫等要求を満してくれる国民的課外読物は殆ど見当たらない、澤柳校長にも此のお話をすると、先生は「国民文学を児童化するがよい、」と仰しやられた。

[奥野児 1921.9：序1　ルビ省略]

　ここには、奥野が「課外の読物」に要求する要素が存分に記されていると言えよう。同書は奥野が「国民文学の児童化」として著した児童読物の典型である。一方、先の出版リストからも分かるように、奥野の著した児童読物は日本以外の童話に範を取ったものも多い。例えば9.『こどもあんでるせん』(1925)もその一つだが、同書の冒頭には「ミナサンヘ」[奥野児 1925.11：1] と題した呼びかけ文が載せられている。「コレ　ハ、アンデルセン　ト　イフ　セイヨウ　ノ　ヒト　ノ　カイタ　オトギバナシ　ヲ　オモシロク　カキカヘタ　ホン　デス」[1]と、目の前の子どもにアンデルセン童話に親しんで欲しいという願いを語りかけたような書きぶりである。
　さらに、『東西童話新選』『東西幼年童話新選』のシリーズものも目をひくが、これらも、立派な装幀の500頁前後の単行本である。例えば『東西童話新選　天の巻』(1928)の目次を見ると以下のような題目が並ぶ。

　　西遊記、迷ひの森、彫物の女神が笛を吹く、曾我兄弟物語、怪物征伐、不思議な首飾り、ロビンソン物語、家なき子、旧約聖書物語、お釈迦様の話

[奥野児 1928a：目次]

第6章　奥野庄太郎の教材観

特に「ロビンソン物語」「家なき子」「旧約聖書物語」は大部でありそれぞれが10から14の章に分けられている。ここからは、奥野の児童に対する、幅広い内容の図書に接して欲しいという願いが読み取れる。また、同書の「はしがき」［奥野児 1928a：はしがき］には、出版の経緯が次のように書かれている。

　此の本の中のお話は最初「学習室文庫」のものとして書いたのですが、その本は日本の多くのお子供様方から歓迎され既に一万部を売り尽くしたのです。そして更に装幀の立派なものが欲しいといふ要求がありますので、前期のごとく同文庫中から選抜したものです。
[はしがき　ルビ省略]

ここには、自らの児童書に手応えを感じている奥野の様子も読み取ることができよう。ここで言う「学習室文庫」は、先のリストの23に記したものである。奥野は、成城小学校在職中に児童用図書として、ハンドブック的な装幀の図書を多数著していた。30冊を一組として学級に置き、児童が手軽に交換しながら読めるような態勢を整えたものである。これらの内容は、先述の『児童源平盛衰記』のような児童用に翻案されたものばかりではない。『世界一周物語』（1936）と題する作品は、明らかに自身の英米視察経験を元にしたドキュメンタリー風の文章で、その書きぶりは、『小学校』に見られたのと同様に、創作の一つの試みとも言える作品である。

以上概観した奥野の児童読物の作品群は、奥野の〈読むこと〉の教育の一分野である「読書経験」における「教材」として位置づけることができるのではないだろうか。教室において行われる「読方」「聴方」の授業に必要な「読本」「補充教材」や「お噺」と同じ位置づけである。自らが吟味して選択した作品を翻案し、また新たに自身の創作を続けていた奥野の執筆活動は、「教材」を作成すべく執筆していたと言えないだろうか。そう考えれば、これらの作品群には奥野が「児童読物」としてふさわしいと

考える内容が凝縮されていることを意味するだろう。そこには、第3章以降検討してきた、奥野の聴方教育、読方教育、読書教育、つまり〈読むこと〉の教育において、土台となるべき語彙（群）の形成や「心理的読方」の習練に役立つような内容や構成もあるかもしれない。また、一方では、先に奥野が記していたように、童話も純粋に芸術として美を求めるのであれば、そこには児童が味わうべき美とは何かというような新たな視界が開けた児童文学作品が用意されているのかもしれない。現代において、奥野の児童読物は目にすることはない。しかし、本章に至るまで考察してきた奥野庄太郎が、いうなればその到達点としての児童読物に何を求めていたのかを探る試みには、新たな奥野庄太郎の〈読むこと〉の教育論の要素を見つけることができるかもしれないと考える。それら児童読物の具体的な検討は、今後の課題としたい。

第6節　本章のまとめ

　第2節で検討した「国語読本改善号」において、徳島県女子師範学校訓導の富澤次平は「児童読本の誕生を記念す――可愛い子供の修正意見――」（1927）と題する論稿で、「幸に今日の子供が正しい文章の理解や鑑賞が出来てすくすくと生ひ立つて行くのは、学校の文庫を賑はしてゐる副読本や課外読物の賜といはなければならぬ」［富澤 1927：81］と述べ、次のような興味深い発言をしている。

　　　読方教育の対象が文としての教材である以上、目的の要求をみたすべき文章でなくてはならぬ。又そこに生るべき方法としても確実味を具備すべきで、文章をぬきにした目的論や方法論は危険が多い。［81］

　富澤の言説を参考にすれば、本書における検討のうち、前章までは奥野の〈読むこと〉の指導における目的論や方法論を考察してきたと言える。

第6章　奥野庄太郎の教材観

そして、本章においては、奥野の〈読むこと〉の指導における「目的の要求を満たすべき文章」である「教材」がどのようなものであったのか、つまり、内容論を検討してきたと言える。その過程において、長い国定教科書時代の中程に位置していた奥野も含めた国語科教育者達が、その当時の土壌の中で「補充教材」という「教材」を練り上げていた事実も提示することができた。

　奥野は『心理的読方の実際』においても、「現在の読方能力が低率であることは、誰もが認めるところであり、その改造も要望されてゐるが、その具体案が一向に出て来ない」［奥野 1930.0905：37］ことを危惧している。その上で、「読方の能率を真にあげようとするならば、その能力を陶冶するやうにまづその材料を提供しなければならない。国定読本の二冊に拘泥してゐることが、読方の能力を向上する所以でないことはすでに述べた所であるが、それではその具体案とはといふと、一ばん簡単で有効なのは補充教材を提供し、これを適用することである」［37］と述べている。第3節ではその一例としての他の論者との比較を試みつつ、第1学年の最初の教材を採り上げて検討した。他にも、奥野は雑誌『低学年教育』に掲載の「尋一読方五月の実際と副教材」［奥野 1925.5b：23］という記事で、巻一の10頁目の教材である「サルカニ」に対する補充教材を載せている。その中で奥野は、「猿蟹合戦の副教材として、左に同じ猿蟹合戦を別な表現の仕方によつた楠山正雄氏作のものを挙げてみよう」［24］と、別の作者による3部構成の9頁相当の文章を掲載している［24-32］。また『尋常小学補充教材全集　第一学年』（1928）において、「アツタトサ／ムカシノ　ムカシ　ノ　ソノムカシ／サルカニ　カツセン　アツタトサ、／サルト　カニ　トガ／サンポ　シテ、／オサル　ハ　カキ　ノ　タネ　ヒロヒ／カニ　ハ　ニギリメシ　ヒロツテ　サ／フタリ　デ　カヘツコ　ヤリマシタ（後略）」［奥野 1928.0310：18　／は改行］というような110行に及ぶ耳馴染みのよい韻文教材や4場構成の劇の脚本など、一教材ごとに工夫を凝らした、相当数の補充教材を提示している。

　また、第5節で検討した奥野編著の児童読物の内容も多岐にわたってい

た。それら補充教材や自作の児童読物、また当時活況を呈していた児童読物の中から推薦図書として彼自身が選択した児童読物については、今後、その整理と内容の検討を試みたいと考える。そこには、奥野が一訓導という立場から児童を通して見た時代や社会の状況と、その状況に在った当時の児童にとって必要不可欠な国語の能力と話題が、作品として結実しているように思われる。

　奥野は、「課外読物の教育的地位」［奥野 1930.1：76］という論稿で、「国語教育の本道」について次のように記している。

　　読物の教育についても畢竟大事な所は読書愛の人格を構成する点にある。かう考へると国語教育の本道は、却て課外読物と称せられてゐる読書方面にあるといふことが考へられないでもない。　　　［77］

　この場合の「課外読物」は一般的な児童読物を考えていると思われるが、それらが、紛れもなく「国語教育」の範疇に入っていることが示されている。そればかりではなく、それは「本道」だとも記されている。本章では奥野庄太郎の教材観を検討し、奥野の背景にある国語教育界における国定教科書への批判が、補充教材に関する議論の深まりを生んでいた側面も確認することができた。その結果、奥野自身の〈読むこと〉の教育を考えたときに、上記引用のように、「課外」の読物を「国語教育」の中に位置づけていくという広い教材観も見ることができたと考える。児童を取り巻く読物全体も視野に入れた国語科を考えている奥野にとっては、本章で考察したように、たとえ何一つ不足のない国定読本があったとしてもやはり児童読物は必要不可欠のものであり、その充実は期すべきものだったのである。その一方で、具体的な指導例からは、最も基本的な「ハナ」のような文字・語に関する補充教材の作成にも入念に取り組む奥野の軌跡も確認することができた。すなわち文字・語・語彙の教育と、先の引用にある「国語教育の本道」としての「読書」は、ともに国語科関連の事項として、また彼の〈読むこと〉の教育として一直線に繋がっているものだった

第 6 章　奥野庄太郎の教材観

ということである。それは、文字から児童読物までの教育内容としての「教材」の吟味と選択が、教師の役割として要に位置していることをも意味していたと言えるだろう。

注）
1）この時期は、本章で検討する第三期国定教科書『尋常小学国語読本』終了直後であり、第四期国定読本『小学国語読本』の使用が開始された同年月である。
2）垣内は同論稿において、『小学国語』（第四期）への批評者への批判を展開した後、「あらゆる批判を読みて無性に腹の立つのは私のみであろうか」［垣内 1933：82］と述べ、垣内自身は、同読本に対して「この新しい明るい国語読本を以て画期的なる教科書と信ずる」［81］考えを表明している。
　　また同稿における垣内の真意は、本文の引用に続く箇所からは次のように理解することができる。すなわち、『小学国語』（第四期）の教材の「形成史」［80］に関する研究を差し置いて、読本の批判をしてはいけないということである。具体的には、「編纂の趣旨」［80］や「編纂者自身の説明」［81］に込められているであろう「言語表現としての規定的なる条件を辿」［80］ること、また、「世界各国の国語読本の編纂の根拠には言語文章に関する原理の進展が潜んで居る」ためそれら「言語文章の学説」の「根拠を問ふ」［82］ことが重要であると述べられている。垣内の視線から見ると、「座談会筆記」「学習指導書類」に見られる「専門家から門外者に至まで」［81］の発言に、このような観点の不足を見出していたということであろう。
3）教科書教材史研究の成果については、橋元暢夫によって以下のように分類・紹介されている。「戦後初期の国語科教材史研究は、昭和戦前期からの国語教育史研究を承け、西尾実・山根安太郎・望月久貴・田坂文穂・井上敏夫・野地潤家等を先達として進められてきた。考察は問題史的把握、「国語科」形成の時代背景や思潮面、また、「教授要目」の改正と教育課程との関連、教育内容としての教科書教材の推移など、国語教育史全般（思潮史・制度史・教科書史・実践史・学習史・教材研究史）にわたり、歴史研究の基底となることと関連させてなされてきた。」［全国大学国語教育学会 2002：253］
4）「課外読物」を「教材」に含むかどうかについては異論があると思われるが、奥野にとっての「課外読物」に対する考え方と関連するため、このように定義しておく。
5）原田は「補充教材について如何に考ふべきか」［原田 1929：109］において、「補充教材」と「課外読物」と「副読本」という三者が「常に混線して居る」［110］と述べている。
6）国定教科書の教材を対象にして進められてきた詳しい研究成果については、井上敏

夫著『教科書を中心に見た国語教育史研究』(2009)を参照。
7）この他、友納友次郎著『読方教授法要義』(1925)、芦田惠之助著「綴り方教授法」（1914ごろとされている）等からも考察している［飛田多喜雄 1988b：83］。
8）井上敏夫は、澤柳他著『尋常小学国語読本の批評』に対して、「白読本（『尋常小学国語』（第三期））刊行を機に、それぞれ教育学者、国語・理科・図画等の指導実践家としての立場から、広く白読本を検討し、国語読本改造に役だてようとした書」［井上 2009：171（ ）内引用者］と評している。
9）東京女子高等師範学校訓導の五味の「国語読本改善号」の論稿「国語読本に対する所見」［五味 1927：63］からは、『尋常小学国語』（第三期）に対する当時の状況を窺い知ることができる。五味は次のように心中を記している。「国語読本がこれだけその進展発達を促したことは大いに認めねばならぬけれど、しかし今日の状態は既に国語読本にあきたらぬ感を抱くまでに時代は進歩し国語教育は覚醒して来たのである。而して「今度改正されたら」といふやうな声は、多くの期待と要望とを以て、世の実際家の胸を往来してゐる」［五味 1927：63］。
10）「補充読本号」のみ掲載の論者と題名を列挙する。数字は掲載順。4、飯田恒作（東京高等師範学校訓導）「補充教材と児童読物」 5、秋田喜三郎（奈良女高等師範学校訓導）「補充教材の一方面」 6、野澤正浩（広島高等師範学校訓導）「私の推奨したい補充教材」 11、小椿誠一（東京市月島第二小学校訓導）「補充教材の考察とその取扱について」 12、栗原登（千葉県東金小学校訓導）「低学年補充教材としての「うたのほん」」13、篠崎徳太郎（東京市小日向台町小学校訓導）「補充教材の意義」 14、森川辰藏（奈良第五小学校訓導）「読方教育の郷土化について」 15、金子好忠（高田市第二小学校訓導）「児童文庫甦生の道」 16、大石譲（東京市日進小学校訓導）「尋一前期の補充教材について」 17、磯野親男（栃木県師範学校訓導）「児の心と国語教育理想の漸近・融合をはかる補充文への考察」 18、吉岡國猛（京都市皆山小学校訓導）「国語読本の欠陥より見たる副読本の持つべき要件」
11）この時代の文献の「趣味」という語のニュアンスは現代と多少異なる。1931年発行（初版 1921年）の『改修言泉 第三巻』の「趣味」の項には次のように記されてゐる。「一、人の感興を惹起すべきもの。おもしろみ。おもむき。あぢはひ。雅致。風韻。二、『英 Taste』美を鑑賞する力。三、ある物に対して、興味を感ずること。」［落合 1931（1921）：2150］
12）保科による、三種の意味する内容は以下の通り。雑集読本は、「わが国の国定読本におけるがごとく、短編教材を雑集したもの」。類集読本は、「ドイツのある地方における国語読本のごとく、春夏秋冬の季節により、あるいは祖国・地理・交通・歴史・理科等の種目によつて、教材を類集したもの」。連続読本は、「全篇またはその一部を以て一冊読み切りにしたもの」。［保科 1927：4］
13）芦田は国定制度そのものを批判しているのではない。「教科書の国定制度は、苟も

第 6 章　奥野庄太郎の教材観

国家を形成して進んで行く今日には、当然の事だと存じます。国家の要求する人を作つて行く要素となる教材を、国家が選定するといふことは、大事なことです。この制度はいつの世になつても、蓋し動かしてはならない事でせう」［芦田 1927：9］と記している。

14）芦田は、指導者の目線からの国定読本の弊害を、具体的に次のように述べている。「山間の村落学校でしかも二部教授を実行して居るようなところでは、これだけの分量（一学年二冊）を教えることはなかなか容易でないが、これに反して都会の学校ことに師範学校の附属小学校などになると、これだけのこの分量では第二学期を支えることすら困難で、是非補充読物を授ける必要がある。」［芦田 1927：2（　）内引用者］、また、「千島の果てから沖縄の島々に至まで、ほゞ同じ読本を用いて居る」［2］ことは、気候・風土・日常の生活などの地方差のある児童の興味に応じていないとしている。

15）文部省「国定教科書に関する澤柳普通学務局長の演説」［澤柳 1905］には、教科書疑獄事件も含めた国定教科書制度への移行過程が詳しく述べられている。この中で澤柳は、贈収賄事件に直接かかわらない事項でも国定制の利点を数点述べている。例えば、紙質の向上、金額の引き下げ、そして世情に見合った内容にするための改定の行いやすさ等である。しかし実際には1918年の『尋常小学国語』（第三期）の刊行以降1933年の『小学国語』（第四期）まで改定は行われなかった。

16）八波は最文末で「国定教科書の改善について何か書けとの要求であつたが、聊か憚る理由があるので、俄に方向を変換して編者の意に反した」［八波 1927：37］と立場上の不都合を意味する断りを記している。

17）19. 丸山は、「改善号」では雑纂読本であることには触れていないが、1926年6月発行の『小学校』において「固定読本是非」と題して、国定読本の「雑輯的編纂法の根本的精神について大なる疑問を有する」［丸山 1926：15］としており、以下のような強い語調の記述を残している。「今日の読本から何の信念が養はれ得るものぞ！今日の読本から何の思想が養はれ得るものぞ！あの東海道（五十三つぎのこと）式なつぎはぎ、のりとへらとででつち上げた雑纂書、しかも著者に対して何等の信仰もない教科書から、どうして信念も思想も養はれ得るものか。」［15（　）内原著］
　　また、保科は2年後の「改善号」のみならず「補充教材号」においても「今日のごとく断片的の教材を集めたものでは、国語の力を思うように養う事ができない」［保科 1929：2］、「今日のところ正読本は断片的教材を雑録したものであることは止むを得ないが」［2］など、雑纂読本を批判しながらも黙認せざるを得ないジレンマを表している。

18）13項目は以下通り。「1、分量の増加　2、文体の現代化（文語文の漸減と口語文の増加）　3、漢字提出方の変更（中学年に多くし高学年に減す）　4、挿画の改善（静的より動的に）　5、練習文の提出　6、児童本位、児童生活を表現した文の増

加　7、理知的、常識的材料（功利的目的から来る雑文）の減少　8、文学教材の増加　9、長篇読物の増加　10、国民精神の培養をねらふ教材の増加　11、我が国現時の情勢に通ずる教材、植民地の情況に通ずる教材の増加　12、世界の情況を知らしめる教材の増加　13、田園趣味の鼓吹」［竹内 1927：102］

19) 1918年発行の『尋常小学国語読本編纂趣意書』［文部省 1918］には、巻二（第一学年後半期用）以降巻毎に各「類別表」が挙げられており、教材毎にどこに類別されるか明記されている。巻二は、修身的教材、歴史的教材、理科的教材、文学的教材の4種だが、巻三（第二学年前半期用）には地理的教材が、巻四（第二学年後半期用）は実業的教材、国民科的教材が加わる。（巻四に「国民的教材」とあるが改訂版では、「国民科的教材」とされている）その後発行の巻五から巻十二までも同様の類別表が掲載されている。［文部省 1918：7, 9, 10,］［文部省 1924：33, 34, 48, 50, 64, 65, 80］

20) この他、文学化に言及しているものには以下の論稿がある。4. 河野は、文学読本の編纂を謳っている。16. 富澤は、「読本の教材が文芸化せなければならないことは今までは何人もが心よく容認してゐる事実である」［富澤 1927：82］とする。19. 丸山も、初等教育における国語教育の目的は、「文学の鑑賞および創作にまでの陶冶」と「国語の系統的陶冶」［丸山 1927：94］に尽きるとし、それぞれの教材は、前者は「純粋なる芸術的作品」［96］でなくてはならないし、後者を目ざして教材を塩梅排列する場合にも「芸術的作品があって差し支えありません」［丸山 1927：97］とする。

21) この他に、分量の問題に言及している論者は以下の通り。4. 河野、5. 原田、10. 白鳥、13. 五味、19. 丸山、20. 竹内。白鳥は、「現在の小学児童の教科書以外の学用品代又は小遣銭、遠足の費用、図書雑誌の購入費などを考慮してみると、教科書のみが余りに安すぎることに気のつかない教育実際家は殆どあるまいと思ふ」と指摘し、「安からう悪からうに満足はできない」ため分量を増加することの実際案として「定価の値上げ」と「活字の改良」［白鳥 1927：47］とを共に望んでいる。丸山も同様に、「「地方ではあれだけでも分量が多すぎる。」などゝいふ方がありますが、それは取扱方によることであります」［丸山 1927：101］と一蹴している。その後、「あの読本一冊位、少し頭のいゝ子供は買つて来た晩に全部読んでしまふのであります。尋常小学読本十二冊の文字の数と雑誌キング一冊の文字の数と果していづれが多いでありませうか」［101］と当時の児童を取り巻く状況とも比較している。竹内は、「国語読本が文学読本となるならば、長篇物が多く採用されるに至ることはまことに自然なこと」［竹内 1927：106］と内容が文学化することとその分量とを関連づけて述べている。

22) 白鳥は「奥野庄太郎氏著欧米小学校の実際」からの報告として、「外国の小学読本、ことにアメリカなどでは一年間に標準読本として六冊、副読本として十冊補充読本として八十冊、乃至二百五十冊も読ませて居る、しかも日本の読本よりも内容の多いものを」［白鳥 1927：47］と紹介している。

第 6 章　奥野庄太郎の教材観

23）白鳥は、「副読本乃至補充読物が必要になつてくる」［白鳥 1927：51］という考え方を示しているが、その作成については文部省が行つても、広く募集しても、民間に許してもよいと言う。その後に、「要は副読本又は補充読物をみとめて、それを保護奨励してほしいのである。従来の如く教科書類似のもの（主に全課表解を指すやうだが）を持たせてはいけないいけないと消極的態度に出ないで、積極的に奨励するやうにしてほしいと思ふのである」［51（　）内原著］と述べ、「教科書類似のもの」という1924年の通牒の表現を用いている。

24）「メンタルエージ」は、奥野がしばしば用いる文言である。『読方学習の新研究』においては、「メンタルエージ（精神年齢）」［奥野 1926.0415：10］と括弧書きで説明を加えている。現代で発達段階と言われるものを示している。また、ほぼ同様の主旨で「シーズン」を使うこともある。例えば、「内面的欲求のないことを強ひて、児童に之を学習させることは困難である。又その内面的欲求は欲求発生のシーズンがあつて、（中略）そのシーズンに応じてその欲求するところを満足せしめれば内発的な興味に駆られて、その仕事の能率が非常に挙るのである。」［8］など。

25）『尋常小学国語読本　巻一』は、第1頁に「ハナ」という語と桜の花の絵、上段に新出文字として「ハ」「ナ」の二文字が記されている。同様の形式で、第2頁に「ハト」「マメ」「マス」、第3頁に「ミノ」「カサ」「カラカサ」、第4頁から文が提出されている。第4頁は「カラス　ガ　キマス。スズメ　ガ　キマス。」［海後 1964：263-264］

26）松本博史は、河野伊三郎の「合科学習」を検討した論稿において、当時の奈良女子高等師範学校附属小学校における「実質的に「合科学習」と呼べる実践は「河野伊三郎と池田小ぎくによるものであった」［松本 2006：109］としている。

27）『心理的読方の実際』には次のような表現がある。「読み書き並行でそれだけの一頁を幾時間もかゝつてやつてゐる代りにその程度の補充教材をかりに三つ取扱つたとすれば、分量からいふと、国定読本のほかになほ別に三冊の読本を学習させたといふ結果になり得るのである。（中略）五つ常に取扱つたとすれば、別の読本を五冊取扱つたといふのと、同じ結果になるのである。」［奥野 1930.0905：38］ここからは、一単位時間の授業で3から5の補充教材は抵抗なく提示されていたことが窺える。

28）例えば、「先生の暗示による国語研究の展開」（1925）には、漢字教授の研究課題を列挙する中で、「百の漢字を与へて百を収得せしめやうとする不合理」［教問 1925.4：175］という表現が見られる。

29）同書においては、雑誌『低学年教育』と同様の短文に始まり、その十一、その十二では、散文、韻文ともに準備している。例えばその十一は「サクラ　ノ　ハナ　ガ　ミゴト　ニ　サキマシタ。ヒト　ガ　タクサン　オハナミ　ニ　イキマス。」［奥野 1928.0310：190］その十二は「オハナ　ガ　マッシロ／クモ　ノ　ヤウ／ミテルト　ナンダカ／ユメ　ノ　ヤウ／ハナビラ　ヒラ　ヒラ／テフ　ノ　ヤウ／ミテルト　ナ

ンダカ／オモシロイ」[190　／は改行]
30) 千葉は、以下に記す作品に対して、「するどく正しく、児童生活をとらへてゐる」[千葉 1929：120]と絶賛する。「コノ　テ」と題する作品は「コノ　テ　／　コノ　テハ／　ヨイ　テ／　コノ　コ　ハ／　ヨイ　コ」。「一ネンセイ」と題する作品は、「一ネンセイ／　ボク　一ネンセイ／　コロンデモ／　ナカナイヨ」。[120　／は改行]
31) 河野は自らの著書について、「拙著「読方綴方」」と表現しているが、該当図書は管見の限り見当たらない。
32) 奥野庄太郎「聴方教授の研究」『現代教育の警鐘』(1927)の調査は1926年11月に行われている。調査対象は、聴方を実施している秋入学組1、2、3年生。
問題は、①聴方は好きですか嫌ひですか　②その理由の2問である。
以下、その解答。(数字は人数。原著は片仮名、旧仮名遣い表記)
1年生結果 (23)：①大好きです23、②面白いから18、面白い話が聞けるから2、面白くてためになるから1、答えなきもの2
2年生結果 (26)：①大好きです25、答のなきもの1　②面白いから20、その他1名ずつの解答6種 (不思議だから、静かだから、悲しいから、面白くてためになるから、お客様に会うと上手に聞けるようになるから、しずかにするおけいこができるから)
3年生結果 (27)：①大好きです27　②面白いから7、ためになるから4、難しいことがわかるから4、勇ましくて面白くまたためにもなるからです3、源氏と平家のお話が面白いから2、かわいそうなのや面白いのがあるから2、その他1名ずつの解答5種 (戦争の話が大好きです。自分が大きくなってからもし戦争に出た時は奥野先生に聞いた戦争の話のようにすれば忠義をつくせるから、面白いお話をだんだん覚えて自分でも子供の時間にお話ができるから、など) [奥野　1927.0611a：33-35]
33) 『お噺の新研究』では「第一編　お噺と教育　第一章　お噺の興味　第一節　お噺と児童の空想生活　第一　児童の空想」[奥野 1920.0928：8] において、『聴方教育の原理と実際』では、「第二章　子供とお噺の興味　三　お噺と児童の空想」[奥野 1928.0401：35] において、それぞれ述べられている。
34) 「空想例」は、『お噺の新研究』において、例えば「障子に写つた小鳥の影が二つ、お互いにお話をしたり笑つたりする。」「木馬に着物をきせて置いたらその木馬が歩き出した。」「ラツパを吹くと其のラツパの中から雀や鳩が飛び出す。」など47例 [奥野 1920.0928：11-16] が示されている。また『聴方教育の原理と実際』においては、重複するものも含めて58例 [奥野　1928.0401：37-42] を提示している。さらに、児童の空想に関する考察の延長上に「児童の創作」[奥野 1920.0928：16] の項をおき、「児童は空想的精神を豊富に持つてゐるものであるから、児童は容易に自分で童話を創作することも出来る」[16] としている。奥野の国語科教育は、第3章に見たよう

第 6 章　奥野庄太郎の教材観

　　に「児童の空想」を出発点にしたことによって「聴方」に発展したのだが、「児童の空想」が一方では「綴方」の創作分野にも接続している点は注目に値する。
35）2年の児童（22名）に10問を課し、「なぜかうした事をしてはいけないのですか、その理由のわかつてゐる人は其の理由を書いてご覧なさい」と言って筆答させたとしている。課した10問は、以下の通り。①「人をいぢめること。」②「むやみに威張ること。」③「欲ばること。」④「嘘をつくこと。」⑤「人のものを盗むこと。」⑥「悪い癖をつけること。」⑦「親のいふことを聞かないこと。」⑧「落書きすること。」⑨「ひどい悪戯をすること。」⑩「生きものを苦しめること。」これらの問いの後に、児童の返答の内容とその人数が記されている。参考までに①に対する児童の返答は以下の通り。（　）内は人数。「あの人はいぢめるといつて友達が遊んでくれないから」（1）／「あとでいぢめられるから」（4）／「人をあまりいぢめるとお母さんや先生にしかられるから」（9）／「その子供がお父さんを呼んで来て、自分がその子供のお父さんに叱られるから」（1）／「自分もいぢめられると厭だから」（1）／「可哀相だから」（2）／「先生に言ひつけられるから」（1）／「けがをさせることがあるから」（1）／不明（2）以上。これら返答からは、奥野が指摘した、当時の児童の道徳観も窺うことができる。[奥野　1920.0928：30－39]
36）奥野による「童話」と「お噺」という用語の使い分けはさほど明確ではない。「お噺」は、「聴方」の授業で用いる時にそう呼ばれている。
37）『お噺の新研究』の「第二章　お噺の教育的価値　第一節　童話教授の回顧」[奥野　1920.0928：45]で奥野は、当時の欧米の教育家等を引用し、童話と教育の関連から諸氏の言説を採り上げている。紹介順で採り上げられた人名を挙げると、以下の通り。原則として奥野の表記のまま記し、（　）内に筆者による補足をした。ニーマイヤー、グリム兄弟、ルソー、カンベ、ボカルト、ザルツマン、ペスタロッチ、ヘルバルト、ワイツ、チルレル（ツィラー）、ライン、ヴイルマン、アドラー、ユスト、ヒーメツシユ、トロル、ホール、テイーデマン、プライエル、小波、森岡常蔵、カザー、チヤーレスデイツケンス、高木敏雄、アリストートル、ラスキン、遠藤（早泉）博士、小西（重直）博士、西宮藤朝、トルストイ。
38）この説は、「ルソーの流派のカンベ、ボカルト、ザルツマン等又然り」[奥野　1920.0928：46]だと言う。
39）信仰と科学と真理の関連について、奥野は次のように述べている。「人間の知識が万能でない限り、科学の力で実在の真相が握り得ない限り、吾々に信仰の世界は必要である。故に私は信仰の進化といふことを予想して、科学の奥に内在する或神秘の存在を認めさして置く事は、科学の進歩といふ点から見ても、真理の探究と云ふ方面から考へても共に必要なことであると思ふ。」[奥野　1920.0928：44]
40）『お噺の新研究』で奥野は、詳述はしていないものの、アドラー、ユスト、ヒーメッシュ、トロル等の名も挙げ、「皆童話教育の提唱者である」[奥野　1920.0928：

48］と紹介している。また、「児童心理の科学的研究」の系譜については、『児童の精神能力の発達に関する観察』のテイーデマン、次に『児童の心』のプライエル、次に「ホールに依つて高潮せられた」と紹介するが、「児童心理の研究が盛んになったのは最近のこと」だから「児童心理の基礎に立つて童話が教育家の間に多く論議せられなかつたのも道理のないことではない」［49］としている。心理学の研究が起こったのは最近だという認識を知ることができる。

41) 奥野がここで森岡の説として採り上げた内容は、「世界お伽噺附録による」［奥野 1920.0928：50］と記されている。残念ながら、筆者は同文献を確認できなかった。森岡は『小学教授法』(1899)、『教育学精義』(1906) を著した。

42) 森岡が提示したとされる第四、第五の童話の弊害は、童話を読むことによって、「運動を怠つて健康を害する」ことと「視力を弱らせる」［50］という見解であり、それに対して奥野は、「注意によつて其の弊を救ふことが出来ると思ふ」［52］と簡単に応じるに止まっている。

43) ホールは『青年期の心理及教育』(1926) の中で述べていると言う。

44) 遠藤博士は遠藤早泉、小西博士は小西重直を指していると考えられる。

45) 奥野によって、西宮藤朝は『解放の教育』(1919) と『感情の教育』の著者として紹介されている。しかし、『感情の教育』という著書は、管見の限り見当たらない。おそらく『子供の感情教育』(1919) だと考えられる。本文で引用した箇所については、奥野は『解放の教育』からと明記している［奥野 1920.0928：58］。

46) 日本五大お伽噺は、「桃太郎」「猿蟹合戦」「舌切雀」「かちかち山」「花咲爺」。

47) この前段で奥野は西宮の著作から次のように引用している。本文の箇所では、この中で語られている「悪」を「善」に置き換えて検討しているものと思われる。奥野が引いている西宮の著述は次の通り。「教訓的文芸には悪の描写を為さぬ。為してもそれを如実に取扱はないで、故意に改変し、恰かも読者をしてそれに対して憎悪を感じせしめるように描写するのであるから、読者は之を読んで、悪のほんとうの姿、ほんとうの心理を直観し味到することは出来ない。是は大なる欠点であらねばならぬ。」
　　［奥野 1920.0928：61　下線原著］

48) それぞれの題目は、『お噺の新研究』では「お噺と修身及び歴史教育」［奥野 1920.0928：150］、『聴方教育の原理と実際』では「お噺と道徳生活」［奥野 1928.0401：77］という題目で検討されている。

49) ヘルバルト一派の「四家の選択になつた童話題目及集中番号、並にトロルの倫的関係の分類配置（高木敏雄氏童話の研究に依る）を列挙参考して見よう」［奥野 1920.0928：156（　）内原著］として示されているグリム童話の題目と倫理関係の分類は以下の通り。
　　題目：星の小判、狼と七疋の子山羊、藁と炭と豆、赤頭巾、龍宮のお婆さん、雄雞と雌雞、雄雞のお葬式、畜生仁和賀、鶺鶮と熊、狼と狐、お大尽と貧乏者、三人怠惰

第6章　奥野庄太郎の教材観

者、雪子と桃子、麦の穂、三人の小母さん、鳥松、灰団子、お粥鍋。
分類：（一）両親に対する児童の態度（従順・勤勉）　（二）児童に対する両親の態度（慈愛・救助）　（三）児童相互の態度（同情・和合・不和・救助・共同）（四）人間相互の態度（同情・無情・救助・強制・信義・破約・虚言）　（五）動物に対する人間の態度（同情）　（六）神に対する人の態度（信頼）　（七）人に対する神の態度（憐愍・褒賞・責罰）　（八）善の果（勝利）　（九）悪の果（応報）［156－160］

50) 奥野による「聴方教材倫理的関係一覧」［奥野 1920.0928：168］の分類とその具体項目は以下の通り。数字はそれぞれに分類された「お噺」の数。重複あり。①個人に関するもの79（勇気18・知恵7・羨望1・正直4・軽浮1・虚偽2・悔悟1・臆病1・思慮1・嫉妬2・貪欲2・寛恕2・大胆2・性癖1・迷信1・油断1・節操1・節義2・責任1・廉潔1・高慢1・熱心1・自信2・知識3・誠実2・勤勉1・節制1・勤労1・大志2・名誉1・忍耐2・果断1・覚悟1・真摯1・度量1・謙遜1・遊惰1・質素1・勉学1・悔悟1）　（二）家族に関するもの28（和合（不和）2・従順6・孝親11・友愛5・慈愛1・犠牲2・崇祖1）　（三）社会に関するもの29（博愛6・信義2・義侠2・同情9・礼儀2・恩義4・無慈悲1・仁慈3）（四）国家に関するもの13（忠君（忠義）5・愛国8）⑤万有に関するもの14（博愛4・同情1・応報8・敬神1）［168－173］

終　章
奥野庄太郎の〈読むこと〉の教育からの問題提起
——〈読むこと〉の教育の本質を求めて——

　本書においては、1920年代の訓導、奥野庄太郎による〈読むこと〉の教育の実践と理論及びその形成過程を明らかにすることを目的として考察を進めてきた。終章においては、各章で明らかになったことをもとに、奥野の〈読むこと〉の教育が、現代の〈読むこと〉の教育にどのような課題を提起するのかについて考えたい。それは、取りも直さず、奥野の〈読むこと〉の教育の考察を通して国語科教育における本質的な課題を追究してきた本書の成果となると考える。

　本書では、主目的である奥野の〈読むこと〉の教育の検討を始める前に第1章、第2章において、奥野を取り巻く環境と、彼自身の人物像を検討した。それによって、第3章以降の奥野の〈読むこと〉の教育についての考察の準備を整えることができたと考える。
　第1章において、奥野の〈読むこと〉の教育の舞台となった1920年前後から1930年代初頭の「大正新教育期」と言われる時代の成城小学校の状況を検討した。そこでは、「新教育」や第一次世界大戦直後という時代思潮や情勢の中で生まれた成城小学校創設の理念、澤柳政太郎校長の思想とふるまい、小原國芳主事によってもたらされた学校の変化など、奥野が自らの国語科教育に関する知見を広げ実践を行うのに好条件が揃った舞台が用意されていたことを見ることができた。また、奥野ばかりではなく、学校全体で文部次官通牒に異論を唱えることができるなど、当時の成城小学校が「読み」の重要性を認識した集団であったことも確認できた。その一方

で、発展を余儀なくされる「新学校」の事情に翻弄されたであろう側面も見られた。ここでは変化に富む現実の中で、真摯に国語科の課題に立ち向かっていた奥野の思考の背景を明らかにすることができたと考える。

続いて、奥野本人の人物像とその内面に迫った。教育ジャーナリズムで伝えられる奥野の紳士的な人物像の内側には、英米視察で摂取した「自由」と「社会」との関連で語られる「教育」に遭遇し、刺激を受けた熱い教育観があった。奥野が新教育の本場であるアメリカやイギリスに長期滞在し、フランスに旅した経験は、彼のそれまでの経験に変化と厚みを与え、それ以降の実践と著述活動のもう一つの背景となり、教育に向かう信念に結びついたと考える。

また、奥野が「低学年」へ向ける特別な眼差しも確認した。奥野が見る低学年児童の姿の中には、児童中心主義を是とする根拠が十分あったと言えよう。例えば「好智心」「天真」「純粋」「透明」などの表現に象徴される彼らの姿は、奥野にとって「深い理解と尊敬」の対象となるものとなった。その低学年の教育を重要視する視座が、彼特有の言語観や国語科教育観を生み出した。奥野が低学年を担当した事実は、結果として、彼の〈読むこと〉の教育の理論に大きく影響した。

「新学校」の成城小学校の訓導だったという事実だけではなく、これら英米視察に端を発した教育観と「低学年」に対する視座は、奥野の人物像を象徴する二側面であったと言えよう。奥野の国語科教育、小学校教育に関する発言は、この二つの視点から発していると考えると理解しやすい。

奥野の背景と人物像の確認に続いて、本書の主たる目的である、奥野の〈読むこと〉の教育の内実に迫る考察を行った。便宜上、第3章において「聴方」、第4章において「ライフメソッド／生活的読方」、第5章において「心理的読方」、第6章において「教材観」という章構成を採ったが、後述するように、それらは有機的に関係し合って〈読むこと〉の教育を形作っていた。〈読むこと〉の教育という表現は、筆者が奥野の国語科を中心とした教育を考える時に用いた枠組みであるが、見方を変えれば、彼の

終章　奥野庄太郎の〈読むこと〉の教育からの問題提起

国語科教育観はこのような全体を捉えた枠組みを設けなければ考察できないものであったということである。「奥野庄太郎の〈読むこと〉の教育」という枠組みは、当時一般になされていた、国語科の分科としての「聴方」「話方」「読方」という捉え方から、児童の学校外の「生活」という空間の広がりや、児童の「人生／ライフ」という時間の伸展をも含んだ「読み」の教育を捉える概念であった。本書の考察を通して、語彙（群）の教育を基盤として、奥野の「聴方」「話方」「読方」等の全体が関連し合って、〈読むこと〉の教育が機能している事実や奥野の思考を確認することができたと考える。すなわち、「奥野庄太郎の〈読むこと〉の教育」という枠組みの有効性を示すことができたと考える。

　以下終章では、本書の考察が今日の国語科教育に対してどのような課題を提示することができたのか改めて考えたい。序論で期した今日的意味の観点も鑑み、次の４観点から考察する。第一に語彙教育と国語科教育の問題、第二に多様な「読み」の必要性の問題、第三に教師の「理論」と「方法」の問題、そして第四に奥野庄太郎の〈読むこと〉の教育が投げかけた〈読むこと〉の本質という問題である。

１．語彙教育と国語科教育の問題

　語彙（群）の形成に関する奥野の理論は、第３章で論じたように、入学以前から児童が慣れ親しんでいる耳を通して語句や簡単な文章を摂取する能力を、学校教育へ導入するという発想が契機であった。しかしそれは、ある種のコミュニケーション能力の育成に向けた現代の学習指導要領国語科における「聞くこと」に繋がる系譜とは異なっていた。また、辞書的に語句を「教授」するのでもなかった。すなわち、幼児期には無意識に行われていた児童のもてる力を、最大限に利用した語彙教育の「方法」だったと言えよう。そして、その「聴方」の指導を教師が意図的に行うならば、そこで築かれる語彙（群）は、児童のその後の〈読むこと〉の営みにおい

て、「土台」となるものであった。

　第3章から第6章の考察をもとに、【奥野庄太郎の〈読むこと〉の教育構造図（仮）】を、下に提示した。これは、第3章において考察した奥野が描いた「言語の世界」の図に示唆を得て、それを立体的に側面から見た図に構成し直したものである。図を参照しつつ、奥野の〈読むこと〉の教育の全体像を描くと次のようになろう。最も特徴的な点が、「語彙教育」が国語科の教育における全ての分科を支える役目を担っている点である。それは、「教室」における「授業」という、児童と教師がともに過ごす時空において交わされる「問答」によって、豊富な語感を伴った語彙（群）が、児童の「頭」に蓄積されるという論理であった。「聴方教育」から「語彙教育」へ向かう語彙収得の流れがあるのと同様に、「話方教育」からも、「読方教育」の「ライフメソッド／生活的読方」や「心理的読方」からも、「語彙教育」に向かう収得の流れが存在する。その過程は児童の自由な意志や個別の能力に応じて行われた。そして、「聴方」で収得した「語」は、後に「文字」にも接続されることによって、「読方」の授業に発展可能性をもつものであった。つまり、「土台」の中に蓄積された語彙

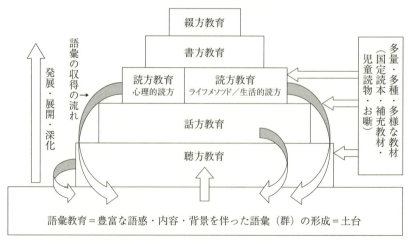

【奥野庄太郎の〈読むこと〉の教育構造図（仮）】

終章　奥野庄太郎の〈読むこと〉の教育からの問題提起

（群）が、再度「聴方」へ、「話方」へ、「読方」へと発展・深化していく構図である。

さらに、聴方教育においても読方教育においても、授業の展開の中で重要なのが、側面から支えている「教材」である。1年生には簡単な童話・伝説、2年生には少し複雑な童話・伝説・神話・一部の歴史譚等、奥野自らが選択した、発達段階に応じた多くの「お噺」や「教材」が、〈読むこと〉の教育を側面から支えている。第6章で検討した国定読本への批評や、補充教材・児童読物などの価値は、それらが教育内容であるという重要性を伴って「語彙教育」にも生かされていたのである。

筆者は、このような、奥野の「語彙教育」が国語科の全ての分野を支えているという考え方は、今日再確認すべき内容を含んでいると考える。奥野も再三繰り返していたように「換言法ではなく」語句を教育するという考え方は、現代においても十分有効な考え方である。今日の実践においても「換言法」ではなく、文脈の中での意味を考えさせるという方法を経てその語の理解に及ぶことが重視されるのが一般的であろう。つまり、ある題材を読み進めるという目的のために語句の意味を理解するということである。しかし、奥野の「語彙教育」は、題材理解のために通過していく語句理解とは趣を異にしていた。語彙（群）の収得自体にも大きな目的が存在するのである。本論では、主に低学年のうちには、目を通して文字言語によって収得する難しさを避け、耳から入る音声言語によって、自由にイメージされつつ吸収した豊富な語感を伴った語彙（群）が、「思想」として児童の「頭」に蓄積される過程を見てきた。この「頭」を低学年時代につくることの重要性、あるいは、教師によるその重要性の自覚は、今日なお強調されてよいと考える[1]。

2．多様な「読み」の必要性の問題

奥野が成城小学校に在職した当時、文学教育が国語科の中で隆盛期を迎

えていたこともあり[2)]、垣内松三著『国語の力』によって提唱された文学の読みの方法であるセンテンスメソッドが、小学校の国語教育界にも広がった。「文を詳しく見る」センテンスメソッドを、奥野は「文章深究」「内容深究」と呼び、このことのみに目を向けた授業が広まることを危惧していたことは第4章で示したとおりである。中等学校以上を想定した文学の解釈法であったはずの垣内のセンテンスメソッドが、「文章深究」「内容深究」という「方法」と化して小学校の国語教育界に広がりを見せていた。そのことは、つまり、小学校の国語科の授業が、単調で一辺倒な指導法で進行してしまうということに繋がるのではないかということを、奥野は恐れていたのである。指導がいわゆるセンテンスメソッド一辺倒になることは、多様な「読み」の「対象」や「方法」に裏付けられる「アイムーブメント」や「連想活躍」の技術的指導と、「ライフメソッド／生活的読方」における発展的な「読み」の実現可能性を著しく狭めるものであった。

一方、奥野は「読み」の対象を、読本以外にも、多種多様に掲げていた。単行本、新聞、雑誌に加え、日常の手紙、配布物、掲示、広告、ビラ、看板の字、メニュー、レッテル、目次、索引、字引、百科全書、表までを含めたさまざまな「読み」の対象を、「教師の頭に意識」する必要を説いたことは、序章で触れた。これら奥野の読みの対象は、生徒の「読解力」不足が課題にされるようになった現代における、PISA型読解力の読みの対象を想起させる。PISA調査は[3)]、「義務教育終了段階の15歳児が、その持っている知識や技能を、実生活の様々な場面で直面する課題にどの程度活用できるかを評価することを目的としている」[文科省 2007：1]。その対応として、例えば文部科学省著『読解力向上に関する指導資料——PISA調査（読解力）の結果分析と改善の方向——』(2005)には、音符、表、グラフ、絵等、いわゆる「非連続型テキスト」を題材とした指導例が多数掲載されているのである[4)][20-42]。これらの指導内容は、先に示した奥野の「読み」の対象との共通点が見られる。

しかし、筆者は、PISA型読解力の求める能力と、奥野の求める〈読む

こと〉は、上記の題材に見られるような共通点とともに、明らかな相違点があると考える。前掲書で提示されているような「非連続型テキスト」に代表されるPISA型の教材は、「実生活」の一部を切り取って「教室」に持ち込もうとした教材であるのに対して、奥野は、「学校外」や「将来」においていかなる生活場面が訪れても、対応可能な言語力・思考力を養おうとしていたのである。つまり、多様な「読み」の「対象」は直接教室に取り入れるものではなく、教師がそれを認識すること、つまり「教師の頭に意識」すべきものとして捉えられていたということである。その上で、多様な「読み」に対応できる児童を育てるために、低学年のうちは、土台となるべき語彙（群）を身につけさせることが第一であると考えられていた。そして奥野は、そのための指導「方法」や学習「方法」は、多様に存在すると考えていたのである。

2003年以降、上述のようなPISA型読解力に見られる多様な「読み」の必要性が唱えられるようになった。しかし、このような流れの中で、「授業展開」のみに力点が置かれ、教師が何を「頭に意識」すべきかが見落とされていることはないであろうか。また、自分が受けた指導法や指導理念による授業が再生産される傾向もある中、教科書教材に集中した、奥野の言う「文章深究」「内容深究」一辺倒の、読解や鑑賞に終始した読みに近い授業も、依然として行われているのではないだろうか。逆にPISA型読解力への対応のみに追われるというような現実がないだろうか。地道な営みではあるが、自戒も込めて一教育実践者たちが、多様な「読み」の指導がもつ意味をも繰り返し再考しつつ、国語科教育に臨む必要があると考える。

3．教師の「理論」と「方法」の問題

前項で多様な「読み」の必要性を示したが、これは、先に示した「語彙教育」の背景にある語彙教育観とも関連する事項であった。具体的に、第4章で検討した垣内と奥野を比較してみたい。垣内は、基本語彙を研究しており、「初学年に於て児童に授けられるべき語彙は後の一切の国語学習

の基礎として、最も基底的な一般的なものでなければならぬ」［垣内 1977a（1933）：127］としていた。「例へば「自動車」「電車」「馬車」よりはむしろ「車」の方が国語教育の立場からは基本的である」［127］とする垣内の言葉は象徴的である。垣内は「後の一切の国語学習の基礎としての」「最も基底的な一般的な」語彙の教育あるいは、その研究を目指していた。それに対して、奥野は、児童の「生活」や「人生」における読むことの多様な局面を視野に入れた「ライフメソッド／生活的読方」の理論や実践を支えとし、「土台」とすべき児童一人一人の語彙（群）を豊かに拡大していくこともその主要な目的として、〈読むこと〉の教育を行っていた。これは、両者の根本的な、語彙教育観の相違である。国文学者であった垣内とは自ずから研究的視点が異なり、奥野が多様な「読み」を提唱したのは、彼の「実際家」としての語彙教育の必要性から生じたものなのである。

　一方で、奥野の研究の軌跡には、児童を見つめた「実際家」でありながら、同時に、垣内を批評するなど、国語科教育の本質にかかわる問題を問い続けた「理論家」の側面も持ち合わせていたという事実を見ることができた。奥野が、垣内流のセンテンスメソッドは本来「目的」とすべきものであるのに、「方法」化されて国語科の教授法として広まったことを批判していたことはすでに述べた。それは、学校現場にいる教師達が、良いと言われる「方法」を、その背後の「理論」に戻ることなく無批判に取り入れる当時の状況に対する警鐘でもあった。先行研究においては、奥野は垣内を批判した人物とされたが、実は、垣内の「文章深究」「内容深究」の「読み」の本質的な意味を見極め、良き理解者となり、その上で、それは「目的」であって「方法」ではない、ということを訴えていたのだと言うことができる。奥野は「私立成城小学校創設趣意」にあった「学者」と「実際家」が「溝渠」を埋める作業にひたむきに取り組んでいたのである。

　このような、国語科の教育に実際に臨む教員が、「方法」だけでなく「目的」を見据えた「理論」に目を向けることの価値は、現代にそのままに通用する価値だと考える。現実の社会では、日々重要な問題が提起さ

終章　奥野庄太郎の〈読むこと〉の教育からの問題提起

れ、古い問題は更新されていく。また、瞬時に世界中から様々な情報が提供され、同時に自らも発信源になって提供していかなくてはならない。国語科の役割も大きく変わったかのように見える。しかし、本書で見てきたように、90年前と共通の本質的、根源的、普遍的な国語科教育の課題は、現実に存在する。それらを等閑視せず、「今日的問題」のみに振り回されることなく、本質的な「理論」にも対峙し続ける必要があると言えよう。「目的」を裏付ける「理論」に対峙し、「理論」を「方法」化させることなく、「方法」は「方法」として追究しつつ、〈読むこと〉の教育を問い続けた一訓導奥野庄太郎の姿は、それ自体が教師のもつべき本質的な姿勢として私たちに提示されたと考える。

4．「奥野庄太郎の〈読むこと〉の教育」が投げかけた、「〈読むこと〉の教育の本質」という問題

　最後に、筆者が、奥野庄太郎の〈読むこと〉の教育の研究を続けた結果、現時点でたどり着いた〈読むこと〉の教育の本質を考えておきたい。
　序論で述べたように、筆者の一義的な問題関心は、教育実践の場における「読書教育／文字を通して読む教育」にあった。研究の進行に伴ってその問題関心は対象となる時代や内容に多少の幅が加わったと考える。しかし、「読む」ということはどういうことか、「読む」ということを「教える」ということはどういうことか、「読む」ことをどう「教えるべき」かという課題は、常に筆者の原点にある問題意識である。そして、奥野庄太郎の〈読むこと〉の教育の考察を終えてこの原点に戻る時、次の言説は示唆に富む。森田伸子著『文字の経験──読むことと書くことの思想史──』（2005）において森田は、「スキルとしてのリテラシー」［森田 2005：26］について考察している。その中で20世紀初頭のマリア・モンテッソーリが展開した「モンテッソーリ・メソッド」における幼児の文字教育を想起し、モンテッソーリが「文字をあくまでも手で触り、つかみ、取り上げ、またもとの場所に戻すことのできる「物質」として子どもたちに与えた」

[30] 教育方法を紹介している[5]。そして、彼女が「読み書き教育の限界、あるいは範囲というものをはっきりと自覚し、その役割を限定していたという点に注目して」[31]、モンテッソーリを援用し、次のように述べている。

　　ここで彼女（モンテッソーリ）が「書き方」と言っているのは、そこに個々の文字や書かれた言葉を「読む」ことも含めていることからもわかるように、物質的な存在としての文字そのものの習得を意味している。他方、言葉の真の意味での「読み方」とは、そうした文字の物質性の背後に存在する、それ自体は目で見ることも触ることもできない「観念」を読み取ることであり、したがってそれはいかなる感覚運動的な器官にも属さない「純粋な知性」のはたらきなのである。
　　　　　　　　　　　　　　　　　　　　　　　[31（　）内引用者]

さらに森田は、4、5歳の子ども達が、「玄関の戸を開けなさい」など「具体的な場面や話し言葉との連続性のうちにある」メッセージが書かれたカードの文字は「読む」ことができるのに、「美しい絵入りの妖精物語の本は、読むことはおろか集中して聞くこともできないものだった」[32]とするモンテッソーリのエピソードを紹介している。その上で、このエピソードは、「文字は、身近な親しい人との話し言葉によるコミュニケーションの連続上にあるときと、書物の中にあるときとでは、本質的に別のものだということを」[33] 示していると記している。そして森田は、次のように続ける。

　　本当に読むことができるというのは、こうした書物の中の文字を読むこと、すなわち、その声も姿も知らない抽象的な他者の、声のない言葉＝観念を、文字の背後に「読む」ことができるということを意味するのである。　　　　　　　　　　　　　　　　　　　　　　　[33]

終章　奥野庄太郎の〈読むこと〉の教育からの問題提起

　ここで森田が、真の意味での「読み方」は、「文字」の背後の「「観念」を読み取ること」だとしている点、そして、それは「純粋な知性」のはたらきだとしている点、また、本当の読みは「書物の中の文字」を読むことであるとしている点、これらは本書で考察してきた奥野の〈読むこと〉の教育に照らしても重要な指摘だと考える。

　奥野は、「聴方」や「読方」における語彙の教育においても、また、文章の読みにおいても、「心理的読方」の中の「連想活躍」という概念の重要性を強調していた。それは、児童が連想することによって、「文字」と「意味」とを接続させ、「思想」として蓄積していく過程そのものである。それらは音読ではなく、黙読の過程で行われるとしていたことも本論で述べてきたところである。このような奥野における「語彙教育」あるいは「読み」の教育は、森田の言う「文字の物質性の背後に存在する、それ自体は目で見ることも触ることもできない「観念」を読み取ること」に結びつけて考えることができるのではないだろうか。

　つまり、奥野の〈読むこと〉の教育においては、その「土台」を築く低学年の時から、声ではない「書物の中の文字」の獲得を目指し、その背後にある「意味」に自覚的になり、「思想」すなわち「観念」を形作る教育をなすという理論に支えられていると考えることが可能なのである。さらに、森田の言うように「読み方」が「純粋な知性」のはたらきだとするならば、それは、学校教育が引き受けるべき重要な役割だと言えるだろう。奥野の〈読むこと〉の教育は、このような「純粋な知性」のはたらきに結びつく可能性をもちあわせていると考えることができるのである。そして、国語科における〈読むこと〉の教育が、「純粋な知性」の教育と結びつくのであるならば、私達はその重い責任に自覚的になって、子ども達に対峙しなければならないと言えるだろう。

　以上、終章において、4観点から考察をしてきた。最後に今後の課題を一つ挙げておきたい。本章の考察で用いた【奥野庄太郎の〈読むこと〉の教育構造図（仮）】からも明らかなように、奥野の〈読むこと〉の教育の

到達地点は「綴方教育」を予想している。構造図において「(仮)」を付記したのは、奥野の「綴方教育」の検討が課題として残されているからである。語彙教育を土台にし、「聴方」「話方」「読方」「書方」とも密接に関連し合って、「綴方」が〈読むこと〉の教育に位置付くことはほぼ間違いない。奥野は1931年に出版した『新綴方文話大系』において次のように述べている。

　　綴方が上手になるといふ事の中には話方（オーラルコンポジジョン）の出来不出来、書方の上手下手、聴方による語彙の豊富と貧弱、読方における読書経験より来る精神内容の豊富と貧弱、さうしたことが非常に影響されるのである。であるから綴方を立派にしようとする背景の中には当然話方や、書方や、聴方や、読方などの勢力も加へられなければならないもので、この意味からいふと綴方はそれらの各教科を綜合してゐるといつてよいのである。

　　　　　　　　　　　　　　　[奥野 1931.0825：5（　）内原著]

　ここには、本書で設けた枠組みである「奥野庄太郎の〈読むこと〉の教育」の中に「綴方」もしっかりと位置付いていることが示されている。さらに、同書には、各学年の1年間38週分、228の指導例が掲載されているが、各回のテーマは、「好きなもの」「日曜日の話」「本を沢山読むこと」「よい文の鑑賞」「心に浮かんだことを書くこと」「漢字を使ふこと」「手紙の文」「日記のこと」「生活をよくあらはした文」「お得意の文の朗読」「文集を作って見ること」「リズムの修養」「読書の報告発表」「自己批評」「語彙の豊富」「文豪の伝記」「経験記憶ノート」「取材の多方面」「構想の練習」「表現のさまざま」「手紙文の一般」「秋の日光の観察」「思ひうかんだ事を取入れた文と取入れない文」「童謡の作り方」「対話の創作」「童話の作り方」など多方面にわたっている。

　ここには、本書において見てきた奥野の「読み」と同様の多様性や機能性を、「綴方」にも見ることができると言えるだろう。

終章　奥野庄太郎の〈読むこと〉の教育からの問題提起

　また、上記指導例にもあるように、彼の「綴方」においては「創作」も視野に入っている。「児童は空想的精神を豊富に持つてゐるものであるから、児童は容易に自分で童話を創作することも出来る」［奥野 1920.0928：16］と述べる奥野にとっては、児童の「創作」はなんら不自然なことではなかったと言えよう。現在に目を転じると、今回の学習指導要領の改訂（2011年度から完全実施）において、初めて創作の概念が導入された。そこには、「想像したこと」「物語」など、「創作」を意味する文言が加わっている。大正時代の綴方が奥野の時代の後、いわゆる生活綴方として、自分の生活、すなわち「現実」を綴ることに重きがおかれてきたことを考えると、奥野の時代から90年近くの時を経た今の国語科教育において、児童の「創作」に光が当たったことの動向については今後注目していきたいと考える。

　奥野の〈読むこと〉の教育において、語彙教育や「ライフメソッド／生活的読方」・「心理的読方」を強調してきた本書の作業は、彼の創作を含める「綴方」の教育の考察に展開させることで、国語科教育における新たな視界を広げるものとなると考える。今後は、奥野の「綴方」方面の著作を検討し、考察を深めていきたい。

注）
1）塚田泰彦は、『語彙力と読書——マッピングが生きる読みの世界——』（2001）において、「日本の読みの教育では、作者中心・作品中心の立場で「読解指導」を行い、一方、読者中心の立場で「読書指導」を推進してきたが、この二つの立場は性質を異にする面も多く、読みの教育での二極化を招いている」［塚田 2001：7］としている。その上で、「読みの教育の改善のために読者の既有の語彙知識をどう取り扱うか」という「実践的課題」［8］を追究している。
2）中谷いづみは「一九一〇年代における「人格」と「芸術」——片山伸『文芸教育論』前史——」（2011）において、1910年代を通して「文学教育」への認識が変容していく過程を描いている。この中で中谷は、西尾実の「「文学教育」の始まり」に関する著述に依拠しつつ「一九二二年に刊行された片上伸『文芸教育論』（文教出版）

は、まさに「文学教育」隆盛期の産物といえるだろう」[中谷 2011：123] と記している。その上で、「ここでまず注意したいのは、それ以前の時期において、「文学」と「教育」は、たやすく結びつくようなものではなかったという点である」[123] と指摘しいる。本書で検討してきた奥野の〈読むこと〉の教育も、1910年代の変容を経た後の「「文学教育」隆盛期の産物」のひとつと位置づけることもできるかもしれない。

3）文部科学省著『読解力向上に関する指導資料——PISA 調査（読解力）の結果分析と改善の方向』（2007）では、「PISA 調査における「読解力」は次のように定義されている。「自らの目標を達成し、自らの知識と可能性を発達させ、効果的に社会に参加するために、書かれたテキストを理解し、利用し、熟考する能力。」[文部科学省 2005：1]。そして、「このような定義の下で、義務教育終了段階にある生徒が、文章のような『連続型テキスト』及び図表のような『非連続型テキスト』を幅広く読み、これらを広く学校内外の様々な状況に関連づけて、組み立て、展開し、意味を理解することをどの程度行えるかをみる。」ことをねらいとしてこの調査は実施された」[1] とされる。

　　ただし、同書においては、同調査が「我が国の国語教育等で従来用いられていた「読解」ないしは「読解力」という語の意味するところとは大きく異なることに注意する必要がある」[1] とも述べている。

4）「連続型テキスト」と「非連続型テキスト」については、注3を参照。

5）モンテッソーリ（1879-1952）は、「医学と人類学における実証的研究方法を踏襲しながら、人類の発達の法則を科学的に明らかにしようとし、」、「「子どもの家」での実践を通して独自の理論を構築する」。「感覚訓練を目的とした」モンテッソーリ教具が用いられた。[教育思想史学会 2000：682]

引用・参考文献

Ⅰ．奥野庄太郎の著作

①　著書（共著・編・単行本や叢書所収を含む／発行年月日記載）

「国語読本の人文科的教材」澤柳政太郎他9名共著『尋常小学国語読本の批評』成城小学校研究叢書　第4編、同文館、1920.0125。

『お噺の新研究――聴方教授の提唱――』成城小学校研究叢書　第7編、大日本文華出版部、1920.0928。

「今後の綴方教授」成城小学校『児童中心主義の教育』成城小学校研究叢書　第8編、大日本文華出版部、1921.0628。

奥野庄太郎／諸見里朝賢共著『読方教授の革新――特に漢字教授の実験――』成城小学校研究叢書　第9編、大日本文華出版部、1921.0927。

「児童の創作的文章」澤柳政太郎編『芸術教育の新研究』文化書房、1922.0718。

『英米小学校教育の実際　附　世界一周紀行』文化書房、1923.1208。

『綴方指導の原理と其実際』成城小学校研究叢書　第11編、文化書房、1924.0708。

成城小学校国語研究部編／奥野庄太郎（代表者）『お話と聴方教授資料　上巻』イデア書院、1925.0707。

『読方学習の新研究』成城小学校研究叢書　第15編、文化書房、1926.0415。

奥野庄太郎／梁田貞共著『遊戯のついた子供の唱歌集』目黒書店、1926.1110。

「春の日の小さな出来事」教育文学協会　佐野敏一編『教育家創作集』教育研究会、1927.0302。

『低学年の読方教育』低学年叢書　第1編、文化書房、1927.0210。

『低学年の聴方教育』低学年叢書　第3編、文化書房、1927.0315。

「聴方教授の研究」澤柳政太郎編『現代教育の警鐘』民友社、1927.0611a。

「漢字教授の研究」澤柳政太郎編『現代教育の警鐘』民友社、1927.0611b。

『教師用綴方指導書尋二用』文化書房、1927.0628。

『尋常小学補充教材全集　第一学年』中文館書店、1928.0310。

『聴方教育の原理と実際』東洋図書、1928.0401。

「綴方と子供の生活指導」奥野庄太郎編『各科学習と生活指導』文化書房、1928.0710。

「人生生活と教育の連絡」奥野庄太郎編『各科学習と生活指導』文化書房、

1928.0710。
『尋常小学補充教材全集　第二学年』中文館書店、1928.0915。
『話方教育の原理と実際』東洋図書、1928.1010。
『心理的科学的読方の教育』文化書房、1928.1015。
『児童文庫の経営と活用』明治図書、1928.1115。
「綴方と子供の生活指導」奥野庄太郎編『生活指導学習の研究』文化書房、1929.0210a。
「人生生活と教育の連鎖」奥野庄太郎編『生活指導学習の研究』文化書房、1929.0210b。
『尋常小学補充教材全集　第三学年』中文館書店、1930.0421。
『綴方指導の原理と其実際』文化書房、1930.0705。
『心理的読方の実際』文化書房、1930.0905。
教材王国編輯部編／奥野庄太郎著『視学巡視と学校参観の科学的方法』文化書房、1931.1008。
『尋常小学補充教材全集　第四学年』中文館書店、1931.0216。
「学校家庭の連絡に就て」教材王国編輯部編『家庭教育と学校家庭連絡の実際』文化書房、1931.0225。
『新綴方文話大系』文化書房、1931.0825。
奥野庄太郎編『視学巡視と学校参観法の研究』文化書房、1932.0315。
「今後の綴方の行くべき道」奥野庄太郎／飯田恒作／淺黄俊次郎／河野伊三郎／田上新吉共著『今後の綴方教育』南光社、1933.0208。
『綴方の新指導　全』三成社書店、1934.0308。
奥野庄太郎編『教材王国学芸会新使命』文化書房、1936.0101－1937.0101。(『尋一教材王国』『尋二教材王国』『尋三教材王国』『尋四教材王国』『尋五教材王国』『尋六教材王国』の合本)

② 雑誌掲載論文（発行年月記載）

「丙題　如何して我国現代児童文学の欠陥を補ふべきか　弐等（乙）」児童教養研究所『児童　臨時増刊　大懸賞発表号』第1巻第6号、1917.9、168－177頁。
「自由主義の小学綴方」日本自由教育教会『芸術自由教育』アルス、1921.1、62－69頁。
「「奥野氏の創作童話を読む」を読んで」（目次は「佐々木氏に答ふ」）教育学術研究会『小学校』第31巻第5号、同文館、1921.6、69－71頁。
「児童の創作的文章」『帝国教育』第481号、帝国教育会、1922.8、27－38頁。
「読方教授と補助読本の問題」『教育論叢』第9巻第2号、文教書院、1923.2、

148-150頁。
「国語科と国際教育」『帝国教育』第496号、帝国教育会、1923.12、16-18頁。
「英米小学教育の一般紹介」『富山教育』第123号、富山教育会、1924.2、1-25頁。
「国語の改造」『富山教育』第124号、富山教育会、1924.3、2-25頁。
「外国での学校劇」『教育の世紀』第2巻第6号、教育の世紀社、1924.6、48-52頁。
「ミス、パーカースト小伝」教育問題研究会『ダルトン案の主張と適用——パーカースト来朝記念』『教育問題研究』臨時号、文化書房、1924.12a、68-72頁。
「読方課業の分化の必要」『教育学術界』第50巻第3号、モナス、1924.12b、116-118頁。
「国語科入学試験問題改造の根本理」国語研究会『国語教育』第10巻第1号、育英書院、1925.1a、61-64頁。
「読方教授に於ける朗読と黙読の問題」『教育論叢』第13巻第1号、文教書院1925.1b、97-101頁。
「読方に於ける形式主義と内容主義」教育学術研究会『小学校』第38巻第4号、同文館、1925.1c、87-89頁。
「低学年聴方教授の実際」低学年教育研究会『低学年教育』創刊号、文化書房、1925.4a、10-18頁。
「尋一読方四月の実際と副教材」同上誌、1925.4a、38-43頁。
「尋二読方四月の実際と副教材」同上誌、1925.4b、44-52頁。
「低学年聴方教授の実際」低学年教育研究会編『低学年教育』5月号、文化書房、1925.5a、7-13頁。
「尋一読方五月の実際と副教材」同上誌、1925.5b、23-32頁。
「尋二読方五月の実際と副教材」同上誌、1925.5c、33-39頁。
「(曲譜)すきな並木道(遊戯附)」低学年教育研究会『低学年教育』6月号、文化書房、1925.6a、巻頭頁。
「低学年聴方教授の実際」同上誌、1925.6b、5-11頁。
「尋一読方六月の実際と副教材」同上誌、1925.6c、32-36頁。
「尋二読方六月の実際と副教材」同上誌、1925.6d、37-41頁。
「読本内容の改善に就て」『教育時論』第1439号、開発社、1925.6d、10-11頁。
「私どもの成城小学校」『教育の世紀』第3巻第6号、教育の世紀社、1925.6e、75-87頁。
「(曲譜)夏の日ぐれ(遊戯附)」低学年教育研究会『低学年教育』7月号、文化書房、1925.7a、巻頭頁。

「低学年聴方教授の実際」同上誌、1925. 7 b、10 - 17頁。
「尋一読方教授と七月の副教材／片仮名五十音趣味的練習」1925. 7 c、27 - 30頁。
「尋二読方教授と七月の副教材」同上誌、1925. 7 d、31 - 36頁。
「(曲譜)海(表情遊戯)」低学年教育研究会『低学年教育』8月号、文化書房、1925. 8 a、巻頭頁。
「欧米に於ける取扱の実際」同上誌、1925. 8 b、48 - 53頁。
「(曲譜)お馬にゆられて(遊戯附)」低学年教育研究会『低学年教育』9月号、文化書房、1925.9a、巻頭頁。
「低学年聴方教授の実際」同上誌、1925. 9 b、12 - 18頁。
「尋一読方教授と九月の副教材」同上誌、1925. 9 c、49 - 52頁。
「尋二読方教授と九月の副教材」同上誌、1925. 9 d、53 - 59頁。
「(曲譜)お月様(遊戯附)」低学年教育研究会『低学年教育』10月号、文化書房、1925.10a、巻頭頁。
「低学年聴方教授の実際」同上誌、1925. 10b、8 - 14頁。
「尋一読方教授と十月の副教材」同上誌、1925. 10c、24 - 30頁。
「尋二読方教授と十月の副教材」同上誌、1925. 10d、31 - 42頁。
「読方教育参考図書一覧」同上誌、1925. 10d、57 - 65頁。
「(曲譜)トンボの遠足(遊戯附)」低学年教育研究会『低学年教育』11月号、文化書房、1925. 11a、巻頭頁。
「低学年聴方教授の実際」同上誌、1925. 11b、11 - 15頁。
「尋一読方教授と十一月の副教材」同上誌、1925. 11c、25 - 29頁。
「尋二読方教授と十一月の副教材」同上誌、1925. 11d、30 - 36頁。
「お噺の価値」『児童文学の研究』第4巻第11号、南光社、1925. 11e、2 - 3頁。
「綴方に於ける想像的文題の価値」教育学術研究会『小学校』第40巻第3号、同文館、1925. 12、94 - 95頁。
「(曲譜)大寒小寒(遊戯附)」低学年教育研究会『低学年教育』12月号、文化書房、1925. 12c、巻頭頁。
「低学年聴方教授の実際」同上誌、1925. 12d、17 - 22頁。
「尋一読方教授と十二月の副教材」同上誌、1925. 12e、34 - 39頁。
「尋二読方教授と十二月の副教材」同上誌、1925. 12f、40 - 45頁。
「(曲譜)凧」低学年教育研究会『低学年教育』1月号、文化書房、1926. 1 a、巻頭頁。
「尋一読方教授と一月の副教材」同上誌、1926. 1 b、21 - 28頁。
「尋二読方教授と一月の副教材」同上誌、1926. 1 c、29 - 35頁。
「第一、小学校(又は中等学校)に於ける教授法革新に関する意見／第二、尋

常小学校乃至高等小学校に於ける現行教科書改正要求の世論に対し、如何
　　なる方法を以てこれに応じ得べきか」への回答『教育時論』第1460号、開
　　発社、1926.1 c、33頁。
「読本改造の根本要件」教育学術研究会『小学校』第41巻第3号、同文館、
　　1926.6 d、142－144頁。
「人生に連絡した読方教育」国語研究会『国語教育』第11巻7号、育英書院、
　　1926.7、18－20頁。
「清流に面して」『教育論叢』第16巻第2号、文教書院、1926.8 a、114－116頁。
「(曲譜) 夕立」低学年教育研究会『低学年教育』8月号、文化書房、1926.
　　8 b、巻頭頁。
「低学年読方教授の緒方法」同上誌、1926.8 c、42－49頁。
「大人の読物と子供の読物」教育学術研究会『小学校』第42巻第4号、同文館、
　　1927.1、38－39頁。
「尋一教育と課外読物」教育学術研究会『小学校』第43巻第1号、同文館、
　　1927.4、43－45頁。
「初等教育界面目一新の道」『教育時論』第1496号、開発社、1927.5、37頁。
「国語読本改造の要求」国語研究会『国語教育』第12巻第7号、育英書院、
　　1927.7 a、70－73頁。
「国語教育の改造──ＡとＢとＣとＤとの対話──」教育問題研究会『教育問
　　題十六講』教育問題研究　臨時増刊文化書房、1927.7 b、81－108頁。
「聴方による読方教育」中学年教育研究会『中学年教育』第17号、文化書房、
　　1927.8 a、44－46頁。
「そのマロニエの木影」『教育時論』第1517号、開発社、1927.8 b、13頁。
「就寝前の二十分」『教育の世紀』第5巻11号、教育週報社、1927.11、106頁。
「国語教育に於ける三つの新世界」教育問題研究会『附属・一般・私立全国小
　　学校の新研究』教育問題研究　臨時増刊、文化書房、1927.12、134－144頁。
「綴方に於ける観察と理科に於ける観察との差異」国語研究会『国語教育』第
　　13巻第7号、育英書院、1928.1 a、16－17頁。
「普選に対する教育者の対策」『教育時論』第1534号、開発社、1928.1 c、14頁。
「澤柳先生の無辺愛」『帝国教育』第548号、帝国教育会、1928.4、54－57頁。
「読方教育の勢力範囲を論ず」『教育時論』第1547号、開発社、1928.6、6－
　　7頁。
「現代の要求する読方教育」『教育時論』第1568号、開発社、1929.1、41－42
　　頁。
「綴方教育の無限成長」『綴方生活　新興綴方教育講話』臨時増刊、文園社、
　　1929.3、27－63頁。

「補充教材の必要の原理」国語研究会『国語教育』第14巻第7号、育英書院、1929. 7 a、37－41頁。

「イギリス教育教授の最新底流」奥野庄太郎編『教育最新問題二十二講』低学年教育　臨時増刊号、文化書房、1929. 7 b、393－401頁。

奥野庄太郎他座談会「綴方の母胎としての児童の生活」志垣寛『綴方生活』創刊号、文園社、1929. 10、54－66頁。

奥野庄太郎他座談会「綴方の素材とその表現（座談）」志垣寛『綴方生活』第1巻第2号、文園社、1929. 11、58－71頁。

「課外読物の教育的地位」教育学術研究会『小学校』第48巻第4号、同文館、1930. 1、76－79頁。

「学芸会の施設と実際について」教育学術研究会『小学校』第48巻第6号、同文館、1930. 3 a、31－33頁。

「尋一教育の補助読物」小学教育研究会『綜合尋一教育の実際』同文書院、1930. 3 b、379－384頁。

「聴方教育の指導について」教育学術研究会『小学校』第49巻第1号、同文館、1930. 4、259－262頁。

「話方とオーラルコンポジション」国語研究会『国語教育』第15巻第9号、育英書院、1930. 9 a、73－78頁。

「今後の学習はどの方向に流れるか」『尋一各科学習の新潮と実際』尋一教材王国臨時増刊、文化書房、1930. 9 b、1－16頁。

「尋一読方学習の新潮と実際」同上誌、1930. 9 c、55－74頁。

「夏期に於ける美的感覚の実地修練」学習研究会『学習研究』8月号、第10巻第8号、1931. 8、109－113頁。

「人間生活としての読方の目的」『尋四教材王国』1月号、学芸会新材料号、文化書房、1932. 1 a、1－5頁。

「新年に際し藤井君を送りて佐々木君を迎ふる辞」同上誌、1932. 1 b、13頁。

「仮名遣改定の必要原理」国語研究会『国語教育』第17巻第4号、育英書院、1932. 4、166－167頁。

「読方の心理的学習の実試面」内外教育資料調査会『最新変動　教材集録　今後の読方教育』第21巻第10号、臨時増刊、南光社、1932. 9、257－278頁。

「児童の話方に就て」『教育』第2巻第4号、岩波書店、1933. 4、591－593頁。

「話方、聴方の実際」『教育・国語教育』臨時号『国語教育の方法学的研究』厚生閣書店、1933. 9、318－326頁。

「今日更に新しき誕生に」国語研究会『国語教育』第20巻第4号、育英書院、1935. 4、162頁。

「青春を行く」大日本学術協会『教育学術界』第73巻第2号、モナス、1936.

5、61-62頁。
「精神史の澪」『帝国教育』第705号、帝国教育会、1937. 7、98-100頁。
「体験と人生の深さ」大日本学術協会『教育学術界』第78巻第4号、モナス、
　　1939. 1、197-199頁。
「思想梗概　綴方認識の一大転換期」『教育論叢』第41巻第5号、文教書院、
　　1939. 5、102-103頁。
「輝かしき期待」『修身教育』4月号、文化書房、1940. 4、14頁。
「低学年四月の国語新補充教材とその関連ワーク」奥野庄太郎編『低学年受持』
　　4月創刊号、二葉図書、1949. 4、4-6頁。
「一月の国語学習開展教材」奥野庄太郎編『低学年受持』第1巻第10号、二葉
　　図書、1950. 1、5-7頁。
「国語生活の場とフリー・ランゲージ・プレイ」奥野庄太郎編『低学年受持』
　　第1巻第11号、二葉図書、1950. 2、29-32頁。
「人格喪失と教育復興について」教育科学研究所『実際家のための教育科学』
　　第1巻第1号、二葉、1953. 4、42-43頁。
「奥野庄太郎先生研究史（実践国語研究所依嘱論文）」実践国語研究所『実践国
　　語教育』第24巻第279号、穂浪出版社、1963. 6、21-28頁。

③　『教育問題研究』『教育問題研究・全人』誌上の著述・論文・記事（発行年
月記載）

　本書のおける『教育問題研究』・『全人』・『教育問題研究・全人』からの引用は、奥野庄太郎著以外も含め全て、成城学園教育研究所編『教育問題研究』（復刻版）龍渓書舎、1989年を参照した。また、以下の奥野著の論文・記事一覧は、『教育問題研究　附巻』内の『教育問題研究』『全人』『教育問題研究・全人』の「人名索引」「執筆者別索引」1991年を参照した。
　以下、発行順に論文題目・記事欄名、雑誌名、号数、出版年月、の順に記した。

「聴方教授の誕生」　　　　　　　『教育問題研究』1　1920. 4 a、10-16頁。
「読者へ　編輯室」　　　　　　　『教育問題研究』1　1920. 4 b、96頁。
「編輯室」　　　　　　　　　　　『教育問題研究』2　1920. 5、96-100頁。
「編輯室」　　　　　　　　　　　『教育問題研究』3　1920. 6、93-96頁。
「児童観察の一二」　　　　　　　『教育問題研究』4　1920. 7 a、77-83頁。
「新刊紹介」　　　　　　　　　　『教育問題研究』4　1920. 7 b、91頁。
「編輯室」　　　　　　　　　　　『教育問題研究』4　1920. 7 c、95-98頁。
「課外読物研究の一面」　　　　　『教育問題研究』5　1920. 8 a、48-60頁。
「編輯室」　　　　　　　　　　　『教育問題研究』5　1920. 8 b、100-104頁。
「児童の空想生活」　　　　　　　『教育問題研究』6　1920. 9、13-22頁。

「児童綴方の発達と其の指導（一）」
　　　　　　　　　　　　　　　『教育問題研究』7　1920.10a、51－63頁。
「わかれ」　　　　　　　　　　『教育問題研究』7　1920.10b、106－107頁。
「編輯室」　　　　　　　　　　『教育問題研究』7　1920.10c、100頁。
「綴方に於ける自由と課題の問題」
　　　　　　　　　　　　　　　『教育問題研究』8　1920.11a、40－47頁。
「秋季一学年に試みた五十音教授」
　　　　　　　　　　　　　　　『教育問題研究』8　1920.11b、72－74頁。
「編輯室」　　　　　　　　　　『教育問題研究』8　1920.11c、94頁。
「児童綴方の発達と其の指導（二）」
　　　　　　　　　　　　　　　『教育問題研究』9　1920.12a、29－48頁。
「編輯室」　　　　　　　　　　『教育問題研究』9　1920.12b、100頁。
「児童綴方に於ける着想指導の一例」
　　　　　　　　　　　　　　　『教育問題研究』10　1921.1a、88－91頁。
「成城小学校第一回講習会記」　『教育問題研究』10　1921.1b、94－96頁。
「編輯室（所感）」　　　　　　『教育問題研究』10　1921.1c、98頁。
「綴り方に於ける発想指導の一例」
　　　　　　　　　　　　　　　『教育問題研究』11　1921.2a、101－105頁。
「編輯室」　　　　　　　　　　『教育問題研究』11　1921.2b、112頁。
「編輯室」　　　　　　　　　　『教育問題研究』12　1921.3、104頁。
「本誌一ヶ年の回顧」　　　　　『教育問題研究』13　1921.4a、1－8頁。
梁田　貞／奥野庄太郎「子供の音楽教育に就いての対話」
　　　　　　　　　　　　　　　『教育問題研究』13　1921.4b、37－40頁。
「編輯室」　　　　　　　　　　『教育問題研究』13　1921.4c、112頁。
「知ることは愛すること」　　　『教育問題研究』14　1921.5a、98－101頁。
「編輯室」　　　　　　　　　　『教育問題研究』14　1921.5b、102頁。
「田中君の読方実地授業」　　　『教育問題研究』15　1921.6a、85－87頁。
「編輯室」　　　　　　　　　　『教育問題研究』15　1921.6b、110頁。
「児童読方の発達と其の指導（三）」
　　　　　　　　　　　　　　　『教育問題研究』16　1921.7a、31－38頁。
「意味深い喜びの一日（校長，顧問話先生送別学芸会）」
　　　　　　　　　　　　　　　『教育問題研究』16　1921.7b、111－113頁。
「編輯室」　　　　　　　　　　『教育問題研究』16　1921.7c、114頁。
「壱岐への旅」　　　　　　　　『教育問題研究』18　1921.9、85－90頁。
「私の文章観」　　　　　　　　『教育問題研究』19　1921.10、54－64頁。
「聴方教授に於ける語句の収得」『教育問題研究』23　1922.2、1－13頁。

「尋常一年の国語教授」	『教育問題研究』	24	1922. 3 a、47 – 54頁。
「杉生君の音楽実地授業」	『教育問題研究』	25	1922. 3 b、86 – 89頁。
「成城小学校第一回卒業式」	『教育問題研究』	25	1922. 4 、98 – 99頁。
「現代綴方の不徹底（一）」	『教育問題研究』	26	1922. 5 、7 – 16頁。
「現代綴方の不徹底（二）」	『教育問題研究』	27	1922. 6 、15 – 23頁。
「現代綴方の不徹底（三）」	『教育問題研究』	28	1922. 7 a、12 – 17頁。
「木村君の体操実地授業」	『教育問題研究』	28	1922. 7 b、103 – 105頁。
「現代綴方の不徹底（四）」	『教育問題研究』	29	1922. 8 、37 – 47頁。
通信「奥野君より」	『教育問題研究』	30	1922. 9 、101頁。
通信「今、大洋のなかに…」	『教育問題研究』	31	1922.10a、72頁。
通信「本日無事シヤトルに…」	『教育問題研究』	31	1922.10b、81頁。
「太平洋横断記」	『教育問題研究』	32	1922.11、88 – 94頁。
「北米大陸の旅」	『教育問題研究』	33	1922.12a、93 – 97頁。
通信「常緑樹のないアメリカの…」			
	『教育問題研究』	33	1922.12b、115頁。
「読方教授と補助読本の問題」	『教育問題研究』	34	1923. 1 、1 – 17頁。
「アメリカ小学尋一児童の学校生活（一）」			
	『教育問題研究』	36	1923. 3 、53 – 65頁。
「アメリカ小学尋一児童の学校生活（二）」			
	『教育問題研究』	37	1923. 4 a、25 – 37頁。
通信「紐育より」	『教育問題研究』	37	1923. 4 b、37頁。
「教授の効果測定の実際」	『教育問題研究』	38	1923. 5 a、26 – 46頁。
「大西洋上の浪枕」	『教育問題研究』	38	1923. 5 b、88 – 94頁。
「アメリカ小学尋二児童の学校生活」			
	『教育問題研究』	39	1923. 6 、59 – 76頁。
「英国に於ける小学校読方教授の方針」			
	『教育問題研究』	40	1923. 7 、24 – 30頁。
「巴里への旅」	『教育問題研究』	41	1923. 8 、110 – 114頁。
「児童大学読方教授の実際」	『教育問題研究』	43	1923.10、24 – 29頁。
「英米のダルトン案小学校に於ける指導案の一例」			
	『教育問題研究』	46	1924. 1 、33 – 40頁。
「綴方の目的の究明へ」	『教育問題研究』	48	1924. 3 a、35 – 46頁。
「新刊紹介」	『教育問題研究』	48	1924. 3 b、102頁。
「編輯室」	『教育問題研究』	48	1924. 3 c、122頁。
「純真に見る」	『教育問題研究』	49	1924. 4 a、2 頁。
「編輯室」	『教育問題研究』	49	1924. 4 b、140頁。

「ミス、パーカスト観光案内記」	『教育問題研究』	50	1924. 5、76－86頁。
「国語の発生と進化」	『教育問題研究』	52	1924. 7、3－8頁。
「新刊紹介」	『教育問題研究』	53	1924. 8 a、88－90頁。
「甦りくる夏」	『教育問題研究』	53	1924. 8 b、107－109頁。
「断想」	『教育問題研究』	55	1924.10、126－133頁。
「読方課業の分化の必要」	『教育問題研究』	56	1924.11、3－13頁。
「新刊紹介」	『教育問題研究』	57	1924.12、105－107頁。
「欧米に於ける課外読物の状況」	『教育問題研究』	58	1925. 1、19－29頁。
「先生の暗示による国語研究の開展」			
	『教育問題研究』	61	1925. 4、173－181頁。
「読方教授法の三大区分」	『教育問題研究』	62	1925. 5、3－7頁。
「欧米に於ける小学児童夏期休暇の利用法」			
	『教育問題研究』	64	1925. 7 a、88－89頁。
「この一夏」「夏休みと私達」欄	『教育問題研究』	64	1925. 7 b、123頁。
記事「パーカスト女史の支那旅行」			
	『教育問題研究』	64	1925. 7 c、87頁。
「読方に於けるセンテンスメソッドを批評す」			
	『教育問題研究』	67	1925.10、3－15頁。
「知識の文学と力の文学」	『教育問題研究』	69	1925.12、18－96頁。
「平田華蔵氏の読方意味解釈の心理を評す」			
	『教育問題研究』	70	1926. 1、7－16頁。
「貴族的読方教授の没落」	『教育問題研究』	76	1926. 7、3－5頁。
「最近の感想」「一人一題」欄	『教育問題研究』	77	1926. 8、132頁。
「綴方文題の学年的発達」	『教育問題研究』	78	1926. 9、18－31頁。
「露骨な腰弁」「一人一題」欄	『教育問題研究』	79	1926.10 a、205頁。
「生活的読方の背後に哲学あり」	『教育問題研究』	79	1926.10 b、216－220頁。
「綴方精神内容の学年的発達」	『教育問題研究』	80	1926.11 a、33－53頁。
「天才」「一人一題」欄	『教育問題研究』	80	1926.11 b、108頁。
「垉内で虫の息の教育」「一人一題」欄			
	『教育問題研究』	81	1926.12、94頁。
「クサクとＢとの読方問答」	『教育問題研究』	83	1927. 2、52－55頁。
「児童に作成さす読方成績調査グラフ」			
	『教育問題研究』	84	1927. 3、21－26頁。
「児童生活の一調査」	『教育問題研究』	85	1927. 4、96－106頁。
「国語読本改訂の要望」	『教育問題研究』	86	1927. 5、25－29頁。
「成城創立十周年祝歌（作詞）」	『教育問題研究』	87	1927. 6 a、2頁。

「成城小学校創立十周年の回顧」	『教育問題研究』	87	1927. 6 b、1 – 16頁。
「生活経験の再現に基礎を置いた綴方の発展」			
	『教育問題研究』	89	1927. 8、17 – 33頁。
「読み方に於けるアクションセンテンスの応用」			
	『教育問題研究』	91	1927. 10、2 – 7 頁。
「(曲譜) 月夜の思ひ出 (作詞)」	『教育問題研究』	92	1927. 11a、折り込み頁。
「プロゼクトによる子供字引と子供本の作成」			
	『教育問題研究』	92	1927. 11b、16 – 22頁。
「座談会　入学試験撤廃問題」	『教育問題研究』	92	1927. 11c、110 – 115頁。
「国定読本を墨守するの功罪」	『教育問題研究』	93	1927. 12、50 – 52頁。
「幸福の日よ」	『教育問題研究』	94	1928. 1、1 頁。
「澤柳先生への思慕」	『教育問題研究』	96	1928. 3 a、79 – 81頁。
「澤柳先生についての子供心」	『教育問題研究』	96	1928. 3 b、103 – 115頁。
「生命の発展としての国語指導」			
	『教育問題研究・全人』	31	1929. 2、20 – 23頁。
「読方教育の文化的勢力」	『教育問題研究・全人』	39	1929. 10、17頁。
「同人往来」欄	『教育問題研究・全人』	41	1929. 12、39頁。
「読方教育の新開拓面」	『教育問題研究・全人』	70	1932. 4、11 – 14頁。

④　児童用図書（編著書・雑誌／発行年記載）

「新作お伽　平家蟹」教育学術研究会『小学校』第28巻第 2 号、同文館、1919年、36 – 39頁。
「創作童話　父恋し」教育学術研究会『小学校』第28巻第11号、同文館、1920年 a、31 – 33頁。
「創作童話　昼の心と夜の心」教育学術研究会『小学校』同文館、1920年 b、33 – 36頁。
「創作童話　善い人と悪い人」教育学術研究会『小学校』第30巻13号、同文館、1921年 a、28 – 31頁。
『小学お伽選　神話伝説の巻』大日本文華、1921年 b。
『児童源平盛衰記　上』集成社、1921年 c。
『児童源平盛衰記　下』集成社、1921年 d。
「なんでもない事（童話）」鰺坂國芳編『児童の世紀』民文社、1921年 e、5 – 14頁。
奥野庄太郎／岸英雄編『鑑賞　児童文集　尋常一年用』集成社、1925年 a。
奥野庄太郎／岸英雄編『鑑賞　児童文集　尋常二年用』集成社、1925年 b。
奥野庄太郎／岸英雄編『鑑賞　児童文集　尋常六年用』集成社、1925年 c。

小原國芳／岸英雄／奥野庄太郎／田中末廣編『小学　児童文学読本　第七巻』イデア書院、1925年 d。
小原國芳／岸英雄／奥野庄太郎／田中末廣編『小学　児童文学読本　第一学年上巻』イデア書院、1925年 e。
小原國芳／岸英雄／奥野庄太郎／田中末廣編『小学　児童文学読本　第二学年上巻』イデア書院、1925年 f。
『こどもアンデルセン』イデア書院、1925年 g。
『世界英雄物語』イデア書院、1925年 h。
『こどもせかいれきし』目黒書店、1926年。
『世界一周物語』学習室文庫、中文館書店、1927年。
『東西童話新選　天の巻』中文館書店、1928年 a。
『東西童話新選　地の巻』中文館書店、1928年 b。
『東西幼年童話選　楓の巻』中文館書店、1928年 c。
『東西幼年童話選　菊の巻』中文館書店、1928年 d。
『東西幼年童話新選　桜の巻』中文館書店、1930年 a。
『東西幼年童話新選　梅の巻』中文館書店、1930年 b。
『東西童話新選　文の巻』中文館書店、1930年 c。
『東西童話新選　人の巻』中文館書店、1930年 d。
「孝行ナ子ウサギ」『講談社の絵本』第106号　大日本雄弁会講談社、1939年、2－7頁。
『世界童話撰集Ⅱ　西遊記』新緑社、1946年 a。
『世界童話撰集Ⅲ　聖フランシス物語　ロビンソン物語』、新緑社、1946年 b。

Ⅱ．奥野庄太郎の著作以外の引用・参考文献

赤井米吉『成城小学校——附成城第二中学校——』（奥付には『成城小学校一覧』）成城小学校出版部、1923年。
秋田喜三郎「国語読本に対する希望」教育学術研究会『小学校』第41巻第3号、同文館、1926年、85－86頁。
秋田喜三郎「補充教材の一方面」国語研究会『国語教育』第14巻第7号、育英書院、1927年、22－26頁。
秋田喜代美『読書の発達心理学——子どもの発達と読書環境——』国土社、1998年。
秋保恵子「奥野庄太郎における読方教育理論の形成過程——垣内松三『国語の力』への論評を手がかりとして——」全国大学国語教育学会『国語科教育』第69集、2011年 a、59－66頁。

引用・参考文献

秋保惠子「奥野庄太郎の「心理的読方」に関する考察」全国大学国語教育学会『国語科教育』第70集、2011年b、20－27頁。
秋保惠子「奥野庄太郎における聴方教育の理論と実際――彼の言語教育観の視点から――」日本女子大学教育学科の会『人間研究』第48号、2012年、45－53頁。
浅田　匡／生田孝至／藤岡完治編著『成長する教師――教師学への誘い――』金子書房、1998年。
蘆田惠之助『読み方教授』育英書院、1916年。
芦田惠之助「国語に関する読本編纂について」国語研究会『国語教育』第12巻第7号、育英書院、1927年、7－12頁。
芦田惠之助「補充読本私見」国語研究会『国語教育』第14巻第7号、育英書院、1929年、9－16頁。
芦田惠之助著／古田拡他編『芦田惠之助国語教育全集　第7巻　読み方実践編その1』明治図書、1988年。
蘆谷重常『教育的応用を主としたる童話の研究』勧業書院、1913年。
鰺坂二夫「成城学園」小原國芳編『日本新教育百年史　第2巻総説（学校）』1971年、336－353頁。
足立幸子「滑川道夫読書指導論への成蹊教育思想の影響」日本読書学会『読書科学』第41巻第3号、1997年、114－123頁。
足立幸子「滑川道夫読書指導論における児童文化的視点」筑波大学国語国文学会『日本語と日本文学』第26号、1998年、52－59頁。
足立　淳「赤井米吉の教育思想に関する研究ノート――先行研究の整理を中心に――」名古屋大学大学院教育発達科学研究科教育科学専攻『教育論叢』第50号、2007年、15－24頁。
足立　淳「成城小学校における奥野庄太郎の教育論に関する基礎的研究――その「生命」原理に着目して――」名古屋大学大学院教育発達科学研究科教育史研究室『教育史研究室年報』第14号、2008年、23－49頁。
足立　淳「成城小学校におけるドルトン・プラン受容をめぐる対立の構造」日本教育方法学会『教育方法学研究』第35巻、2010年、105－115頁。
足立　淳「1920年代日本におけるドルトン・プランの批判的摂取――赤井米吉の宗教的教育思想に着目して――」日本教育学会『教育学研究』第78巻第3号、2011年、251－262頁。
安藤修平監／国語教育実践理論研究会著『読解力再考：すべての子どもに読む喜びを――PISAの前にあること――』東洋館出版、2007年。
飯干　陽『日本の子どもの読書文化史』あずさ書店、1996年。
池田小菊「現国語読本の存在は教育錯誤」国語研究会『国語教育』第12巻第7

号、育英書院、1927年、51-56頁。
石井庄司『読方教育思潮論』読方教育体系第2巻、晃文社、1939年。
石井庄司『国語教育の指標』明治図書出版、1960年。
石井庄司「垣内松三の国語教育学の出発――『国語の力』附録「長野講演」について――」解釈学会『解釈』第181号、1970年、33-40頁。
石井庄司「垣内松三1――形象理論――」『月刊国語教育』創刊号、東京法令出版、1981年a、44-49頁。
石井庄司「垣内松三2――形象理論と国語教育――」『月刊国語教育』第1巻第2号、東京法令出版、1981年b、22-27頁。
石井庄司「垣内松三3――形象理論と芦田恵之助その他――」『月刊国語教育』第1巻第3号、東京法令出版、1981年c、24-29頁。
石井庄司「『国語の力』と日本の国語教育」『教育科学国語教育』第24巻15号、明治図書出版、1982年a、5-16頁。
石井庄司「垣内松三『国語の力』刊行六十年」日本国語教育学会『月刊国語教育研究』第120号、1982年b、27-32頁。
石山脩平「形象理論の教育的批判」『教育』第3巻6号、岩波書店、1935年、22-32頁。
石黒魯平「垣内教授の言語観を疑ふ」『国語教育』第12巻第11号、育英書院、1927年、22-24頁。
石原千秋『国語教科書の思想』ちくま新書、2005年。
磯野親男「尋一読方教育の新潮と実際」奥野庄太郎『尋一各科学習の新潮と実際』『尋一教材王国』臨時増刊、文化書房、1930年、87-108頁。
一記者「学習室巡り――奥野君――」教育問題研究会『教育問題研究』第75号、文化書房、1926年、89-93頁。
井上兼一「国民学校の低学年教科書の編纂に関する一考察――「教科書調査会」の役割に着目して――」日本教育方法学会『教育方法学研究』第31巻、2006年、109-120頁。
井上助太郎「国語読本資材選択の原理」国語研究会『国語教育』第12巻第7号、育英書院、1927年、74-81頁。
井上敏夫／倉沢栄吉／野地潤家／飛田多喜雄／望月久貴編『近代国語教育論大系9　大正期Ⅵ』光村図書出版、1976年。
井上敏夫／倉沢栄吉／野地潤家／飛田多喜雄／望月久貴編『近代国語教育論大系10　昭和期Ⅰ』光村図書出版、1975年。
井上敏夫／倉沢栄吉／野地潤家／飛田多喜雄／望月久貴編『近代国語教育論大系13　昭和期Ⅳ』光村図書出版、1976年。
井上敏夫著／浜本純逸編『教科書を中心に見た国語教育史研究』溪水社、2009

年。
井野川潔「戦前の学校図書館・学級文庫（その一）——大正・昭和の新教育運動とのつながりについて——」全国学校図書館協議会『学校図書館』第136号、1962年、12-19頁。
今澤慈海／竹貫直人『児童図書館の研究』博文館、1918年。
岩永正史「入門期説明文教材はいかにあるべきか」日本読書学会『読書科学』第52巻第4号、2009年、188-192頁。
巖谷小波口述「附録　お伽噺と時代」巖谷小波編『世界お伽噺』第60編、博文館、1904年、57-72頁。
巖谷小波「丙題審査に就て」児童教養研究所『児童　臨時増刊大懸賞発表号』第1巻第6号、1917年、155-156頁。
上田庄三郎『教育界人物地図』明治図書、1951年。
上野陽一『心理学要領』大日本図書、1915年。
上野陽一『児童心理学精義』中文館書店、1921年。
上野陽一『心理学通義』大日本図書、1926年。
牛山　恵「子どもが読む「よだかの星」——擬制を撃つ——」日本文学協会『日本文学』第52巻第3号、2003年、1-12頁。
有働　裕「小学校国語科教材「源氏物語」（第四期国定教科書）の反響——使用開始から橘純一の削除要求まで・昭和十三年——」愛知教育大学『愛知教育大学研究報告．人文・社会科学』第47号、1998年a、178-186頁。
有働　裕「小学校国語科教材「源氏物語」（第四期国定教科書）の反響・その二——昭和十三、四年の研究者・教師・児童の反応——」愛知教育大学『愛知教育大学大学院国語研究』第6巻、1998年b、47-63頁。
有働玲子「聞くことの指導実践史　戦前——成城小学校聴き方科のお話を聞く指導——」髙橋俊三編著『講座音声言語の授業　第2巻（聞くことの指導）』明治図書出版、1994年、176-182頁。
有働玲子「成城小学校「聴き方科」のお話を聞く指導——聞くことの指導実践史——」『声の復権——教室に読み聞かせを！——』明治図書出版、2001年、146-153頁。
有働玲子『話しことば教育の実践に関する研究——大正期から昭和30年代の実践事例を中心に——』風間書房、2011年。
梅根　悟監／世界教育史研究会編『初等教育史』世界教育史大系23、講談社、1975年。
海老原治善『現代日本教育実践史』明治図書出版、1975年。
遠藤早泉『現今少年読物の研究と批判』開発社、1922年。
大内善一『国語科教育学への道』渓水社、2004年。

大久保忠利『国語教育解釈学理論の究明』勁草書房、1969年。

大塚　浩「国語科教育における副読本教材研究——文部省通牒との関わりを中心に——」静岡大学教育学部研究報告．教科教育学篇『静岡大学教育学部研究報告．教科教育学篇』第27号、1995年、1－9頁。

大伴　茂「読むといふことはどういふことか」『教育診断』第3巻第5号、教育診断社、1935年、12－19頁。

岡井二良「国語読本に於ける韻文の改善に就いて」国語研究会『国語教育』第12巻第7号、育英書院、1927年、38－41頁。

小川鹿影「成城小学尋常一年父兄会記」低学年教育研究会『低学年教育』第2号、1925年、79－88頁。

奥田真丈監『教科教育百年史（資料編）』建帛社、1985年。

長田　新「余論——スタンレー、ホールの読方教授説と我が国現今の読方教授の革新　附、音読黙読に関する研究——」澤柳他9名共著『尋常小学国語読本の批評』成城小学校研究叢書　第4編、同文館、1920年、286－320頁。

小澤俊夫『ろばの子——昔話からのメッセージ——』小澤昔ばなし研究所、2007年。

落合直文『改修　言泉　第三巻』大倉書店、1931年

乙訓　稔「沢柳政太郎の小学校教師論——使命・資格・身分・待遇——」実践女子大学『実践女子大学生活科学部紀要』第47号、2010年、13－21頁。

小野誠悟「児童読物の指導について」教育問題研究会『教育問題研究』第58号、1925年a、47－65頁。

小野誠悟「尋常五六年」教育問題研究会『教育問題研究』第58号、1925年b、138－154頁。

小野誠悟「副読本類」教育問題研究会『教育問題研究』第58号、1925年c、155－157頁。

小原國芳「奥野君を送る」教育問題研究会『教育問題研究』第29号、1922年a、97頁。

小原國芳編『教育行脚と私たち』文化書房、1922年b。

小原國芳「教育時言　読物についての達示」教育問題研究会『教育問題研究』第52号、1924年、73－78頁。

小原國芳「児童図書館の必要」教育問題研究会『教育問題研究』第58号、1925年、13－18頁。

小原國芳編『日本新教育百年史　第1巻　総説（思想　人物）』玉川大学出版部、1970年a。

小原國芳編『日本新教育百年史　第2巻　総説（学校）』玉川大学出版部、1970年b。

海後宗臣編『日本教科書大系　近代編　第7巻国語（四）』講談社、1964年。
海後宗臣「国語教育問題史」『海後宗臣著作集　第5巻　教育内容・方法論』東京書籍、1980年、459－505頁。
海後宗臣「国語教材の一〇〇年」『海後宗臣著作集　第5巻　教育内容・方法論』東京書籍、1980年、506－554頁。
垣内松三『国語の力』国文学習叢書（1）、不老閣書房、1922年。
垣内松三／齋藤榮治『国語読本読方教授の理論と実際　巻一』目黒書店、1926年 a。
垣内松三「国語読本の組織」教育学術研究会『小学校』第41巻第3号、同文館、1926年 b、1－4頁。
垣内松三「批判の批判」『教育』第1巻創刊号、岩波書店、1933年、79－82頁。
垣内松三『国語の力』（第40版改版）国民言語文化体系1、不老閣書房、1936年。
垣内松三「形象理論の批判に就いて」『教育・国語教育』第9巻第10号、厚生閣、1939年、33－35頁。
垣内松三「センテンス・メソッドの弊害」『国文教育』（1926年）、横須賀薫編『形象と理会』世界教育学選集54、明治図書、1970年、138－145頁。
垣内松三「形象と理会」(1933)『垣内松三著作集　第四巻』光村図書出版、1977年 a、5－23頁。
垣内松三『垣内松三著作集　第一巻』光村図書出版、1977年 b。
垣内松三『垣内松三著作集　第四巻』光村図書出版、1977年 c。
甲斐睦朗「国定国語教科書の入門期教材における言語事項上の配慮について」全国大学国語教育学会『国語科教育』第30集、1983年、3－10頁。
甲斐睦朗「国語科学習基本語彙研究の成果」全国大学国語教育学会『国語科教育学研究の成果と展望』明治図書出版、2002年、360－367頁。
甲斐雄一郎「読書科における二元的教授目標の形成過程」全国大学国語教育学会『国語科教育』第38集、1991年、107－114頁。
甲斐雄一郎「聞き方教授史に何を学ぶか」日本国語教育学会『月刊国語教育研究』196号、1998年、23－27頁。
甲斐雄一郎「国語教材を決める論理──第一期国定国語教科書の編集方針から考える──」中央教育研究所『中研紀要　教科書フォーラム』第4号、2005年、2－11頁。
甲斐雄一郎『国語科の成立』東洋館出版社、2008年。
覚道知津子「上沢謙二の就学前幼児に対するお話教育論──奥野庄太郎の聴方教授論との関連を中心に──」大阪国語教育研究会『野地潤家先生傘寿記念論集』大阪教育大学国語教育研究室、2000年、204－222頁。
片桐芳雄／木村　元編著『教育から見る日本の社会と歴史』八千代出版、2008

年。
片桐芳雄『教育と歴史、あるいはその認識と記述』世織書房、2009年。
唐澤富太郎『教科書の歴史――教科書と日本人の形成――』創文社、1956年。
川合　章『近代日本教育方法史』青木書店、1985年。
菊池知勇『児童言語学』文録社、1937年。
岸　英雄「編輯室」教育問題研究会『教育問題研究』第52号、1924年 a、125頁。
岸　英雄「読書時間の特設に就て」教育問題研究会『教育問題研究』第53号、1924年 b、13－19頁。
岸　英雄「児童読物の調査」教育問題研究会『教育問題研究』第58号、1925年 a、30－46頁。
岸　英雄「その他の参考書」教育問題研究会『教育問題研究』第58号、1925年 b、111－116頁。
岸　英雄「編輯室」教育問題研究会『教育問題研究』第58号、1925年 c、172頁。
岸　英雄「言葉による国語教育」成城小学校『カリキュラム改造の研究』第一出版協会、1930年 a、67－84頁。
岸　英雄「読書教育の提唱」成城小学校『カリキュラム改造の研究』第一出版協会、1930年 b、85－98頁。
北林　敬「大正自由主義教育・成城小学校の分量主義教育とダルトン・プラン」『国語教育史研究会発表資料』1999年。
北林　敬「大正自由教育における成城ダルトン・プラン」国語教育史学会『国語教育史研究』第1号、2001年、45－50頁。
北村和夫『大正期成城小学校における学校改造の理念と実践』沢柳研究双書4、成城学園沢柳研究会、1977年。
北村和夫「解説（一）澤柳政太郎における成城小学校創設の構想」澤柳政太郎著／成城学園澤柳政太郎全集刊行会編『初等教育の改造』澤柳政太郎全集第4巻、国土社、1979年、412－439頁。
北村和夫「大正新教育と成城小学校（１）――国語科の教科改造と「児童文化としての教科書」――」聖心女子大学『聖心女子大学論叢』第68巻、1986年、35－73頁。
北村和夫「解題　成城小学校の学校改造と『教育問題研究』」成城学園教育研究所『教育問題研究　附巻』龍溪書舎、1991年、1－34頁。
木戸若雄『明治の教育ジャーナリズム』近代日本社、1962年。
木戸若雄『大正時代の教育ジャーナリズム』玉川大学出版部、1985年。
木戸若雄『昭和の教育ジャーナリズム』大空社、1990年。
木下一雄訳著『ヒユエイ読方の心理学』モナス、1927年。
木村勇人「成城小学校における国語教育と副読本」横浜国立大学『横浜国大国

語教育研究』第 9 巻、1998年、26-47頁。
木村勇人「大正時代における「国語副読本」の研究――「国語副読本」に見る「文学」と「教育」の接点――」全国大学国語教育学会『国語科教育』第46集、1999年、48-55頁。
木村勇人「大正時代における「国語副読本」成立の背景」関東学院六浦中学校・高等学校『六浦論叢』編集員会『六浦論叢』第33号、2000年、1-13頁。
教育思想史学会編『教育思想事典』勁草書房、2000年。
教育文学協会編『教育家創作集』教育研究会、1927年。
倉澤栄吉『国語学習指導の方法』世界社、1948年。
倉澤栄吉「垣内先生と今後の国語教育」実践国語研究所『実践国語』第13巻147号、穂波出版社、1952年、118-120頁。
倉沢栄吉「「読む」とは何か――戦前の諸家の論説を中心に――」日本読書学会『読書科学』第17巻第 1 号、1973年、1-6頁。
倉沢栄吉編『国語教育史資料 第四巻 評価史』東京法令出版、1981年。
倉沢栄吉「解題・解説」井上敏夫他編『近代国語教育論大系10 昭和期Ⅰ』光村図書出版、1987年 a 再版、469-499頁。
倉沢栄吉「解題・解説」井上敏夫他編『近代国語教育論大系13 昭和期Ⅳ』光村図書出版、1987年 b 再版、479-514頁。
倉澤栄吉「脱教科書論のために」(1974)飛田多喜雄／野地潤家監『国語科教育内容論 教材・教科書論』国語教育基本論文集成 第 7 巻、明治図書出版、1994年、29-38頁。
倉澤栄吉／野地潤家監『読むことの教育』朝倉国語教育講座 2、朝倉書店、2005年。
倉沢栄吉「単元学習とは」日本国語教育学会監『豊かな言語活動が拓く 国語単元学習の創造Ⅰ理論編』東洋館出版社、2010年、1-3頁。
キャロル・グラック著／梅﨑 透訳『歴史で考える』岩波書店、2007年。
桑原 隆『言語生活者を育てる――言語生活論＆ホール・ランゲージの地平――』東洋館出版社、1996年。
小泉信三『読書論』岩波書店、1964年。
河野伊三郎「国語愛と読本編纂」国語研究会『国語教育』第12巻第 7 号、育英書院、1927年、22-27頁。
河野伊三郎「補充読物と読書法」国語研究会『国語教育』第14巻第 7 号、育英書院、1929年、31-45頁。
河野伊三郎「国語読本四月教材の見解(下学年)」教育学術研究会、『小学校』第49巻第 1 号、同文館、1930年、125-145頁。
河野照治「児童の数学書に就て」教育問題研究会『教育問題研究』第58号、

　　　　1925年、88-91頁。
古閑　停「国語読本の分量及び配列」澤柳政太郎他9名共著『尋常小学国語読本の批評』成城小学校研究叢書　第4編、同文館、1920年a、130-158頁。
古閑　停「国語教育上の重要問題（一）（二）」教育問題研究会『教育問題研究』第1号、1920年b、39-49頁。
古閑　停「奥野君の聴方実地授業」教育問題研究会『教育問題研究』第12号、1921年、85-91頁。
国語教育研究所編『国語教育研究大辞典　普及版』明治図書出版、1991年。
輿水　実「形象理論の批判を読みて」『教育・国語教育』第9巻第10号、厚生閣、1939年、37-46頁。
輿水　実「日本語の近代化に尽くした人々15　垣内松三」言語生活編集部『言語生活』筑摩書房、第210号、1969年、87-95頁。
輿水　実『垣内松三』明治図書新書第67号、明治図書出版、1972年。
輿水　実「垣内松三の人と業績」垣内松三著『垣内松三著作集　第一巻』光村図書出版、1977年、539-592頁。
輿水　実『言語指導の基礎・基本』輿水実国語科の基礎・基本著作集　第4巻、明治図書出版、1984年。
小林佐源治『学校学級児童図書館経営』目黒書店、1928年。
小松辰藏「国語読本形式方面の改善案」国語研究会『国語教育』第12巻第7号、育英書院、1927年、85-87頁。
小宮　巴「成城学園沿革資料——学校日誌、官庁記録ヨリ抜粋——〈初等科之部〉」『成城教育』第4号、成城教育研究会、1957年、89-112頁。
五味義武「国語読本に対する所見」国語研究会『国語教育』第12巻第7号、育英書院、1927年、63-70頁。
西郷竹彦／古田拡『「冬景色」論争——垣内・芦田理論の検討——』明治図書出版、1980年。
佐々木　譲「奥野氏の創作童話を読む」『小学校』第31号、同文館、1921年、51-52頁。
佐藤敬三編『小学校令施行規則』1900年。
佐藤　武「従来現はれたる国語読本の批評を批評して吾人の主張を明にす」澤柳政太郎他9名共著『尋常小学国語読本の批評』成城小学校研究叢書　第4編、同文館、1920年、190-285頁。
M・M・サルト著／宇野和美訳『読書へのアニマシオン——75の作戦——』柏書房、2001年。
澤本和子監／国語教育実践理論研究会著『新提案教材再研究：循環し発展する教材研究——子どもの読み・子どもの学びから始めよう——』東洋館出版、

2011年。
澤柳政太郎述『国定教科書に関する澤柳普通学務局長の演説』文部省、1905年。
澤柳政太郎『実際的教育学』同文館、1909年。
澤柳政太郎「修身教授は尋常第四学年より始むべきの論」『教育界』第13巻第9号、明治教育社、1914年 a、36-38頁。
澤柳政太郎「修身教授は尋常第四学年より始むべきの論」大日本学術協会編『教育学術界』第29巻第5号、1914年 b、33-38頁。
澤柳政太郎／田中末廣／長田新『児童語彙の研究』同文館、1919年。
澤柳政太郎他9名共著『尋常小学国語読本の批評』成城小学校研究叢書　第4編、同文館、1920年 a。
澤柳政太郎「小学校教育の改造」教育問題研究会『教育問題研究』第1号、1920年 b、2-9頁。
澤柳政太郎「読むこと、書くことは並行しない──成城小学校に於ける一発見──」教育問題研究会『教育問題研究』第3号、1920年 c、30-32頁。
澤柳政太郎「言語に四種の別あるを論じて国語の新教授に及ぶ」教育問題研究会『教育問題研究』第4号、1920年 d、14-20頁。
澤柳政太郎「成城小学校と教育の研究」教育問題研究会『教育問題研究』第10号、1921年 a、69-77頁。
澤柳政太郎「デューウィ教育学説の研究を読む」教育問題研究会『教育問題研究』第11号、1921年 b、98-101頁。
澤柳政太郎「職業選択の自由を述べて教職に及ぶ」教育問題研究会『教育問題研究』第12号、1921年 c、13-20頁。
澤柳政太郎「四月廿三日　NYにて」教育問題研究会『教育問題研究』第28号、1922年 a、123頁。
澤柳政太郎「戦後の教育」教育問題研究会『教育問題研究』第29号、1922年 b、1-14頁。
澤柳政太郎「教育会館の建設に就て全国二十万の教育者に訴ふ」教育問題研究会『教育問題研究』第39号、1923年 a、3-8頁。
澤柳政太郎「世界教育会議所感」教育問題研究会『教育問題研究』第42号、1923年 b、3-7頁。
澤柳政太郎「震災について」教育問題研究会『教育問題研究』第43号、1923年 c、3-7頁。
澤柳政太郎「パーカスト女史を歓迎します」教育問題研究会『教育問題研究』第49号、1924年、3-5頁。
澤柳政太郎「低学年教育の必要」低学年教育研究会『低学年教育』創刊号、1925年、1-3頁。

澤柳政太郎「児童の言語と思考」教育問題研究会『教育問題研究』第84号、1927年a、1 - 5頁。
澤柳政太郎「十周年記念に際して」教育問題研究会『教育問題研究』第87号、1927年b、1頁。
澤柳政太郎編『現代教育の警鐘』民友社、1927年c。
沢柳政太郎著／滑川道夫／中内敏夫編『実際的教育学』世界教育学選集22、明治図書、1962年。
塩見　昇「成城の読書教育と学校図書館」大阪教育大学『大阪教育大学紀要　第Ⅳ部門　教育科学』第26巻第3号、1978年、145 - 155頁。
塩見　昇「大正13年の次官通牒と図書館教育」大阪教育大学『大阪教育大学紀要　第Ⅳ部門　教育科学』第29巻第2・3号、1980年、71 - 84頁。
塩見　昇『日本学校図書館史』図書館学大系5、全国学校図書館協議会、1986年。
志垣　寛「全国教育家録」教育の世紀社『教育の世紀　大正十四年新年号附録』第3巻第1号、1925年、7 - 8頁。
志垣　寛（問者）「綴方に於ける道徳的要求（移動座談）」『綴方生活』第1巻第3号、文園社、1929年、54 - 62頁。
柴田　勝（司会）「旧職員座談会　成城小学校の誕生――成城小学校小史（一）――」橋本長四郎編『成城教育　第四号』四十周年記念号、成城教育研究会、1957年、49 - 80頁。
渋谷　孝「読むことの教材論研究の成果と展望」全国大学国語教育学会『国語科教育学研究の成果と展望』明治図書出版、2002年、245 - 252頁。
下位春吉『お噺の仕方』児童文化叢書　第2期16号、大空社、復刻版、1987（1917）年。
ロジェ・シャルティエ／グリエルモ・カヴァッロ編／田村毅他共訳『読むことの歴史――ヨーロッパ読書史――』大修館書店、2000年。
庄司和晃「解説（二）澤柳政太郎の科学観と教育研究方法論」澤柳政太郎著／成城学園澤柳政太郎全集刊行会編『初等教育の改造』澤柳政太郎全集　第4巻、国土社、1979年、440 - 458頁。
昌子佳広「昭和前期における読み方教育史に関する一考察――国民学校期への移行を中心に」全国大学国語教育学会『国語科教育』第52号、2002年、32 - 39頁。
ショウペンハウエル著／斎藤忍随訳『読書について　他二篇』岩波書店、1960年。
春水「挿画随話」国語研究会『国語教育』第12巻第7号、育英書院、1927年、33 - 36頁。

引用・参考文献

白日道人「綴方教授界の人々（三）　奥野庄太郎論」『綴方生活』第1巻第2号、綴方生活復刻委員会『綴方生活』けやき書房、1980（1929）年、70-72頁。
白鳥千代「読方教授例」国語研究会『国語教育』第10巻第2号、育英書院、1925年、60-63頁。
白鳥千代三「国定読本改善について」国語研究会『国語教育』第12巻第7号、育英書院、1927年、46-51頁。
白鳥千代三「補充教材について」国語研究会『国語教育』第14巻第7号、育英書院、1929年、46-56頁。
白鳥千代三「東京市淀橋第四小学校の読方測定研究会を聴く」国語研究会『国語教育』第20巻第1号、育英書院、1935年、92-96頁。
鈴木貞美『大正生命主義と現代』河出書房新社、1995年。
『成城学園九十年』編集小委員会『成城学園九十年』成城学園、2008年。
『成城学園八十年』編集小委員会『成城学園八十年』成城学園、1998年。
『成城高等学校　成城高等女学校　成城小学校　父兄名簿　昭和二年五月現在』1927年。
『成城高等学校　成城高等女学校　成城小学校　父兄名簿　昭和三年五月現在』1928年。
成城小学校編『児童中心主義の教育』成城小学校研究叢書　第8編、大日本文華出版部、1921年。
成城小学校編『カリキュラム改造の研究』第一出版協会、1930年。
成城小学校国語研究部編／奥野庄太郎（代表者）『お話と聴方教授資料（上巻）』イデア書院、1925年。
全国大学国語教育学会『国語科教育学研究の成果と展望』明治図書出版、2002年。
J・R・タウンゼント／高杉一郎訳『子どもの本の歴史——英語圏の児童文学　上下——』岩波書店、1982年。
高木敏雄『童話の研究』婦人文庫刊行会、1916年。
高木まさき他「片上伸『文芸教育論』の周辺をさぐる」横浜国立大学国語教育研究会『横浜国大国語教育研究』第6号、1997年、B1-B38頁。
高木まさき「『小学読本』巻之四・五の研究——その構成と出典の検討を通して——」全国大学国語教育学会『国語科教育』第47号、2000年、57-64頁。
高木まさき「読むことの教育課程に関する研究の成果と展望」全国大学国語教育学会『国語科教育学研究の成果と展望』明治図書出版、2002年、229-236頁。
高木まさき「田中義廉編『小学読本』の研究——大改正本から私版本へ——」日本読書学会『読書科学』第47巻第1号、2003年、23-30頁。

高橋和夫「国語教育の歴史と反省」岩淵悦太郎他『岩波講座現代教育学　第6巻　言語と教育Ⅰ』岩波書店、1961年、111-142頁。
高橋和夫「解説」垣内松三『国語の力』玉川大学出版部、1972年、237-269頁。
高橋俊三編『音声言語指導大事典』明治図書出版、1999年。
高橋辨藏「奥野君の読方教授」教育問題研究会『教育問題研究』第21号、1921年、88-92頁。
高森邦明『近代国語教育史』鳩の森書房、1979年。
瀧口美絵「国語教育における視覚メディアの教育に関する考察——1920年代から1930年代にかけての「形象化」論を中心に——」日本教科教育学会『日本教科教育学会誌』第32巻第2号、2009年、1-10頁。
竹内文路「黙読（附音読）及び理解の測定」国語研究会『国語教育』第10巻第3号、育英書院、1925年 a、49-56頁。
竹内文路「黙読（附音読）及び理解の測定（続・完）」国語研究会『国語教育』第10巻4号、育英書院、1925年 b、47-55頁。
竹内文路「国語読本改善の方向」国語研究会『国語教育』第12巻7号、育英書院、1927年、102-108頁。
立川正世「「教育実際家」たちの「大正新教育」」中京大学教養論叢編集委員会『中京大学教養論叢』第43巻第3号、2002年、571-591頁。
立川正世「沢柳政太郎の「教育改造」構想」名古屋音楽大学『名古屋音楽大学研究紀要』第25号、2006年、1-17頁。
田中末廣「国語読本の言語及文章」澤柳他9名共著『尋常小学国語読本の批評』成城小学校研究叢書　第4編、同文館、1920年、17-58頁。
田中末廣「児童読物と児童図書館（一）」教育問題研究会『教育問題研究』第23号、1922年 a、37-41頁。
田中末廣「児童読物と児童図書館（二）」教育問題研究会『教育問題研究』第24号、1922年 b、85-92頁。
田中末廣「児童読物と児童図書館（三）」教育問題研究会『教育問題研究』第25号、1922年 c、58-62頁。
田中末廣「児童読物の選択」教育問題研究会『教育問題研究』第27号、1922年 d、24-36頁。
田端健人『「詩の授業」の現象学』川島書店、2001年。
千葉県鳴浜小学校職員研究会『新入学児童語彙の調査』成城小学校研究叢書　第12編、文化書房、1924年。
千葉春雄『読み方教育要説』厚生閣書店、1926年。
千葉春雄「国語読本に改善を要することども」国語研究会『国語教育』第12巻第7号、育英書院、1927年、12-22頁。

千葉春雄「読方教授例　尋一ハコニハ」国語研究会『国語教育』第14巻6号、育英書院、1929年a、52-54頁。
千葉春雄「補充資料の本質」国語研究会『国語教育』第14巻第7号、育英書院、1929年b、114-122頁。
千葉春雄編『読方科に於ける各学年系統的考査の研究』読方教育実践叢書　第1、厚生閣、1934年。
塚田泰彦「提案三　認知科学が国語教育に示唆するもの」全国大学国語教育学会『国語科教育』第41集、1994年、14-18頁。
塚田泰彦『語彙力と読書――マッピングが生きる読みの世界――』東洋館出版社、2001年。
常木正則「入門期・国語科学習指導の研究――奥野庄太郎の理論および庭野三省氏の実践を手がかりとして――」全国大学国語教育学会『国語科教育』第36集、1989年、99-106頁。
鶴見和子『コレクション　鶴見和子曼荼羅　Ⅶ華の巻――わが生き相――』藤原書店、1998年。
土居光知『文学序説』岩波書店、1922年。
銅直　勇『成城国民教育研究　第一輯』成城学園小学部、1940年。
東洋館出版社編集部編『近代日本の教育を育てた人びと　下』東洋館出版社、1965年。
時枝誠記著／石井庄司編『時枝誠記国語教育論集1』国語教育名著選集　5、明治図書出版、1984年。
時枝誠記「国語教育に於ける読本教材の意義」飛田多喜雄／野地潤家監『国語科教育内容論　教材・教科書論』国語教育基本論文集成　第7巻、明治図書出版、1994年、83-91頁。
戸田　功「垣内松三「国語教育科学」における「形象理論」の影響」埼玉大学教育学部『埼玉大学紀要　教育学部　教育科学』第45巻第2号、1996年、29-37頁。
富澤次平「児童読本の誕生を記念す」国語研究会『国語教育』第12巻7号、育英書院、1927年、81-85頁。
富山県女子師範学校附属小学校編／垣内松三校閲『児童文学の研究』明治図書、1925年。
中内敏夫『近代日本教育思想史』国土社、1973年。
中内敏夫『生活綴方成立史研究』明治図書出版、1977年。
中西芳朗「童話教育に就て」低学年教育研究会『低学年教育』8月号、1926年。
中西芳朗「童話の教育的考察」日本童話協会『童話研究』第3巻第1号、1988年、38-43頁。

中野　光『大正自由教育の研究』黎明書房、1968年。
中野　光『大正デモクラシーと教育』新評論、1977年。
中野　光／志村鏡一郎編『教育思想史』有斐閣、1978年。
中野　光「解説（四）澤柳政太郎の学校論」澤柳政太郎著　成城学園澤柳政太郎全集刊行会『初等教育の改造』澤柳政太郎全集　第4巻、国土社、1979年、475－492頁。
中野　光監　記事「人物の片影（19）新教育界の新人――奥野庄太郎君」爲藤五郎編『教育週報』第19号、教育週報社、1925年、『教育週報　第1巻』大空社、1986年。
中野　光「「大正自由教育の支柱」となった書物」日本古書通信社『日本古書通信』1992年、11－12頁。
中野　光『学校改革の史的原像』黎明書房、2008年。
中谷いずみ「一九一〇年代における「人格」と「芸術」――片上伸『文芸教育論』前史――」全国大学国語教育学会『国語科教育』第70集、2011年、123－116頁。
永江由紀子「1920年代における大正自由教育批判」九州教育学会『九州教育学会研究紀要』第33巻、2005年、47－54頁。
滑川道夫／中内敏夫「沢柳政太郎の人と業績（解説）」沢柳政太郎著／滑川道夫／中内敏夫編『実際的教育学』世界教育学　22、1962年。
滑川道夫『日本作文綴方教育史1〈明治篇〉』国土社、1977年。
滑川道夫『日本作文綴方教育史2〈大正篇〉』国土社、1978年。
滑川道夫『解説　国語教育研究――国語教育史の残響――』東洋館出版社、1993年。
成田龍一『大正デモクラシー』シリーズ日本近現代史4、岩波書店、2007年。
西尾　実「新しい国語教科書のありかた」東京大学国語国文学会『国語と国文学』1951年、67－72頁。
西原慶一『日本児童文章史』東海出版社、1952年。
西原慶一『近代国語教育史』穂波出版社、1965年。
西宮藤朝『子供の感情教育――小さなたましひに愛と同情とを培ふために――』実業之日本社、1919年。
西宮藤朝『解放の教育』天佑社、1919年。
西山哲治「尋一教育の実際に就いて」教育学術研究会『小学校』第43巻第1号、同文館、1927年、284－289頁。
日本国語教育学会監『豊かな言語活動が拓く国語単元学習の創造　Ⅰ理論編』東洋館出版、2010年。
日本国語教育学会監『豊かな言語活動が拓く国語単元学習の創造　Ⅲ小学校低

学年編』東洋館出版、2010年。
人間教育研究協議会編『いま求められる「読解力」とは』教育フォーラム第38号、金子書房、2006年。
沼崎武男「理科読物に対する要求」教育問題研究会『教育問題研究』第58号、1925年、104－110頁。
野澤正浩「文章と変容の自己の生活」国語研究会『国語教育』第12巻第7号、育英書院、1927年、56－62頁。
野地潤家「「国語の力」（垣内松三著）について──国語教育学説史研究──」『国語教育研究』第1号、広島大学教育学部光葉会、1960年、10－24頁。
野地潤家「「国語の力」の成立過程Ⅱ──国語教育学説史研究──」広島大学教育学部国語教育会『国語教育研究』第3号、1961年、1－11頁。
野地潤家『国語教育通史』共文社、1974年。
野地潤家「解題」井上敏夫／倉沢栄吉他編『近代国語教育論大系9　大正期Ⅵ』光村図書出版、1976年、433－458頁。
野地潤家編／石井庄司校閲「垣内松三年譜」垣内松三『垣内松三著作集　第一巻』光村図書出版、1977年、593－627頁。
野地潤家『国語教育史資料　第一巻　理論・思潮・実践史第一巻』東京法令出版、1981年。
野地潤家「国語教育史における垣内松三」『教育科学国語教育』第24巻第15号、明治図書出版、1982年、17－27頁。
野地潤家『国語教育学史』共文社、1985年。
白日道人「綴方教授会界の人々（三）奥野庄太郎論」『綴方生活』文園社、1929年、70－72頁。
橋本長四郎編『成城教育　第四号　四十周年記念号』成城教育研究会、1957年。
波多野完治『子供とはどんなものか』刀江書院、1935年。
波多野完治「児童文化の理念と体制」（1941年）『波多野完治全集第7巻「児童観と児童文化」』図書印刷、1991年、309－360頁。
服部正則「読書に於ける眼球運動と目の衛生」『教育診断』第1巻第11号、教育診断社、1933年、17－19頁。
濱野重郎／谷口武「童謡書類」教育問題研究会『教育問題研究』第58号、1925年a、117－123頁。
濱野重郎／谷口武「各学年別読物の実際　尋常一二年」教育問題研究会『教育問題研究』第58号、1925年b、124－126頁。
林　進治「思考をひらく読み」『文学』第36巻第4号、岩波書店、1964年、60－72頁。
原田直茂「国語読本に対する希望」国語研究会『国語教育』第12巻第7号、育

英書院、1927年、28-32頁。
原田直茂「補充教材について如何に考ふべきか」国語研究会『国語教育』第14巻第7号、育英書院、1929年、109-114頁。
東　和男「奥野庄太郎の読み方教育論に学ぶ」福岡教育大学国語国文学会『福岡教育大学国語科研究論集』第52号、2011年、128-119頁。
久木幸男他編『日本教育論争史録・第2巻　近代編（下）』第一法規出版、1980年。
飛田　隆『国語教育科学史』明治書院、1933年。
飛田多喜雄「国語学力論の史的考察――明治期・大正期・昭和戦前期を中心に――」藤原宏編著『思考力を育てる国語教育』明治図書出版、1987年、53-79頁。
飛田多喜雄『続・国語教育方法論史』明治図書出版、1988年 a。
飛田多喜雄『国語教育方法論史』明治図書出版、1988年 b 10版。
飛田多喜雄／野地潤家監『国語科読書指導論』国語教育基本論文集成　第18巻、明治図書出版、1993年。
飛田多喜雄／野地潤家監『国語科教育基礎論（2）言語観』国語教育基本論文集成　第2巻、明治図書出版、1994年。
飛田多喜雄／野地潤家監『国語科教育内容論　教材・教科書論』国語教育基本論文集成　第7巻、明治図書出版、1994年。
平岡さつき「評価基準転換が教育の本質に及ぼす意義――1920～1930年代における綴方作品評価基準の検討を通して――」上田女子短期大学『上田女子短期大学紀要』第28号、2005年、73-84頁。
平田華蔵『読方学習の心理』日東書院、1925年。
平田　巧「国語読本の文字」澤柳他9名共著『尋常小学国語読本の批評』成城小学校研究叢書　第4編、同文館、1920年。
府川源一郎「シンポジウム提案二　なぜ今、「国語教育史研究」が問題になるのか、またそれを問題にしなければならないのか。」全国大学国語教育学会『国語科教育』第42集、1995年、9-13頁。
府川源一郎「田中義廉編『小学読本』冒頭教材の出典について――「五人種」の図像とその意味――」全国大学国語教育学会『国語科教育』第68集、2010年、59-66頁。
藤川和也「「聞くこと」の教育の基礎的研究――峰地光重の「聴方教育」論を手がかりに――」広島大学大学院教育学研究科『広島大学大学院教育学研究科紀要　第二部　文化教育開発関連領域』第58号、2009年、157-164頁。
藤原喜代藏『明治大正昭和　教育思想学説人物史　第四巻　昭和前期篇』日本経国社、1944年。

引用・参考文献

藤原　宏編著『思考力を育てる国語教育』明治図書出版、1987年。
古田東朔「教科書から見た明治初期の言語・文字の教育」文化庁編『国語改善と教育』覆刻文化庁国語シリーズ3、教育出版、1973年、49-104頁。
古田東朔「続・教科書から見た明治初期の言語・文字の教育」文化庁編『国語改善と教育』覆刻文化庁国語シリーズ3、教育出版、1973年、105-168頁。
保科孝一「わが国語教科書に対する要望」国語研究会『国語教育』第12巻第7号、育英書院、1927年、1-6頁。
保科孝一「補充教材の利用について」国語研究会『国語教育』第14巻第7号、育英書院、1929年、1-6頁。
スタンレー・ホール/和田琳熊訳『青年期の心理及教育』警醒社書店、1914年。
本堂　寛/山崎和男編著『小学校国語話すこと聞くことの指導──年間指導計画と指導事例──』東書TMシリーズ、東京書籍、1992年。
増田史郎亮「長崎県壱岐におけるドールトン・プラン実践　追補その一」長崎大学教育学部『長崎大学教育学部教育学科研究報告』第30号、1983年、21-25頁。
増田信一『音声言語教育実践史研究』学芸図書、1994年。
増田信一『読書教育実践史研究』学芸図書、1997年。
益地憲一編著/澤本和子他共著『小学校国語科指導の研究』建帛社、2002年。
益地憲一『大正期における読み方教授論の研究──友納友次郎の場合を中心に──』溪水社、2008年。
松本博史「河野伊三郎の「合科学習」──奈良女子高等師範学校附属小学校における最初期「合科学習」の実践Ⅱ──」神戸女子大学『神戸女子大学文学部紀要』第39巻、2006年、109-122頁。
丸山林平『国語教育と児童文学』南光社、1925年。
丸山林平「国定読本是非」教育学術研究会『小学校』第41巻第3号、同文館、1926年、11-16頁。
丸山林平「わたくしの希求する国語読本」国語研究会『国語教育』第12巻第7号、育英書院、1927年、94-101頁。
丸山林平『国語教育学』厚生閣書店、1932
アルベルト・マングェル/原田範行訳『読書の歴史──あるいは読者の歴史──』柏書房、1999年。
三重県教育会「辞令（大正四年十二月）」欄、『三重教育』第218号、三重県教育会、1916年、68頁。
マーガレット・ミーク/こだまともこ訳『読む力を育てる──マーガレット・ミークの読書教育論』柏書房、2003年。
水内　宏「解説（三）成城小学校におけるカリキュラム改造と澤柳政太郎──

若干の特徴点——」澤柳政太郎著／成城学園澤柳政太郎全集刊行会編『初
　　　等教育の改造』澤柳政太郎全集　第4巻、国土社、1979年、459－474頁。
水木　梢『ヒユエイ読方新教授法』日東書院、1927年。
水田　光『お話の研究』大日本図書、1916年。
峯地光重「国語読本に於ける文芸教材に就て」教育学術研究会『小学校』第41
　　　巻第3号、同文館、1926年、27－32頁。
峯地光重『聴方話方教授細目と教授資料』徳岡優文堂、1935年。
宮川菊芳「都会文化と国語読本」国語研究会『国語教育』第12巻第7号、育英
　　　書院、1927年、41－46頁。
宮川菊芳「補充教材について」国語研究会『国語教育』第14巻7号、育英書院、
　　　1929年、41－45頁。
宮澤直孝「国語読本の取扱」澤柳他9名共著『尋常小学国語読本の批評』成城
　　　小学校研究叢書　第4編、同文館、1920年、159－189頁。
宮原誠一／丸木政臣／伊ヶ崎暁生／藤岡貞彦『資料日本現代教育史4　戦前』
　　　三省堂、1974年。
村井　実「大正自由教育運動を鳥瞰する」「アガトス」編集部『アガトス』第25
　　　巻、2003年、4－33頁。
望月久貴『国語科教育史の基本問題』学芸図書、1984年。
森　透「教育実践史研究ノート（1）——成城小学校の授業研究を事例に——」
　　　福井大学『福井大学教育地域科学部紀要　第Ⅳ部　教育科学』第60号、
　　　2004年、53－62頁。
森田伸子『テクストの子ども——ディスクール・レシ・イマージュ——』世織
　　　書房、1993年。
森田伸子『文字の経験——読むことと書くことの思想史——』勁草書房、2005
　　　年。
森田伸子「学力論争とリテラシー——教育学的二項図式に訣別するために——」
　　　『現代思想』第34巻第5号、青土社、2006年、136－146頁。
森田伸子『子どもと哲学を——問いから希望へ——』勁草書房、2011年。
森田尚人『デューイ教育思想の形成』新曜社、1986年。
諸見里朝賢「国語読本の理科的教材」澤柳他9名共著『尋常小学国語読本の批
　　　評』成城小学校研究叢書　第4編、同文館、1920年、99－114頁。
文部科学省『小学校学習指導要領』ぎょうせい、1998年。
文部科学省『読解力向上に関する指導資料——PISA調査（読解力）の結果分析
　　　と改善の方向——』東洋館出版社、2007年 5版。
文部科学省『小学校学習指導要領解説　国語編』東洋館出版社、2011年 5版。
文部省編『小学校令・小学校令施行規則・小学校令改正ノ要旨及其施行上注意

要項』文部省、1900? 年。
文部省編『尋常小学国語読本編纂趣意書　尋常小学国語書キ方手本編纂趣意書』国定教科書共同販売所、1918年。
文部省編『尋常小学国語読本編纂趣意書　尋常小学国語書キ方手本編纂趣意書』国定教科書共同販売所、1924年。
文部省普通学務局『国定教科書に関する澤柳普通学務局長の演説』1905年。
安　直哉「国語教育における形象理論の生成」全国大学国語教育学会『国語科教育』第57集、2005年、12－19頁。
安　直哉「センテンス・メソッドの思想」日本国語教育学会『月刊国語教育研究』第407号、2006年a、46－51頁。
安　直哉「国語教育におけるセンテンス・メソッドの考察」岐阜大学『岐阜大学教育学部研究報告　人文科学』第55巻第1号、2006年b、11－20頁。
安　直哉「形象理論と倒語説」岐阜大学『岐阜大学教育学部研究報告　人文科学』第58巻第1号、2009年a、262－253頁。
安　直哉「形象理論とウィリアム・ジェームズ」岐阜大学教育学部国語教育講座『岐阜大学 国語国文学』第35号、2009年b、1－10頁。
安　直哉「国語教育における形象理論の浸透背景」岐阜大学『岐阜大学教育学部研究報告　人文科学』第59巻第1号、2010年、1－13頁。
安田義一「内鮮融和の上より眺めたる国語読本の内容改善」国語研究会『国語教育』第12巻7号、育英書院、1927年、88－94頁。
八波則吉「男女青年の補習読本について」国語研究会『国語教育』第12巻第7号、育英書院、1927年、36－38頁。
八波則吉「補充教材選択難」国語研究会『国語教育』第14巻第7号、育英書院、1929年、7－8頁。
八波則吉『趣味本位　幼年課外読本』宝文館、1928年。
八波則吉「国語教育論」山本三生編纂代表『日本文学講座』第16巻、改造社、1935年、243－256頁。
山下徳治「日本教育学史料　澤柳政太郎博士」『教育』第1巻第8号、岩波書店、1933年、77－91頁。
山下徳治「国語教育の方法論より観たる形象理論への批判——垣内教授及び石山、輿水両氏に教へを乞ふ」『教育・国語教育』第9巻第10号、厚生閣、1939年、2－24頁。
山田泰嗣／渡邊雄一「成城小学校における読書時間の特設と児童図書館について」佛教大学『教育学部論集』第17巻、2006年、99－114頁。
山本茂喜「奥野庄太郎の綴方教育論」筑波大学『人文科教育研究』第9号、1982年a、81－90頁。

山本茂喜「成城小学校における「聴方科」実践の特質——奥野庄太郎の実践を通して——」日本国語教育学会『月刊国語教育研究』123号、1982年b、41-44頁。

山本茂喜「成城小学校における「聴方科」実践の特質——奥野庄太郎の実践を通して——」日本国語教育学会『月刊国語教育研究』124号、1982年c、40-42頁。

山本茂喜「奥野庄太郎の読方教育論の展開（1）」桐朋高等・中学校研修部『桐朋学報』第32号、1982年d、99-107頁。

山本茂喜「前期赤い鳥綴方と大正新教育における綴方指導との関係——成城小学校を中心に——」上越教育大学『上越教育大学研究紀要　第2分冊　言語系教育・社会系教育・芸術系教育』第5巻、1986年a、25-38頁。

山本茂喜「奥野庄太郎の読方教育の方法」日本読書学会『読書科学』第30巻第2号、1986年b、73-79頁。

横須賀薫編・解説『児童観の展開』近代日本教育論集　第5巻、国土社、1969年。

横須賀薫「編者解説　垣内松三の人と業績」垣内松三著／横須賀薫編『形象と理会』世界教育学選集54、明治図書出版、1970年、213-235頁。

横浜国立大学教育人間科学部附属横浜小学校編『「読解力」とは何か Part Ⅲ——小学校の全教科でPISA型読解力を育成する——』三省堂、2008年。

吉田裕久「国語教科書における言語教材の史的検討（1）——明治期のばあい——」広島大学教育学部『広島大学教育学部紀要　第2部』第41号、1992年、1-11頁。

吉田裕久「国語教科書における言語教材の史的検討（2）——大正期・昭和戦前期を中心に——」広島大学教育学部『広島大学教育学部紀要　第2部』第42号、1993年、1-12頁。

吉田裕久「昭和二十一年度の国語補充教材に関する考察」全国大学国語教育学会『国語科教育』第44集、1997年、85-94頁。

脇　明子『読む力は生きる力』岩波書店、2005年。

脇坂　豊「解説　『国語の力』初期垣内学説の形成基盤」『垣内松三著作集　第一巻』光村図書出版、1977年、492-506頁。

鷲尾知治「児童図書館の経営」教育問題研究会『教育問題研究』第58号、1925年a、66-77頁。

鷲尾知治「尋常三四年」教育問題研究会『教育問題研究』第58号、1925年b、127-137頁。

鷲尾知治「児童読物としての子供雑誌」教育問題研究会『教育問題研究』第58号、1925年c、158-171頁。

渡邊凞一「地理の課外読物について」教育問題研究会『教育問題研究』第58号、1925年、92-97頁。

渡辺哲男『「国語」教育の思想──声と文字の諸相──』勁草書房、2010年。

渡辺哲男「ごんはなぜ言葉を話すのか？──「歴史を哲学する」ことで「ごんぎつね」を読みなおす」滋賀大学教育学部『滋賀大学教育学部紀要2　人文科学・社会科学』第61号、2011年、29-40頁。

渡邊福義「国語読本の挿絵」澤柳他9名共著『尋常小学国語読本の批評』成城小学校研究叢書　第4編、同文館、1920年、115-129頁。

Bryant, Sara Cone, *Stories to tell to children: fifty one stories with some suggestions for telling.* Houghton Mifflin Co., 1907.

Bryant, Sara Cone, *How to tell stories to children: and some stories to tell.* George G. Harrap & Co., 1917.

Huey, Edmund Burke, *The psychology and pedagogy of reading: with a review of the history of reading and writing and of methods, texts, and hygiene in reading.* The M.I.T. Press, 1968（1908）

Pennell, Mary E. & Cusack, Alice M. *How to teach reading.* George G. Harrap & Co., 出版年不明。（同題名・同著者図書が1924年 Houghton Mifflin Co., から出版。）

Smith, William A. *The reading process.* The Macmillan Co.,1922.

あ と が き

　本書は、2013年3月に日本女子大学より博士（教育学）の学位を授与された博士論文『奥野庄太郎の〈読むこと〉の教育』の内容に加除修正を行ったものである。また、本書の内容は、これまでに発表してきた論文を再構成しているため、既発表論文については以下に示し、該当する本書の章を記しておく。なお、本書として出版するにあたり、それまでの認識を再検討して誤りを正したり、新たに確認した事実による考察を加えたりしている。そのため、本研究に関する筆者の現時点での最終見解は本書の内容であることをお断りしておきたい。

・「奥野庄太郎における読方教育理論の形成過程――垣内松三『国語の力』への論評を手がかりとして――」全国大学国語教育学会『国語科教育』第69集、2011年、59-66頁。→第4章
・「奥野庄太郎の「心理的読方」に関する考察」全国大学国語教育学会『国語科教育』第70集、2011年、20-27頁。→第5章
・「奥野庄太郎における聴方教育の理論と実際――彼の言語教育観の視点から――」日本女子大学教育学科の会『人間研究』第48号、2012年、45-53頁。→第3章
・「大正新教育期における聴方教育の教材に関する一考察――奥野庄太郎の「お噺」が意味するもの――」日本女子大学『人間社会研究科紀要』第20号、2014年、1頁-15頁。→第6章

＊

　本書を「読み」の対象とされた方々が、「読み」の教育がもつ意味について、ほんの少しでも新たな視点をもっていただけたのなら、筆者としては誠に有り難いことである。本研究は、これからも追究したい課題を残しており、まだまだ途上であることを自覚している。読者の皆さまの忌憚の

ないご意見や厳しいご批判を仰ぎ、これからの研究の道しるべとさせていただくことを誓うとともに、本書を手にとってくださった皆さまに心より御礼申し上げたい。

＊

　あらためて衷心より感謝申し上げたいのは、本書にいたる研究の過程においてご指導いただいた先生方、お世話になった方々である。
　筆者が、実践から研究に場を転じる意を決し、森田伸子先生の指導を賜るべく日本女子大学大学院に入学したのは2006年の春のことである。指導教授の森田先生には、在学中の５年間とその後２年間かけて仕上げた博士論文を提出し今に至るまで長きにわたってご指導いただいた。筆者は、現代の読書教育への興味をきっかけに大学院に進み、読書科にかかわっていた奥野庄太郎を知るに至った。森田先生のご専門の教育思想史の観点からのご教示を通して、奥野自身の言説に立ち戻りながら文献を読み、それを同時代の中に置いて考察するという研究方法を学ぶこととなった。その中で、大正期の奥野に関する研究も現代の言語教育の問題に接続できる可能性があり、研究というものは時間的にも空間的にも広い視野で俯瞰図を描く必要があることにも気づくことができた。学問の世界の膨大な知の蓄積に圧倒され、しばしば進む道を決めかねて足踏みする筆者に、森田先生は、「続けていけばね…」「奥野の研究って面白いじゃない」との温かいお言葉で支えてくださり、そして待ち続けてくださった。亀の歩みの筆者には心底有り難いことであった。深く、深く心より感謝申し上げたい。
　博士論文の副査は、澤本和子先生、田部俊充先生、片桐芳雄先生（日本女子大学名誉教授）、府川源一郎先生（横浜国立大学）にお引き受けいただいた。片桐先生には、院生時代の演習や先生のご研究を通して、歴史研究における地道な調査の重要性をご教示いただいた。澤本先生からは、学内の発表の度ごとに国語科教育的見地からの貴重なご指導をいただいた。初めての学会発表を翌日に控え、緊張していた筆者の発表練習に遅くまでおつきあいくださり、安心して発表に臨むことができた出来事は忘れられない。片桐先生と澤本先生には、修士論文の副査をお引き受けいただいてい

あとがき

た経緯があり、「その後」である博士論文も査読いただけたことは幸運なことであった。田部先生は、社会科教育史との接点をお示しくださり、大正新教育期の教育研究は幅広い視野から考察する必要があることに目を向けさせてくださった。

　国語科教育領域でご高名な研究者であられる府川先生に、博士論文をお読みいただくことができたことは誠に光栄であった。今後の研究方向に関してご教示いただいた具体的な内容——奥野の教材論に関するさらなる研究——は、筆者がこれから目指すところとなる。ご多忙にもかかわらず、査読をお受けくださり今後の研究への後押しをしてくださった先生方に、重ねて謝意を捧げたい。

　森田先生の日本女子大学の後任の今井康雄先生には学術研究員として受け入れていただき、お陰様で博士課程満期退学後も研究を続けることができた。教育学科の先生方には在学中、演習や論文発表の機会を通して研究の進展につながる貴重なご指導をいただいた。今後も着実に研究を続けることでご恩返しをしたい。

　大学院への進学で出会った方々にもひとかたならぬお世話になった。筆者が院生の間、助教としてお勤めだった渡辺哲男先生（現 立教大学）は、森田ゼミの先輩であり、国語科教育がご専門であるため、常に具体的で実際的なご助言やご指導で励ましていただいた。森田ゼミ同期の小谷由美氏とは多くの時を共に過ごし、お互いの研究内容を発表し合う中で、研究の視野を広げることができた。良き先輩と学友に恵まれ、研究の旅がひとりでなかったことが、どれほど心強かったことか。また、多くの先輩や学友と共にゼミに出席し、そこで交わされた自由な学問的議論は、一度社会に出た筆者にとってはとても新鮮なものであった。全ての御名前を挙げることは到底できないが、日本女子大学での出会いに心から感謝申し上げたい。

　そして、聖心女子大学時代の恩師、森田尚人先生（中央大学）への感謝の言葉は尽くしようがない。「小学校の先生になりたい」という夢を追っていた学生時代に教育学科でご指導いただき、さらに「夢」が「現実」に

なった後も近況をご報告に伺った。「現実」で遭遇した困難をご相談することもあったが、10年ほど前にいただいた「理論を勉強してみては？」とのご助言に勇気を頂戴し、その後、筆者は研究の道に一歩を踏み出した。勉学に再挑戦するきっかけを作ってくださり、学んだ「理論」を活かして「現実」を考える方法にめぐり会わせていただいた。大学卒業後29年目の2012年12月、博士論文の公会審査会の傍聴席の一番後ろに森田尚人先生がお座りくださっていたことは誠に有り難く、幸せなことであった。長い年月にわたって見守っていただけたことに衷心より感謝申し上げたい。

　また、本研究で、奥野という一訓導の思考に注目したのは、好むと好まざるとにかかわらず、筆者の小学校教員経験が影響している。その経験が本研究に役立った面があるとするならば、ご恩は、小学校教員として社会に送り出してくださった母校の聖心女子大学のご縁にも遡る。在学中、日本教育史のご講義でご指導を受けた北村和夫先生には、本研究であらためて成城小学校関係のご論考を拝読し勉強させていただくことになった。同じキャンパスで過ごし共に教員になった学友たちの活躍には、研究開始後も刺激を受けている。

　そして、教員生活の中で共に過ごした先輩、同僚、子ども達には、筆者を「小学校教員」にしていただいた。研究開始までの長い年月も、筆者にとっては大きな意味があったことを再確認している。ここまでの多くの方々との出会いにあらためて感謝申し上げたい。

　博士論文の出版が実現するとは全く思っていなかった。溪水社代表取締役の木村逸司氏が出版に快諾くださったことは筆者の大きな励みになった。また、編集担当の西岡真奈美氏にも、初歩的な質問に丁寧にお答えいただくなど、大変お世話になった。この場を借りて厚く御礼申し上げたい。

　最後に私事になることをお許しいただければ、ある日突然、論文書きを始めてしまった筆者を静かに応援し続けてくれた家族にも、「ありがとう」の言葉を贈りたい。

＊

　本書を書きあげた筆者の部屋の片隅に、こんなキャプションが書かれた

あとがき

一枚のポスターが貼られている。
"reading is fun!"
　幼児教育・小学校教育関係者ならおなじみのモーリス・センダックの絵本『かいじゅうたちのいるところ』のポスター。ちょうど研究を始めた頃に手にしたもので、主人公マックス少年と2匹のかいじゅうが描かれている。一匹はナイフとフォークを頭上に振りかぶって分厚いグリム童話の本を今まさに食べようとしており、もう一匹は小ぶりの本が入ったワイングラスを捧げて乾杯しようとしている。マックス少年はといえば、2匹の足元でにこにこしながら一冊の絵本を読み耽っている。かいじゅうが本を「食べる」姿と、人間であるマックス少年が本を「読む」姿は好対照をなす。人間にとってこそ、本を「読む」ことは「面白い」ことなのだと改めて考えさせられる。

　小学校教員時代に見た、マックス少年のように周りの様子を意に介せず食い入るように読書する子ども達の姿は、近づきがたく神々しさすら感じさせるものだった。そのような「読む」ことに魅了された子ども達の姿が、奥野の〈読むこと〉やその教育について思索を深めていく筆者の研究の推進力になっていたことは間違いない。

"reading is fun!"
　筆者には、これからの時代を生きる子ども達にも〈読むこと〉のさまざまな恩恵を享受してほしいという希望がある。本研究が、その一助になることを願うばかりである。

　2014年12月

秋　保　惠　子

事項索引

【あ】

アイムーブメント　26, 259, 265, 271, 274-278, 281, 282, 290-294, 296-298, 336, 339, 342, 398

一問一答　155, 240

英米視察　50, 88, 89, 93, 98, 102, 103, 107, 115, 118, 121, 126-128, 178, 208, 231, 262, 268, 270, 328, 379

『英米小学教育の実際　附　世界一周紀行』（『英米小学教育の実際』）41, 83, 86, 89, 98, 100, 102, 103, 107, 115, 117, 127, 208, 264, 266

大きな意味の言語　150-152, 156-158, 160, 166, 178, 236, 276

「奥野君の聴方実地授業」23, 152, 240

「奥野君の読方授業」236

「奥野氏の創作童話を読む」375

「「奥野氏の創作童話を読む」を読んで」375

お噺好き　145, 146, 355, 356

『お話と聴方教授資料　上巻』157, 240

『お噺の新研究―聴方教授の提唱―』（『お噺の新研究』）41, 85, 88, 124, 141, 143, 146, 147, 264, 268, 355, 357, 369, 376

音声　140, 156, 158, 164

音声言語　151, 152, 160, 164, 213, 397

音読　202-205, 220, 222, 273-275, 292, 294-296, 342, 403

【か】

「解釈（インタープレテーション）」198, 210, 215, 223, 225

垣内批判　208

課外読物　72, 260, 307, 313, 326, 330, 351, 352, 378, 380, 382

科学的研究を基とする教育　30, 35, 54, 258

科学的研究　35, 36, 38, 39

学習指導要領　7, 12, 57, 395, 405

書方／書き方　11, 52, 139, 404

書き言葉　168-170

学校教育　4, 5, 32, 39, 54, 69, 148, 395, 403

学校図書館経営　57

川井訓導事件　72

鑑賞（力）　34, 40, 101, 228, 229, 261, 270, 295, 297

観察　364

考へ　232, 270

観念　33, 168-170, 403

聴方／聴き方／聞き方　11, 17, 20, 52, 53, 88, 125, 140, 146, 154, 161, 166, 178, 179, 180, 181, 190, 193, 200, 246, 260, 281, 313, 354, 356, 364, 394-397, 403, 404

聴方教育／聴方教授　7, 18-20, 25, 27, 45, 54, 55, 74, 75, 88, 123, 139-141, 143, 144, 146, 148, 149, 151-154, 158, 160, 161, 174, 175, 178-180, 181, 215, 246, 281, 313, 354-356, 360, 372, 380, 396, 397

聴方の授業　152, 159

聴方教材倫理的関係一覧　371, 372

聴方科　20-23, 52, 139, 154-156, 181, 309, 358, 369

聴方材料選択の標準　372

『聴方教育の原理と実際』18, 22, 57, 124, 141, 159, 354, 356, 372

「聴方教授の研究」356

「聴方教授の誕生」45, 143, 355

聞く・話す　19

記号　124, 212, 213, 285, 343

447

機能的な読み 6
機能的リテラシー 16
教育雑誌 13, 14, 94, 95, 128, 374
教育ジャーナリズム 95, 102, 118, 394
『教育問題研究』(雑誌) 13, 25, 40, 42, 44, 45, 50, 51, 65, 75, 83, 84, 87-91, 107, 120, 330
教育問題研究会 44, 45, 91
『教育問題研究・全人』(雑誌) 87, 94
教訓的文芸 366-368
教材 27, 40, 61, 159, 179, 240, 261, 270, 305-314, 318, 319, 322, 323, 324, 326, 330, 332, 335, 338, 339, 350, 351, 354, 355, 362-364, 368-370, 379, 380, 381, 383, 397
『教材王国』(雑誌) 13, 86, 94, 128
教材観 26, 27, 181, 228, 290, 305, 306, 308, 310, 312, 313, 331, 335, 343, 344, 350, 354, 382, 394
教材研究 309
教材作成 61
教材(の)選択 61, 243, 363
教材の配列 339
教材の分量 61, 62
教室 16, 155, 396
教師による暗黙の承認 155
教師の話し方 19
教師のふるまい 155
教授の自由 109
空間 16, 155, 170, 178, 217
空想 357, 360-363, 365-367, 369
空想生活 357, 361, 364
寓話 237, 359
訓導 3-5, 8, 13, 15, 25, 34, 42, 75, 86, 90, 91, 93-95, 97, 99, 106, 146, 262, 312, 363, 382
経験 35, 54, 278-280, 282, 284, 287-289, 297, 318, 343, 364
形式(上) 61, 139, 140, 153-156, 159, 179, 328
芸術としての童話 377

形象／形象(の)概念／形象理論 14, 26, 225, 229, 230, 246, 305
研究心 32
研究的学校 25, 35, 50, 53, 84, 89, 90, 95
言語 25, 59, 61, 141, 142, 150-152, 156, 158, 160, 163-165, 167-173, 179, 180, 181, 205, 212, 213, 214, 241, 269, 279, 284, 285, 325
言語教育／言語教授／言語指導 6, 21, 40, 61, 130-141, 148, 224, 285, 286
言語観 6, 21, 25, 118, 139-141, 158, 170, 174, 180, 181, 246, 278, 299
「言語に四種の別あるを論じて国語の新教授に及ぶ」 42, 143
言語(の)起源 170-173
言語の構造 141, 144, 147, 148
言語の世界 147, 148, 161, 166, 396
『源平児童盛衰記』 377
研究体制 29, 73
語・語句 8, 60, 140, 151, 156-158, 160, 169, 178, 203-205, 213, 220, 222, 224, 229, 239, 245, 260, 274-276, 278, 280-283, 287, 295, 296, 299, 351, 382, 396
語彙(群) 7, 60, 61, 139, 142, 143, 147, 158, 165, 178, 179, 199, 200, 241, 260, 279-281, 295, 297, 299, 382, 395-397, 399, 400
語彙(群)の形成 7, 152, 178, 246, 299, 355, 380
語彙(の)教育／語彙指導 6-9, 11, 181, 259, 261, 276, 279, 280, 282, 287, 313, 395, 396, 397, 399, 400, 403, 405
好智心 119, 360
声 156
語感 139, 151, 156, 158, 160, 178, 179, 180, 213, 239, 240, 241, 287
語義 151, 213
国語教育 164, 179, 194-197, 230, 310,

382
国民性／国民思想　349, 370, 371
国語教育界　151, 152, 210, 222, 223, 229, 259, 261, 306, 312, 398
国語教育の発展時代　14
国語教育の本道としての読書　383
国語教育の模写時代　14
「国語教授と国語教育」　195-197
国語読本　35, 59, 309, 314, 318-320, 323-325, 328, 329, 335
「国語読本改善号」（「改善号」：『国語教育』特集号）　88, 312, 315-317, 322, 326, 330, 331, 335, 336, 339, 341
『国語の力』　8, 25, 192-198, 200-202, 208-210, 221, 228-230
国定教科書　26, 66, 88, 306, 308, 320, 322, 323, 326, 329, 340, 381
国文学　194, 197, 262
国民文学の児童化　378
個性　31, 32, 61, 62, 69, 92, 112-114, 116, 178, 239
個性尊重の教育　30, 31, 110
個性的独創（individual initiative）　112, 113
国家　21, 53, 311, 322, 327, 371
言葉　127, 154, 156, 158, 167-170, 200, 213, 224, 232, 273, 274, 278-280, 282
個に応じた教育　31
コミュニケーション能力　7, 395

【さ】

雑集／雑集読本　319, 320, 325
自学／自己教育　69, 92, 113, 114, 310, 327
時間　155, 168, 170, 285
思考　8, 9, 245, 258
自己　116, 233, 234, 246, 287-289, 376
自然　33, 39, 121, 146, 222, 241
自然科　33
自然と親しむ教育　30, 32

思想　39, 69, 119, 147, 166, 167-169, 214, 215, 234, 280, 286, 287, 289, 299, 343, 358, 376, 377, 397, 403
実験　36, 41, 60, 264
実験学校　24, 50
実際家　14, 35, 36, 38, 111, 118, 207, 211, 245, 246, 258, 263, 330, 331, 400
『実際的教育学』　37-40
実際的研究　36
実際例／実際指導例／実施指導例　19, 157, 160-162, 174-176
実践記録　22, 140
実践知　222, 356
児童化　61, 336
児童観　84, 118-120
『児童語彙の研究』　74, 85, 141, 165
『児童心理学精義』　165, 167, 170
児童書／児童読物　13, 18, 27, 55, 67-70, 95, 313, 330, 360, 373, 374, 377-383, 397
児童心理　119, 120, 122
児童中心主義　3, 73, 75, 314, 355, 394
指導　57, 70, 126, 244, 258, 276, 282, 290, 291, 298, 312, 329, 364
「児童図書館号」（『教育問題研究』特集号）　25, 51, 67
児童のつぶやき　155
『児童文庫の経営と活用』　57
指導例　152, 159
視読　204, 205
事物　127, 278, 279
社会　114, 117, 371
宗教　21, 33, 233, 359, 360, 362
宗教生活　357, 359, 362
修身科　51, 53-55, 154, 358, 369, 372
修身例話　369, 371, 372
自由選択　62
自由　107-111, 113-116, 121, 242, 244, 299, 317, 355
授業記録　152, 153, 158, 160, 201, 202

449

授業研究　4
授業形態　26
趣味化　34, 336
趣味　34, 40, 69, 318, 319, 325, 327
瞬間露示法　277, 291, 292
純粋な知性　403
小学校教育　35, 84, 394
庶物教授　345, 349
書物の中の文字　402, 403
「知ることは愛すること」　120
『尋一教材王国』（雑誌）　123, 128
「尋一読方四月の実際と副教材」　347
新学校　3, 13, 34, 35, 73, 75, 119
新教育　13, 24, 29, 73, 75, 101, 115, 393, 394
『尋常小学国語読本』（『尋常小学国語』（第三期））　58, 88, 306, 309, 313, 315, 317, 322, 324, 330, 343, 347, 352
『尋常小学国語読本の批評』　34, 51, 268, 308, 314, 336
人生　21, 163, 191, 217-219, 226, 233-236, 244, 246, 267, 343, 395, 400
人間生活／人生生活　218, 235, 236
真理　38, 361, 362
心理学／心理学的　15, 16, 26, 122, 164-167, 170, 171, 173, 174, 180, 198, 205, 213, 257, 271, 272, 285, 298, 338
『心理的科学的読方の教育』　257, 264, 266, 269, 270, 308
心理的読方　8, 26, 180, 222, 257-259, 261-264, 266-268, 271, 272, 276, 277, 282, 288, 290, 291, 294, 296-298, 339, 342, 343, 354, 380, 394, 396, 403, 405
『心理的読方の実際』　17, 86, 94, 257, 260, 262-264, 268, 270, 271, 291, 292, 381
心情の教育　30, 33
神話　314, 359, 365, 369, 370, 372, 397

ストーリーメソッド　216, 232
スペシャリスト／スペッシヤリスト　111, 112
すらすら（と）読む　213, 224, 275, 291, 292
生活　21, 163, 191, 217, 218, 226, 236, 263, 284, 340, 343, 345, 349-352, 395, 400
生活主義　188-190
「生活的読方の背後に哲学あり」　22, 235
成城小学校　3, 4, 12, 13, 17, 24, 29, 38, 39, 44, 45, 49-51, 57, 58, 62, 64, 73, 87, 89, 90, 95, 97, 99-101, 119, 120, 128, 146, 149, 152, 153, 212, 240, 260, 308, 309, 313, 314, 339, 355, 358, 379, 393, 394
成城小学校研究叢書　13, 41, 85
「成城小学校創設趣意」（「創設趣意」）　24, 29, 30, 32-40, 54, 110, 339
「成城小学校創立十周年の回顧」　90
精神生活　62, 357-360, 362, 365
精神的土産　107, 112, 114, 118, 127
生命　21, 116, 121, 127, 163, 212, 234, 340, 357
「先生の暗示による国語研究の開展」　40, 57, 92, 260
選択　281, 299, 307, 313, 318, 327, 362, 363, 379, 383
「センテンス・メソッドの弊害」　227, 208
センテンスメソッド／センテンスメソツド　8, 25, 187-191, 194, 200, 201, 207, 209-220, 222, 224-228, 231, 232, 235, 245, 270, 398
「センテンスメソッドからライフメソッドへ」　208
全文法　201
創作　62, 94, 95, 120, 203, 313, 375, 376, 377, 379, 405
素材　326, 369

【た】

題材　160, 177, 178, 213
第三次小学校令　51
大正新教育／大正新教育期（時代）　3, 4, 12, 15, 18, 21, 29, 34, 67, 75, 118, 149, 258, 299, 306, 308, 309, 313, 330, 355, 362, 393
多読主義　152
多読　236, 351-353
多様な教授法　26
多様な読み　6, 395, 398, 399
ダルトン・プラン　46, 47, 87
短篇／短篇教材　319, 326
調査／調査法　69, 142, 143, 263, 270, 295, 296, 310
長篇／長篇教材　319, 326, 327, 378
直観　203, 205, 220, 222, 345, 346, 349, 352
通読　202-204, 220
綴方／綴り方　11, 12, 17, 20, 52, 53, 88, 101, 125, 139, 161, 165, 167, 180, 404, 405
綴方教育　12, 21, 101, 125, 180, 357, 404
低学年　54, 84, 118, 122, 124-128, 154, 166, 180, 181, 211-213, 241, 260, 266, 268, 272, 277, 285, 293, 358, 364, 369, 372, 394, 397
『低学年の聴方教育』　84, 124
低学年（の）教育　8, 84, 100, 118, 122-124, 126, 127, 394
『低学年教育』（雑誌）　100
『低学年の読方教育』　84, 124
テークエンドキーヴ／取り且与へる　163, 164, 167
伝説　145, 314, 359, 369, 370, 372, 397
道徳　40, 233, 355, 358-360, 362, 363, 368, 376
道徳生活　54, 357-359, 369
童話　139, 145, 146, 174, 310, 314, 355, 360, 363, 365, 367, 368, 370-372, 376, 377, 380, 397
童話の教育的価値　361
徳学教育　54, 55, 154, 155
読書愛　236, 242, 382
読書科　51, 55-57, 70, 181, 192, 231, 241, 244, 246, 309
読書活動　190
読書経験　214, 242, 342, 343, 353, 354, 373
読書指導　57, 190
読書室　56
読書趣味　55, 56, 328
読書生活　191
読書（能）力／読書の（能）力　55, 56, 119, 327
読書（の）教育　4, 11, 54, 55, 57, 74, 190, 191, 380
読書（の）時間　56, 241-243
図書（の）選択　57, 70
土台　124, 140, 181, 214, 215, 224, 226, 279, 281, 282, 364, 380, 396, 399, 400, 403
ドルトン・プラン／ドルトン案　21

【な】

内容（上）　139, 140, 153-155, 159, 179, 212, 321, 323, 328, 350
内容深究　6, 207, 222, 226, 235, 245, 246, 259, 261, 298, 398, 399
「内容深究に累されている」　208
何を読むのか　26
日本学習指導研究会　94
人間生命創造　337, 338, 340
人間の言語　168, 169, 170
能力　229, 272, 273
能率　31, 32, 35, 36, 107-110, 127, 231, 285, 339
能率の高い教育　31, 110

【は】

白紙　31

発音　200, 204, 345, 346, 349
発声　163, 168, 169, 273, 275, 296
発達段階　54, 123, 128, 148, 214, 218, 224, 226, 228, 341, 357, 358, 365
発達　116, 117, 119, 144, 146, 148, 165, 179, 211, 265, 342, 366, 368, 370
発表　163, 168, 170, 176, 287
発問　156, 157
『話方教育の原理と実際』　18, 19, 57, 141, 161, 162, 174, 180
話方／話し方　11, 17, 139, 161, 163-167, 178-180, 246, 260, 313, 395, 397
話方例　174
話し言葉　168-170
話すこと・聞くこと　7, 164, 179
話す綴方　166
板書　154, 156, 160, 237, 238, 284, 287, 339, 349
ピクニック学習　33
「批評」[クリティック]　198, 210, 215, 223, 225
「昼の心と夜の心」　157, 374
副読本　55, 307, 308, 311, 319, 326-328, 330, 380
符号　168, 169, 190, 235, 279, 280
「冬景色」　192, 196, 201, 202, 205, 206, 219-222, 225
文学教育的教材研究期　14
文化価値創造　163, 164
文自体　200, 216
文全体　205, 216
文／文章　59, 200, 201, 205, 216, 226, 232, 240, 258, 261, 270, 274, 275, 281, 282, 284, 286, 325, 352, 380
文章深究　6, 191, 207, 212, 222, 225, 226, 228, 229, 235, 245, 246, 259, 298, 398, 399
「文」の本質　26, 227-229, 245, 299
分量　61, 63, 69, 236, 241, 260, 295, 320, 321, 323, 326, 328, 330, 350, 378

分量主義　62, 152, 350
方法　8, 55, 57, 61, 117, 162, 198, 219, 223, 226, 228, 229, 232, 244, 245, 276, 277, 290, 291, 297, 306, 380, 395, 398, 399-401
補充教材　260, 307-309, 311-315, 317, 320, 323, 326, 327, 330, 331, 339, 340-344, 348, 350-354, 373, 379, 381, 382, 397
「補充教材号」(『国語教育』特集号)　312, 315-317, 331, 339, 341, 343, 350
本とうの読方　16, 17

【ま】
身振り　153, 168, 169
耳から得た言語　143
目の律動運動　261
目的　55, 56, 153, 155, 159, 162, 180, 228, 229, 245, 325, 395, 400, 401
黙読　203, 204, 220, 222, 239, 243, 262, 273, 274, 292, 294-296, 339, 403
文字　59, 60, 124, 140, 151, 152, 156, 158, 160, 163, 167, 200, 205, 213, 222, 224, 226, 229, 239, 260, 266, 274, 275, 279, 284, 285, 287, 296, 299, 341, 343, 345, 348, 349, 351, 352, 382, 383, 396, 403
文字言語　151, 156, 350
文部次官通牒　51, 64, 66, 68, 330, 393

【や】
「欲ばり和尚」　153, 157, 158
「善い人と悪い人」　375-377
読方教育／読方教授　25, 26, 123, 127, 151, 180, 187, 189, 191, 192, 212, 214, 216, 223, 226, 227, 234-236, 239, 259, 264, 298, 380, 396, 397
読み書き非並行／読み書き並行の不合理　63, 339, 341
「読方に於けるセンテンスメソッドを批

評す」 207, 208
読方の授業 235, 236, 290
読方／読み方 11, 12, 17, 20, 26, 33, 52, 53, 69, 70, 89, 101, 125, 139, 146, 152, 161, 180, 190, 192, 198, 200, 201, 204, 205, 210, 214, 215, 223-226, 231, 234, 235, 242, 245, 246, 260, 262, 271, 272, 279-281, 283, 286, 289, 298, 313, 325, 329, 340-342, 364, 369, 395
「読方課業の分化の必要」 89
「読方教育の勢力範囲を論ず」 15
「読方教授法の三大区分」 223
『読方教授の革新―特に漢字教授の実験―』(『読方教授の革新』) 41, 85, 264, 269
「読方教授と補助読本の問題」 89
読方の材料 15, 16
読方の本質 16, 224
読方の授業 15, 16
読物 70-72, 268, 327, 329, 330, 352
「読むとは如何なることか」 208
〈読むこと〉の教育／〈読むこと〉の指導 3, 5, 6, 10-12, 15, 17, 18, 21, 25-27, 32, 51, 58, 59, 67, 72, 86, 87, 119, 124, 139, 140, 149, 161, 162, 167, 175, 179, 180, 187, 191, 209, 224, 246, 259, 270, 271, 279, 297, 305, 306, 313, 369, 379, 380, 382, 393-397, 401, 403-405
読むこと／読むという（ふ）こと 7, 12, 15, 16, 63, 124, 199, 205, 217, 269, 271-273, 275, 279, 280, 282, 289
「読むこと、書くことは並行しない―成城小学校に於ける一発見」 42
読む速度（速さ） 265, 292, 295, 339
「読む事実の心理的解剖」 272
読む対象／読みの対象 16, 40, 305, 307
読む力 151, 152, 198-200, 205
読むといふ作用 199

【ら】
ライフ／Life 21, 191, 217-219, 233, 235, 340, 395
ライフメソツド／生活的読方 25, 26, 33, 56, 187, 190-192, 217-219, 231, 233, 235, 236, 241, 242, 244, 246, 258, 263, 276, 299, 340, 342, 343, 350, 354, 394, 396, 400, 405
理論 263, 395, 401
類集／雑集読本 319
歴史譚 139, 145, 369, 370, 372, 397
連想活躍 26, 180, 242, 259, 271, 274, 276-282, 288-290, 292-294, 296-299, 342, 398, 403
連想 177, 180, 261, 274-278, 282, 293, 294

人名索引

【あ】

赤井米吉　12, 21, 30, 99, 100, 106
秋田雨雀　372
淺山尚　74
芦田惠（恵）之助／惠雨　153, 188-190, 193, 196, 201-206, 219-222, 225, 226, 228, 308, 315, 316, 320, 321, 327
足立淳　20, 21, 23
ジョン・アダムス　115
アドラー　54
アリストテレス　116, 365
飯田恒作　17, 149
池田小菊　316
石井庄司　188, 193, 194, 209
石黒魯平　226, 230
稲森縫之助　85
井上助太郎　317
井上敏夫　18, 308, 314
今井恒郎　12
巌谷小波　96
ヴィルマン（ヴイルマン）　361
上里朝秀　48
上沢謙二　20
上田庄三郎　101
上野陽一　165-171, 173, 174
内田治郎　149
有働玲子　23
遠藤早泉　366
大久保利忠　188
大塚浩　311, 312
岡井二良　316
長田新　43, 46, 58, 63, 106
小野誠悟　67, 68, 71, 74
小原（鰺坂）國芳　24, 29, 44-46, 48-50, 65, 67-69, 83, 87, 99, 100, 106, 310, 393

【か】

海後宗臣　314, 315
垣内松三　8, 25, 26, 36, 187-212, 219, 221-230, 235, 244-246, 269, 305, 306, 308, 398-400
覚道知津子　20, 22
柏原覚太郎　310
金沢庄三郎　142
河野照治　67, 71
カント　116
岸英雄　67, 68, 71, 74
北林敬　22
北原白秋　99, 100
北村和夫　23, 34, 44, 84, 139, 309, 310
木戸若雄　123
木下一雄　268
木村勇人　24, 310, 311
キルパトリック　104
クサック　217, 218, 233, 264, 266, 268, 269
久保良英　297
倉澤（倉沢）栄吉　18, 19, 22, 161, 174, 188, 257, 308, 354, 355
キャロル・グラック　9, 10
クラッパー　216, 264, 269, 270
グレー　212
河野伊三郎　315, 316, 343-345, 348, 349, 351-354
古閑停　58, 61, 62, 75, 90, 152, 153, 156
輿水実　188, 194
児玉秀雄　48
小西重直　46, 48, 366
小林宗作　48

小松辰藏　317, 328
五味義武　101, 316, 323, 324, 325
小山保雄　195

【さ】
佐々木譲　375-377
佐藤武　58, 85, 90
澤柳政太郎　3, 13, 23, 24, 29, 30, 33, 34, 37-46, 48, 50, 52, 53, 58-60, 62, 64, 67, 68, 72, 84-87, 89, 90, 92-94, 103, 105, 106, 123, 124, 126, 128, 141, 143, 147, 165, 260, 308, 310, 314, 322, 336, 358, 369, 377, 378, 393
塩見昇　66, 72
志垣寛　96, 101
志賀勝　96
下位春吉　354
下總皖一　120
ジャバン　276
春水　316
白日道人　93, 96, 101, 102
白鳥千代三　315, 316, 328, 330
スターチ　70, 273, 274, 278, 295
スミス　231-233, 264-266, 268, 269, 273, 274, 277, 278
ソーンダイク　104, 112

【た】
高木敏夫　363, 365, 366, 370-372
高橋和夫　22, 188, 197
高橋俊三　23
高橋辨蔵　236-240
竹内文路　317, 323, 324, 325, 329, 330
辰馬六郎　308
田中確治　149
田中末廣　14, 58-60, 67, 74, 90, 142
谷口武　68, 71, 310
レオナルド・ダビンチ　121
為藤五郎　96
千葉春雄　101, 315, 316, 322, 325, 327, 343, 344, 348-354
ツィラー（チルレル）　361, 362, 370
塚田泰彦　245
常木正則　20, 22
鶴見和子　4
デューイ（デユウイー／ヂユウイ／デューウィ）　43, 104, 112, 114-117, 121, 163
土井光知　229, 230
銅直勇　48
時枝誠記　193
富澤次平　317, 328, 380, 381
トルストイ　377
トロル　370

【な】
中沢臨川　20
中野光　35, 73
永野芳夫　43
仲原善忠　48, 68
中村春二　12
滑川道夫　22, 139, 306
成瀬仁蔵　12
西尾実　66, 195, 197
西宮藤朝　363, 366-368
西山哲治　12
庭野三省　20
沼崎武男　68, 71
野口援太郎　12
野澤正浩　316
野地潤家　14, 193, 194
野村芳兵衛　101

【は】
ヘレン・パーカスト　47, 50, 87, 104, 105
バトラー　104
濱野重郎　68, 71, 75
原田直茂　307, 315, 316, 325-327, 373
ヒーメッシュ　370
ジャン・ピアジェ　43

東和男　20, 22
飛田多喜雄　190, 309
ヒューイ（ヒユエイ　ヒユーイー）　212, 213, 264, 268, 269, 285
平田華蔵　259, 283-287, 289, 290, 299, 339
平田巧　58, 85
ファンハム（フアンハム）　216, 225, 232
フィドラー　377
藤井利喜雄　85
藤野重次郎　195
藤本房次郎　30, 33, 45, 90, 142
ブライアント　264, 268, 372
プラトン　116
ブルークス　264, 270, 273, 296
ペスタロッチ　361
ベルクソン（ベルグソン）　21, 116, 229
ヘルバルト　361
ペンネル　217, 218, 233, 264, 266, 268, 269
スタンレー・ホール　33, 58, 63, 64, 146, 174, 214, 264, 270, 271, 365
保科孝一　26, 309, 314-318, 320, 321, 323, 325, 326, 330, 331
堀内常治郎　195

【ま】
真篠俊雄　90
増田信一　22, 57, 67, 72, 190
松浦鎮次朗　64
丸山林平　14, 148, 149, 193, 194, 197, 317, 329
三浦藤作　43
水内宏　52
水木梢　268, 269
水田光　354, 372

宮川菊芳　315, 316
宮澤直孝　58
森透　23
森岡常蔵　363-365
森伸子　401-403
諸見里朝賢　41, 58, 85, 90, 264
マリア・モンテッソーリ　401, 402

【や】
安直哉　190, 191
安田義一　317
八波則吉　59, 315, 316, 320-322, 328
山本德行　74, 75, 85
山本茂喜　20, 139, 140, 155, 189, 191, 192, 258
ユスト　370
吉田裕久　312

【ら】
ライン　361-363
ラスキン　365
リップス　377
梁田貞　87
リンチ　105
ルソー　114, 361, 362
ルレーブ　172, 173
ロース　105

【わ】
ワイツ　361
脇坂豊　229
鷲尾知治　67-69, 71, 74, 75
渡邊熙一　68, 71
渡辺茂　193
渡邊福義　58, 60
渡邊義人　101

著者

秋 保 惠 子（あきほ　けいこ）

1960年	東京都に生まれる
1983年	聖心女子大学文学部教育学科初等教育学専攻卒業
1983年	東京都大田区立矢口小学校教諭（2003年まで、計6校で小学校教諭）
2011年	日本女子大学大学院人間社会研究科教育学専攻博士課程後期単位修得満期退学
	博士（教育学）（日本女子大学）
現　在	日本女子大学　学術研究員
論　文	「奥野庄太郎における読方教育理論の形成過程――垣内松三『国語の力』への論評を手がかりとして――」（『国語科教育』第69集、全国大学国語教育学会、2011年）、「奥野庄太郎の「心理的読方」に関する考察」（『国語科教育』第70集、全国大学国語教育学会、2011年）、「奥野庄太郎における聴方教育の理論と実際――彼の言語教育観の視点から――」（『人間研究』第48号、日本女子大学教育学科の会、2012年）

大正新教育と〈読むこと〉の指導
―― 奥野庄太郎の国語科教育 ――

平成27年1月24日　発　行

著　者　秋 保 惠 子
発行所　株式会社 溪水社
　　　　広島市中区小町1-4（〒730-0041）
　　　　ＴＥＬ（082）246-7909
　　　　電　話（082）246-7876
　　　　E-mail：info@keisui.co.jp

ISBN978-4-86327-282-8　C3081